Introduction to

Hotel Management

호텔경영론

Preface

4차 산업혁명시대의 도래는 인간을 더욱 편하게 하고, 일하는 시간을 단축해주는 역할을 하게 된다. 일하는 시간의 축소는 곧 여가를 가지게 된다는 뜻이다. 따라서 사람들은 여가를 활용하여 문화와 관광을 즐기는데 시간을 투자하게 마련이다. 최근에는 북한과의 관계가 호전되면서 통일에 대한 희망이 가까워지면서 남북한 상호간의 호텔관광산업에 많은 영향을 주게 될 것이라 예상된다. 4차 산업발달과 통일된 한국의 관광산업은 세계인들의 관광목적지로서 주목받게 되면서 우리나라 호텔산업은 호황을 누리게 될 것이다. 우리나라 호텔산업의 성장과 밝은 미래는 역량 있는 인적자원개발에 의해 좌우된다. 우수한 인적자원은 학교교육에서 시작하여 기업에 의해서 완성되어야 한다.

본 교재 집필의 시작은 우리나라 호텔산업의 우수한 인적자원을 양성하기 위한 기초자료로 활용하기 위해서였다. 본 교재 2판을 준비하면서 보다 우수한 인재로 태어날 수 있는 새로운 내용들을 추가하여 호텔실무에서 실질적으로 활용할 수 있도록 심혈을 기울여 집필하였다. 호텔경영론 2판에서는 초판을 토대로 하여 최신자료들을 업데이트하여 보다 좋은 교재로 거듭나기 위해 다시 태어났다.

호텔경영론 2판의 주요내용은 다음과 같은 내용으로 구성되어 있다.

제1장에는 호텔리어 입문교육에 관한 것으로 호텔리어가 되기 위한 필수조건과 글로벌 매너실무로서 호텔리어가 반드시 갖추어야 할 내용으로 구성되어 있다.

제2장에는 호텔경영의 기본개념으로 호텔의 개념, 세계호텔산업의 성장과정, 호텔등급, 그리고 호텔산업의 변화와 미래 등에 관한 내용으로 호텔경영에 대한 기본지식으로 구성되어 있다.

제3장에는 호텔경영의 특성으로 호텔 서비스상품의 특성과 경영상, 시설상의 특성으로 구성되어 있다. 호텔산업은 다른 산업에는 존재하지 않는 특이한 특성으로 구성되어 있기 때문에 이에 대한 지식을 깨닫게 해주는 내용으로 구성되어 있다.

제4장에는 호텔의 꽃으로 손꼽히는 프런트데스크 서비스를 제공하는 곳으로 호텔을 이용하는 많은 고객들이 다양한 목적으로 찾게 되는 부서이다. 프런트데스크의 다양한 업무와 서비스를 이해할 수 있는 내용으로 구성되어 있다.

제5장에는 호텔객실경영으로 호텔객실의 개념, 종류와 하우스 키핑 등 호텔 객실부문을 책으로 경험할 수 있도록 다양한 내용으로 구성되어 있다.

제6장에는 호텔식음료(F&B)실무와 관련된 레스토랑 분류, 식사의 분류, 영업 준비, 레스토랑 서비스 실무 그리고 룸서비스 실무 등 식음료 부서 전반에 관한 내용으로 구성되어 있다. 호텔 식음료와 관련된 내용들을 실무경험을 토대로 하여 본 교재에서 확인할 수 있도록 이해하기 쉽게 구성하였다.

제7장에는 호텔 연회서비스 실무에 관한 것으로 연회예약 서비스, 연회기획, 테이블 배치 그리고 MICE산업 등 5성급 호텔 연회 서비스의 노하우를 배울 수 있는 전반적인 내용으로 구성되어 있다.

제8장에는 메뉴경영관리로서 호텔 레스토랑에서 경험할 수 있는 레스토랑 메뉴의 이해, 메뉴계획 그리고 메뉴디자인에 관한 내용으로 구성되어 있다.

제9장에는 호텔 기업의 인적자원관리로 호텔경영에 있어 가장 중요한 것이 인적자원이다. 호텔 기업의 인적자원은 타 기업의 인적자원과는 많은 차별화가 요구된다. 따라서, 본 장에서는 호텔기업이 인적자원의 선발과 인적자원의 채용관리, 직무관리, 교육훈련 그리고 복리후생에 관한 내용을 상세하게 다루고 있다.

제10장에는 고객만족경영으로 역량 있는 종사원이 고객에게 좋은 서비스를 제공함으로 인해 고객의 만족은 극대화된다. 따라서 고객만족의 필요성과 효과, 실천전략과 고객 불평 그리고 불만관리에 대한 특징과 처방에 관한 것으로 고객만족을 극대화하고 불만족을 최소화할 수 있는 방법과 예방할 수 있는 내용으로 구성되어 있다.

제11장에는 호텔경영은 최고의 서비스와 함께 기업 브랜드 이미지 경영을 수반해야 한다. 호텔기업은 무형성의 특성으로 인하여 고객에게 경험하고 체험할 수 있는 기회를 제공할 수 없기 때문에 긍정적인 구전의 전파와 기업 브랜드 이미지를 높임으로서 고객의 선택을 받을 수 있다. 본 장에서는 호텔경영의 핵심적인 부문으로 호텔경영 마케팅 특징과 마케팅 믹스전략, STP, 소비자 행동 마케팅 그리고 인터넷 마케팅과 관련된 내용으로 호텔 마케팅의 노하우에 관한 내용으로 구성되어 있다.

저자 씀.

Contents

Contents

Contents

호텔경영론

Introduction to Hotel Management

Chapter 01

호텔리어 입문교육

01

호텔리어 필수조건

1. 호텔 서비스란?

호텔 서비스는 일반 레스토랑에서 제공하는 서비스와는 확연하게 차별화된다. 호텔은 그 나라를 대표하는 서비스의 꽃이라고 해도 과언이 아니다. 호텔에는 국내 고객들뿐만 아니라 세계 각국의 정상들이나 유명인사 그리고 관광객 등 세계 각국의 사람들이 이용하는 글로벌화 된 장소이다. 따라서 호텔을 이용하는 외래 방문객들은 호텔서비스만 평가하는 것이 아니고 그 나라의 국민과 국가브랜드까지 평가할 수 있는 수단이 되기도 한다. 이로 인하여 호텔에서 근무하는 호텔리어는 단순한 서비스 맨이 아니라 민간 외교관으로서의 역할을 하는 것이다.

오늘날 현대인은 서비스로 인해서 살아갈 수 있다는 것을 알 수 있다. 우리에게 있어서 서비스는 삶의 자체를 서비스로 시작해서 서비스로 마감한다는 것이다. 그 예로 우리는 태어날 때는 병원 서비스로부터 시작해서 생을 마감할 때는 장례 서비스로 마감하게 된다. 우리의 일상생활 속에서도 서비스를 받는 것으로 시작해서 서비스로 하루를 마감하게 된다.

서비스의 의미를 크게 4가지로 사용하고 있다.

첫째, 백화점이나 식당 종업원의 태도를 나타내는 경우이다.

저 종업원은 항상 친절하게 손님을 대하는 것이 서비스가 매우 좋다 라고 말한다.

둘째, 공짜나 덤을 의미하는 경우이다.

식당이나 매장에서 사장님이 기분 좋아서 손님에게 무료로 제공해주는 물건을 의미하기도 한다.

셋째, 정신이나 이념을 나타내는 경우이다.

손님이 종사원의 태도를 평가할 때 서비스가 좋다, 나쁘다라고 하는 의미로 사용된다.

넷째, 업무활동을 나타내는 경우이다.

제품이 고장 나서 수리를 받는 것으로 애프터서비스가 좋다 라는 의미로 사용된다.

서비스(SERVICE)의 영어 철자로서 정의를 해보면,

- S: Sincerity, Speed, Smile – 서비스를 제공하는 호텔리어는 성실하고 신속해야하며 항상 미소를 잃지 않는 스마일할 수 있는 사람이어야 한다.
- E: Energy – 호텔리어는 최소한 고객 앞에서는 항상 에너지가 넘치는 활력 있는 모습을 보여줄 수 있어야 한다.
- R: Revolutionary – 호텔리어는 획기적인 아이디어 개발과 혁신적인 업무를 창조해 낼 수 있도록 노력해야 한다.
- V: Valuable – 호텔리어는 가치 있는 업무를 할 수 있도록 노력해야 한다.
- I : Impressive – 호텔리어는 고객이 감동할 수 있는 서비스를 제공할 수 있도록 해야 한다.
- C: Communication – 호텔리어는 고객과의 지속적인 커뮤니케이션을 통하여 영업이익을 창출하는 것뿐만 아니라 관계 관리를 활용해서 충성고객이 될 수 있도록 해야 한다.
- E: Entertainment – 호텔리어는 고객에게 정중한 서비스만 제공하는 것뿐만 아니라 고객이 즐겁고 기뻐할 수 있도록 만능 엔터테이너(entertainer)가 되어야 한다.

서비스 의미를 보다 상세하게 살펴보면 다음과 같다.

- Smile for everyone.

  호텔리어는 모든 고객들에게 스마일 하는 서비스 마인드를 가지고 있어야 한다.
- Excellence in everything we do.

  호텔리어가 하는 모든 일에서 최고가 되기 위해 항상 노력해야 한다.

- Reaching out to every guest with hospitality.
  호텔리어는 모든 고객들을 대할 때 환대정신을 가지고 진심에서 우러나는 마음가짐으로 진심으로 대해야 한다.
- Viewing every guest as special.
  호텔리어는 고객과의 접점에서 고객을 차별하지 않고 모든 고객들을 특별한 사람을 대할 때처럼 정중하게 모셔야 한다.
- Inviting guests to return.
  호텔리어가 서비스한 고객들이 다시 찾아올 수 있도록 정성을 다해 서비스해야 한다.
- Creating a warm atmosphere.
  고객이 포근한 분위기를 느낄 수 있도록 호텔리어는 반갑게 맞이하고 정중하게 서비스해야 한다.
- Eye contact that shows we care.
  고객이 머무는 동안 조금이라도 불편함을 느끼지 않도록 돌봐야 하고, 고객과의 eye contact 을 하면서 고객이 요구하기 전에 미리 서비스(before service)를 제공할 수 있도록 해야 한다.

서비스의 7S

① Smart: 서비스 맨은 항상 깨어있어야 하고, 고객에게 최고의 서비스를 제공하기 위해서 스마트한 사고를 가지고 있어야 한다.

② Smile: 밝은 얼굴, 단정한 용모, 명랑한 음성, 정중한 태도는 고객에게 기쁨과 행복을 주는 호텔리어의 기본적인 요소이다.

③ Speed: 신속한 업무처리와 고객을 우선시하여 고객에게 만족을 제공할 수 있는 요인이다.

④ Sincerity: 성실함은 호텔리어의 필수적인 사항으로 자기 자신과 기업 그리고 고객에 대한 훌륭한 서비스를 제공할 수 있는 근본적인 자세이다.

⑤ Study: 호텔리어는 호텔 관련 업무뿐만 아니라 민간 외교관으로서의 자질을 갖추기 위해서 외국어, 시사 등 전반적인 공부를 꾸준히 해야 한다.

⑥ Sanitation: 호텔리어에 있어서 위생은 고객에게 서비스하기 위한 기초적인 요소이다. 언제, 어디서나 그 대상이 무엇인가를 막론하고 철저한 위생관리를 해야 한다.

⑦ Sales: 판매는 이제 더 이상 마케팅 부서가 전담하는 것이 아니다. 전 사원이 판매사원이 되어야 한다.

표 1-1 호텔리어가 해야 할 것(Do)과 하지 말아야 할 것(Don't)

Do	Don't
• 고객은 언제나 옳다. • 고객의 이름을 기억하여 호칭시 반드시 사용한다. • 항상 밝고 웃는 표정을 연출한다. • 고객이 필요로 하는 것을 찾아 고객을 관찰하고 고객의 의견을 경청한다. • 고객의 요청사항을 잘못 이해하는 일이 없도록 한다. • 고객의 요청사항은 모든 방법을 동원하여 처리되도록 한다. • 고객이 떠날 때는 반드시 배웅한다.	• 어떤 경우에도 고객과 논쟁하지 않는다. • 단순히 '없습니다', '모릅니다'라고 말하지 않는다. • 절대 손가락으로 위치나 방향을 가리키지 않는다. • 고객 앞에서 사원개인의 사생활이나 회사의 문제점에 대해 이야기 하지 않는다. • 고객의 사생활에 대해 묻지 않는다. • 고객이 다니는 장소에서는 절대로 뛰지 않는다.

2. 호텔리어의 조건

서비스 기업들 중에서도 호텔리어는 서비스의 핵심이라는 인식을 가지고 있다. 호텔리어는 서비스 직업 중에서도 가장 예의바르고 매너 좋고 멋있는 서비스 맨으로 인정받고 있다.

대학에서 관광경영학과를 졸업하고 호텔리어가 되고 싶다고 해서 모두 호텔리어가 되는 것은 아니다. 대학에서 2년이나 4년간의 다양한 과목의 지식습득과 실습을 통하여 이론과 기본적인 실무를 배웠다 하더라도, 호텔리어가 되기 위한 기본적인 소양과 인성 그리고 외국어 능력 등이 갖추어지지 않았다면 서비스 맨으로서의 자격을 얻기는 힘들어진다.

왜냐하면, 호텔기업들이 가장 중요하게 여기는 자산으로는 유형적인 자산 보다는 무형적 자산인 역량을 가지고 있는 인적자원을 필요로 하기 때문이다. 호텔리어는 경영진을 대신해서 호텔의 최일선에서 고객을 맞이하고 서비스를 제공하게 되므로 호텔기업의 경영철학과 일치하는 서비스맨을 선발해야 한다. 호텔리어의 모든 언행은 고객의 만족과 불만족에 직접적으로 영향을 미치게 된다.

즉, 고객은 자신에게 서비스하는 호텔리어 한 사람의 서비스에 의해서 호텔기업을 평가하는 계기가 되는 것이다. 이처럼 호텔리어는 호텔기업에 있어서 가장 중요한 핵심역량이라 할 수 있다.

최근에는 해외 여행객이나 의료관광을 목적으로 하는 방문객 그리고 한류 열풍으로 인한 관광객들이 증가하고 있기 때문에 국내 기업이나 해외 유명한 서비스 기업들이 대규모의 숙박시설들을 건축하고 있다. 따라서 호텔리어가 되기 위한 서비스 맨의 기본정신과 열정적인 패기로 무장한다면 최고의 호텔리어로서의 꿈을 이룰 수 있을 것이다.

한 가지 예로서, 신라호텔의 '서비스 드림팀'이 있다. 서비스 드림팀은 신라호텔의 VIP 전담 서비스를 하는 직원으로 4개월간의 집중적인 훈련을 거치게 되는데, 교육과정에는 국제매너, 식음료, 테이블 서비스, 고객응대 스킬, 헤어, 메이크업 등의 외모 연출 스킬, 바리스타, 소믈리에 교육까지 이수하게 되면서 세계 최고의 서비스 맨을 육성하고 있다. 이러한 결과로서 각 국가의 정상회담, 아셈, 월드컵 등과 같은 국제행사에서 한국 서비스의 얼굴로서 VVIP들에게 완벽한 서비스를 담당하는 '서비스 국가 대표선수'로 활약하게 된다.

최고의 호텔리어가 되기 위한 조건 중에는 많은 것이 포함된다.

예를 들면, 외국어 실력(영어, 중국어, 일본어 등), 외모, 에티켓, 매너, 인간성, 정직성, 성실성 등을 모두 갖추게 된다면 더 이상 부러울 것이 없을 것이다. 하지만 호텔리어로서 가장 중요한 것은 인간의 내면적인 요소들이 기본적으로 잘 갖추어져 있어야 한다. 진정으로 고객을 대하는 마음과 가족처럼 반갑게 맞이하고 정성스럽게 봉사할 줄 아는 자세를 갖추는 것이 서비스 맨 으로서의 자격을 가지게 되는 것이라 할 수 있다.

3. 호텔리어의 기본정신

많은 학생들이 호텔리어가 되기 위해서는 어떻게 해야 하는가? 라는 질문들을 많이 하게 된다. 호텔리어가 되기 위해서 특별한 조건이 필요한 것은 없다. 학부과정을 거치면서 다양한 과정의 이론과 실무실습을 배우면서 호텔리어가 되기 위한 준비를 하는 것이다. 또한 많은 교양서적들을 읽고 상식과 관련된 지식을 얻게 되는 시간을 가져야 한다.

호텔리어의 내면적인 요소는 타고나는 것이 아니라 살아가면서 보고 배우면서 스스로 깨우치고 노력하면서 후천적으로 만들어지는 것이다. 최고의 서비스맨이 되기 위해서는 다른 사람을 위해서 봉사할 줄 아는 마음가짐을 가져야 한다. 호텔리어는 외관상으로는 깔끔하고 멋있고 화려한 것으로 보일 수 있지만, 다양한 성격의 고객들을 위해 서비스를 제공해야 하기 때문에 자기 관리를 철저하게 하지 않으면 안 된다.

관광산업을 환대산업이라고도 한다. 환대(hospitality)는 'welcoming behavior towards guests'로 설명되며, 이는 '고객을 맞이할 때 정성을 다하여 환영 한다'라고 해석할 수 있다. 예를 들어, 집에 중요한 손님을 초대하였다면 손님을 맞이하기 위해서 여러 가지 맛있는 음식을 준비하게 된다. 하지만 그보다 앞서 집안 구석구석 청소도하고 손님이 편안하게 쉬고 잘 수 있도록 침구류를 빨거나 새것으로 구매를 하기도 한다. 손님이 도착하는 날에는 맛있는 음식을 준비하기 위해서 시장에 가서 싱싱한 재료를 구입해서, 정성스럽게 요리를 하고 도착할 시간이 되면 밖에 나가서 손님을 반갑게 맞이하게 되는 것이다. 이처럼 손님을 맞이하기 위해서는 맛있는 음식을 정성껏 준비하고 우리 집을 방문하는 손님을 환영하고 정성을 다해 대접을 하는 것이다. 손님이 머무는 동안 조금이라도 불편한 점이 있는가를 살피고 돌보면서 편안하게 휴식을 취하고 돌아갈 수 있도록 하는 것이 서비스 맨이 해야 할 일이다. 일상으로 돌아간 고객에게 좋은 기억으로 남아 다시 방문하고 싶은 욕구를 가지게 하는 것이 환대산업의 기본 정신이다.

환대(hospitality)를 보다 상세하게 풀이해 보면 다음과 같다.

① Receiving guests in a generous and cordial manner.

고객을 정성스럽게 맞이하여 진심어린 마음으로 대하고 정중한 매너로서 고객이 편안한 마음으로 지낼 수 있도록 하는 것이다.

② Creating a pleasant or sustaining environment.

고객이 호텔에 머무는 동안 쾌적하고 즐거운 마음으로 쉴 수 있도록 하기 위해 항상 깨끗하고 편안하게 느낄 수 있는 분위기를 만들어 내야 한다.

③ Satisfying a guest's needs.

고객이 원하는 모든 것들을 미리 알아채고 해결해주기 위해 노력해야 하고, 고객이 만족할 수 있을 때까지 살펴서 불편함을 느끼지 않도록 해야 한다.

④ Generating a friendly and safe atmosphere.

고객이 호텔 시설의 이용이나 체류하는 동안 친근감을 느낄 수 있도록 대해야 하고 집에서 머무는 것처럼 편안하고 안전함을 가질 수 있도록 배려해야 한다.

4. 호텔리어의 자기관리

호텔리어는 운이 좋아서 되는 것이 아니다. 철저한 자기관리와 지속적인 노력으로 만들어지는 것이다. 훌륭한 호텔리어가 되기 위해서는 다음과 같은 내용들을 참고하여 실천하는 것이 중요하다.

1) 용모와 복장

단정한 용모와 복장은 그 사람의 많은 것을 보여주는 역할을 한다. 사람과의 만남에서 첫인상은 상대방이 3~5초 사이에 80%이상을 평가하는 잣대가 되기도 한다. 언제 어디서나 단정한 용모와 복장을 갖추는 것은 매우 중요하다고 할 수 있다. 특히 호텔에서 근무하는 서비스 맨은 민간 외교관 역할을 하는 사람으로서 철저한 자기관리를 할 필요가 있다.

시간과 장소에 적합한 용모와 복장은 본인의 인격을 표현하는 하나의 전략적인 수단이라고 할 수 있다. 호텔리어에게 단정한 용모는 인격의 표현이며, 고객서비스 마인드의 표상이 된다. 좋은 첫 인상은 고객이 우리를 보는 순간부터 이루어져야 하며, 그 순간 고객에게 '프로(professional)'라는 첫인상을 주는 것이 중요하다. 복장(uniform)은 깨끗하게, 단정하게, 품위 있게, 규정에 맞게, 그리고 통일감 있게 입어야 한다.

단정한 용모와 복장은

- 본인의 첫인상을 나타낸다.
- 기분전환에 영향을 미친다.
- 고객이 신뢰하게 된다.
- 직장의 분위기를 연출한다.
- 일의 성과를 증진시킨다.

- 궁극적으로 매출이 증대된다.

단정한 용모와 복장은 고객과의 신뢰와 자신의 이미지를 구축하기 위해서 다음 사항을 반드시 지켜야 한다.

표 1-2 용모와 복장

남 성	여 성
• 얼굴 표정: 항상 웃음과 미소 띤 얼굴을 하고 있어야 한다. • 개인위생: 매일목욕, 식사 후 양치질, 신선한 호흡, 청결한 속옷, 손을 항상 씻는 습관. • 유니폼: 구김 없이 잘 다려진 제복과 편안한 신발.	
• 두발은 귀가 보이고 셔츠의 깃을 덮지 않도록 짧고 깨끗하게 손질한다. • 면도는 매일하고, 코털이 보이지 않도록 깨끗하게 정리한다. • 스프레이 무스를 사용하여 머리 카락이 흘러내리지 않도록 한다.	• 자연스러운 화장으로 얼굴이 밝고 건강하게 보이도록 한다. • 생기 있는 표정을 위해 핑크, 오렌지 계열의 색상으로 자연스러운 입술화장을 한다. • 향수는 타인에게 거부감을 주지 않는 것으로 적당량을 사용한다. • 머리는 항상 깨끗하고 단정하게 유지한다. • 크고 화려하거나 검정색 이외의 핀은 피하는 것이 좋다. • 액세서리는 최소화하고 화려하지 않은 것으로 하는 것이 좋다.

2) 표정 관리

표정은 그 사람의 마음을 나타내고 상대방에 대한 감정을 읽게 해주는 비언어적인 커뮤니케이션 이다. 표정은 말로 하는 것 보다 더 많은 것을 일깨워주게 되며 상대방에 대한 나의 마음을 표정으로 답하는 것이라 할 수 있다.

호텔리어는 고객과의 접점에서 업무를 하기 때문에 호감을 가지고 있는 표정 하나만으로도 고객의 마음을 움직이게 하고 만족감을 주는 역할을 하게 된다.

고객의 마음을 얻기 위해서는 무엇보다도 호감을 주는 표정을 지니는 것이 중요하다. 서비스 현장에서 누구를 만나든지 좋은 인상을 심어줄 수 있도록 스마일 서비스 마인드를 지녀야 된다.

표정의 효과로서

첫째, 상대방에게 비친 표정은 첫인상과 이미지를 결정짓게 만든다.

둘째, 첫인상은 처음 대면 후 3~5초 내에 80%가 상대방이 결정하게 된다.

셋째, 첫인상이 좋아야 그 이후 대면이 호감 있게 이루어진다.

넷째, 웃음 띤 얼굴은 상대방의 호감을 살 수 있으며 서비스에 있어서 가장 중요한 무기이다.

다섯째, 미소는 돈이 들지 않는 가장 비싼 치장이다.

여섯째, 여성에게 있어서 최고의 화장술은 웃는 것이다(나이팅게일).

3) 기본 정신 관리

① 투철한 서비스 정신으로 무장하라.

투철한 서비스 정신이 없으면 호텔리어가 될 자격이 없다. 봉사하는 것이 즐거워야 하고 모든 고객들을 내 가족처럼 존경하는 사람처럼 여겨야 한다.

② 누구에게나 인정받는 사람이 되어라.

항상 웃고 명랑하고 성격 좋은 사람을 싫어하는 사람은 아무도 없다. 언제 어디서 누가 보더라도 인정받을 수 있는 사람이 되어야 한다.

③ 항상 긍정적인 생각을 하라.

생각하는 대로 이루어진다는 말이 있다. 긍정적인 생각으로 말과 행동을 하게 되면 모든 일이 순탄하게 풀리게 된다.

④ 고객의 입장에서 생각하라.

어떠한 상황에서도 고객의 입장에서 생각해보면 모든 일이 원만하게 해결된다.

⑤ 고객이 인정하는 사람이 되어라.

고객을 위해 노력하는 사람을 싫어할 수 없다. 고객으로부터 인정받는 사람이라면 무슨 일을 하더라도 성공할 수 있다.

⑥ 고객을 차별화하지 마라.

좋은 고객과 나쁜 고객을 구별하고 차별해서 대하거나 서비스를 해서는 안 된다. 모든 고객은 공평하고 동등하게 대접받을 권리를 가지고 있다.

⑦ 직무에 사명감을 가져라.

호텔리어는 민간외교관 역할을 하는 매우 중요한 직업이다. 당신의 말과 행동은 직장뿐만 아니라 우리나라 이미지를 좌우하는데 많은 영향을 미치게 된다.

⑧ **자신감을 가져라.**

무슨 일이든지 할 수 있다는 자신감을 가져야 한다. 모든 일은 마음먹기에 달려 있다. 생각하고 실천에 옮기면 못할 일이 없다.

⑨ **참아라.**

호텔리어는 고객에게 서비스를 제공하면서 보람을 느끼게 되는 경우가 대부분이다. 하지만 고객을 대하다 보면 엄청난 스트레스와 모멸감까지 느낄 때가 있다. 이런 경우, 프로페서널한 호텔리어답게 고객을 배려하는 마음을 가지면서 고객을 대하고 무조건 참을 수 있는 마음가짐을 가져야 한다.

⑩ **항상 반성하고 노력하라.**

호텔리어는 타고나는 것이 아니다. 실패에 대한 반성과 개선 그리고 부단한 노력으로 인해 최고의 서비스 맨이 탄생하는 것이다.

02

글로벌 매너 실무

1. 에티켓과 매너의 이해

에티켓(etiquette)은 프랑스어로 'Estiquier'(나무말뚝에 붙인 표지: 출입금지)라는 용어에서 생겨났다고 한다. 그 유래를 살펴보면 옛날 베르사유궁전의 화원에서 어느 몸가짐 나쁜 사람이 들어가 아름다운 꽃을 밟아버린 사건이 생기자 화원 주변에 출입금지라는 뜻으로 말뚝을 박아 출입을 막았는데 이때 말뚝에 적혀있던 말이 프랑스의 에티켓 이었다.

19세기 말의 부르주아 사교계의 관례(usage) 및 예의범절(civilite)이 오늘날의 프랑스 에티켓의 기초가 되었으며, 국제간의 외교의례는 별도로 프로토콜(protocol)로 정의하고 있다.

매너(manner)는 Manus(손을 의미) 와 Arius(방식이나 방법을 의미)단어의 복합어 이다. 매너의 발전 과정은 Manus → Manual → Manurius → Manner 의 과정을 거치면서 지금의 매너로 남게 되었다. 매너는 사람마다 가지고 있는 독특한 습관, 몸가짐으로 해석되며 에티켓과 달리 매너가 '좋다', '나쁘다'라는 말을 할 수 있다.

에티켓과 매너의 차이점은 일반적으로 구분 없이 사용하고 있다. 단정적으로 정의를 내리자면 에티켓이 '있다', '없다'로 예의의 유무를 말하게 된다.

이들을 웹스터 사전의 정확한 정의를 살펴보면 다음과 같다.

- Etiquette: the forms, manners and ceremonies by convention as acceptable or required in social relations.
- Manner: ways of social behavior; department, esp. with reference to polite conventions (good manners, bad manners).

따라서 에티켓은 형식(forms)이며, 매너는 방식(ways)임을 알려주고 있다.

에티켓과 매너는 기본적으로 상대방을 배려하고 존중하는데 의미가 있다. 상대방에게 불쾌감을 주지 말아야 하고, 타인이 싫어하고 방해가 된다고 생각되는 행동이나 말을 하지 않는 것이 기본이다.

에티켓은 원래 프랑스어의 '예의범절'이라는 뜻이다. 루이 14세가 베르사이유 궁전에서 지내던 시절 궁전의 예의가 매우 엄격했기 때문에 궁전에서 지켜야 할 규범과 규칙들을 적어서 성안 뜰에 부착해 놓은 데서 비롯되었다는 설로, 이때 궁전에 출입할 수 있는 출입증인 티켓의 역할을 하기도 하였다.

각기 다른 문화를 형성하고 있는 세계인들이 서로 화합하고 원만하게 지내기 위해서 함께 따르고 지켜야 할 행동기준이 있어야 한다. 그 행동기준이 바로 매너이다. 매너는 우리의 삶을 밝고 건강하게 유지해 주며 보다 인간다운 품격과 타인에 대한 배려를 의미한다.

에티켓은 반드시 지켜야만 되는 규범으로서 지키지 않으면 안 되는 불문율을 의미하는 반면 매너는 얼마나 세련되고 품위 있는 방식으로 행동하는가를 중시하게 된다. 에티켓이나 매너는 단기간의 노력에 의해서 익혀지는 것이 아니라 오랜 시간 동안 끈기 있고 철저한 노력으로 인한 결과로 몸에 배어서 자연스럽게 표출되는 것이다.

에티켓과 매너는 상대방에게 불편함이나 폐를 끼치지 않으면서 배려하는 마음을 가지고 있어야 한다. 이는 곧 상대방을 진심으로 이해하고 자신보다 타인을 먼저 생각하는 마음가짐이라고 할 수 있다. 특히 비즈니스를 하는 사람에게는 성공과 실패를 좌우할 수 있는 기본적이고 필수적인 수단이라 할 수 있다.

2. 인사예절 매너

인사(人事)는 내 자신이 상대방을 진심으로 존중해 주거나 자신의 겸손한 자세를 표현해 주는 최고의 수단이라 할 수 있다.

사전적인 의미에서의 인사는

① 상대방의 안부를 묻거나 공경의 뜻을 표하기 위하여 예(禮)를 갖추거나 표현하는 일(Greeting)

② 서로 알지 못하는 사람끼리 성명을 교환하여 자기를 소개하는 일(Introduction)
③ 인간관계에서 지켜야 할 예의 있는 언행 또는 그 일(Manner) 이라고 정의하고 있다.

인사는 상대방을 대할 때 적의가 아닌 호감을 가지고 있다는 것을 의미한다. 호텔리어에게 인사는 고객에 대한 서비스 정신의 표현이며, 상사에 대한 존경심과 부하에 대한 자애심 그리고 자신에 대한 인격의 됨됨이를 나타내주는 가장 기본적인 요소라 할 수 있다.

인사의 근본적인 의미는

첫째, 인사는 본인과 상대방의 관계를 표현하는 최초의 행동이다.
둘째, 인사는 상대방을 존경하는 표시를 담고 있다.
셋째, 인사는 개인적 소양을 나타내는 자기 표현방식이다.
넷째, 인사는 돈 들이지 않고 자신을 알리는 적극적인 방법이다.
다섯째, 인사는 서로의 마음을 열수 있는 만능열쇠이다.

인사의 기본

① **인사는 항상 상대방보다 먼저 하려고 애쓴다.**
인사를 하는 순서는 나이뿐만 아니라 직위고하를 막론하고 누구든지 먼저 보는 사람이 인사를 건네는 것이다.
② **인사는 상대방의 눈을 보고 미소 지으며 반갑게 인사한다.**
③ **상대방으로부터 인사를 받는 경우에는 꼭 답례를 하도록 한다.**
인사를 하는 사람은 상대방으로부터 답례를 바라고 해서는 안 되며, 인사를 받은 상대방은 반드시 그에 대한 답례를 하는 것이 좋다.
④ **인사는 큰 소리로 명랑하게 호칭을 하면서 건넨다.**
인사를 받은 상대방이 명확하게 인식할 수 있고 기분 좋게 받아들일 수 있도록 하는 것이 중요하다.
⑤ **상황에 맞는 인사와 인사말을 건넨다.**
인사는 현재의 상황과 시간, 장소에 맞게 적절한 방법과 인사말을 전해야 한다.
⑥ **지속적인 인사로 인간관계를 철저히 한다.**

인사는 하루에 몇 번을 만나더라도 반가운 목소리와 표정으로 인사 하는 것을 원칙으로 한다.

⑦ 헤어질 때는 항상 인사로 여운을 남긴다.

⑧ 올바른 인사 자세와 동작을 습관화 시킨다.

정확한 자세와 방법으로 전하는 인사는 상대방이 나의 진심을 알 수 있으며, 상대방을 구분하지 않고 습관적으로 인사를 할 수 있어야 한다.

올바른 인사의 기본동작

- 1단계: 상대방과 eye contact 하면서 등과 목을 펴고 배를 끌어 당겨 허리부터 숙인다.
- 2단계: 고개를 숙인 상태에서 2초정도 잠시 멈춘다.
- 3단계: 상체를 일으킬 때는 조금 빠른 속도로 일으킨다.
- 4단계: 상체를 일으킨 후, 다시 상대방과 eye contact을 한다.

올바른 인사법

- 인사법에는 목례(약례), 보통례, 최경례로 구분한다.
- 목례는 인사 중 가장 가벼운 인사로 복도나 실내 등에서 자주 만나게 되는 사람에게나 아랫사람, 친구, 동료지간에 할 수 있는 인사다.
- 보통례는 가장 기본이 되는 인사이다. 보통례는 감사의 마음이나 집안의 어른이나 직장의 상사를 만날 때, 정중하게 고객을 맞이할 때의 인사 방법이다.
- 최경례의 경우는 가장 정중한 표현이므로 가벼운 표정이나 입을 벌리고 웃는 등의 행동은 삼가야 한다.

목례 보통례 최경례

그림 1-1 목례, 보통례, 최경례의 예

인사방법은 다음과 같다.

표 1-3 인사방법

구 분	목 례	보통례	최경례
인사의 속도	하나- 구부림 둘- 폄	하나- 구부림 둘-멈춤 셋- 폄	하나, 둘-구부림 셋- 멈춤 넷, 다섯- 폄
인사의 각도	15°	30°	45°
시 선	정면	정면	정면
양손의 위치	• 남자: 양팔은 자연스럽게 내려 바지 재봉선에 갖다 대고 계란을 쥔듯 하게 잡고, 엄지손가락이 앞으로 보이도록 한다. 손을 모을 때는 왼손으로 오른손을 감싼다. • 여자: 오른손으로 왼손을 감싸서 아랫배에 가볍게 댄다. 이때 손가락은 붙인다.		
발	뒤꿈치를 붙이고, 앞은 30°정도 벌린다.		
다 리	곧게 펴고 무릎을 붙인다.		
엉덩이	뒤로 빠지지 않도록 한다.		
허리, 머리	허리에서 머리까지 일직선 유지		
표 정	가벼운 미소		
인사말	"OO 사장님! 안녕하십니까?"등의 인사말은 구부리는 동안 한다.		

3. 소개예절 매너

우리의 일상생활에서나 비즈니스 상황에서의 만남에서 상대방을 소개하게 될 경우가 많다. 이런 경우 일반적으로는 여러 상황을 고려하지 않고 소개자가 남녀, 직위고하를 고려하지 않고 편한 상대를 먼저 소개하는 경우가 발생하게 된다. 상황에 맞지 않는 소개를 하게 될 경우 서로 간에 매우 불편한 마음을 가지는 일이 생긴다. 상호간에 소개를 할 때는 받는 사람이나 소개되는 사람 모두 일어서는 것이 원칙이다.

글로벌 비즈니스에 있어서 상황에 맞는 에티켓과 매너는 성공과 생존을 좌우하는 중요한 요소가 된다. 성공 비즈니스의 70%는 매너에 의해 좌우된다고 한다. 매너는 '훌륭한 태도'를 말하며 상대방을 대할 때 상대를 인정하고 폐를 끼치지 않으며 상대방의 입장을 배려하고 존중하는 태도를 의미한다.

비즈니스뿐만 아니라 우리의 일상생활에서도 소개의 매너를 정확하게 인지하고 지키게 되면 대인관계가 원활해지게 되면서 상대방에게 실례를 범하지 않게 된다.

1) 자신을 타인에게 소개할 때

상대방이 나의 첫인상을 판단하는 시간은 불과 3~5초안에 80%이상 결정되어진다. 따라서 상대방에게 좋은 인상을 남기기 위해서 깔끔한 외모와 함께 상대방의 기억에 남을 지혜로운 자기소개를 하는 것은 성공적인 자기 PR에도 결정적인 역할을 하게 된다. 사교적 모임이나 비즈니스 석상에서 자신을 대신 소개해줄 사람이 없을 경우는 우선 남성이 여성에게, 서열이 낮은 사람이 높은 사람에게, 연소자가 연장자에게 먼저 인사한다. 이름과 성을 같이 알려주고 악수를 청하기를 기다린다. 모르는 사람에게 자신을 소개할 때 먼저 악수를 하는 것은 예절에 어긋나며 특히 영어권 나라에서는 이러한 행동을 좋아하지 않는다. 본인 소개 시에는 이름과 성 앞에 존칭 즉 Mr, Ms 또는 학위의 호칭을 붙이지 않는 것이 좋다.

다음은 자신을 소개할 때 지켜야할 사항들이다.

- 자신의 특정적인 외모와 이름을 기억하기 쉽도록 소개한다.
- 밝고 명랑한 목소리로 정확한 표현을 사용한다.
- 자신 있고 당당한 모습으로 말한다.
- 자신의 자랑이나 잘난 체를 지나치게 하면 나쁜 인상을 심어주게 된다.
- 예의바른 행동으로 인사한다.
- 항상 웃는 모습으로 응대한다.

2) 타인을 소개할 때

- 여러 명이 있는 경우 연령이나 직위가 낮은 사람부터 소개한다.
- 직위가 낮은 사람을 높은 사람에게 소개한 후 높은 사람을 소개한다.
- 직위고하를 고려하지 말고 여성에게 남성을 먼저 소개한다.

3) 소개의 5단계

① 1단계: 일어선다.
- 동성끼리 소개받을 때는 서로 일어난다.
- 여성을 소개받을 때는 남성은 반드시 일어난다.
- 여성이 남성을 소개받을 때는 반드시 일어나지 않아도 된다.(단, 나이가 많은 연장자일 경우는 일어서는 것이 좋다.)
- 연장자, 성직자, 상급자를 소개받을 때는 남녀에 관계없이 일어나야 한다.

② 2단계: 존경하는 눈빛으로 상대방의 눈을 바라본다.
③ 3단계: 반가운 표정과 인사말을 하면서 악수와 인사를 나눈다.
④ 4단계: 악수나 인사를 나누면서 상대방의 이름과 직함을 부른다.
⑤ 5단계: 헤어질 때는 아쉬운 표정과 말을 함께 건네면서 마무리 인사를 한다.

4. 악수 매너

악수는 사람들 간의 친근한 정을 나타내는 것으로서 사교활동을 하는데 매우 중요한 행위이다. 서양에서는 악수를 사양하는 것을 실례로 여긴다. 악수는 남성들만의 전유물로서 싸우고 싶지 않은 상대를 만났을 때 우호적인 관계를 가지고 싶다는 뜻으로, 무기를 버리고 오른손을 내민 것으로부터 유래되었다고 한다.

악수는 매우 경건한 마음으로 해야 하며 미소 띤 얼굴에 허리는 곧게 펴고 마음에서 우러나는 태도를 취하는 것이 중요하다. 이제는 남녀를 불문하고 전 세계의 보편적인 인사예절로 통용된다. 아직도 영국, 파키스탄, 헝가리 등에서는 여성간의 악수는 선호되지 않는다.

1) 올바른 악수 법

① 원칙적으로 오른손으로 악수를 하며 왼손은 바지나 스커트 재봉선에 살짝 닿게 놓는다.(왼손을 주머니에 넣은 채 악수를 하는 것은 결례다).
② 악수를 할 때의 시선은 eye contact을 하면서 반가운 표정을 짓는다.
③ 손은 엄지를 위로 세우고 손을 잡을 때는 엄지와 검지 사이의 깊숙한 부분이 서로 닿도록 잡는다.

④ 손을 잡은 상태에서 2~3회 정도 가볍게 흔든다.(상대가 여성일 경우에는 흔들지 않는다.)

⑤ 손에 힘을 너무 많이 주거나 느슨하게 잡지 않고, 적당한 힘을 주어야 한다.

2) 악수를 청할 때

① 남성은 일어서고 여성은 남성이 윗사람이 아닐 경우 앉아서 해도 무방하다.

② 악수는 여성이 남성에게 선배가 후배에게 기혼자가 미혼자에게 상급자가 하급자에게 연장자가 연소자에게 먼저 청한다.

3) 악수하는 방법

악수는 서로 마주서서 손을 잡고 상하로 흔들어 움직이는 동작이다.

① 악수는 원칙적으로 오른손으로 한다. 오른손에 부상을 당했을 경우에는 원칙에 얽매이지 않고 왼손으로 할 수도 있으나, 흔히 왼손은 부정적으로 여기므로 양해를 얻어 악수를 사양하는 것도 방법이다.

② **손을 쥘 때**: 우정의 표시이므로 너무 느슨하게 쥐는 것은 냉담한 느낌을 줄 수 있고 스치듯 가볍게 쥐는 것은 상대를 경멸하는 인상을 준다. 남자들끼리는 오히려 힘을 주는 편이 좋을 수도 있다. 또 너무 오랫동안 손을 쥐고 있는 것은 좋지 않다.

③ **손을 흔들 때**: 손을 상하로 가볍게 흔들어야 하며, 자신의 어깨보다 높이 올려 흔들어서는 안된다. 또한 여자와 악수할 때는 남자처럼 손을 흔들지 않는 것이 좋다.

④ **시선처리**: 눈을 똑바로 본다. 특히 서양인과 악수할 때 시선을 돌리면 비굴하거나 떳떳하지 못한 사람으로 오해받을 소지가 있다.

⑤ 악수를 할 때 양손을 걸치거나 어깨를 껴안는 등 필요 없는 과장된 행동은 품위가 없어보이므로 삼가도록 한다.

⑥ 남성은 악수할 때 장갑을 벗는 것이 에티켓이다. 특히 여성과 악수를 할 때에는 반드시 장갑을 벗어야 한다. 여성은 실외에서 악수를 하는 경우 반드시 장갑을 벗을 필요가 없으며 낀 채로 해도 무방하다.

⑦ 우리나라 사람은 악수할 때 사의를 표하는 경향이 있으나 이는 비굴하게 보일 수 있으므로 주의하도록 한다. 악수는 당당하게 해야 하며 대통령, 왕족을 대하는 경우에는 머리를 숙여야 하지만 그 이외의 경우에는 머리를 숙일 필요가 없다.

⑧ 여성의 경우, 먼저 악수를 청하는 것이 에티켓 이므로 외국인과 만나는 사교모임에서는 한국 여성들도 주저하지 말고 즉시 악수를 청하며 손을 내미는 것이 자연스럽다.

5. 명함전달 매너

일반적으로 새로운 사람을 만나거나 비즈니스 등의 업무로 사람을 만나게 되면 인사와 함께 명함을 서로 교환하게 된다. 명함은 상대방에게 자신의 신분을 보다 정확하게 인식시키는 역할과 자신이 속해 있는 직장을 대표하는 얼굴 역할을 하므로 명함제작과 사용하는데 있어서 신중하게 해야 한다.

명함은 그 사람의 얼굴이다. 또한 비즈니스에 있어서는 상호간을 연결해 주는 역할을 하며 명함이 구겨지거나 때가 묻지 않도록 보관해야 한다. 그렇지 않으면 나의 첫인상이 상대방에게 좋지 않게 인식될 수 있으며 상대방을 불쾌하게 할 수도 있다.

서양인들은 세 가지 종류의 명함을 사용하는데, 초대용은 성명과 여백에 초대내용을 기입하고, 일반용은 성명, 주소 그리고 전화번호를 기입하며, 비즈니스용은 성명, 주소, 전화번호, 직장과 직함까지 기입하여 상황에 맞는 명함을 사용한다.

동양에서는 비즈니스의 용도로만 사용하고 있는데 초면에 아무에게나 주는 것은 매너에 어긋날 수 있다.

1) 명함 교환 매너

(1) 보 관

① 명함은 반드시 명함지갑을 준비하여 충분한 양을 보관하도록 한다.

② 명함은 구겨지거나 때가 묻지 않도록 해야 한다. 특히 바지 뒷주머니 지갑 속에 보관하는 것은 구겨지기도 하며 꺼낼 때 상대방에게 불쾌감을 줄 수도 있다.

③ 받은 명함은 언제라도 찾아볼 수 있도록 명함철에 잘 정리해 둔다.
정리를 할 때는 만난 날짜, 그 사람의 특징 그리고 만난장소, 같이 만난 사람의 이름 등을 명함의 이면에 메모해두고, 다음번에 만날 때 이를 숙지하여 상대방에게 언급해 주게 되면 좋은 호감을 가질 수 있다.

④ 지금은 스마트시대가 되면서 스마트폰 애플리케이션을 이용해서 손쉽게 저장하고 꺼내 볼 수 있어서 상대방을 편리하고 알아보기 쉽게 관리할 수 있다.

(2) 명함을 건넬 때

① 일어서서 두 손으로 건네거나 오른손으로 건넨다. 이때 왼손은 오른손을 받친다. (반드시 자신의 이름을 밝히면서 건넨다.)

② 상대방이 기다리지 않도록 신속하게 준비한다.

③ 상대방의 위치에서 자기의 성명이 바르게 보이도록 건넨다.

④ 2개 국어로 제작된 명함은 상대방 국가의 언어가 위로 가게 하여 전달한다.

⑤ 식사 중에는 명함을 전달하지 않도록 하며 식사가 끝날 때까지 기다리도록 한다.

⑥ 저녁 파티에서는 상대방이 먼저 명함을 요청하지 않으면 꺼내지 않는다.

⑦ 손아랫사람이 먼저 윗사람에게 건네며 방문자가 먼저 건네도록 한다.

(3) 명함을 받을 때

① 받을 때도 일어서서 받고 감사 인사를 한다.

② 받은 명함은 곧바로 주머니 속에 넣지 말고 그 자리에서 읽어보는 것이 예의 이다. 이것은 이름을 잊지 않게 위해서도 필요하며, 상대방에 대한 존중의 표현이기도 하다.

③ 명함의 내용 중 궁금한 것은 그 자리에서 물어본다. 발음하기 어려운 이름일 경우는 확실히 알고 넘어가며 모르는 한자일 경우도 물어본다.

④ 테이블에 앉아서 대화를 나눌 때는 테이블의 모서리나 옆에 두고, 이름이나 직함 등이 기억나지 않을 때 보면서 이름이나 직함을 불러준다.

⑤ 상대방 앞에서 명함에 내용을 기록하는 것은 상대방을 불쾌하게 한다. 기록할 내용이 있으면 헤어진 후에 하는 것이 좋다.

03 글로벌 테이블 매너 실무

1. 테이블 매너의 기본 이해

역사적으로 가장 형식을 좋아하고 까다로운 시기로 식사 시에도 격식을 중요시 했던 19세기 영국의 빅토리아 여왕시대에 테이블 매너가 정착되기 시작하였다.

현대에는 비즈니스가 활발하고 고급 레스토랑의 양적확대로 인하여 테이블 매너는 이제 선택이 아닌 필수적인 예의로서 일반화되어 있다.

호텔, 고급레스토랑, 연회장 혹은 해외여행 중에 일반적인 사교모임이나 비즈니스 모임 등으로 양식메뉴가 주를 이루고 있다. 이러한 모임에서 매너를 몰라서 무례하게 행동하거나 상대방에게 불편함을 주게 된다면 본인에 대한 부정적인 이미지를 가질 수 밖에 없다.

테이블 매너는 너무 형식에 얽매이다 보면 불편한 식사가 되는 경우가 많다. 따라서 즐거운 식사를 하기 위한 서로간의 기본적인 약속을 지키는 것으로 여기면서 상대방을 배려하는 것이 중요하다. 즐겁고 중요한 식사 테이블에서 인지되는 매너는 그 사람의 인품과 성장과정까지 알 수 있게 되며, 좋은 매너는 상대방에게 좋은 이미지로 기억될 수 있을 것이다.

테이블 매너는 식사를 함에 있어서 기본적으로 지켜야 할 예절이며 상대방을 위한 배려와 존중을 기본으로 하는 예절이다. 테이블 매너를 지켜야 하는 이유는 각자의 개성과 문화를 서로 이해하고 상대방이 불편함을 느끼지 않고 즐거운 기분으로 맛있는 요리를 먹을 수 있도록 하기 위함이다.

테이블매너는 한 마디로 자기인격이라고 할 수 있으며, 현대 생활에 있어서의 테이블 매너는 반드시 지켜야하는 식사예절이라 할 수 있다.

글로벌 시대가 되면서 국내·외에서 외국인과의 만남이나 비즈니스를 목적으로 식사의 기회가 많아지고 있는 시점에서, 적절한 테이블 매너를 지킴으로 인해서 한국인으로서의 품위를 유지할 수 있고, 비즈니스를 성공적으로 이끌어 낼 수 있는 필수적인 교양이수 항목이라 할 수 있다.

최근에는 일반인을 대상으로 하여 백화점이나 문화센터 등에서도 테이블 매너에 대한 강의를 많이 하고 있는 추세이다.

2. 레스토랑 이용 수칙

호텔 레스토랑의 대중화로 인하여 많은 사람들이 호텔 레스토랑에서 식사를 하는 경우가 잦아지고 있다. 고급레스토랑에서의 식사는 주로 비즈니스나 공적인 업무로 인한 만남으로 이루어지는 경우가 많다. 따라서 테이블매너의 실수나 무지로 인하여 상대방에게 무의식중에 무례를 범하거나 비즈니스에 좋지 않은 영향을 주는 경우가 종종 발생하기도 한다.

요리의 맛은 기본적으로 요리사의 솜씨나 재료에 따라 결정되어진다. 또한 함께 식사하는 사람에 따라서 식사의 질이 달라질 수도 있다. 즉 요리를 맛있게 먹으려면 미각 외에도 시각, 촉각, 청각, 후각의 오감이 전부 만족되어야 한다. 부드러운 조명, 와인의 독특한 향과 향신료의 냄새, 스테이크의 지글거리는 소리나 아름다운 음악소리, 빵의 촉감, 실내온도 등은 요리의 맛 이상으로 인간의 식욕을 자극하거나 만족시켜 주는 요인이 된다. 하지만 이러한 분위기를 깨뜨리는 복장이나 냄새가 강한 향수, 히스테리컬한 웃음소리, 은식기 에서 나는 소리 등은 최대한으로 줄여야 한다.

현대에 있어서의 식사매너는 자신의 인격을 나타내주는 것으로 여겨지고 있다.

다음은 레스토랑에서 지켜야 할 테이블 기본 매너에 대해 알아본다. 이에는 식사 전 매너, 식사 중 매너, 그리고 식사 후 매너로 나누게 된다.

1) 식사 전 지켜야 할 매너

(1) 매너는 즐겁고 편안한 식사를 하기 위한 것이다.

테이블 매너는 같이 식사를 하는 사람들과 함께 편안하고 즐거운 식사를 하기 위한 서로간의 약속을 지키는 것이라 할 수 있다. 식사 중에 약속을 지키지 않고 제멋대로의 식사를 하거나, 상황에 맞지 않은 부적절한 언행 또는 행동을 하게 될 경우 식사중에 불쾌감을 느끼게 되어 기분이 상하게 되고 상대방에 대한 나쁜 이미지를 가질 수 밖에 없다. 따라서 서로간에 약속을 잘 지켜서 즐거운 시간과 식사를 하면서 좋은 이미지를 가질 수 있도록 해야 한다.

(2) 반드시 사전예약을 활용하도록 한다.

글로벌 시대인 지금은 비즈니스와 사회생활에서 식사의 횟수가 증가하고 있는 추세이다. 레스토랑에서 누군가와 즐거운 식사를 하고 싶다면 반드시 예약을 하도록 한다.

특히 중요한 사람을 초대하거나 식사예정 날짜와 시간 그리고 인원이 정해지게 되면 모임의 성격상 알맞은 메뉴와 교통이 편리한 장소 등을 고려하여 레스토랑을 선정한다.

다음으로 식사할 레스토랑에 전화하여 며칠 전에 예약을 해두는 것이 좋다.

예약의 중요성은 상대방을 기다리게 할 필요도 없고 원하는 좌석을 이용할 수 있다. 그리고 식사를 준비하는 시간을 줄이기 위해서는 예약 시 메뉴와 시간 그리고 정확한 인원수를 알려주게 되면 편안한 식사를 시작할 수 있다. 요리에 대한 주문도 잊어서는 안 된다. 특히 시간이 오래 걸리는 로스트비프(roast beef)나 테린(terrine)같은 요리 등은 미리 주문을 해두는 것이 좋다.

만약, 변경사항이 발생하게 되면 최대한 빠른 시간 내에 레스토랑에 통보해 주어야 한다. 물론 모임이 취소가 될 경우에도 필수적인 사항이다. 레스토랑 예약과 취소는 현대인의 에티켓으로 여겨지고 있다.

(3) 드레스코드를 확인하고, 고급레스토랑은 정장을 한다.

일반 레스토랑과는 달리 고급 레스토랑인 경우에는 남녀를 불문하고 정장을 하지 않으면 입구에서 입장이 거부될 수 있다. 하지만 각 나라의 전통의상은 아무런 영향을 받지 않는다.

남자의 드레스 코드는 보통 검정색 계열이나 감청색 계통의 정장을 하게 되면 무난하며 양말과 구두는 검정색 계열이 기본으로 인식되고 있다. 여자의 경우는 원피스나 검정 계열의 상하의 한 벌 수트가 적절하다. 모자는 반드시 벗고 입장하여야 하고 너무 화려한 복장은 하지 않는 것이 좋다. 레스토랑의 성격과 격에 맞는 의상을 하는 것이 좋다.

(4) 약속시간보다 미리 도착하는 것이 좋다.

초대를 한 호스트(host)나 호스테스(hostess)라면 약속시간 보다 약 20~30분 더 빨리 도착해서 좌석이나 메뉴 등에 대해서 다시 확인하고 부족한 점이 없는지 살펴야 한다. 초대를 받은 손님이라면 교통체증이나 기타 사유로 인하여 늦을 수도 있기 때문에 이를 고려하여 출발하여야 한다. 이러한 시간을 고려하여 약속한 시간보다 약 10분 정도 빨리 도착할 수 있도록 하는 것이 좋다. 도착 후에는 자신의 외모와 복장을 점검하고 필요하다면 용변을 미리 해결함으로써 식사 중에 자리를 비우는 것을 삼가는 것이 좋다. 그리고 초대한 사람들과의 인사를 하고 간단한 담소를 나누는 것이 좋다.

(5) 휴대품이나 겨울 코트 등은 클로크 룸(Cloak Room)에 맡기는 것이 좋다.

대부분의 호텔에서는 로비에 클로크 룸을 무료로 운영하고 있다. 휴대하고 있는 물건의 부피가 크거나 겨울철에는 코트 등의 부피가 많은 옷을 입게 되는데, 이를 입고 그대로 식사장소에 가게 되면 마땅히 둘 장소도 없고 의자에 걸치게 되면 다른 사람들의 이동에 방해가 되기도 한다. 로비의 한쪽에 위치하고 있는 클로크 룸에 들러서 휴대품이나 코트 등을 맡기게 되면 번호표를 제공하게 되는데 용무를 마칠 때 까지 잘 보관하고 있다가 번호표를 다시 제출하게 되면 맡겼던 물품을 안전하게 받을 수 있다.

(6) 레스토랑 입구에서 직원의 안내를 받도록 한다.

대부분 호텔레스토랑의 입구에는 안내직원이나 Manager가 입구에 대기하고 있다. 고객이 입구에 도착하면 예약 여부와 함께 일행의 인원수를 확인하는 과정을 거치게 된다. 예약을 한 경우에는 직원에 의해 테이블로 안내받게 된다. 직원의 안내를 받게 될 경우 여성이 직원 뒤에 먼저 가도록 한다. 안내 직원이 없을 경우에는 들어가서 아무좌석에 앉지 말고, 입구에서 조용히 서서 안내직원이 올 때까지 기다린다. 만약 안내받은 좌석이 마음에 들지 않을 경우에는 마음대로 자리를 옮기는 것보다 직원에게 양해를 구하고 다른 곳으로 옮겨줄 것을 요구하면 된다.

(7) 좌석 서열 결정

좌석을 결정할 때는 일행들 중에서 누가 제일 중요하고 우선순위인가를 인식해야 한다. 좌석의 서열은 직위나 연령, 성별 등에 의하여 우선순위로 결정되어져야 한다. 무의식중에 이를 무시하고 먼저 착석을 하는 것은 상대방의 기분을 상하게 할 수도 있다. 초대받은 사람이 많을 경우 각자의 자리에 명패가 놓여 있을 경우 정해진 자리에 앉아야 하며, 행사를 주최하는 host의 허락 없이 자리를 바꾸어서는 안 된다.

레스토랑에서 좋은 자리의 조건으로는

첫째, 앉았을 때 전망이 가장 좋은 자리가 최상석이다. 창가라면 외부의 경치가 내려다보이는 곳, 스테이지(stage)나 플로어(floor)에서 쇼를 관람하는 경우에는 스테이지가 제일 잘 보이는 곳이다.

둘째, 마음이 편한 곳이 좋다. 출입구가 바로 보이는 곳으로 일행이나 직원들의 이동으로 인한 방해를 받지 않는 좌석이 상석이 된다.

이와 반대로, 좋은 자리가 아닌 곳은 업소에서 통로가 되는 곳, 의자의 등받이가 사람들에 의해 스치는 곳 그리고 사람들의 왕래가 많은 통로 쪽이나 출입문에서 가까운 좌석이다.

안내직원의 안내를 받을 경우 안내직원이 의자를 반쯤 빼주는 좌석이 상석이 된다.

서양에서는 레이디퍼스트(lady first)의 여성 존중사상이 에티켓의 기본이다. 남성과 여성은 좌석을 섞어서 앉도록 하며 남성은 여성이 자리에 앉은 후에 앉는 것이 좋은 매너로 인식되고 있다.

2) 식사 중 지켜야 할 매너

(1) 테이블에서의 올바른 자세

식사 테이블에서의 커다란 목적중의 하나는 상대방에게 불쾌감을 주지 않고 맛있게 식사를 하는데 있다. 부자연스러운 자세나 어색한 동작은 상대방에게 부담을 주게 된다. 부드러운 움직임, 자연스러운 자세는 몸과 테이블 사이의 간격을 바르게 했을 때 자신과 타인에게 편안함을 주게 되는 것이다. 하지만 몸을 앞으로 구부린다거나 어깨나 팔꿈치를 뻗치는 등의 보기 싫은 모습은 테이블과 몸 사이의 거리가 너무 멀거나 가깝기 때문에 발생하게 된다. 테이블에서 가슴까지는 주먹 두 개 만큼의 거리를 두는 것이 좋다. 한편, 식사가 시작되고 나서 의자의 위치를 바꾸게 되면서 소음을 내는 것은 큰 실례가 된다.

(2) 냅킨은 자연스럽게 펴도록 한다.

착석을 하게 되면 테이블에 다양한 기물들과 함께 서비스 플레이트(화려한 접시)위에 냅킨이 위치하고 있다. 냅킨은 착석하자마자 펴는 것이 아니고 참석한 인원이 모두 착석하고 인사와 함께 자연스러운 대화를 하게 되는데 대화중에 자연스럽게 집어서 무릎위에 올려놓으면 된다.

냅킨은 전체면을 모두 펴서 놓는 것이 아니고 1/2을 접어서 접혀진 쪽이 본인의 몸쪽으로 향하도록 놓는다. 냅킨을 무릎위에 펼쳐 놓는 것은 음식물이 잘못 떨어지더라도 옷이 더러워지지 않도록 하려는데 그 목적이 있다. 냅킨을 사용하여 입을 닦는 것은 되도록 지양하고, 입을 닦더라도 세게 닦지 말고 가볍게 눌러가며 닦는다. 특히 일부 여성은 입술의 루즈를 냅킨으로 닦아 내기도 하는데 이는 에티켓에서 벗어난 행위이므로 삼가도록 한다. 루즈를 닦을 때는 휴지를 사용하는 것이 좋다. 또한 잘못으로 인하여 물을 엎질렀을 때에는 냅킨으로 닦지 않도록 한다. 이런 경우에는 웨이터에게 부탁해 처리하도록 한다.

식사가 끝난 후 일어설 때의 냅킨은 간단하게 접어서 테이블위에 놓는다. 의자위에 놓는 것은 금기시되어 있다. 지나치게 깨끗이 접어놓으면 사용하지 않은 냅킨으로 착각할 수 있기 때문에 2~3번 대충 접는 것이 좋다.

(3) 메뉴에 대한 매너

호텔 레스토랑에서는 메뉴를 각각 모두에게 제공하게 된다. 메뉴를 받았을 경우 내용을 전혀 모를 경우에도 처음부터 끝까지 한번 훑어 보는 것이 좋다. 메뉴를 결정할 때 너무 빠르거나 늦게 하게 되면 상대방에게 실례가 된다. 또한 메뉴를 보지도 않고 일행에게 일임 하거나, 주위를 두리번거리면서 다른 사람이 먹고 있는 음식을 손가락으로 가리키면서 물어보거나 같은 것으로 주문을 하는 것은 무례한 행동으로 인식된다.

초대를 받은 입장에서 고급 레스토랑을 이용하게 되었을 때, 너무 싼 메뉴를 선택하게 되면 상대방을 낮게 평가하는 것이 되며, 너무 비싼 메뉴는 부담을 주게 되므로 중간 가격대의 메뉴를 선택하는 것이 좋다.

주문은 남성보다 여성이 먼저 하도록 유도하며, 여성이 선택을 잘하지 못할 때는 남성이 도와주는 것이 좋다. 메뉴에 대해 잘 모르거나 궁금한 점이 있을 때는 웨이터에게 자세하게 물어보고 주문을 하는 것이 좋다.

(4) 나이프와 포크의 올바른 사용법

테이블 위에는 다양한 기물이 세팅되어 있다. 냅킨을 중심으로 하여 오른쪽과 왼쪽으로 다양한 기물들이 있으며 오른쪽 기물의 위쪽에는 물잔과 와인잔, 샴페인 잔 등이 있으며, 왼쪽 기물옆에는 BB(Bread &butter) plate(빵 접시)가 본인의 것이며 물은 오른쪽에 있다. ('좌빵 우물'로 기억하면 된다) .

나이프와 포크는 각각 오른쪽과 왼쪽에 세팅이 되어 있다. 따라서 나이프는 오른손으로 포크는 왼손으로 잡는다. 양식 풀코스(full course)에서의 나이프와 포크는 코스에 맞게 다양한 종류가 세팅되어 있기 때문에 코스에 맞도록 바깥쪽에서 안쪽으로 나열된 것을 사용하면 된다. 만약 잘못 사용하였거나 바닥에 떨어졌을 경우 직접 줍지 말고 웨이터에게 요청하면 된다. 대부분은 웨이터나 웨이트리스가 eye contact 을 하고 있기 때문에 고객이 요청하기 전에 조치를 취해 주는 경우가 대부분이다.

식사중의 나이프와 포크 사용법은 다음과 같다.

나이프와 포크 사용법　　식사 중일 때　　식사가 끝났을 때

그림 1-2 식사 중 나이프와 포크 사용법

나이프와 포크의 사용법은 동시에 사용하여 고기를 자르며 끝이 서로 직각이 되게 한다. 팔꿈치를 옆으로 벌리지 말고 팔목 부위만을 움직여 자르는 것이 좋다.

나이프는 사용한 후 반드시 칼날이 자기 쪽을 향하도록 놓는다. 식사중의 나이프와 포크는 접시 양쪽 끝에 걸쳐 놓거나 접시위에 서로 교차되게 놓는다. 포크의 경우 접시위에 놓을 때는 엎어 놓는다. 식사가 끝났을 때에는 접시 중앙의 윗부분에 나란히 놓는다. 나이프, 포크, 스푼을 사용했을 경우에는 바깥쪽부터 나이프, 포크, 스푼의 순으로 가지런히 모아 놓는다.

음식물을 입안에 넣고 씹을 때는 포크와 나이프는 접시 위에 놓도록 하고, 나이프의 경우 입안에 직접 넣는 행동은 하지 않는다. 또한 식사 중 대화를 할 때 나이프와 포크를 이용하여 사람이나 사물 등을 가리키지 않도록 한다.

(5) 요리의 맛을 먼저 보는 것이 좋다.

제공되는 대부분의 요리에는 기본적인 간이 되어 있어서 그대로 먹어도 무방하다. 개인의 입맛이 다르기 때문에 조미료나 소스 등을 가미해서 먹는다고 해서 매너에 어긋나는 것은 아니다. 그러나 음식의 맛을 보기도 전에 조미료나 소스 등을 뿌려서 낭패를 보는 경우도 적지 않다. 음식이 나오면 먼저 맛을 보고 난 후에 적절한 조미료나 소스를 가미하는 것이 좋다. 유명 레스토랑의 셰프들은 자신이 정성스럽게 만들어 놓은 음식에 조미료나 소스를 가미해서 먹으면, 음식 본연의 맛을 잃어버리는 경우가 많기 때문에 그렇게 좋아하지는 않을 것 같다.

(6) 일행의 식사속도에 맞추도록 한다.

일행들과 함께 식사를 하다보면 음식을 빨리 먹는 사람들이 있는가 하면, 맛을 음미하면서 천천히 꼭꼭 씹어서 먹는 사람들이 있다. 정성스럽게 만들어낸 맛있는 음식을 빨리 먹을 수도 천천히 먹을 수도 있지만 상황에 따라 식사의 속도를 조절할 필요가 있다. 특히 일행중의 연장자나 여성의 식사속도를 맞추어 주는 것이 좋다. 식사중에 일행의 식사속도를 수시로 확인하면서 비슷한 속도를 유지해 주어서 거의 비슷한 시간에 같이 끝내는 것이 매너이다. 일행들보다 식사를 빨리 마치게 되면 일행들에게 식사시간이 충분함에도 불구하고 서둘러 식사를 마쳐야 한다는 부담감을 주게 된다.

(7) 식사 중 대화는 공통적인 주제로 정한다.

식사 중에 나누는 대화는 일행과 분위기에 맞는 적절한 대화를 나누는 것이 좋다. 처음에는 가벼운 주제부터 시작하여 시간이 흐를수록 무거운 주제나 중요한 대화를 이어가는 것이 좋다. 주로 일상적인 가벼운 이야기나 유머, 여행경험담 그리고 시사성이 높은 주제로서 즐겁고 부담이 없는 내용으로 이어가는 것을 추천한다. 특히 대화중에 지양해야 할 주제로는 정치, 종교등에 대한 주제로 깊게 대화하다 보면 서로의 의견이 상반될 경우 일행의 감정을 상하게 하거나 관심이 없는 일행이 있을 경우 지루해져서 식사 자리가 불편해 질 수 있다.

(8) 식사 중 소음을 줄이고, 입에 음식이 있을 경우 말을 삼가야 한다.

식사를 하다 보면 포크나 나이프 그리고 접시에서 나는 소음과 입에서 음식 먹는 소리 등이 나기도 한다. 이는 일행이나 주위에서 식사를 하는데 많은 불편을 주게 되는 경우가 많다. 또한 입 안에 음식이 든 채로 말을 하는 것도 보기에 좋지 않다. 입안에 음식이 있을 경우에 일행이 말을 걸어오면 잠깐 기다려 달라고 양해를 구하고 음식을 삼킨 후 대답을 하도록 한다. 음식의 양을 평소보다 조금 적게 해서 먹으면 즉시 대화에 참여할 수 있다. 일행이 음식을 먹고 있을 경우에는 말을 걸지 않는 것이 좋다.

식사를 하다보면 일행중에 실수로 기물을 떨어뜨리는 등의 사소한 실수를 하기도 한다. 이런 경우 상대방의 실수를 모르는 척 넘어가는 것이 좋다. 이러한 예로서, 영국 여왕이 한번은 양식에 익숙하지 않은 다른 국가의 왕을 초대하여 식사를 하면서 손님이 과일을 먹을 때 손을 씻는 용도로 사용하는 핑거볼(finger bowl)에 담긴 물을 마시는 것을 보고 나중에 무안해 하지 않도록 하기 위해 자신도 똑같이 마셨다는 일화가 전해지고 있다. 이는 항상 남을 배려하는 자세가 테이블 매너의 기본이라는 점을 잘 말해 주고 있다.

3) 식사 후 지켜야 할 매너

(1) 식사 후 화장을 고칠 때는 화장실을 이용한다.

식사가 끝나고 나면 여성들은 일행들을 아랑곳하지 않고 립스틱이나 가벼운 화장을 고치는 경우가 있다. 이는 바람직한 행동이라고 할 수 없으며 수정할 부분이 있으면 화장실을 이용하는 것이 좋다. 남성들의 경우 식사중에 배가 불러서 허리띠를 풀어 놓고 식사를 하는 경우가 있으며, 식사를 마치고 일행들이 일어설 때 이를 고치기 위해 허리띠를 조이거나 바지를 추켜올리는 경우가 있다. 이런 경우도 역시 화장실에서 고치는 것이 올바른 매너일 것이다.

(2) 계산은 테이블에서 미리 하는 것이 좋다.

일행의 모든 식사가 끝나고 함께 일어나서 카운터에서 한 사람이 계산을 하게 될 경우, 나머지 일행들은 카운터 옆에서 기다리거나 먼저 나가서 기다리는 사례가 많다. 이런 경우 계산을 하지 않는 다른 일행들은 멋쩍어 보이고 얻어먹는 미안함까지 들게 하는 쑥쓰러움을 주게 된다. 따라서 계산은 테이블에서 웨이터를 불러서 미리 하는 것이 좋고 계산이 끝난 후 다 같이 일어나서 대화를 나누면서 자연스럽게 나가는 것이 좋다. 만약 각자 돈을 내야하는 경우에는 주위의 많은 사람들이 보는 곳에서 돈을 걷거나 흥정하는 것은 보기에 좋지 않다. 이럴 경우 한 사람이 대표해서 먼저 계산하고 나중에 다른 장소나 전화로 주고 받는 것이 좋을 것으로 생각된다.

3. 요리코스별 매너의 정석

1) 전채요리에 대한 매너

전채요리(appetizer)는 식욕을 촉진시키기 위한 것으로 가볍게 먹는 요리이다.

전채요리는 양이 적게 서브되지만 많이 먹지 않는 것이 좋다.

전채요리는 식욕촉진제 같은 것으로 뒤에 나올 생선이나 고기요리를 맛있게 먹기 위해 타액 이나 위액의 분비를 활발히 해두려는데 그 목적이 있다.

전채요리는 아무리 맛이 있어도 지나치게 많이 먹으면 곧이어 나오는 메인요리를 제대로 먹을 수 없으므로 적당히 먹는 것이 좋다.

차가운 전채요리의 대표적인 것은 캐비어(cavior: 철갑상어 알)와 푸아그라(foie gras: 거위 간)가 있다. 캐비어는 러시아 산이 유명하며 최상급은 회색빛에 가까운 이란산이 좋다. 푸아그라 역시 그 수가 많지 않기 때문에 최상의 전채로 꼽힌다. 식도락가 들은 짙은 핑크색의 푸아그라가 좋다고 말한다. 그 외 차가운 전채요리의 종류는 새우(shrimp), 훈제연어(smoked salmon), 굴(oyster)등이 있다.

따뜻한 전채요리는 파이(pie)와 에스카르고(escargot:식용달팽이) 등이 대표적인 전채요리이다. 전채요리에 나오는 샐러리, 파슬리, 당근 등은 손으로 먹어도 된다. 작은 토스트나 크래커위에 치즈, 연어, 캐비어 등을 얹어 한입에 먹기 좋게 나오는 카나페(canape)역시 손으로 먹어도 무방하다.

메뉴에 전채요리가 있다고 해서 반드시 먹어야 하는 것은 아니다. 수프부터 시작해도 되고 수프를 생략하고 생선요리부터 바로 시작해도 된다.

2) 수프에 대한 매너

우리가 흔히 알고 있는 수프는 포타주(pottage: 진한 수프)와 콘소메(consomme: 맑은 수프)이다.

콘소메는 만드는 과정이나 시간에 따라 맛에 차이가 많이 난다. 정통 프랑스 레스토랑에서 일류 조리사가 정성을 다해 만들어 내놓은 콘소메를 맛도 보지 않고 소금이나 후추를 뿌리는 일은 삼가도록 한다. 포타주는 콘소메 보다 섬세한 맛은 덜하지만 감자, 옥수수, 야채 등을 첨가해서 진한 맛이 난다.

포타주는 담백한 요리에 콘소메는 진한 맛의 메뉴가 어울리며 정찬요리에 잘 어울린다. 수프용 스푼은 보통 펜을 잡듯이 하여 중간에서 약간 위쪽부분을 가볍게 잡는다. 수프를 먹다 보면 조금 남은 것은 떠먹기가 쉽지 않다. 이런 때는 접시를 왼손으로 잡고 앞쪽으로 조금 기울여 떠먹도록 한다. 또한 손잡이가 달려있는 컵인 경우에는 손으로 들고 마셔도 무방하다. 양쪽에 손잡이가 달려있는 경우는 양손으로 한쪽에만 달려있는 경우는 한 손으로 잡아서 마시면 된다.

3) 빵에 대한 매너

빵은 요리와 함께 먹기 시작하여 디저트 시작 전에 끝나는 것이 좋다.

빵 접시(BB plate)는 자신의 왼쪽에 있는 것을 사용하여야 하며, 오른쪽에 있는 빵 접시를 잘못 사용하는 실수를 하지 않도록 하며 물은 자신의 오른쪽에 위치한다. 빵은 나이프로 자르지 않고 적당량을 손으로 잘라 먹는다. 빵 부스러기는 테이블이나 바닥위에 떨어지지 않도록 빵 접시 위에서 손으로 자르도록 한다. 하지만 토스트의 경우는 나이프를 이용해 자르도록 한다. 버터나 잼이 발라져 있기 때문에 손으로 자르려고 하면 불편하고 상대방이 보기에도 좋지 않기 때문이다.

4) 생선과 고기 요리에 대한 매너

생선요리를 먹을 때 생선의 위쪽 살을 다 먹은 후에는 생선을 뒤집지 말고 그 상태에서 나이프를 뼈와 아래쪽의 살 부분 사이에 넣어 살과 뼈를 발라 놓는다. 발라낸 뼈는 접시 위쪽의 머리, 꼬리 등과 함께 놓아둔다.

주 요리는 좀 더 풍성하고 양이 많은 육류로 제공되는 것이 대부분이다. 주 요리로 쓰이는 재료는 적색 육류인 쇠고기, 돼지고기, 양고기 등을 들 수 있으며 백색 육류인 송아지고기, 새끼 염소고기, 가금류, 토끼고기 등이 있다.

스테이크를 주문할 때에는 굽는 정도를 선택해야 한다. 굽는 정도에 따라 맛이 달라지며 굽는 정도의 선택은 크게 Rare, Medium, Well-done으로 나누게 된다.

스테이크를 자를 때는 접시의 왼쪽 바깥쪽에서부터 안쪽으로 하여 종(縱)으로 자른다. 스테이크는 각 부위마다 자르는 방법이 제각각 이나 어느 부위이든 고기의 결을 따라 잘라서 요리하고 고객에게 제공될 때에는 고기의 결이 위에서 아래로 향하도록 하여 담게 되어있기 때문이다.

프랑스 요리에서는 소스(sauce)를 중요시하여 소스가 나오기 전에는 요리를 먹지 않는다. 소스는 요리에 바로 뿌리지 말고 진한 소스는 요리 한쪽에 덜어 조금씩 찍어 먹도록 한다. 대부분 고기요리에는 묽은 소스가 제공되므로 요리위에 뿌려서 먹으면 되고, 생선요리에는 마요네즈 소스와 타르타르 소스 등 진한 소스가 제공되면 접시 한쪽에 놓고 찍어 먹는다.

조개류, 새우, 게 등과 마찬가지로 에스카르고(escargot: 식용달팽이)도 생선요리로 분류된다. 에스카르고는 버터와 마늘, 향료 등을 넣어 오븐에 구운 후 서비스 된다. 먹을 때는 왼손의 에스카르고 용 홀더(집게)로 껍질을 고정시킨 후 오른손의 에스카르고 용 포크로 집어내어 먹는다.

달팽이 요리(escargot)

달팽이는 프랑스, 중국, 일본 등지에서 정력, 강장식품으로 잘 알려져 있다. 달팽이의 살에는 「뮤신」이라는 점액이 있는데, 이것이 조직의 수분을 유지시키고, 혈관, 내장 등에 윤기를 주는 것이라고 한다.

달팽이 요리가 생기게 된 것은 15C 경의 일이다. 당시의 대법관이 빈민구제를 위하여 자신의 영지를 포도밭으로 만들어 백성들에게 포도를 재배하도록 하였는데, 달팽이들이 포도의 잎사귀를 자꾸 갉아먹자 이를 박멸시키기 위해 농민들로 하여금 달팽이를 잡아먹게 하였다는 것이다. 이렇듯 퇴치를 목적으로 하여 먹기 시작한 달팽이 요리는 독특한 맛으로 전 세계 미식가들을 즐겁게 해주는 프랑스의 3대 진미로 자리 잡게 되었다.

5) 야채, 샐러드에 대한 매너

옥수수는 양손으로 잡아서 먹고 살짝 데친 새우의 경우 작아서 손으로 먹으며, 베이컨을 바삭바삭 하게 튀긴 크리스피(crispy)도 손으로 먹는다. 샐러드로 나오는 아티초크도 손으로 먹는다. 먹는 방법은 바깥에 붙어있는 잎사귀를 뜯어낸 후 껍질 안쪽을 소스에 묻혀 껍질을 벗겨가며 먹는다.

살짝 데친 새우의 경우도 작아서 나이프와 포크로 먹기 불편하므로 손으로 먹는다.

샐러드는 레스토랑에 따라 메인요리 전, 후 또는 같이 서브 되는 경우가 있는데, 샐러드는 고기를 먹을 때 함께 먹는다. 야채는 고기냄새를 중화시키는 역할을 한다. 메인 요리의 접시에 남은 소스는 빵으로 닦아가며 먹어도 무방하다.

6) 디저트에 대한 매너

디저트는 대개 과자, 케익, 과일 등이 제공된다. 디너의 디저트는 푸딩이나 크림으로 만든 과자, 과일이 제공된다. 차가운 디저트로는 아이스크림과 샤벳(sherbet) 등이 있다. 수분이 많은 멜론이나 오렌지류는 스푼으로 먹으며, 사과나 감 등의 수분이 적은 것은 손으로 먹어도 된다.

식후의 커피로는 대개 진한 것을 조금 마시는 것이 좋다. 아이리쉬 커피(Irish coffee)는 커피에 아이리쉬 위스키를 넣은 후 생크림을 얹어 마시는 것으로 식후주와 커피를 동시에 즐기는 커피다.

카페로얄(Cafe' Royal)은 꼬냑과 오렌지향을 가미해 마시는 귀족적인 커피이다.

〈디저트의 유래〉 크레이프 수제트(Cre'pes Suzette)

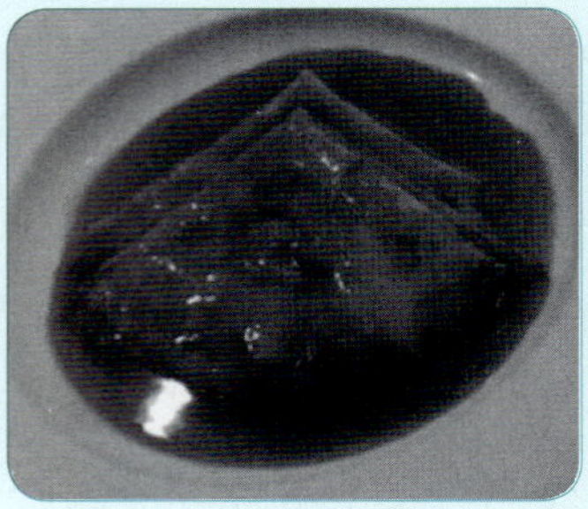

크레이프 수제트란 이름은 옛날 영국의 에드워드 황태자가 붙인 것이라고 한다. 황태자 에드워드의 요리장이었던 헨리 카펜터(Henry Carpenter)라는 사람이 어느날 황태자의 식사 준비를 위해 크레이프(pancake)의 소스를 만들던 중, 실수로 리큐어(liqueur : 과일로 만든 달콤한 술)를 엎지르는 바람에 소스에 불이 붙어 음식을 버리게 되었다고 한다. 그러나 시간이 없어 헨리는 그 소스에 크레이프를 그대로 집어넣어 황태자에게 제공했는데, 맛이 너무 진기한지라 황태자는 그날 파티에 동석해 있던 수제트 부인의 마음을 사기 위해 그 부인의 이름을 따서 크레이프 수제트라 명명하였다는 것이다.

크레이프 수제트는 오늘날 고급레스토랑에서 빼놓을 수 없는 디저트의 여왕으로 꼽히고 있다.

Case Study

해외의 팁(TIP) 문화

해외여행을 다니다 보면 당황스런 순간들이 종종 있다. 그 중 하나가 호텔이나 식당, 택시에서 '팁 문화'를 마주할 때다. 특히 한국에서는 팁을 주는 문화가 거의 없기 때문에 당황이 배가 된다. 팁은 18세기 영국의 어느 펍에 '신속하고 훌륭한 서비스를 위해 지불을 충분하게'라는 문구가 붙어 있었던 데서 유래한다.

이후 이 문구는 간소화 되어 'To Insure Promptness(신속함을 보장받기 위하여)'가 됐다. 즉 팁이란 내가 받은 서비스에 대한 대가라 할 수 있다. 우리에겐 생소한 문화이지만 미국이나 유럽에서 팁은 일상생활이자 기본 에티켓으로 여겨진다.

여행시 당황하는 일이 없도록 해외 주요 국가의 고유한 팁 문화를 미리 알아보자.

북미

미국에서는 일반 레스토랑은 15%, 고급 레스토랑은 20%의 팁을 받는다. 미용실, 호텔 등에서는 15%의 팁을 낸다. 택시는 뉴욕이나 시카고와 같은 대도시들에선 대부분 15%의 팁을 지불하고 작은 도시들은 요금의 끝자리를 반올림해 계산한다.

캐나다의 팁 문화는 미국과 대체적으로 유사하다. 적당한 서비스를 받았다고 생각하면 10~15% 가량의 팁을 낸다. 만족스러웠다면 20%를 지불한다. 택시나 레스토랑에선 총액의 10~15% 가량을 준다.

다만 팁 문화가 활성화 되어 있는 미국과 캐나다에서도 패스트푸드, 셀프서비스 장소, 버스, 쇼핑몰에서는 팁을 지불하지 않는다.

중남미

아르헨티나, 콜롬비아, 브라질 등 남미에선 지불할 총 금액의 10~15%를 보통 팁으로 준다. 반면 베네수엘라는 세계에서 가장 높은 팁 비율이 책정돼 있는 나라다. 보통 20%를 팁으로 지불한다.

유럽

유럽에서 팁 문화가 가장 잘 발달한 곳은 독일이다. 독일에서는 보통 총 지불금액의 5~10% 정도를 팁으로 준다. 레스토랑에서는 식사를 마친 후 웨이터를 불러 그 자리에서 계산을 하면 된다. 총 금액에 팁으로 줄 금액을 더해 지불한다.

오스트리아에서는 모든 서비스에 관해 팁을 주는 것이 일반적이다. 레스토랑에서 총 지불액의 10%를 팁으로 낸다.

터키에서는 식당에서 총액의 5~10%를 팁으로 지불한다. 호텔 포터는 가방 1개당 50센트, 룸서비스나 호텔 도우미들에겐 1달러의 팁을 내는 것이 관행이다.

반면 프랑스에서는 팁을 필수적으로 주지 않아도 된다. 고급 레스토랑이나 카페는 일반적으로 15% 가량의 봉사료를 별도로 청구한다. 현지인들은 서비스가 불만족스러운 경우를 제외하고는 5% 정도 팁을 지불한다. 계산서에 봉사료가 없는 경우 'service non compris'라고 적혀 있는데 이 때는 좀 더 후하게 팁을 남기도록 한다. 영국에서도 총 금액에 봉사료가 포함된 경우가 많은데 식당, 택시 등을 이용할 때 팁을 10% 정도 주고 호텔에서는 1파운드 정도를 건네면 된다.

이탈리아는 서비스직종의 급여가 높은 편이고 서비스 및 제품에 봉사료가 포함돼 있어 팁을 지불해도 좋고 하지 않아도 상관없다. 단 프랑스와 마찬가지로 영수증을 확인하고 결정하는 것이 좋다. 'servizio inclus'라는 글자가 적혀있다면 봉사료가 포함되었다는 뜻이지만 이 문구가 없다면 서비스나 기분에 따라 팁을 주면 된다.

네덜란드는 봉사료가 호텔이나 택시비, 제품 등에 포함돼 있어 팁을 따로 내지 않는 것이 보편적이다. 팁을 받아야 된다고 생각하는 이들도 거의 없다. 만약 지불하고 싶다면 택시 기사나 웨이터에게 최대 10%정도 선에서 지불하면 적당하다. 공중 화장실 지킴이에겐 0.50 유로를 주면 된다.

그리스에선 고급 레스토랑에서 5~10% 팁을 지불하며 체코에선 식당에서 서비스를 받을 시 팁을 테이블 위에 올리고 가는 문화가 보편화 돼 있다. 그러나 노르웨이, 크로아티아에서는 별도의 팁 문화가 없다.

아시아

아시아권에서는 우리나라와 같이 팁을 주는 문화가 크게 발달돼 있지 않다. 가까운 일본과 중국 모두 팁을 주지 않는 문화가 보편적이다. 일본의 경우는 추가로 팁을 내는 것을 무례하게 여기는 경우도 있으며 사례할 일이 있다면 봉투에 넣어 주는 것이 관례다.

고급 레스토랑에서 팁을 지불하고 싶다면 중국은 총 금액의 5%, 홍콩은 10~15%를 지불한다. 홍콩의 경우엔 팁 문화가 있는데 택시를 탔을 때 택시 요금의 끝자리를 반올림해 지불한다.

싱가포르는 호텔 포터에게 짐 한 개당 1달러에서 2달러를 지급하고 레스토랑의 경우 음식 값에 봉사료가 포함되어 있지만 서비스에 만족했다면 추가로 팁을 더 내는 것도 무방하다. 이 밖에도 호주와 뉴질랜드에선 호텔을 제외하고는 팁을 지불하지 않아도 되는 부분적인 팁 문화를 갖고 있다. 두바이와 러시아에선 보통 10%의 팁을 낸다.

자료: 매일경제 2016.06.03.

호텔경영론

Introduction to Hotel Management

Chapter 02

호텔경영의 기본 개념

01

호텔에 대한 이해

1. 호텔의 개념

호텔이란 일정한 지불능력이 있는 사람에게 객실과 식사를 제공할 수 있는 시설을 갖추고 있으면서, 친절하고 예의바른 종사원이 조직적으로 봉사하여 그에 대한 합당한 대가를 받는 기업이다.

웹스터 사전에서 '호텔은 대중을 위하여 숙박·식사와 서비스를 제공하는 건물이나 시설물'이라고 규정하고 있다. 호텔(Hotel)의 기원은 'Hospes'(나그네, 손님, 타향 등)의 의미에서 유래되었으며 'Hospitale'(순례자, 나그네를 위한 숙소)로 변형되었다. 이후 'Hospital'(병원)의 의미로 변천되었으며, Hostel에서 Hotel로 정착되었다.

숙박시설은 화폐의 유통시기와 함께 출현하여 발전하였으며, 여행자의 필수적인 요건으로는 eating, drinking, lodging & enjoying 으로 구성되어졌다.

호텔의 원시적인 형태라 할 수 있는 Hospital 이라는 말은 현재에는 병원이라는 뜻으로 사용되고 있지만 오래전에는 두 가지의 의미를 가지고 있었다.

첫째, 여행자들이 휴식을 취하고 심신을 회복시킬 수 있는 간이 숙소로 제공되는 장소의 의미가 있었으며, 둘째, 여행에서 생긴 병자나 부상자 또는 고아나 노인들을 쉬게 하고 간호하는 시설로서의 의미를 지니고 있었다. 그 중에서 여행자의 숙박과 휴식의 장소(A place of shelter and rest for travelers)로 hospital 과 hostel을 거쳐 18세기 중엽 이후에 지금의 Hotel로 명명하게 되었다.

호텔은 거주지를 떠난 여행자들의 숙식과 휴식을 위한 장소로 인식(A home away from home)되었다. 호텔은 세계 어느 나라를 가더라도 동일한 시스템으로 운영되고 있기 때문에 관광객이나 비즈니스를 위해 떠나는 사람들에게 적합한 시설이라 할 수 있다. 현재에는 각 나라마다 다양한 형식의 호텔들이 생겨나고 있다. 따라서 관광객이나 비즈니스를 하는 사람들은 그 나라의 전통과 문화 등의 다양한 체험을 경험하고자 한다. 이러한 체험들은 그 나라를 이해하는 계기가 되며, 여행을 마친 후 좋은 추억으로 간직되면서 주변 사람들에게 호의적인 구전으로 전파되기도 한다.

구전의 영향으로 인하여 호텔의 브랜드 이미지 상승으로 매출이 증가할 뿐만 아니라 그 나라의 전통과 문화를 세계 곳곳으로 전파하는 효과도 누릴 수 있다.

관광객의 증가로 국가의 이미지 역시 향상 시킬 수도 있다. 기업뿐만 아니라 정부 차원에서도 이를 적극적으로 지원할 수 있는 방안을 마련해야 한다.

2. 호텔의 정의

1) 사전적 정의

웹스터 사전에는 "일반대중을 대상으로 숙식과 서비스를 제공하는 건물, 또는 기관" (A building or institution providing lodging, meals and service for the public)으로 정의하고 있다.

옥스퍼드 사전에는 "여행자를 위하여 객실과 식사를 제공하는 건물"(A building where meals and rooms are provided for travellers)로 정의하고 있다.

국내 관광 진흥법에는 호텔업을 '관광객의 숙박에 적합한 시설을 갖추어 이를 관광객에게 제공하거나 숙박에 딸리는 음식, 운동, 오락, 휴양, 공연 또는 연수에 적합한 시설 등을 함께 갖추어 이를 이용하게 하는 업'으로 정의 하고 있다.

선진국 또는 개발도상국 등과 같이 차별화 없이 호텔산업을 미래의 고부가가치 산업 육성을 위해 국가차원에서의 전략사업으로 확장하고 있는 것이 현실이다.

2) 학계의 정의

호텔이란 "공공의 장소에서 여행자에게 숙박과 식사를 제공하는 공중주택(public house)의 장소이며, 법률상으로는 지불능력이 있는 자에게 적당한 시설과 설비를 갖추고 숙박 및 식사와 함께 서비스를 제공할 수 있는 기업"이라는 호텔의 역할을 중점적으로 정의하고 있다.

3. 현대 호텔의 기능

오늘날의 호텔은 숙박과 식음료 제공을 기본으로 하던 종래의 기능에서 탈피하여 인간생활에서 필요한 모든 것을 한 곳에서 해결할 수 있도록 도와주는 역할을 수행하는 장소가 되고 있다. 이러한 호텔 기능의 확대로 인하여 호텔을 '하나의 작은 세계(small world)', '하나의 작은 나라(small country)', '도시 속에 있는 작은 도시(city within a city)'로 부르기도 한다.

현대의 호텔은 국제적인 사업으로 세계 각국의 시민뿐만 아니라 자국민을 포함한 온갖 사람의 모습을 감상하고 서로 대화를 주고 받을 수 있는 작은 국제사회(small international society) 가 되고 있다. 특히, 미국의 라스베가스에 소재하고 있는 대형 호텔들은 옛날의 궁전을 재현하거나 놀이공원, 옛날의 도시를 재현함으로써 하나의 테마파크로서의 역할을 수행하고 있다.

지금의 호텔은 다양한 목적과 기능 그리고 이용하고자하는 목적에 따라서 다양한 방법으로 활용하는 고객들이 늘어나고 있다.

1) 호텔의 기능

현대적 기능의 호텔은 여가시간의 증가와 소득이 높아지면서 개인의 정신적·문화적인 욕구를 충족시키려는 활동에 관심을 가지게 되었다. 현대의 호텔 기능은 단순히 숙식을 해결하는 장소로서의 역할을 벗어나 레저, 회의장, 전시장, 가족 및 사교 공간, 쇼핑 공간 등 다목적인 상품과 최신의 시설을 제공하고 있다.

현대의 호텔은 사회적·문화적인 기능과 공익적인 서비스 제공을 위한 고객의 다양화된 활동공간으로 변화하고 있다.

현대의 호텔은 다음과 같은 다양한 기능을 하고 있다.

① 숙박 및 식음료 서비스 기능을 한다.

비즈니스 고객과 관광객 그리고 다양한 이용의 목적을 가진 사람들을 위해 숙식을 제공하는 역할을 한다.

② 비즈니스 기능을 한다.

회의, 전시, 교역전 등을 위한 장소와 장비를 제공하고 이를 목적으로 호텔을 이용하는 고객들의 편의를 위한 비즈니스 정보교환과 비서업무 등 필요로 하는 서비스를 제공하는 역할을 한다.

③ **사교시설 기능을 한다.**

호텔은 국제교류 및 문화교류를 위한 공간을 제공함으로써 사교적·장소적 기능을 제공하는 역할을 한다.

④ **문화 서비스 기능을 한다.**

고객의 지적 수준과 다양해진 취미활동을 위해 호텔의 기본적인 기능 이외에 문화, 예술, 교육 등의 문화적인 서비스를 제공하는 역할을 한다.

⑤ **스포츠·레저 기능을 한다.**

관광·레저·오락·휴양 등의 장소로서의 서비스를 제공하는 역할을 한다.

⑥ **지역사회의 고용창출과 지역 경제 활성화를 위한 역할을 한다.**

호텔이 영업을 함으로 인해서 지역의 다양한 일자리를 창출하고 많은 인력을 고용하게 되고, 호텔 주위의 다양한 상권 활성화를 일으켜서 지역 경제를 살리는데 많은 역할의 기능을 하고 있다.

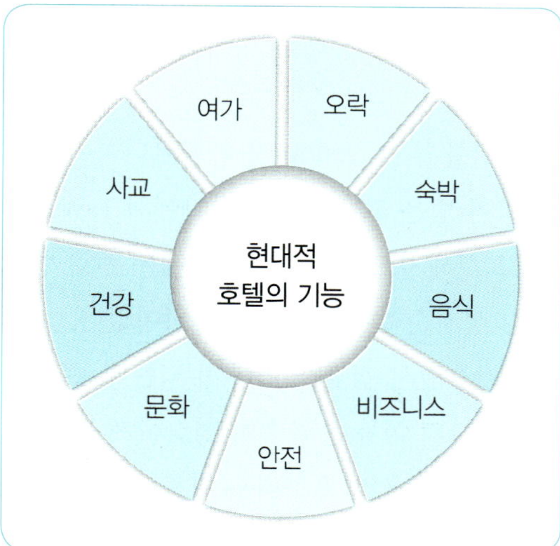

그림 2-1 현대적 호텔의 기능

02

세계 호텔산업의 성장 과정

1. 고대, 중세의 숙박시설

숙박시설의 기원은 인간이 자신의 거주지를 떠나서 돌아올 목적으로 이동이나 여행을 하면서 시작되었다. 역사기록에 의하면 인류 최초의 숙박시설은 현재 중동의 이라크 바그다드에 해당하는 메소포타미아 문명이 발생한 티그리스 강과 유프라테스 강 사이의 비옥한 충적토 지역에 거주하던 수메르인(Sumerians)에 의해 건립되었다.

최초의 숙박에 관한 법률은 BC 2000년경 바빌로니아가 통치하는 사회의 함무라비 법전에서 발견된 이 법은 고대 바빌로니아에서 Tavern 과 Inn의 운영에 관한 규칙을 담고 있다고 전해지고 있다. 이 시대에는 주로 종교 목적의 여행자들에게 숙식을 제공하는 성지순례(pilgrims)의 목적이었다. 고대 서양사회의 여행 역사는 로마시대로 접어들면서 정점을 이루게 되는데, 로마 제국이 군사도로와 도시를 건설함으로써 인간의 이동은 급속히 성장하게 되었다. 당시 정치·사회·문화 등에서 세계의 중심역할을 함으로써 로마를 중심으로 하는 여행활동이 더욱 활발하게 진행되었다.

장거리 여행자를 위하여 당시에는 우체국(post house)으로 불렸던 숙박시설이 있었으며, 맨션(mansion)이라는 숙박시설은 상류층과 공용으로 출장을 다니는 관리 등이 이용하였다. 또한 상류층과 부유층은 요양목적의 온천여행을 즐겼으며 이곳을 중심으로 숙박업이 발달하였다. 교통수단의 발달은 인간의 이동을 점차적으로 멀리 그리고 오랫동안 지속하게 되는 역할을 하게 되었다.

중세시대인 로마제국 멸망 후 약 1000년간은 암흑의 시대(The Dark Age)로 종교의 영향에 의해 생활양식이 바뀌게 되면서 여행이나 세속적인 향락이 금지되었다. 따라서 오직 종교순례 여행만 허락되었으며 이들의 숙박 장소는 교회나 수도원을 이용하였다. 숙박시설과 교통의 발달은 사람들을 장기간 집을 떠나 활동하게 만들었으며, 숙박시설이 영리를 추구하는 상업적 부문으로 등장하기 시작한 것은 15세기부터이다.

16~18세기에는 상공업이 발달하게 되면서부터 여러 지역에 여인숙이 생기게 되는 계기가 되었다. 여인숙은 주로 지방귀족, 정치가, 사제들의 만남의 장소로 이용되었다. 여인숙은 역마차나 사람들이 통과할 수 있는 아치형 출입문이 있었으며 마당에서는 결혼식이나 박람회, 노천극장 등 다용도로 사용되었다. 18세기의 여인숙에는 커피하우스(coffee house)의 인기가 높아서 많은 여인숙들이 이를 운영하였다.

2. 근대의 호텔 산업

교양관광(Grand Tour)의 시대(1613~1785)에는 유럽의 귀족이나 문예가들이 유럽의 여러 나라를 다니면서 지식과 견문을 넓히고자 하였다. 이 시기를 여행의 황금시대(The Golden Age Travel)라고 일컫는다.

세계 최초의 호텔은 1600년대에 영국에서 건립된 Feathers Hotel이 건립되면서 호텔이라는 용어를 사용하기 시작하였다. 프랑스와 영국의 호텔은 다른 점이 많이 있었다. 프랑스는 16세기부터 왕족 또는 귀족 등 특권층을 위한 사치스럽고 호화스러운 호텔들이 생겼으며, 주로 이들의 사교장소로 이용되면서 잘 훈련된 종사원들에 의해 객실 및 식당 서비스를 제공 받았다. 이후 프랑스 대혁명을 통해 고급 주택들이 공공건물로 변모하면서 자연스럽게 호텔로 바뀌게 되었다.

영국의 경우는 런던, 글래스고우, 에딘버러를 연결하는 도로와 교통수단이 발달하면서 역마차와 우편마차가 등장하였다. 이 역마차에 의해 승객들을 위한 숙소로서 Coaching House 가 생겨나기 시작하였다. 귀족들은 호화스러운 시설에서 숙식을 제공 받았으며 승려나 정치인들의 사교모임 장소로도 이용되었다.

17세기와 18세기를 통하여 유럽과 미국을 중심으로 호텔산업이 부흥하기 시작하였다. 1794년에 건립된 미국의 시티호텔(City hotel)은 미국 최초의 호텔로 기록되고 있으며, 1841년에는 영국인 토마스 쿡(Thomas Cook)은 왕복기차 여행을 제공하는 단체 대절열차의 운행을 성공시켜서 근대 호텔의 대량화를 가져오게 하는 계기가 되었다. 19세기 초 독일 바덴바덴에 건립된 바디쉬호프(Badisch Hof)호텔은 오늘날의 호텔 개념과 같은 호텔 시초가 되었다. 19세기가 되면서 럭셔리 호텔건설의 구체적인 형태가 나타나기 시작하였는데, 이때 등장하기 시작한 호텔은 지난 날 베르사유궁전에서 펼쳐졌던 상류계급의 세련된 생활양식을 기초로 한 호화로운 시설과 서비스가 주된 특징이었다. 오늘날의 호화로운 건물의 외관과 내장, 사치스러운 프랑스요리와 기물·기구, 종업원의 복장·서비스는 당시의 호텔에서 채택하여 상업화했던 양식이 지금도 전해져 오고 있다.

1874년 디하르트 시르만은 건전한 청소년 숙박시설인 유스호스텔을 창시하였으며, 1910년에 자신이 근무하는 초등학교 '인데아데데'를 유스호스텔로 최초 사용하였다. 1914년에는 유스호스텔 협회를 창립하였다.

근대 유럽 호텔산업의 발전은 호화로운 호텔경영을 완성시킨 Cezar Ritz(1850~1918)였다. 세자르 리츠는 호화로운 호텔경영을 완성시킨 인물이다.

서비스 맨 으로서의 탁월한 재능을 가진 그는 서양 요리 사상 가장 위대한 조리사인 조르쥬 에스꼬피에(George A. Escoffier)와 함께 유럽의 고급호텔들을 경영하였으며, 1989년 The Savoy Hotel에서 정장차림의 디너파티를 정착시키고 여성고객을 중요시하였다.

1898년에는 자신의 이름을 내세워 Hotel Ritz를 최초로 개관하였으며, 1899년에는 런던에서 최초로 전 객실에 욕실이 딸린 고급호텔인 The Carlton을 개관하게 되었다. 이후 호텔사업이 크게 성공하면서 명성이 알려지게 되었으며, 1906년에는 런던에 The Ritz Hotel 과 1910년 마드리드에 The Hotel Ritz 등이 개관되면서 유럽 전역에 18개의 Ritz 호텔을 운영하게 되었다.

'The guest is always right'라는 경영이념을 가진 리츠는 고객이 요구하는 모든 것은 최고의 서비스로 제공한다는 최고의 위대한 호텔리어였다.

숙박시설의 발전에는 교통수단의 발달로 인하여 상당한 발전을 이루게 되었으며, 19세기 중엽까지 많은 여행이 상업 및 직업적인 이유로 인하여 여행이 발전되었으나 규모면에서는 귀족들만이 여행을 할 수 있었기 때문에 숙박시설을 이용할 수 있는 계층은 한정적이었다.

〈쉬어가는 코너〉 Ritz 호텔경영의 성공

① 'Guest is always right'라는 경영이념으로 고객에게 초점을 두고 서비스를 제공하였다.
② 최고급 요리를 제공하였다.
③ 당시 법률로 금지된 일요일 영업을 하였으며, 부부동반의 외식 풍조를 창조하였다.
④ 고급호텔을 지향하고 유명 인사를 접대하여 경영효율성을 높였다.
⑤ 호텔경영을 소유와 경영의 분리를 통하여 전문성을 강조하고 체인화를 도모하였다.

3. 현대호텔의 발전과정

현대의 호텔은 세계화 추세에 따라 호텔 기업과 경영형태도 다국적화 와 경영다각화를 추구하고 있다. 호텔산업은 국제간의 호텔경영 기술의 교류, 체인화, 경영다각화 그리고 CRS(Computerized Reservation System)등을 통하여 세계를 하나의 서비스 네트워크 시대로 만들었다.

현대 호텔경영의 특징은 체인화, 경영다각화, CRS의 운용 등으로 구분하고 있으며 내용은 다음과 같다.

첫째, 호텔 체인화는 미국을 중심으로 하여 인수합병(M&A)과 프랜차이즈에 의한 대규모 호텔이 형성하게 되었다. 쉐라톤 호텔과 힐튼 호텔의 창시자인 헨더슨(Ernest Henderson)과 힐튼(Gonrad N. Hilton)이 호텔사업에 호텔 체인화를 하기 시작하였다. 따라서 체인호텔은 비용절감의 이점과 공동 마케팅을 할 수 있는 장점을 가지고 있었기 때문에 더욱 발전할 수 있는 계기가 되었다.

둘째, 경영다각화는 유럽과 아시아 지역을 운행하는 항공사가 자사 항공기를 이용하는 고객들을 숙박시키고자 호텔을 건설하기 시작하였다. 항공사의 경영다각화는 호텔업, 외식사업 등으로 확장하여 매출의 시너지 효과를 보고자 하였다.

셋째, CRS는 Holiday Inn 이 할리덱스(HOLIDEX)라는 컴퓨터 예약시스템을 업계 최초로 개발하면서 시작되었다. 현재에는 IT기술과 인터넷 보급의 급속한 발달로 인하여 시간과 공간의 제약 없이 실시간으로 이용할 수 있게 되었다. 또한 서비스 제공자는 인터넷을 통한 무한한 정보제공과 쌍방향 커뮤니케이션을 활용하여 고객만족에 활용하고 있다.

4. 미국의 호텔산업

미국 최초의 호텔은 당시 인구 3만명 인구의 도시인 뉴욕 맨허튼에 73개의 객실을 갖추고 있었으며, 1794년에 건립된 시티호텔(City Hotel)이었다. 이후 펜실베니아 주에 최초로 무연탄 벽난로를 사용하는 Arndt's Tavern 등 미국의 주요 도시에 많은 근대적 호텔들이 건립되기 시작하였다. 1829년에는 보스턴에 근대 호화호텔(Luxury Hotel)의 원조라고 할 수 있는 트레몬트 하우스(Tremont House)가 출현하면서 세계 호텔산업에 초석이 되었던 호텔이다. 170개의 객실을 가진 이 호텔은 당시 미국뿐만 아니라 유럽의 호텔 중에서도 가장 호화스럽고 건축비용이 가장 많이 든 호텔이었다. 트레몬트 하우스는 호텔건축의 권위자인 Isaiah Rogers 에 의해 건립되었으며 종전의 경영형태와는 전혀 다른 점과 고가의 건축비로서 이후 50여 년간 유럽 호텔 건축양식에 많은 영향을 미쳤다.

Tremont House는 오늘날의 경영방식을 채택하였는데 그 특징은 다음과 같다.

- 수익을 내기위해 하나의 객실에 여러 개의 침대를 배치한 것과는 달리 개인 프라이버시(privacy)를 보호하기 위한 1인용객실(single room)과 2인용 객실(double room)을 제공 하였다.
- 모든 객실에 호출기를 배치하여 프런트 데스크(front desk) 와의 의사소통이 가능하도록 하였다.
- 미국 호텔 업계 최초로 프랑스 요리를 제공하였다.
- 모든 객실에 세면대, 물주전자, 비누 및 신문 등을 무료로 제공하였다.
- 종업원 교육을 강화하여 고급 서비스 제공과 지배인(manager)제도로 자본(capital)과 경영(management)을 분리하는 제도를 시작하였다.

미국의 호텔업이 성장할 수 있었던 배경으로는,

첫째, 미국 호텔은 지급능력이 있는 고객은 누구나 평등하게 이용할 수 있었으며 요금도 비싸지 않았다. 이에 반해 유럽의 상용 호텔은 귀족계급만을 대상으로 한정성을 지닌 영업을 하였다. 경영에 있어서도 객실을 중요시하는 유럽에 비해 미국은 실용적인 사고에 의해 합리적이고 진취적이었다.

둘째, 미국인들은 다른 어느 나라 국민들보다 여행을 좋아 하는 습성이 있어서 국내 여행에서 부터 시작된 미국인의 여행이 최근에 와서는 전 세계에 걸쳐서 광범위한 지역을 여행하고 있다. 이와 같이 미국인의 여행문화 대중화와 생활습관이 호텔과 같은 대중 숙박시설을 많이 이용하는 특수성에 기인하여 미국 호텔의 발전을 초래하게 된 것이다.

20세기에 접어들면서 미국 호텔산업은 여행객의 증가에 따라 숙박시설의 형태, 서비스의 개발, 중산층과 일반대중에 적합한 숙박시설 등 더욱 눈부신 성장을 이룩하게 되었다.

미국 호텔산업의 아버지라고 불리는 E. M. Startler(1863 ~ 1928)는 현대호텔의 혁명왕으로 1908년 전혀 새로운 형태인 버펄로 스타틀러 호텔(Buffallo Startler Hotel)을 개관하였다. Startler는 1863년 펜실베니아에서 가난한 목사의 아들로 태어나 13세에 McLure Hotel 벨보이(bell boy) 로서 호텔리어가 되었다. 1907년 그는 뉴욕 주 버펄로 시에 미국 최초의 상용호텔인 300실 규모의 Startler Hotel을 개관하게 된다. 일반 대중고객을 대상으로 한 스타틀러 호텔은 1.5 달러로 욕실(bathroom)이 있는 객실을 이용할 수 있다(A room and a bath for a dollar and half)'라는 슬로건으로 중산층과 일반 대중들에게 큰 호응을 얻었다.

Buffallo Startler Hotel의 혁명적 호텔 운영방식은 다음과 같다.

- Do not Disturb (DD card)를 문고리에 사용함.
- 조간신문(newspaper)객실 무료 제공.
- 객실에 전신거울(mirror) 설치.
- 객실에 얼음물(ice water)제공.
- 객실에 옷장, 전화, 침대등과 책상 등 비치.
- 개인용 욕실 설치.
- 어두운 곳에서 객실문을 쉽게 열 수 있도록 하는 객실열쇠(room key) 설치.
- 익일 세탁물 서비스 제공.

- 화재 시 대피하기 위한 계단, 비상구 설치 등 고객들이 객실에서 편하게 쉴 수 있도록 다양한 물품제공과 안전을 위한 시설들을 대폭 강화하였다.

뉴욕의 펜실베니아(Hotel Pennsylvania), 월도프 아스토리아(Waldorf Astoria) 및 피엘(Pirece) 등의 호화로운 호텔의 출현과 시카고에는 객실 3,000실을 가진 스티븐스 호텔(The Stevens Hotel)등이 출현하였다.

1929년 경제대공황을 맞이하게 되면서 미국의 호텔산업은 역사상 가장 심한 불행을 겪게 되었다. 이때 미국의 호텔업계는 전체의 약 85%가 도산하는 위기를 겪게 되었다. 세계공황 이후 1940년 안정을 찾게 되면서 조금씩 회복되었으며, 1942년 제2차 세계대전의 영향으로 미국 전역으로 대량 인구의 이동이 시작되면서 여행자들의 급격한 수요가 늘어나기 시작했다. 1945년 종전과 더불어 미국에 있어서 전쟁경기로 인한 부의 축적을 가져온 상태에서 호텔업계는 새로운 호황기를 맞이하게 되었다.

1956년 아이젠하워 대통령의 결재로 본토의 각 주를 연결하는 고속도로가 건설되면서 여행자들이 늘어났으며, 1958년 최초로 대륙간 연결하는 민간 제트기가 취항하면서 여행수요는 폭발적으로 증가하게 되었다.

이후 자동차 위주의 여행이 시작되면서 숙박시설의 수요도 변하게 되었다.

비싼 가격을 지불해야하는 고급호텔을 지양하면서 적절한 가격의 시설을 갖춘 숙박시설인 모텔(motel)을 찾게 되었다. 모텔은 자동차를 이용하여 여행하는 소비자들을 대상으로 객실 문 바로 앞에 주차를 할 수 있었으며, 적절한 시설과 청결하고 쾌적한 객실위주의 서비스를 제공하면서 적당한 가격으로 이용할 수 있었다.

이때 등장하는 호텔브랜드에는 Holiday Inn, Ramada Inn, Howard Johnson, Quality Court 등이다.

기존에 하나의 독립호텔 개념에서 벗어난 대규모 호텔경영형태의 큰 기업집단 호텔들이 등장하게 되었다. 1950년 이후 Western, Ramada, Hilton, Sheraton, Hyatt, Inter Continental 등과 같은 유명 체인호텔들이 성장하면서 미국 호텔산업은 세계 최대의 호텔시장으로 성장하게 되었다.

실제로 현재 세계 10대 체인호텔들은 대부분 미국 체인 호텔이거나 미국식 체인호텔경영 방식에 영향을 받은 것이 사실이다.

Case Study

호텔 이름에 이런 뜻이!
호텔 이름에 타깃 고객 반영, 사람 이름 딴 호텔들도 많아.

신라, 롯데, 하얏트, 앰버서더, 임페리얼, 워커힐 · · · · ·
호텔을 자주 찾는 사람들이 아니라도 익히 들어본 이름들이다.

국내 특급 호텔은 크게 로컬 브랜드와 해외 브랜드 두 가지 종류로 나누어 진다. 로컬 브랜드에는 롯데, 신라, 임페리얼 호텔 그룹 등이 있으며 이들은 자체 자본과 브랜드를 내걸고, 호텔을 운영하고 있다.

이외에 대부분의 특급호텔들은 해외 브랜드를 들여와 호텔사업을 진행하고 있다. 하얏트(Hyatt), 스타우드(Starwood), 메리어트 인터내셔널(Marriott International), 아코르(Accor), 인터콘티넨탈 호텔그룹(IHG: International Hotel Group) 등이 대표적이다.

이중 스타우드와 아코르는 해외 유명 호텔 브랜드로서 스타우드 계열에는 'W 워커힐'과 '쉐라톤 그랜드 워커힐', '쉐라톤 인천'등이 있으며, 아코르 계열에는 '풀만 앰버서더 창원 시티 세븐', '노보텔 앰버서더 강남, 독산, 대구','이비스 앰버서더 명동, 서울'등의 앰버서더 호텔 등이 있다.

대부분의 해외 브랜드 호텔들은 소유와 운영이 분리되어 있다. 이중 앰버서더 호텔은 처음에 해외 브랜드로 들여왔지만 해외 브랜드 회사와 합작해 호텔 매니지먼트 회사를 설립(AAK: Acoor Ambassador Korea)하고 호텔 위탁 경영 사업도 진행하고 있다.

호텔 이름에는 타깃 고객에 대한 우위가 정해져 있다. 호텔들은 각 브랜드에 따른 시장을 세분화해 '고급 브랜드 – 대중 브랜드 – 저가 브랜드 혹은 레지던스 형'등 다양한 형태로 다각화해서 운영하고 있다.

로컬 브랜드		
롯데호텔	호텔신라	임페리얼
롯데호텔 서울, 부산, 울산, 제주, 미국, 모스크바	서울 신라 호텔	임페리얼 팰리스 호텔(호텔그룹)
롯데시티호텔 마포, 김포 등	제주 신라 호텔	JP 부티크 호텔(호텔그룹)
	신라스테이 (서울, 경기, 부산, 제주 등)	JP 호텔 후쿠오카(호텔그룹) * 국내호텔 최초 해외 진출
		임페리얼 팰리스 워터파크 리조트 & 스파(호텔 그룹)

( ) 안은 호텔 소유주나 대주주.

해외 브랜드				
Hyatt	Starwood	Marriott	Accor	IHG
파크하얏트 서울(현대산업개발)	더블유 워커힐(SK네트웍스)	리츠칼튼 서울	그랜드 앰버서더 서울	인터컨티넨탈 코엑스/그랜드(GS 계열사 파르나스)
그랜드하얏트 서울(하얏트 인터내셔널)	웨스틴 조선(신세계)	르네상스 서울	노보텔 앰버서더 강남, 독산, 대구	홀리데이 인 성북(GS 계열사 파르나스)
하얏트 리젠시 인천(대한항공)	쉐라톤 그랜드 워커힐(SK 네트웍스)	JW 매리어트 서울	이비스 앰버서더 서울, 명동, 수원	
하얏트 리젠시 제주(아주그룹)	쉐라톤 인천(금호 아시아나)	MEA-서울	풀만 앰버서더 창원 시티세븐 Pullman	
	쉐라톤 서울 디큐브시티(대성산업)			

( ) 안은 호텔 소유주나 대주주.

롯데 호텔에는 롯데시티 호텔 마포와 롯데시티 호텔 김포와 같이 '시티'의 단어가 있는 것과 그렇지 않은 호텔이 있다. 롯데시티 호텔은 특2급 호텔로 일부 서비스를 제외해 가격을 낮춘 호텔이다.

하얏트 계열에는 '호텔'이름 앞뒤에 '파크, 그랜드, 리젠시'등의 단어가 붙는다. 파크 하얏트는 휴가를 즐기려는 부유층이 주요 고객이다. 그랜드 하얏트는 여행 경험이 풍부한 사람이 이용하며, 하얏트 리젠시는 비즈니스맨이 주요 고객층이 된다.
이들 호텔은 타깃 고객층에 따라 호텔의 위치나 내부장식, 서비스 제공의 종류와 범위 등을 세분화해서 운영하고 있다.

아코르(Accor)와 합작 투자로 운영 중인 앰버서더 호텔들은 '아코르 브랜드-앰버서더-지역 이름'의 순이다. 아코르 브랜드인 '풀만, 노보텔, 이비스'에는 각각의 의미가 있다. '풀만(Pullman)'은 침대차를 개발한 유명 철도 회사 창립자의 이름을 본땄으며, '노보텔(Novotel)은 'Nouveau(새로운)'와 Hotel 을 합쳐서 이루어진 이름이다.

이비스는 '심플'을 컨셉으로 2성급 호텔의 이미지에 맞게 지어졌다.

임페리얼 팰리스 호텔(Imperial Palace Hotel)은 '유럽의 황궁에 온 듯이 왕처럼 모신다'라는 의미로 지었다. 인테리어는 유럽풍 앤티크 스타일의 최고급 호텔을 지향한다. IP 부티크 호텔(IP Boutique Hotel)은 'Imperial Palace'의 약자인 IP를 첫 자로 사용하고 있다. 디자인을 중시한 호텔로 '부티크'의 명칭을 첨가하였다.

하지만, 임페리얼 호텔들은 주요 타깃 고객의 층을 나누지 않고 있는 것이 다른 호텔들과의 차이점이 있다.

이밖의 호텔은 사람 이름을 딴 경우가 있는데, 워커힐(Walkerhill)은 한국전쟁 당시 초대 주한 미8군 사령관인 워커(Walton H. Walker)장군의 이름에서 유래됐다.

리츠 칼튼 호텔은 1850년 스위스에서 목동의 아들로 태어난 세자르 리츠(Cesar Ritz)의 이름을 땄다.

이데일리 2011년 8월 17일자

5. 한국의 호텔산업

우리나라의 숙박시설은 삼국사기에 처음으로 기록에 남아있으며 주로 관리들이 지방을 순찰할 때 머물던 역관이 있었다. 통일신라시대에는 신라방, 신라관, 신라원을 건립하여 당나라를 찾는 신라인의 숙소로서 이들에게 숙식을 제공하였다.

역마를 두고 공무로 왕래하는 관리에게 교통 및 숙박의 편의를 제공한 고려시대의 역참제가 있었으며, 경국대전에 의하면 전국에 530여개의 역이 존재하였다.

또한 공무여행자나 관리를 위해 지방관위에 설치된 새로운 숙박시설인 관(館)이 건립되었으며 후에 하급시설인 원(院)도 건립되었다. 국내의 근대호텔산업은 1876년 강화도 조약 이후 외국인의 거주와 통상을 위해 부산·인천·원산의 항구와 내륙시장을 개방하였다. 이 조약으로 인하여 일본을 비롯한 세계 열강국들이 한국에 진출함으로 인해 외국인들의 왕래가 잦아지면서 숙박시설이 필요했다.

1887년에는 숙박과 요정이 주업인 시천 여관이 건설되었으며, 1888년 인천에 3층 높이의 벽돌건물과 편의시설이 있는 대불호텔이 건립되었다.

1902년에는 최초의 서양식 호텔인 손탁호텔(Sontag Hotel)이 독일 여인인 손탁에 의해 건립되었다. 이 호텔은 러시아 풍의 2층 건물로 객실은 약 30개 였으며, 커피숍과 최초의 프렌치 레스토랑에서 서양요리를 제공하였다.

1908년에는 일본 료칸이란 명칭에서 유래한 여관이 전국에 약 120여개가 존재했다고 한다.

표 2-1 우리나라 호텔의 역사

호텔 연대별	호텔명(위치)	특 징	비 고
1889년	대불호텔(인천)	우리나라 최초의 호텔	호텔의 등장
1902년	손탁호텔(서울 정동)	최초의 근대적 호텔, 최초의 프랑스 요리제공	
1912년 1912년 1914년 1915년	부산 철도호텔 신의주 철도호텔 조선호텔 (현 조선호텔) 금강산호텔, 동래호텔	최초의 철도호텔 부산철도역사 2층에 9개 객실 조선경성철도호텔 10실 규모 휴양지 호텔 등장	철도호텔

호텔 연대별	호텔명(위치)	특 징	비 고
1936년	반도호텔 (현 롯데호텔)	최초의 상용호텔로 객실 111실. 일본인, 외국인을 위한 시설	상용호텔
1952년 1955년 1959년	대원호텔 금수장호텔 M.O.T가 직영	최초의 민영호텔 현 소피텔 엠버서더의 전신 서울반도, 조선, 지방의 8개호텔 등 10개	민영호텔
1961년 1963년	메트로호텔, 아스토리아호텔, 뉴코리아 호텔 사보이 호텔 그랜드 호텔 워커힐 호텔	관광사업진흥법: 시설기준이 우수한 호텔을 관광호텔로 지정 최초의 휴양지 호텔	1960년대 호텔업
1970년 1976년 1978년 1979년	조선호텔 서울 프라자호텔 Hyatt, 부산조선비치,경주코오롱호텔 호텔신라서울 개관	국내에서는 처음으로 자본과 경영 분리	1970년대 호텔업
1980년	호텔롯데, 경조조선호텔, 경주도큐호텔, 부산서라벌호텔, 서울가든호텔		1980년대 호텔업
1986년, 1988년	스위스 그랜드호텔, 인터컨티넨탈, 라마다 호텔, 롯데 월드 호텔		
1990년 이후	제주신라 resort hotel 제주롯데 resort hotel		럭셔리 리조트 호텔
2004년 2005년	W 서울 워커힐 파크하앗트호텔	부티크(Boutique)호텔 등장 국내최초 6성급의 최고급호텔	
2006년~ 2013년	메이필드 호텔 쉐라톤 서울 다큐브 시티 호텔 임페리얼 팰리스 콘래드 호텔		럭셔리 비즈니스 호 텔
2011년 ~ 현재	롯데 시티호텔 신라 스테이호텔	저렴한 가격대의 품격 있는 호텔을 원하는 비즈니스 맨이나 관광객을 위한 호텔	중저가 비즈니스 호텔

Case Study

뉴욕팰리스에 이름 새긴 롯데 … 세계 호텔 33개 인수 계획

롯데그룹이 인수한 미국 뉴욕 맨해튼 '더 뉴욕 팰리스'호텔의 현판을 '롯데 뉴욕 팰리스'호텔로 교체하는 행사가 열렸다. 행사에 참석한 존 톨버트 롯데 뉴욕 팰리스 호텔 총지배인, 프레드 딕슨 뉴욕시 관광마케팅협회장, 김기환 뉴욕 총영사, 송용덕 롯데호텔 사장, 영화배우 브룩 실즈. 실즈는 주요 고객 차원에서 행사에 초청됐다.

롯데뉴욕팰리스 호텔의 전경

롯데가 글로벌 호텔의 격전장인 뉴욕에 진출했다. 롯데호텔은 맨해튼 중심부의 고급 호텔 '더 뉴욕 팰리스'의 간판을 '롯데 뉴욕 팰리스'로 바꾸는 현판식을 하고 본격 영업에 돌입했다.

뉴욕서 현판식 … 본격 영업
롯데 브랜드 홍보 역할 기대
오바마, 유엔 총회 기간 투숙

롯데뉴욕팰리스는 지상 55층 규모에 5성급 호텔인 메인 하우스(객실 733개)와 6성급 호텔인 타워(176실), 23개의 연회장 등으로 구성된 뉴욕의 랜드마크 호텔이다. 53~55층에 걸친 스위트룸의 하룻밤 숙박료는 2만5000달러(약 3000만원)에 달한다. 롯데는 호텔 인수에 8억500만 달러(약 1조원)를 투자했다.

롯데그룹에 롯데뉴욕팰리스는 수익 창출 이상의 의미가 있다. 바로 브랜드다. 롯데호텔이 글로벌 브랜드 전쟁에서 '롯데'라는 그룹 브랜드를 알리는 첨병 역할을 맡고 있기 때문이다. 롯데호텔 관계자는 "많은 기업이 브랜드 홍보를 위해 맨해튼 타임스스퀘어 전광판을 활용하고 있지만, 롯데뉴욕팰리스는 그 자체로 365일 24시간 롯데그룹 브랜드를 전 세계에 알리게 된다"고 말했다.

현판식을 주관한 송용덕 롯데호텔 사장의 설명은 한층 분명했다. 그는 "북미 시장에 롯데케미칼 등이 있지만, 롯데 브랜드가 들어온 것은 아니다. 뉴욕팰리스가 롯데 이미지를 좋게 만들면 계열사들의 진출에 도움이 될 것으로 생각한다"며 "호텔만 본 것이 아니라 그룹 전체의 비즈니스를 보고 인수를 결정했다"고 말했다. 롯데는 아시아의 유통 거인이다. 하지만 선진국 시장엔 아직 명함을 내밀지 못하고 있다. 브랜드 인지도가 낮기 때문이다. 롯데 간판을 붙인 호텔을 앞세워 그 한계를 정면 돌파하겠다는 포석이 뉴욕팰리스 인수에 담겨 있다. 삼성전자의 휴대전화와 TV가 글로벌 시장에 삼성 브랜드를 심고 있는 것과 유사한 맥락이다.

최고급 호텔엔 세계의 저명인사들이 묵는다. 이들의 동선 하나하나가 뉴스가 되는 과정에서 호텔의 인지도도 덩달아 올라간다.

롯데뉴욕팰리스는 이 같은 브랜드 효과를 톡톡히 누리고 있다. 버락 오바마 미국 대통령이 이번 유엔 총회 기간 중에 투숙하기로 결정하면서 세계적인 주목을 받았기 때문이다. 그동안 역대 미국 대통령들은 월도프 아스토리아 호텔을 전용숙소처럼 활용했다. 그러나 이 호텔은 지난해 중국의 안방보험그룹에 인수되면서 중국 정부의 영향권 안으로 넘어갔다.

미국 조야에선 오바마 대통령이 월도프 아스토리아 호텔에 투숙하면 중국 측의 도청과 감시를 당할지 모른다는 우려가 제기됐다. 미국과 중국이 신경전을 펼치는 가운데 롯데뉴욕팰리스가 '대통령의 호텔'이란 명성을 거머쥘 기회를 잡은 것이다.

거점 호텔을 앞세워 브랜드를 구축하는 교두보 전략은 '롯데호텔 모스크바'의 성공 사례가 모델이 됐다. 2010년 모스크바에 진출한 롯데호텔이 리츠칼튼·힐튼 등 경쟁 호텔을 누르고 자리를 잡자 롯데제과의 초코파이 시장 점유율이 확 올라갔다. 모스크바의 호평은 롯데호텔이 우즈베키스탄(타슈켄트), 베트남(호찌민·하노이), 중국(선양·옌타이) 등 인접국가로 진출할 수 있는 기반이 됐다.

롯데호텔은 2020년까지 세계 주요 도시에 50개 호텔을 운영한다는 목표를 잡고 있다. 뉴욕뿐만 아니라 런던·파리·프랑크푸르트 등이 대상이다. 각국 경제·문화의 허브 도시에 진출해 브랜드 인지도를 쌓은 후 주변 지역으로 호텔을 확장한다는 계획이다. 송 사장은 "더 뉴욕 팰리스 호텔 인수 후 공동경영·위탁운영 등 여러 가지 제안이 들어오고 있다"면서 년까지 33개 호텔을 추가 인수할 계획이며, 이미 15개 정도의 프로젝트가 진행 중"이라고 소개했다. 롯데호텔 관계자는 "인수든 위탁경영이든 롯데 브랜드를 사용할 수 있느냐가 핵심 고려사항"이라고 설명했다.

롯데 측은 손님을 극진히 환대하는 한국식 서비스를 뉴욕팰리스 경영에 접목시킬 방침이다. 이것이 뉴욕에서 먹혀 들면 한국 서비스 산업이 또 다른 한류로 발돋움할 수 있는 가능성이 확인되는 셈이다. 롯데 관계자는 "글로벌 호텔체인 어디나 시설 면에서는 유사해진 만큼 인적 서비스의 차별화가 경쟁 포인트"라며 "경비원들까지 고객 애로 해결에 팔을 걷어붙이고 나서도록 한 것이 롯데호텔 모스크바의 성공 비결이 됐다"고 말했다.

자료: 중앙일보 2015. 09.18

03 호텔산업 목적에 따른 세분화

호텔을 분류하는 방식에는 소유권을 누가 가지고 있는지, 입지가 어디에 있는지, 여행목적이 어디에 있는지, 서비스 수준 등에 따라서 나누어지게 된다.

1. 숙박목적에 따른 세분화

1) 컨벤션 호텔(Convention Hotel)

컨벤션 호텔은 초대형 호텔과 컨벤션 시설을 갖추고 있는 호텔을 말한다. 컨벤션 호텔은 컨벤션과 회의 그리고 전시회를 할 수 있는 시설과 장비 등을 갖추고 있으며, 컨벤션과 관련된 시설과 호텔이 연결되어 있어 원스탑(one stop)서비스를 제공할 수 있어서 컨벤션에 참가한 고객이 다른 이동수단을 이용하지 않고도 회의와 숙식을 한 곳에서 이용할 수 있어서 편리하다.

컨벤션 호텔은 다양한 규모의 회의장과 시설, 전시회장, 연회시설 그리고 회의에 참가하는 국내·외 고객을 위해 충분한 수의 객실을 갖추고 있어야 한다. 또한 국제회의를 진행할 수 있는 8개국 이상의 동시통역 시설과 각종 첨단장비 등도 보유하고 있어야 한다.

국제회의에 참가하는 외국인 1명은 자동차 4대를 만들어서 수출하는 효과와 맞먹는다. 각국의 주요도시들은 국제회의 유치를 위한 경쟁이 날이 갈수록 치열해지고 있으며, 대규모 회의, 전시장과 최신 시설들을 갖추고 있다.

우리나라 호텔들은 컨벤션 시설을 갖추고 국제회의를 유치하기 위해 많은 홍보를 하고 있으며 정부 차원에서도 기업을 위한 지원과 대규모 컨벤션 행사유치를 위한 적극적인 노력을 하고 있다.

2) 커머셜 호텔(Commercial Hotel)

커머셜 호텔은 비즈니스를 하는 사람들이 많이 모이는 도심에 주로 위치하고 있다. 주요한 도시의 중심지에 위치하고 있는 호텔들이며, 주로 비즈니스 활동이 많은 금융 중심지 나 쇼핑 중심가 같은 사람들이 많이 모이는 장소에 위치하고 있다.

〈사례〉 잘 나가는 비즈니스호텔

비수기도 숙박률 90% 넘어　용적률 완화 등 건설 지원도　개인도 소액으로 투자 가능

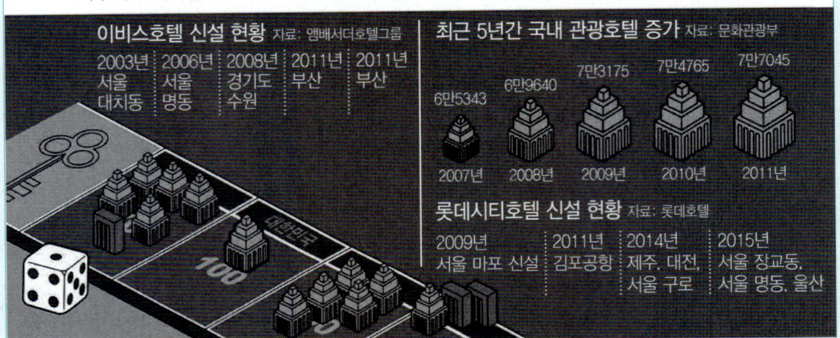

비즈니스 호텔(business hotel): 저렴한 경비로 출장 온 비스니스맨들이 쉽게 업무를 보고 장기 투숙하기 좋도록 만든 호텔에서 유래함. 미국 베스트웨스턴(Best Western)과 프랑스 이비스(Ibis)가 대표적인 비즈니스호텔 체인임. 이 호텔은 인터넷·팩스 서비스를 저렴한 가격에 제공하고, 숙박 기능 외 콘퍼런스룸 등 소규모 비즈니스 시설을 갖추고 있다. 하루 숙박료는 100달러 내외.

서울의 특급호텔 빅3 (웨스틴조선호텔, 롯데호텔, 신라호텔)는 서울을 비롯한 수도권 도심에서 중저가 비즈니스호텔 개발을 하고 있다. 고객층은 샐러리맨에서 외국 관광객으로 급속히 확대되는 추세이다. 대기업뿐만 아니라 외국계 호텔체인과 중소기업도 많은 관심을 가지고 있다. 앰버서더 호텔, 리츠칼튼 호텔도 신규 사업을 검토중이다.

비즈니스호텔 열풍의 첫째 원인은 관광인프라 부족이다.
한국관광공사에 따르면 2011년 수도권 호텔 수요는 3만 6000여실 이었다. 공급량은 2만 8000여실에 그쳤다. 수요보다 8000여실이 부족하다. 2009년부터 우리나라를 방문할 외국인 관광객이 연평균 10%이상 증가하는데 관광숙박시설 증가

율은 3~4%로에 그치고 있는 실정이다. 향후 관광객 증가를 감안하여 객실의 공급량을 늘이는 방안을 구축할 필요가 있다.

둘째, 높은 수익률이다.
최근 부동산 경기 침체로 오피스 빌딩 수익률이 연 4%이하로 낮아졌다. 반면 비즈니스호텔은 8 ~ 10% 높은 수익률을 나타내고 있다.

셋째, 적은 자본으로도 투자가 가능하고 정부지원도 받을 수 있다.
정부는 관광객용 중저가 호텔을 건설할 때 용적률을 완화해 주는 등의 다양한 지원책을 펼치고 있다. 이에 대해 해결해야 할 과제 또한 많이 존재한다.
서울의 비즈니스호텔의 경우 하루 객실료는 평균 $185이다. 홍콩과 싱가포르 다음으로 비싼 편이다. 객실료를 낮추려면 운영경비를 줄여야 한다.
세계적인 중저가 호텔체인인 이비스(Ibis)호텔의 경우, 프런트 직원이 예약상담 전화 응대까지 담당한다. 총 지배인 비서는 홍보, 채용업무도 겸임하는 형태이다.
전문가들은 "호텔이 우후죽순처럼 생기는 상황에서 확실한 차별화 정책이 필요하다"고 말한다. 일본 그레이스리 호텔의 경우, 여 종업원이 객실까지 식사를 배달해주는 서비스가 특징이다. 이는 여성고객이 화장을 안 한 상태로 객실에서 편안하게 아침식사를 할 수 있도록 배려한 것이다.
미국 홀리데이 인은 13세 이하 어린이 동반고객에게 어린이 숙박료와 식사를 공짜로 제공하여 타 호텔과의 차별화를 두고 있다.

넷째, 호텔운영 방식의 다양화가 필요하다. 리츠(REITs: 부동산 투자신탁) 등을 활용하여 개인들도 얼마든지 투자가 가능하며, 은행금리 보다 높은 재테크 수익을 창출할 수 있다. 도요코인은 토지 소유자가 호텔을 건축하면 그 건물을 30년간 장기 임차해 운영한다. 피데스 개발 사장은 "소유주는 건물 분양에 대한 부담을 덜고 안정적인 수익을 얻을 수 있다"면서 호텔도 초기 투자비가 적게 들어 운영에 집중하게 된다고 한다.

조선일보 2012년 7월 27일자.

3) 리조트 호텔(Resort Hotel)

리조트 호텔은 경치가 수려한 산악이나 해변에 위치하여 고객이 편안하게 휴식을 취하고 심신을 단련시킬 수 있도록 서비스를 제공하고 있다.

리조트 호텔은 일상생활에서 벗어나 일탈을 위한 휴양과 여가 또는 스포츠 활동을 즐기기 위한 관광객들이 주로 찾는 호텔이다. 따라서 휴가철인 경우에는 성수기를 맞이하지만 그 외 계절에는 비수기로서 다양한 방법과 마케팅으로 판매를 해야 하는 경우가 대부분이다.

휴양지 호텔은 기후조건에 따라 스키장·골프장·요트장 등 여가활동을 즐길 수 있으며, 가족단위의 고객들이 많이 찾기 때문에 가족들이 함께 즐길 수 있는 시설과 프로그램을 구성할 필요가 있다. 최근에는 기업에서 제공하는 포상휴가(Incentive Tour) 나 연수프로그램의 증가로 인하여 고객들이 점점 증가하고 있는 추세이다.

리조트 호텔은 호텔 내·외에 위치한 골프, 테니스, 수영, 휘트니스 등 다양한 아웃도어(outdoor) 활동이나 취미를 즐길 수 있는 시설들을 유·무료로 제공하고 있다.

4) 카지노 호텔(Casino Hotel)

카지노 호텔은 객실과 식음료 부문은 주로 카지노를 즐기는 사람들을 위해 지원하는 시설의 기능을 하고 있다. 카지노 호텔들은 대부분 최고급시설을 갖추고 유명한 가수들과 마술을 포함한 대형쇼와 고급 식당 등 고객의 편의를 위해 최고급 서비스를 제공하기도 한다.

미국의 라스베이거스는 세계적으로 유명한 카지노 호텔들이 있다. 예전에는 단순히 카지노를 즐기는 관광객들로만 붐볐는데 현재에는 가족여행지로서 각광을 받고 있는 가족단위의 휴양지로 인기를 얻고 있다. 이는 카지노시설 이외에 어린아이부터 카지노를 즐기지 않는 가족들까지 즐길 수 있는 볼거리, 먹거리, 즐길 거리 그리고 쇼핑과 주위의 관광자원들을 개발하며 모든 가족들이 즐겁게 보낼 수 있도록 하였다.

2. 숙박기간에 따른 세분화

1) 트렌전트 호텔(Transient Hotel)

대부분 1~2일 정도의 단기체류 비즈니스를 하는 사람들이 이용하는 호텔로서 주로 도시의 중심에 위치하고 있는 호텔이다. 숙박고객 이외 고객들의 왕래가 빈번하므로 교통과 입지 조건이 매우 중요하다.

고객들의 편의를 위해서 식당과 커피숍 등 식음료 서비스도 제공된다.

2) 레지던스 호텔(Residence Hotel)

1주일 이상의 체재객을 대상으로 하는 주택형식의 호텔이다.

대부분의 고객은 주로 신흥 산업 도시에 파견되는 기술자, 가족 등 임시 거주용으로 사용된다. 호텔식의 룸 메이드 서비스가 제공되고 식음료 서비스가 제공된다.

관광객 1000만 시대,
오피스텔 지고 레지던스 비즈니스 호텔 뜬다

연 2만명 투숙객, 동탄 디아망 레지던스 비즈니스 호텔 투자자 몰려

관광객 1,000만명 시대를 맞아 최근 분양형 숙박시설이 새로운 수익형 부동산으로 주목받고 있다. 분양형 숙박시설 입지로 투자자들의 눈길을 끄는 곳은 동탄 신도시이다. 동탄 신도시에는 삼성반도체(8만 6,000명)를 비롯해 약 2,800여개의 협력업체들이 있고, 이들 기업을 찾는 바이어만 연간 2만명에 달하는 등 비즈니스호텔 투숙객들이 줄을 잇고 있다.

90%이상 높은 가동률을 올리며 고속성장을 거듭한 동탄 라마다 호텔에 이어, 최근 분양에 들어간 디아망스위트 호텔은 소형 오피스텔 수준의 경쟁력

> 있는 분양가격에 고급 비즈니스호텔로 건축돼 지역 경제에 활력을 불어넣을 것으로 예상된다.
>
> 2014년 5월 개관을 목표로 현재 공사가 한창인 디아망스위트호텔은 5년간 년 10.75%의 매력적인 분양조건을 제시해 투자자들의 호응을 얻고 있다. 특히 디아망스위트는 안정적인 투자를 위해 국내 메이저급 호텔 운영사와 운영 계약을 체결했다. 호텔은 총 12층 건물에 115개의 객실과 부대시설을 갖췄으며 삼성전자 화성캠퍼스 정문과는 도보 5분 거리에 위치해 있다.
>
> 자료: 서울경제(2013.6.11)일자

3) 퍼머넌트 호텔(Permanent Hotel)

주로 장기 투숙객을 대상으로 하여 아파트 형식의 호텔로서 룸 메이드 서비스가 제공되는 것이 특징이다. 대부분의 장기체재 호텔은 객실 점유율 향상과 이에 따른 수익증대를 위해 임대계약을 하지 않더라도 장기적으로 객실을 사용할 수 있다.

3. 숙박시설에 따른 세분화

숙박시설을 이용하는 사람들의 이용목적이나 취미, 여행 등의 형태에 따라 여러 가지 시설을 이용하게 된다. 숙박시설 형태에 따른 분류는 다음과 같다.

1) 모텔(Moter Hotel)

모텔은 자동차 여행객의 증가추세에 부응하여 도로가에 건설되어 운영되는 호텔이다. 1908년 미국 애리조나(Arizona) 주 교외의 한 마을에서 시작되었고, 처음에는 주차장과 침실을 한 단위로 시설화 하였으나, 근래에는 호텔과 같은 규모 또는 그 이상의 규모를 가진 모텔도 등장하고 있다.

모든 시설의 이용이 셀프 서비스 방식으로 운영되고 있어 객실료가 비교적 저렴하다.

2) 유스호스텔(Youth Hostel)

유스 호스텔은 청소년을 위한 숙박시설이다. 일반호텔과는 달리 청소년들의 심신단련과 보건 휴양여행을 장려하기 위해 저렴한 가격으로 숙박시설을 제공하는 사회복지시설의 일종이다. 여행을 하는 청소년에게 저렴한 가격에 적절한 수준의 숙소를 제공하는 시설이며 다른 호텔들과 달리 비영리목적이다. 유스호스텔에서는 모든 시설의 이용은 셀프서비스 방식이며 직접 취사를 할 수 있도록 취사도구들이 갖추어져 있다.

유스호스텔 시설은 침대와 침구, 샤워장, 취사장 등 편의시설과 기본적인 도구만 제공된다. 객실 사용은 대부분 4인 이상이 이용할 수 있는 다인용 형태가 일반적이다. 체재기간 동안은 유스호스텔의 규칙을 잘 따라야 한다. 주로 유적지 등 관광명소나 경치가 좋은 곳에 위치하며 일부는 도심에 위치하기도 한다.

3) 보텔(Boat Hotel)

보텔은 보트로 여행하는 사람들이 이용하는 호텔로서 항해 중 해변에서 보트를 정박시켜 두고 투숙할 수 있는 시설이다. 육지의 모텔과 성격이 비슷하다.

4) 요텔(Yatch Hotel)

요텔은 요트 여행객을 위한 숙박시설로 해안과 호반에 요트를 계류할 수 있도록 설비를 갖춘 호텔이다.

4. 입지조건에 따른 세분화

1) 메트로폴리탄 호텔(Metropolitan Hotel)

메트로폴리탄 호텔은 대도시의 중심가에 위치하는 대규모 호텔로서 수천개의 객실을 보유하고 있는 호텔군을 말한다. 이러한 호텔은 일시에 많은 고객을 수용해야 하므로 대연회장·전시장 등을 갖추고 있다.

2) 시티 호텔(City Hotel)

시티 호텔은 도심지에 위치한 호텔로서 교통이 편리하기 때문에 각종 연회·회의·결혼식 등에 많이 이용되는 호텔이다.

3) 서버번(교외)호텔(Suburban Hotel)

서버번 호텔은 도시에서 멀리 떨어져 있는 호텔로서 도시의 공해를 피해 자동차를 이용하는 가족단위의 여행객에게 인기가 있는 호텔이다.

혼잡한 도시를 벗어나 비교적 한산한 교외에 위치하고 있는 호텔을 말한다. 주위 환경이 쾌적하고 공기 좋고 조용한 곳에 있으며 주차시설 또한 편리한 것이 특징이다. 도심에 비해 지가가 비싸지 않고 건설비용이 적게 들면서 객실가격에 부담을 가지지 않는다. 대부분 중저가 호텔이 많은 편이다.

4) 컨트리 호텔(Country Hotel)

컨트리 호텔은 교외라기보다는 산간에 세워지는 호텔로 마운틴 호텔(mountain hotel)이라고도 한다. 특히 골프, 스키, 등산 등의 레크리에이션 기능을 할 수 있다.

5) 에어포트 호텔(Airport Hotel)

주로 공항근처에 위치하고 있으며 승무원이나 조종사 등의 항공사 직원들이나 비행기 사정으로 출발 및 도착 지연으로 인하여 공항근처에서 숙박을 해야 하는 여행자나 비즈니스 여행자들이 이용하기에 편리한 호텔을 말한다. 최근에는 저렴한 가격으로 객실과 욕실만을 제공하는 소규모 호텔들도 많이 등장하고 있다.

에어포트 호텔은 관광객들에게 거리의 이동을 최대한 축소시켜 편리함이라는 장점으로 접근하고 있다. 다양한 수준의 서비스와 객실용품을 제공하며, 특히 공항에서 호텔로 이동하는데 있어서 비교적 짧은 시간이 소비된다.

6) 시포트 호텔(Seaport Hotel)

시포트 호텔은 에어포트 호텔과 마찬가지로 항구와 근접한 곳에 위치하여 관광객이나 승무원이 편리하게 이용할 수 있도록 세워진 호텔이다.

7) 터미널 호텔(Terminal Hotel)

터미널 호텔은 철도역, 공항 또는 버스터미널 근처에 위치한 호텔로서 이러한 교통수단을 이용하는 관광객들이 주로 이용한다.

5. 규모에 따른 세분화

호텔의 규모는 일반적으로 소규모, 중규모, 대규모 호텔로 세분화 한다.

소규모 호텔은 객실이 150실 이하의 호텔이며, 중규모 호텔은 150실~300실 이하의 객실을 보유하고 있는 호텔이다. 그리고 대규모 호텔은 300실~600실 이하의 객실을 가지고 있는 호텔로 세분화하고 있으며 600객실 이상의 규모의 호텔을 특대규모 호텔로 분류하고 있다.

6. 서비스 수준에 따른 세분화

1) 고급 서비스 호텔(Full Service Hotel)

고객에게 제공되는 서비스에는 고급객실, 비즈니스 센터, 회의실, 인터넷, 룸서비스 및 운동, 오락시설 등이 갖춰져 있다. 고급서비스 호텔 중에서도 최고급 호텔(luxury hotel), 고급호텔(upscale hotel), 중급호텔(midscale hotel)로 구분된다.

최고급호텔은 5성급 이상의 호텔들이 해당된다. 호텔 수준에 맞게 고객들 또한 가격 수준에는 전혀 개의치 않는 고객들로서 기업가, 사업가 등 사회적 지위가 높거나 명예를 가지고 있는 사람들이 대부분의 고객들이다. 대표적인 브랜드 호텔은 Ritz- Carlton, Fairmont, Plaza, Four Seasons 등이 있다.

고급호텔은 최고급호텔에 비해 조금 낮은 서비스를 제공함으로써 가격면 에서도 조금 낮은 편에 속한다. 대표적인 브랜드 호텔은 Hyatt, Hilton, Sheraton, Inter Continental, Radisson 등이 있다.

중급호텔은 서비스 수준이나 시설 면에서 고급호텔보다 낮기 때문에 비교적 저렴한 편에 속한다. 대표적인 브랜드 호텔은 Holiday Inn, Best Western, Courtyard by Marriott, Ramada 등이 있다.

Case Study

도심 비즈니스 호텔 튀어야 산다

명동 스카이파크 센트럴점
화장품 브랜드와 협업 -- 독특한 객실 분위기 연출
호텔 아벤트리 종로
사군자를 형상화한 침구류 등 디자이너스 룸 이영희
인사동 센터마크 호텔
뮤지컬 연계 상품으로 원스톱 관광, 쇼핑, 문화
재개장한 명동 세종호텔
갤러리, 부티크 호텔 표방 -- 친환경, 맞춤형 객실 선보여

서울에는 많은 비즈니스 호텔들이 신충중이다. 관광객에 비해 객실수가 부족하게 되면서 서울 명동과 종로, 인사동 일대에서 신축되거나 개축되고 있다. 이들 비즈니스 호텔들은 대형 특급호텔과 달리 식당과 부대시설 등을 없애는 대신, 독특한 아이디어와 차별화로 관광객들을 유치하고 있다.

'호텔 스카이파크 센트럴'은 2010부터 명동에만 중소 규모의 비즈니스호텔로 외국인 관광객이 명동 거리에서 가장 많이 사는 제품인 화장품에 주목해 차별화하였다. 총 15개층 가운데 6~12층은 여성관광객만을 위한 'Ladies Floor'로 지정하여 국내 화장품 브랜드와 협업을 통해 객실을 핑크색과 초록

색을 주조색으로 한 독특한 분위기로 꾸몄다. 또한 다양한 화장품을 고객이 직접 사용해 볼 수도 있다.

부동산 투자회사 아벤트리 리츠는 모두투어의 투자를 받아 '호텔 아벤트리 종로'를 오픈했다. 155개의 객실을 가진 아벤트리 호텔은 한국을 대표하는 한복 디자이너 이영희씨가 직접 디자인한 '디자이너스 룸 이영희'객실로서 차별화를 두고 있다.

사군자를 형상화한 전통 소재의 침구류, 모던 한복 스타일의 객실 원피스가 비치되어 있으며, 테라스에는 대나무와 장독으로 꾸며져 있다.

인사동에 위치하고 있는 '센터마크 호텔'은 국내 1위 여행사인 하나투어와 부동산 개발사 신영자산개발이 공동투자해 설립한 250실 규모의 특급호텔이다. 외국인 관광객들에게 숙박은 물론 관광과 쇼핑을 즐길수 있도록 여행상품을 개발해서 차별화하고 있다. 뮤지컬 '오페라의 유령'과 연계한 패키지 상품을 출시하고, 경복궁과 인사동에서 한국의 전통을 느끼며 관광을 하면서 명동에서 쇼핑을 하며 뮤지컬까지 즐길 수 있는 상품을 개발하고 있다.

명동 세종호텔은 '도심 속 갤러리, 부티크 호텔'을 표방하면서 디자인을 중시하여 완전 리모델링하여 재개장 하였다. 정문 입구 인테리어는 대리석을 이용해 고대 그리스 파르테논 신전을 모티브로 꾸몄으며, 전체 객실은 원목을 소재로한 친환경적 디자인으로 설계하였다. 또한 '도심속 힐링'을 즐길 수 있도록 정원이 있는 객실, 파티를 위한 테라스가 있는 객실 등 고객들이 원하는 맞춤형 객실로서 차별화하고 있다.

자료: 머니투데이, 2012.11.3.

2) 한정 서비스 호텔(Limited Service Hotel)

한정 서비스 호텔을 주로 이용하는 고객들은 가격에 민감한 상용 및 여가 여행자들이며 단기간 체류를 한다. 한정된 서비스를 제공하며 객실가격에 포함된 아침식사외 다른 서비스는 제공되지 않는다. 일반적으로 호텔 내에 식당은 존재하지 않으며 회의실, 연회장, 룸서비스, Valet Parking 등의 서비스 또한 제공되지 않는다. 최소한의 직원 운영으로 낮은 비용구조와 높은 마진으로 운영되며 객실 판매 만으로 최대의 이윤을 창출하고 있다.

최근 국내에서 많이 건립되고 있는 일부 중저가 호텔들이 이에 속한 다고 볼 수 있다. 보통 객실의 수가 100실 이하로 규모가 작은 곳이 많다.

3) 장기체류호텔(Extended-Stay Hotel)

모든 설비를 갖추고 있는 아파트형태의 호텔로서 자기집 처럼 편안하게 지낼 수 있다. 고급 서비스는 제한적으로 제공되며 호텔의 서비스 수준에 따라 회의시설, 운동시설, 비즈니스 센터 등이 제공되거나 제공되지 않는 호텔이 있다.

미국호텔 시장에서 대표적인 브랜드에는 Residence Inn, Homestead, Villager Lodge 등이 있다.

7. 요금지급방식에 따른 세분화

요금지급방식에 의한 분류는 호텔의 정책에 따라 객실과 식사요금을 함께 지불하거나 객실과 식사요금을 분리하는 것 그리고 이를 혼합하여 지불하는 방식 그리고 객실 요금에 조식을 포함한 지급방식으로 분류하고 있다. 다음은 호텔의 특성과 고객이 선호하는 방식을 채택하여 결정하게 되는 분류이다.

1) 미국식 요금 지급방식(American Plan) 호텔

미국식 요금 지급방식은 1일, 1주일 또는 1개월의 통산요금을 객실료로 표시하는 방식의 호텔로서 객실요금에 식대를 포함시켜 받는 요금 방식이다.

미국식 요금 지불방식의 장점과 단점은 다음과 같다.

표 2-2 미국식 요금 지불방식의 장점과 단점

구분	고객	호텔
장점	• 숙식을 한 곳에서 해결할 수 있다. • 정해진 식사시간에 규칙적으로 식사를 할 수 있다. • 편안한 분위기에서 식사를 할 수 있다.	• 한정된 메뉴와 대량구매로 원가 절감이 가능하다. • 수요예측이 가능하므로 원가 절감이 가능하다. • 정해진 식사시간으로 인하여 준비와 정리시간이 충분하다.
단점	• 제한된 메뉴로 선택의 폭이 좁다. • 정해진 시간에 식사를 해야 한다. • 일률적인 식사 서비스를 받기 쉽다. • 식사여부와 상관없이 요금이 부과 된다.	• 제한된 시간에 많은 인원의 식사 제공으로 충분한 공간 확보 및 서비스 인력 필요하다. • 고객의 취향에 맞지 않는 음식 제공시 낭비요인이 된다.

2) 유럽식 요금 지급방식(European Plan) 호텔

유럽식 요금 지급 방식은 기본요금에 객실료만 계산하고 식대는 별도로 투숙객이 식사한 경우에만 청구하는 제도이다. 우리나라 호텔 대부분이 이에 속한다.

유럽식 요금 지급방식의 장점은 다음과 같다.

- 고객의 취향에 따라 호텔 내·외에서 자유롭게 선택하여 식사할 수 있다.
- 고객이 원하는 시간에 식사를 할 수 있다.
- 식사요금이 객실요금과 분리되어 있어 경비를 절약할 수 있다.
- 취향에 맞는 음식을 충분한 시간을 가지고 훌륭한 서비스를 받으며 식사할 수 있다.

3) 혼합식 요금 지급방식(Dual Plan) 호텔

혼합식 요금 지급방식은 호텔 내에서 미국식과 유럽식의 두 가지 방식을 혼용하는 호텔로서 고객의 요구에 따라 요금 지급 방식을 결정하는 것이다.

4) 버뮤다 요금 지급방식(Bermuda Plan) 호텔

버뮤다 요금 지급 방식은 객실요금에 미국식 아침식사 1식을 포함하여 요금을 징수하는 방식을 채택한 호텔이다. 요즘에는 대부분의 호텔들이 버뮤다 요금 지급방식을 적용하는 호텔이 많다.

8. 법규에 따른 세분화

관광 진흥법 시행령 제3조 2항에서 관광숙박업이라 함은 호텔업과 휴양콘도미니엄을 말하고, 호텔업은 관광호텔업, 국민호텔업, 해상관광호텔업, 가족호텔업, 한국전통 호텔업으로 구분하고 있다.

1) 관광호텔업

관광객의 숙박과 체재에 적합한 시설을 갖추어 이를 관광객에게 제공하거나 숙박과 관련된 음식·운동·오락·휴양·공연 또는 연수에 적합한 시설 등을 함께 갖추어 이를 이용하게 하고 음식을 제공하는 업을 말한다.

2) 호스텔 업

배낭여행객 등 개별관광객의 숙박에 적합한 시설로서 샤워장, 취사장 등의 편의시설과 외국인 및 내국인 관광객을 위한 문화, 정보, 교류시설 등을 함께 갖추어 이용하게 하는 업.

3) 수상 관광 호텔업

관광자의 숙박에 적합한 구조물 또는 선박을 해상에서 고정하거나 계류시켜 놓고, 관광객의 숙박에 적합한 시설과 부대시설을 갖추어서 이를 이용하게 하고 음식을 제공하는 업을 말한다.

4) 가족호텔업

가족단위로 시행하는 관광자의 이용에 적합한 숙박·취사 및 운동시설 등을 갖추어, 이를 이용하게 하거나 숙박에 부수되는 음식, 휴양 또는 연수 시설을 함께 갖추어 이를 이용하게 하는 업을 말한다.

5) 한국전통 호텔업

한국의 전통적인 건축물에 관광자의 숙박과 체재에 적합한 한국 고유의 시설을 갖추어 이를 이용하게 하고 음식을 제공하는 업을 말한다.

1991년 7월 제주도 중문 관광단지내에 중문 씨 빌리지가 최초로 한국전통 호텔로 등록되었다.

6) 휴양콘도미니엄업

관광객의 숙박과 취사에 적합한 시설을 갖추어 이를 당해시설의 공유자·회원, 기타 관광객에게 제공하거나 숙박에 부수되는 음식, 운동, 오락, 휴양, 공연 또는 연수에 적합한 시설 등을 함께 갖추어 이를 이용하게 하는 업을 말한다.

휴양콘도미니엄업의 특성은 다음과 같다.

- 별장이나 호텔과 달리 연간 사용일수가 정해져 있다.
- 객실이 비어있을 경우에는 회원이 아닌 일반고객도 숙박이 가능하다.
- 연간 사용일수가 평일·휴일, 성수기·비수기에 따라 제한되어 있다.

〈사례〉 호텔신라 한국 전통호텔 건립

장충동 한국전통호텔 조감도. 사진=서울시 제공

호텔신라는 서울 장충동 신라호텔 부지에 지을 한옥 전통호텔과 관련해 투자금액 등 세부 사항은 아직 결정되지 않았다는 입장을 밝혔다. 이부진 사장이 이끄는 호텔신라가 다섯 번째 도전 끝에 숙원 사업인 서울 중구 장충동 한옥호텔 건축허가를 받았다.

2022년 서울의 첫 도심형 한국전통호텔이 지하 3층~지상 3층, 91실 규모로 세워질 예정이다. 남산의 자연경관과 문화유산인 주변 성곽을 훼손할 수 있다는 우려와 대기업 특혜성 허가라는 반대 여론에 부딪혀 네 차례나 반려 또는 보류됐던 사업이다.

혼잡한 주변 교통 문제를 해결할 대안을 찾기 어렵다는 점도 도계위 심의 통과를 어렵게 만들었다. 하지만 호텔신라는 4000㎡의 부지를 기부채납하고 7169㎡의 공원을 조성하는 것은 물론 대형버스 18대 규모의 지하주차장을 건립하고 도성 탐방로에 야간 조명과 폐쇄회로(CC)TV를 설치하는 방안 등을 제시해 건립 승인을 받아냈다.

자료: 경향신문 2016. 03. 03

- 객실에 취사시설이 되어 있으며 체인으로 조직된 여러 콘도미니엄을 이용할 수 있다. 회원이 이용할 수 있는 기일은 한정되어 있다.
- 성수기 수요를 조정하기 위하여 평일 이용권·주말 이용권, 여름 이용권, 겨울 이용권 등으로 구분한다.
- 매매·상속이 가능하다.

7) 소형 호텔업

관광객의 숙박에 적합한 시설을 소규모로 갖추고 숙박에 딸린 음식, 운동, 휴양 또는 연수에 적합한 시설을 함께 갖추어 관광객에게 이용하는 업.

8) 의료관광 호텔업

의료관광객의 숙박에 적합한 시설 및 취사도구를 갖추거나 숙박에 딸린 음식, 운동, 또는 휴양에 적합한 시설을 함께 갖추어 주로 외국인 관광객에게 이용하는 업.

표 2-3 관광숙박시설 등록 현황

(2016.12.31 기준)

구분			서울	부산	대구	인천	광주	대전	울산	세종	경기	강원	충북	충남	전북	전남	경북	경남	제주	소계
관광호텔업	5성급 특1급	업체수	28	8	2	5	2	1	2	-	3	6	1	-	1	2	5	3	16	85
		객실수	12198	2937	492	1889	325	174	460	-	952	1741	328	-	118	519	1662	668	4485	28938
	4성급 특2급	업체수	42	4	6	9	-	3	2	-	14	8	1	4	3	5	1	2	18	122
		객실수	10627	671	830	1823	-	706	709	-	2406	1244	180	567	362	428	125	210	2022	22910
	3성급 1등급	업체수	62	15	5	4	3	5	1	-	15	10	4	2	3	11	13	9	28	100
		객실수	7872	1801	325	373	228	430	75	-	1568	734	394	105	221	708	968	709	2245	18746
	2성급 2등급	업체수	33	18	2	12	3	4	4	-	25	2	5	3	11	9	10	10	14	165
		객실수	2192	1550	101	646	158	247	252	-	1637	108	316	137	651	423	548	537	1091	10594
	1성급 3등급	업체수	36	11	2	29	6	2	2	-	30	2	6	2	5	3	9	15	13	173
		객실수	2377	1517	72	1406	337	78	65	-	1624	120	287	107	190	134	540	682	766	10302
	등급 없음	업체수	79	16	3	8	3	5	3	-	36	11	6	8	7	9	7	6	29	236
		객실수	8005	882	172	637	146	224	115	-	2414	1027	300	573	517	518	394	433	2034	18390
	소계	업체수	280	72	20	67	17	20	14	-	123	39	23	19	30	39	45	45	118	971
		객실수	43271	9858	1992	6774	1194	1859	1676	-	10590	4974	1805	1480	2059	2730	4227	3239	12643	109880
수상관광 호텔업		업체수	-	-	-	-	-	-	-	-	-	-	-	-	-	-	-	-	-	-
		객실수	-	-	-	-	-	-	-	-	-	-	-	-	-	-	-	-	-	-
전통호텔업		업체수	-	-	-	2	-	-	-	-	-	1	-	-	1	2	1	-	1	8
		객실수	-	-	-	74	-	-	-	-	-	24	-	-	20	61	16	-	26	221
가족호텔업		업체수	14	-	-	3	-	1	-	-	6	11	2	3	5	10	2	17	58	132
		객실수	2390	-	-	492	-	80	-	-	409	722	102	178	2045	607	120	1038	3748	11981
호스텔업		업체수	50	37	2	34	-	-	-	-	5	1	1	1	4	87	10	11	149	392
		객실수	1187	405	13	579	-	-	-	-	107	21	29	10	68	1076	141	105	3668	7410
소형호텔업		업체수	4	1	-	2	-	-	-	-	4	1	-	-	1	1	2	-	3	19
		객실수	99	28	-	51	-	-	-	-	106	24	-	-	20	28	46	-	72	474
의료관광 호텔업		업체수	-	-	-	-	-	-	-	-	-	-	-	-	-	-	-	-	-	-
		객실수	-	-	-	-	-	-	-	-	-	-	-	-	-	-	-	-	-	-
소계 (관광호텔업 외)		업체수	68	38	2	41	-	1	-	-	15	14	3	4	11	100	15	28	211	551
		객실수	3676	433	13	1196	-	80	-	-	622	791	131	188	2153	1772	323	1144	7514	20036
호텔업 합계		업체수	348	110	22	108	17	21	14	-	138	53	26	23	41	139	60	73	329	1522
		객실수	48947	9791	2005	7970	1194	1939	1676	-	11212	5765	1936	1677	4212	4502	4550	4383	20157	129916
휴양콘도업 합계		업체수	-	4	-	2	-	-	-	-	16	74	8	14	6	7	13	15	57	216
		객실수	-	1385	-	351	-	-	-	-	3150	20009	1983	2749	738	866	2785	2247	7634	43897
총계		업체수	348	114	22	110	17	21	14	-	154	127	34	37	47	146	73	88	386	1738
		객실수	46947	11176	2005	8321	1194	1939	1676	-	14362	25774	3919	4426	4950	5368	7335	6630	27791	173813

자료: 한국호텔업 협회 홈페이지

04

호텔의 등급결정

호텔의 등급을 결정하게 된 이유는 호텔이 제공하는 서비스의 품질을 제고하고 이용자의 합리적인 선택에 필요한 정보를 제공하기 위해 1971년부터 도입된 제도이다.

이후 지난 40여년간 '무궁화'등급이 사용되어 왔으나, 한국을 방문하는 외국인 관광객이 급증함에 따라 외국인 관광객이 알아보기 쉽도록 국제적으로 통용되고 있는 '별(Star Rating)'등급체계로 변경되었다.

관광진흥법 개정에 따라 2014년 9월 12일부터 모든 관광호텔은 3년마다 등급평가를 의무적으로 받도록 되어 있다.

1. 호텔 등급결정의 목적

1) 호텔 등급결정제도의 객관성 및 공정성 확보

- 공공기관의 평가제도 운영을 통한 공신력 확보를 하기 위해서 이다.
- 신뢰성 있는 제도 마련을 통한 평가의 객관성 및 공정성을 지향하기 위한 것이다.
- 체계적 인력 POOL 교육을 통한 엄정한 평가제도를 운영하기 위한 것이다.

2) 호텔산업 질적 성장의 토대마련

- 호텔업 경쟁력 강화 및 소비자 만족 지향
- 국제적 기준에 부합한 호텔 서비스 표준화
- 평가 및 호텔 운영 관련 컨설팅 서비스 제공을 통해 호텔운영 선진화 유도

2. 등급별 호텔 서비스 기준 정의

새롭게 개정된 호텔의 등급은 1성급에서 5성급으로 구분되고 있다. 1성급 호텔은 수면과 청결한 객실과 조식이 가능한 기본적인 시설만 갖춘 호텔부터 5성급 호텔은 최상급 수준의 시설과 서비스를 제공하는 호텔로 구분하고 있다.

호텔 등급 이미지의 전용색상은 성급 마크와 더불어 대한민국 등급표지 디자인 아이덴티티를 나타내는 중요한 역할을 한다. 1~4성급은 청명한 하늘을 표현하기 위해 감청색(쪽빛)을 적용하여 푸름, 청량함, 산뜻함 등을 표현하였으며, 5성급 색상에는 차별성을 강조하기 위해 고급스러움, 고귀함, 화려함을 상징하는 고궁갈색을 사용하였다. 등급별 호텔 서비스 기준은 〈표 2-4〉에서 상세하게 설명하였다.

표 2-4 등급별 호텔 서비스 기준

구분	호텔등급 이미지	내 용
1성급 호텔		고객이 수면과 청결유지에 문제가 없도록 깨끗한 객실과 욕실을 갖추고 있는 조식이 가능한 안전한 호텔
2성급 호텔	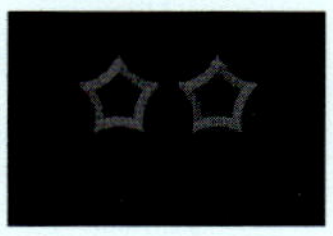	고객이 수면과 청결유지에 문제가 없도록 깨끗한 객실과 욕실을 갖추며 식사를 해결할 수 있는 최소한 F&B 부대시설을 갖추어 운영되는 안전한 호텔
3성급 호텔	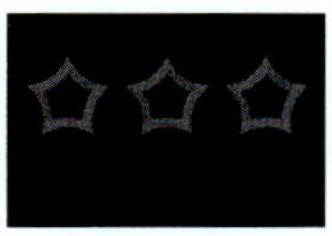	청결한 시설과 서비스를 제공하는 호텔로서 고객이 수면과 청결유지에 문제가 없도록 깨끗한 객실과 욕실을 갖추고 다양하게 식사를 해결할 수 있는 1개 이상(직영, 임대포함)의 레스토랑을 운영하며, 로비, 라운지 및 고객이 안락한 휴식을 취할 수 있는 부대시설을 갖추어 고객이 편안하고 안전하게 이용할 수 있는 호텔
4성급 호텔	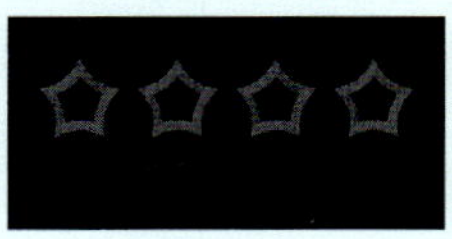	고급수준의 시설과 서비스를 제공하는 호텔로서 고객에게 맞춤 서비스를 제공, 호텔로비는 품격있고, 객실에는 품위 있는 가구와 우수한 품질의 침구와 편의용품이 완비됨. 비즈니스 센터, 고급메뉴와 서비스를 제공하는 2개 이상(직영, 임대포함)의 레스토랑, 연회장, 국제회의장을 갖추고 12시간 이상 룸서비스가 가능하며, 휘트니스 센터 등 부대시설과 편의시설을 갖춤

구분	호텔등급 이미지	내 용
5성급 호텔		최상급 수준의 시설과 서비스를 제공하는 호텔로서 고객에게 최고의 맞춤 서비스를 제공, 호텔로비는 품격 있고, 객실에는 품위있는 가구와 뛰어난 품질의 침구와 편의용품이 완비됨. 비즈니스 센터, 고급 메뉴와 최상의 서비스를 제공하는 3개 이상(직영, 임대포함)의 레스토랑, 대형 연회장, 국제회의장을 갖추고, 24시간 룸 서비스가 가능하며, 휘트니스 센터 등 부대시설과 편의시설을 갖춤

자료: 한국관광공사 홈페이지

표 2-5 호텔업별 표기방법

호텔업 별	표기방법
 관광호텔업	관광객의 숙박에 적합한 시설을 갖추어 관광객에게 이용하게 하고, 숙박에 딸린 음식, 운동, 오락, 휴양, 공연 또는 연수에 적합한 시설 등을 갖추어 관광객에게 이용하게 하는 업.
 수상관광호텔업	수상에 구조물 또는 선박을 고정하거나 매어 놓고 관광객의 숙박에 적합한 시설을 갖추거나 부대시설을 함께 갖추어 관광객에게 이용하게 하는 업.
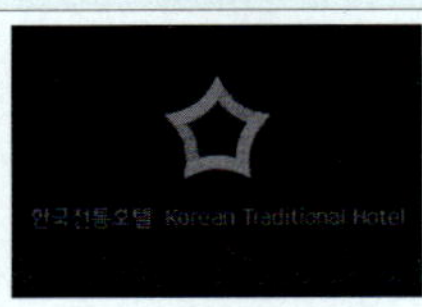 한국전통호텔업	한국 전통의 건축물에 관광객의 숙박에 적합한 시설을 갖추거나 부대시설을 함께 갖추어 관광객에게 이용하게 하는 업.
 소형호텔업	관광객이 숙박에 적합한 시설을 소규모로 갖추고 숙박에 딸린 음식, 운동, 휴양 또는 연수에 적합한 시설을 함께 갖추어 관광객에게 이용하게 하는 업.
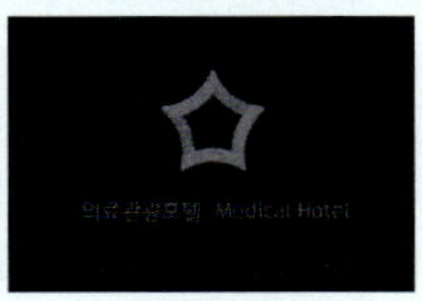 의료관광호텔업	의료관광객의 숙박에 적합한 시설 및 취사도구를 갖추거나 숙박에 딸린 음식, 운동 또는 휴양에 적합한 시설을 함께 갖추어 주로 외국인 관광객에게 이용하게 하는 업.

자료: 한국관광공사 홈페이지

3. 호텔업 등급 결정 기준(제7조 제1항 관련)

표 2-6 등급별 결정 기준표

구분		5성급	4성급	3성급	2성급	1성급
등급 평가 기준	현장평가	700점	585점	500점	400점	400점
	암행평가 / 불시평가	300점	265점	200점	200점	200점
	총 배점	1,000점	850점	700점	600점	600점
결정 기준	공통기준	1. 별표2에 따른 등급별 등급평가기준 상의 필수항목을 충족할 것 2. 제11조 제1항에 따른 점검 또는 검사가 유효할 것				
	등급별 기준	평가점수가 총 배점의 90%이상	평가점수가 총 배점의 80%이상	평가점수가 총 배점의 70%이상	평가점수가 총 배점의 60%이상	평가점수가 총 배점의 50%이상

1. 1·2성급은 통합 신청 및 접수방식으로 진행하며 1·2성급평가표를 공통 적용한다.
2. 1·2성급은 총 배점의 60%이상 득점 시 2성급 등급을 부여하고, 50% 이상 60%미만 득점 시 1성급 등급을 부여한다.
3. 한국 전통호텔업 및 소형호텔업의 등급평가기준은 등급에 상관없이 현장평가 400점 및 불시평가 200점을 합산하여 총 배점을 600점으로 하되, 상기표의 결정기준에 따라 등급을 부여한다.

자료: 한국관광공사 홈페이지

표 2-7 등급결정 점수

호텔업 구분	등급	현정평가	불시/암행평가	등급결정 기준
관광호텔업	1성급	현장평가(400점)	불시평가(200점)	600점 만점의 50%이상
	2성급	현장평가(400점)	불시평가(200점)	600점 만점의 60%이상
	3성급	현장평가(500점)	불시평가(200점)	700점 만점의 70%이상
	4성급	현장평가(585점)	암행평가(265점)	850점 만점의 80%이상
	5성급	현장평가(700점)	암행평가(300점)	1000점 만점의 90%이상
한국전통 호텔업	1성급	현장평가(400점)	불시평가(200점)	600점 만점의 50%이상
	2성급	현장평가(400점)	불시평가(200점)	600점 만점의 60%이상
	3성급	현장평가(400점)	불시평가(200점)	600점 만점의 70%이상
	4성급	현장평가(400점)	불시평가(200점)	600점 만점의 80%이상
	5성급	현장평가(400점)	불시평가(200점)	600점 만점의 90%이상

호텔업 구분	등급	현정평가	불시/암행평가	등급결정 기준
소형호텔업	1성급	현장평가(400점)	불시평가(200점)	600점 만점의 50%이상
	2성급	현장평가(400점)	불시평가(200점)	600점 만점의 60%이상
	3성급	현장평가(400점)	불시평가(200점)	600점 만점의 70%이상
	4성급	현장평가(400점)	불시평가(200점)	600점 만점의 80%이상
	5성급	현장평가(400점)	불시평가(200점)	600점 만점의 90%이상

자료: 한국관광공사 홈페이지

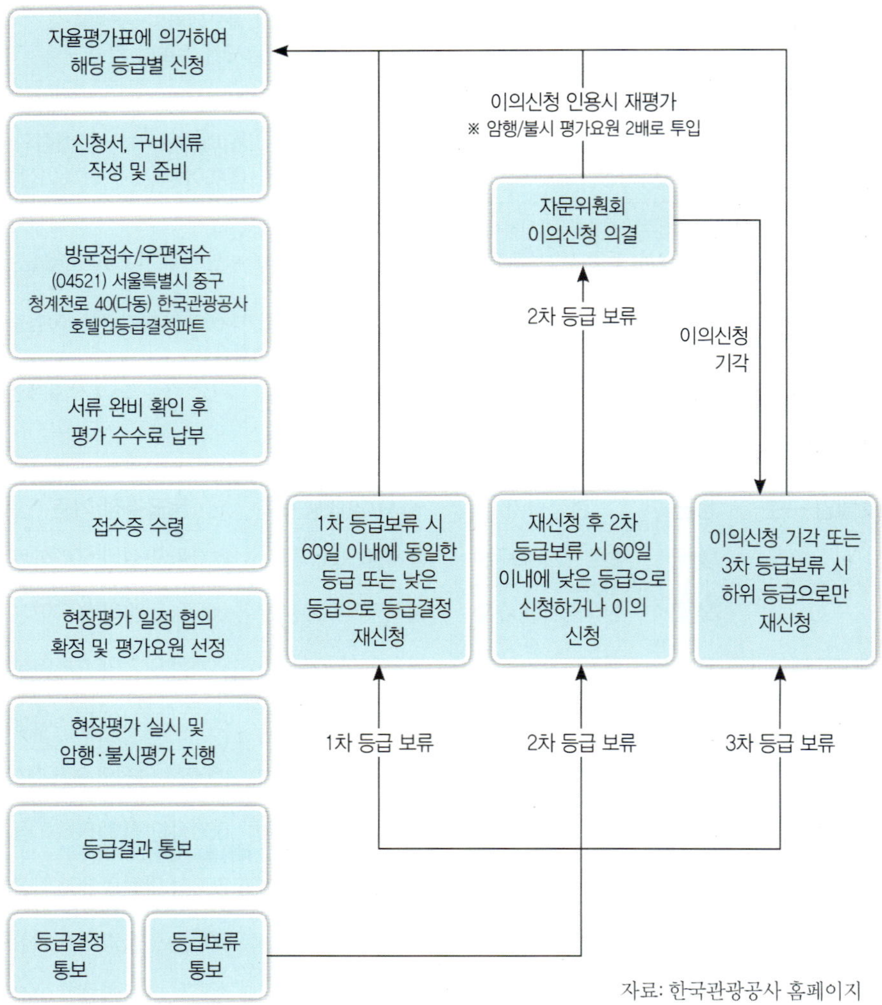

자료: 한국관광공사 홈페이지

그림 2-1 호텔업 등급결정(별등급) 프로세스

4. 등급결정 평가 개요

호텔 등급결정 평가에는 현장평가와 암행평가로 진행되며, 등급을 결정하는데 있어 공정하고 정확하게 평가하는데 있다.

현장평가는 전문가들이 직접 현장을 방문하여 호텔측의 현황 브리핑을 듣고 현장 순회와 직원인터뷰 등을 통해 전문가들의 객관적인 평가로 이루어진다.

암행평가는 전문가와 소비자가 직접 고객으로 위장하여 1박2일간의 일정으로 객실, 레스토랑, 기타시설, 서비스체크 등 호텔 예약부터 배웅단계까지 꼼꼼하게 체크하여 모든 분야의 평가를 진행한다.

표 2-8 등급결정 평가

현장평가(전문가3인/ 당일)	암행평가(전문가 1인, 소비자 1인/ 1박2일)
1. 호텔현황 브리핑 호텔에서 호텔현황에 대한 사전 브리핑 **2. 질의응답** 각 부문별 관계자와 질의응답 **3. 현장평가** 현장순회 점검 및 현장직원 인터뷰 **4. 평가 및 보고서 작성** 각 기준별 취득점수 합산 및 조사결과 보고서 작성 **5. 강평** 각 부문별 심사위원이 최종강평	**1. 예약 서비스** 전화응대, 예약상담 **2. 현관·주차** 호텔도착, 현관, 주차 **3. 로비·프론트** 로비환경, 프론트데스크(체크인) **4. 객실서비스** 입실, 객실서비스, 야간근무서비스, 미니바, 세탁서비스, 하우스키핑, 객실부가서비스, 객실보안·안전 **5. 룸서비스** 서비스 주문상황, 결과체크 (4성급 12시간, 5성급 24시간 필수) **6. 비즈니스센터** 서비스 주문, 결과체크 **7. 식음료** 식당환경·환대, 메뉴주문, 시식(4성급 2개이상 업장, 5성급 3개이상 업장 필수) **8. 체크아웃** 서비스 상태 **9. 배웅** 배웅서비스 상태

자료: 한국관광공사 홈페이지

5. 등급결정신청 대상과 신청사유

등급결정 신청 대상으로는 관광 진흥법 시행규칙 제25조에 의해 관광호텔업, 수상관광 호텔업, 한국전통 호텔업, 소형호텔업 그리고 의료관광 호텔업을 대상으로 하고 있다. 위의 호텔업종은 호텔을 신규 등록한 경우나 등급을 받은 후 3년이 경과한 경우 그리고 시설의 증·개축이나 등급조정 사유가 발생했을 경우 등급결정을 신청해야 한다.

등급결정 신청 대상

관광진흥법 시행규칙, 제25조(호텔업의 등급결정)

관광호텔업 / 수상관광호텔업 / 한국전통호텔업 / 소형호텔업 / 의료관광호텔업

등급결정 신청 대상

관광진흥법 시행규칙, 제25조(호텔업의 등급결정)

다음 각 호의 사유가 발생한 날부터 60일 이내에 호텔업의 등급 중
희망하는 등급을 정하여 등급결정을 신청하여야 한다.

1	2	3
호텔을 신규 등록한 경우	등급결정을 받은 날부터 3년이 지난 경우	시설의 증 개축 또는 서비스 및 운영실태 등의 변경에 따른 등급 조정사유가 발생한 경우

자료: 한국관광공사 홈페이지

신라호텔 국내 첫 5성급 호텔, 이부진 "글로벌 호텔로 육성"

별 등급으로 바뀐 뒤 첫 5성급 호텔에 선정...이부진 "영광스럽게 생각"

이부진 호텔신라 사장이 신라호텔을 글로벌 호텔에 뒤지지 않는 호텔로 만들겠다고 밝혔다. 신라호텔은 관광호텔 등급기준이 별로 바뀐 데 따라 국내 첫 5성급 호텔로 선정됐다. 호텔신라는 서울 장충동 서울신라호텔에서 5성급 호텔 선정 기념 현판식을 열었다.

이 사장은 "지난 40여 년 동안 운영된 무궁화 등급이 국제기준에 맞게 별 등급으로 바뀌는 의미있는 날"이라면서 "대한민국 첫 5성호텔로 신라호텔이 선정돼 임직원 모두 영광스럽게 생각하고 있다"고 말했다.
이 사장은 호텔등급 변경 취지에 맞춰 신라호텔을 국제수준으로 높이겠다고 밝혔다. 그는 또 한국의 첫 5성급 호텔이라는 데 자긍심을 갖고 관광산업발전에 기여하겠다고 약속했다.

이 사장은 "호텔은 그 나라를 방문하는 외국인 고객에게 한국에 대한 첫 인상을 심어주는 관문의 역할을 한다"면서 "매 순간 긴장을 늦추지 않고 정성을 다하고 진심어린 노력을 통해 한국을 더 좋게 기억하고 다시 찾을 수 있도록 최선의 서비스로 펼치겠다"고 강조했다.

이날 '국내 최초 5성급 호텔 현판식'행사에 김종덕 문화체육관광부 장관, 김영호 한국관광공사 사장대행, 최창식 서울 중구청장 등이 참석했다.
문화체육관광부와 한국관광공사는 새로 도입된 호텔 별등급표시제 심사결과에서 신라호텔을 국내 첫 5성 호텔로 선정했다.
신라호텔은 전문가 3인이 참여한 현장평가를 받았으며 그 뒤 전문가 1인과 소비자 평가요원 1인이 각각 실시한 암행평가를 거쳤다. 현장평가 700점, 암행평가 300점 등 1천점 배점의 90% 이상을 획득하면 관광호텔 5성 등급을 받을 수 있다.

전국의 관광호텔 가운데 호텔 등급심사를 받아야 하는 호텔은 제주를 제외하고 올해 2월말 기준 모두 760개에 이른다. 이 가운데 신등급(별) 평가신청을 한 호텔은 50개인 것으로 알려졌다.

한국관광공사는 지난 1월부터 호텔업 등급결정 수탁기관으로 지정받아 호텔업계를 대상으로 등급결정 평가 준비사항과 세부평가내용에 대한 무료 컨설팅 서비스를 제공하고 있다. 관광호텔 등급이 기존 무궁화에서 별(star rating)로 바뀌는 것은 국제적 관례를 따르기 위한 조처다.

자료: 비즈니스 포스트 2015.05.07.

05

호텔산업의 변화와 미래

1. 글로벌화로 인한 호텔의 표준화 경향 강화

호텔산업은 세계적인 표준화로 운영되고 있으므로 세계의 어느 곳을 가더라도 호텔을 이용하는 데 있어 큰 어려움 없이 지낼 수 있는 표준화된 시스템을 사용하고 있다.

호텔의 표준화 경향이 강화되는 이유는 다음과 같다.

첫째, 교통수단의 발달과 소비자들의 라이프 스타일이 변화되면서 여행과 휴양에 많은 소비를 하기 시작하였다. 각 나라별로 비자 협정으로 인한 무비자 입국 과 간소한 절차로 인하여 이동인구가 증가하고 있기 때문이다.

둘째, 세계적인 인적교류확대와 미디어의 발달로 인하여 문화적 이질감이 해소되면서 글로벌 에티켓이 형성되었기 때문이다.

셋째, 글로벌 체인호텔들의 광범위한 확장진출로 인하여 호텔의 시설과 시스템들이 표준화, 동질화의 가속화가 진행되었기 때문이다.

넷째, 세계적인 호텔의 인지도와 신뢰성을 바탕으로 유명호텔 체인망의 이용이 증가하였다. 이로써, 고객 기대수준이 규격화되고 인터넷 예약망의 발달로 고객 선택권이 확대되었기 때문이다.

다섯째, 다양한 변화로 인하여 고객의 욕구수준이 높아지면서 고객 기대에 부응하기 위해서 글로벌 표준화에 부합하는 서비스를 제공하기 위한 호텔들의 대응 방법을 강구하고 있다.

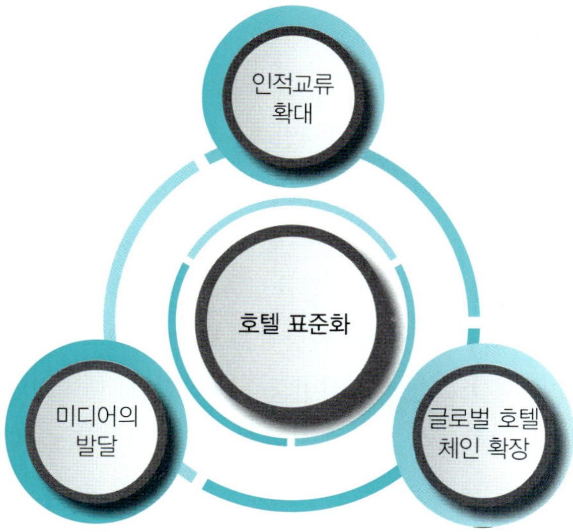

그림 2-2 호텔의 표준화 경향

2. 메가 체인 호텔의 등장

글로벌 서비스 시장의 교역확대로 인한 호텔산업의 경쟁이 날로 심각해지고 있다. 따라서 local hotel의 경쟁력 악화로 경영난이 확대되면서 호텔업계에서 공격적인 인수, 합병의 증가로 대형화가 이루어지고 있다.

예로서, 2007년 Black Stone은 Hilton을 인수하여 세계최대 호텔 사업자로 등극하게 되면서, 전 세계 76개국에서 2,800개 이상의 호텔을 소유하고 있다.

모건 스탠리는 지속적으로 일본의 호텔을 인수하여 2003년 이후 웨스틴, 하얏트, 쉐라톤 등 12개 호텔을 인수하였다. 2007년 4월에는 ANA 호텔 13개를 인수하였다.

우리나라 국내 호텔브랜드인 롯데호텔은 서울, 부산, 제주 등 주요 도시에 체인호텔들이 있으며, 최근에는 롯데시티 브랜드 호텔을 론칭하여 확장하고 있다.

또한 국외에서는 러시아에 롯데호텔을 운영하고 있으며, 미국 뉴욕의 롯데뉴욕 팰리스 호텔과 괌, 우즈베키스탄, 미얀마 그리고 베트남 등 세계적인 호텔 브랜드로 성장하고 있다.

3. 다양한 수준과 형태로의 시장 세분화

현재 특급호텔의 전반적인 트렌드는 고급화와 대중화의 뚜렷한 양극화 경향이 나타나고 있다. 고급화 경향은 고객만족, 부가가치향상, 리딩 호텔로서의 위치선정을 위한 전략으로 화려한 인테리어로서 정·재계와 비즈니스 고객을 대상으로 고급화하여 최고의 시설과 서비스를 제공하고 있다. 또한 기업 브랜드 이미지를 향상시켜서 세계적인 브랜드로 육성하고자 노력하고 있다.

대중화경향은 원가절감을 통한 수익향상을 위한 전략으로 맞서고 있다.

적절한 서비스와 시설로서 고객 서비스를 제공한다. 대중적인 고객을 대상으로 하면서 싼가격을 원하는 고객에게 서비스를 제공하는 것을 말한다.

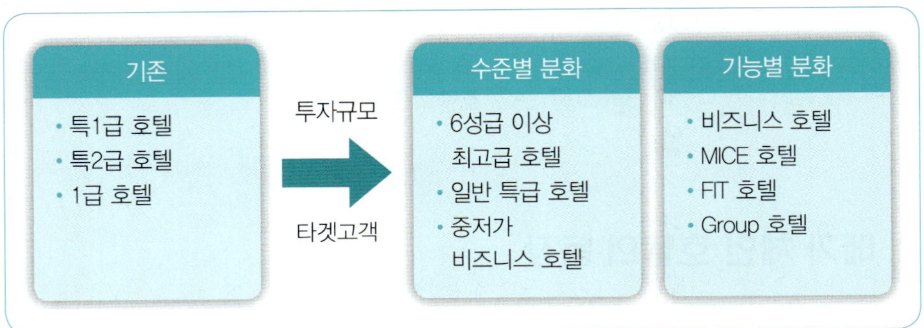

그림 2-3 호텔의 수준별, 기능별 분화

4. 호텔경영의 미래

미래의 호텔경영은 글로벌화된 관광활성화로 인하여 관광 수요자는 급격하게 성장하고 있다. 호텔 경영자는 이러한 경향에 의하여 고객의 욕구와 필요를 충족시켜서 대고객 서비스에 만전을 기해야 할 것이다.

첨단시설로 인한 고객의 안전과 만족을 위해 노력해야 할 것이며, 환경 친화적인 호텔로 육성하여 고객과 환경을 생각하는 미래의 호텔로서 세계적인 브랜드로 발전해야 한다.

미래에 호텔경영을 위해서는 고객과 환경, IT, 그리고 다양한 맞춤형 서비스를 제공할 수 있어야 한다. 이러한 내용은 다음과 같이 설명할 수 있다.

1) 호텔관광 서비스 수요자의 획기적 증가

- 2016년 세계인구 70억
- 가처분소득의 증가로 여행의 기회증가, 호텔 및 외식산업 발달.
- 정부정책, 패션, 추구가치, 생활태도의 변화.
- 2012년 이후 baby boomers의 은퇴로 레저관광의 빠른 성장.
- YOLO(You Only Live Once)족 등장: 욜로족의 마인드는 단 한번뿐인 인생에서 보장되지 않은 미래에 투자하는 것보다는 현재 자신의 행복을 추구하며 투자하고, 즐기며 후회 없이 살아보자 라는 의미이다.

2) 도심 복합형 호텔로 상권 형성

- 도심호텔을 중심으로 2개 이상의 시설기능을 병합한 복합 건물 활용.
- 대단위 국제회의 시설, 호텔, 테마파크의 만남.
- 하나의 건물에 호텔, 사무실, 아파트 등 one-stop 서비스 제공.

3) 테크놀로지(technology) 활용 심화

- PMS, EMS, YMS, CAS, SKS 등에 의한 경영관리.
- 호텔객실에서 퇴숙 절차, 항공권 예약 및 확인, 렌터카 예약 등 실시
  ⇨ 4차산업 시대의 IoT 의 활성화
- 객실내 첨단시설로 고객의 편의와 안전성 강화.

4) 호텔인력의 부족시대 도래

- 모든 산업에서 인력수요가 다양하게 진행되면서 호텔산업에도 젊고 능력 있는 인재가 필요.
- 호텔 규모 확대로 서비스 마인드가 투철한 호텔의 전문 인력 부족시대 도래.
- 고용과 급여제도 개선으로 고객관계관리 강화 ⇦ 임금 피크제 도입.
- 호텔전문경영인은 다른 문화에 대한 폭 넓은 이해와 지식필요 - 호텔 및 외식 경영 인력의 국제화가 심화됨.

5) 개별고객을 위한 다양한 서비스 제공 시대

- 개별고객에 맞는 호텔의 시설과 서비스를 개발하여 매뉴얼화 하고 이를 상황에 맞게 적용.
- 시장 세분화를 가족단위 젊은 휴가객, 비즈니스 고객, 여성고객, 노인레저 관광객으로 대별.
- 디자인과 컬러를 강조하는 경영.
- 가격과 서비스가 호텔 선택의 기준이 됨.

6) 환경 친화적 호텔경영

- 다량의 생활쓰레기 배출에 따른 환경오염에 대한 대책 의무화로 인한 대대적 투자가 필요.
- 환경 친화적 조경과 건물 유지관리를 바람직한 호텔문화로 승화.
- 지구 오염과 환경을 생각하는 객실용품 사용.
- 고객의 협조로 인한 린넨류의 재사용.

Case Study

상상만으로도 모든게 가능한 미래의 호텔

2060년 호텔은 어떤 모습일까?
호텔스닷컴이 글로벌 미래 연구소와 협력해 미래의 호텔을 연구해 발표했다. 연구결과에 따르면, 2060 년에는 빅데이터, 인공지능, 여행객 개인의 꿈 예측 등을 조합한 과학기술 기반의 맞춤형 여행 디자인으로 여행경험의 패러다임이 바뀔 것이라고 밝혔다.

맞춤형 자기 조립식 호텔

차세대 주문제작형태로 고객이 원하는 대로 호텔을 조립하고 디자인을 바꿀 수 있다. 클라우드 소싱을 기반으로 주변 환경과 건물, 심지어 나노기술과 기계를 활용해 쥬라기 공원을 예상할 수 있을 정도의 물리적 공간까지 조성할 수 있다.

3D 프린터의 보편화

약 20년 후에는 여행할 때 큰 짐가방을 가져가지 않아도 된다. 3D 프린터가 새 신발, 옷, 약품은 물론 컴퓨터와 전화기까지 고객이 원하는 품목을 실시간으로 만들어 낼 수 있기 때문이다. 고객이 디자인하고 싶은 상품을 클라우드에서 다운로드하는 3D 쇼핑이 가능해질 것이다.

웰빙 호텔스파

기존 호텔 스파에서 얼굴관리나 마사지만 받았다면, 미래의 호텔 스파에서는 고객의 건강과 체력을 증진시키고, 미래의 건강위험 요소를 파악하도록 설계된 개인 맞춤형 건강증진 프로그램을 받을 수 있게 된다.

공항 교통편

여행지에 도착하게 되면, 공항에서 호텔로 가는 교통편이 여행을 준비할 때 걱정되는 부담거리 중 하나이다. 공항에서 호텔로 가는 미래의 교통수단으로는 교통체증을 피하는데 유용한 '로봇 플라잉 카'로 수백 킬로미터를 단 몇 초에 이용할 수 있는 초음속 비행기 '하이더루프' 등이 활용될 것이라 예측했다.

DNA 모바일 결재

DNA 가 개인 신분을 확인하는 수단으로 사용될 것이다. 호텔 체크인을 할 때 더 이상 피곤한 몸을 이끌고 긴 줄을 설 필요 없이 DNA지문으로 신분만 확인하면 체크인이 완료된다.

식품과학을 이용하는 호텔 레스토랑

앞서 언급했던 DNA는 호텔 레스토랑에도 활용돼 DNA분석을 기반으로 개별 고객들의 입맛에 맞춘 음식을 제공할 것이다. 고객건강에 최적화된 식습관 및 영양이 고려된 메뉴가 제작 돼 식습관을 해치지 않을 것이다.

스마트 호텔의 대표적인 특성

- 미래의 호텔 객실은 스마트한 기술이 개인 맞춤화로 설계된다.
- 안면인식으로 객실 들어가기
- 고객 맞춤형 센서
- 말로 대답하는 TV
- 모든 표면이 반응하고 상호작용하는 터치 스크린
- 고객의 스트레스를 감지하여 편안한 숙면환경을 자동 생성하는 인터랙티브 스팟, 벽에서 신경을 안정시키는 아로마 향기 분사
- 자동으로 온도를 조절하는 무선 온도 조절장치
- 신경 피드백을 기반으로 보는 등 객실내의 개인화된 엔터테인먼트

자료: 디지털 조선일보. 2017. 02.06

5. 호텔산업의 미래 경쟁력 제고

1) 타 산업과의 결합으로 시너지 창출

호텔 +

- 의료: 성형외과, 치과, 요양 등
- 미용: 스킨 케어, 메이크업, 패션, 결혼 집중 케어 등
- 쇼핑: 면세점, 백화점, 재래시장, 풍물시장 등
- 레포츠: 골프장, 스키 아웃도어 등
- 영화: 영화제, 촬영지, 콘서트, 스타연계행사 등

한류와 K-POP의 영향으로 우리나라 의료관광에 대한 관심이 높아지면서 세계 각국의 많은 사람들이 의료시술과 관광을 경험하기 위해 의료관광객이 증가하고 있는 추세이다. 최근에는 의료시설과 호텔의 복합 형태인 '메디텔(meditel=medical+hotel)'이 등장하고 있다. 리츠칼튼 서울 호텔은 에이징 클리닉 '포섬 프레스티지'를 오픈하여 에스테틱, 피부과, 건강검진, 스파 등 안티에이징을 기반으로 한 종합 클리닉 서비스를 제공하고 있다. 부산 이비스 호텔은 9층까지는 병원으로 사용하고, 10층부터 17층 까지는 이비스 엠버서버 호텔이 입점

하여 한방병원을 포함한 종합검진센터와 국제진료센터를 갖추면서 의료시술을 한 직후 엘리베이터를 이용하여 곧바로 호텔에 투숙할 수 있는 시스템을 갖추고 있다.

2) 정책적 지원 및 업계 간 협력 필요

우리나라의 성형 의료기술이 세계적으로 인정받게 되면서 해외 환자들이 급수적으로 증가하고 있다. 이에 호텔과 의료시설의 협력으로 상호간 이익을 증가시킬 수 있는 방안이 절대적으로 필요하다.

호텔산업에 대한 정부의 적극적인 지원과 규제완화는 국내 호텔산업을 육성시키게 될 것이며, 외래 관광객의 증가로 인한 경제 활성화에 큰 기여를 하게 될 것이다. 또한 우리나라 호텔산업의 발전은 물론 국가 이미지 향상에도 많은 영향을 미치게 될 것이다.

정부의 지원과 규제완화를 위한 방안은 다음과 같이 요약할 수 있으며, 의료산업과 호텔산업간의 연계를 통하여 국가적으로 지속적인 지원이 필요하다.

첫째, 치료와 성형을 목적으로 한 외국인의 입국허가 절차를 완화하여야 한다. 아시아 지역 산업의 국가 간의 경쟁은 갈수록 치열해지고 있으며, 환자들을 적극적으로 유치하여 경쟁력 강화에 힘써야 한다.

둘째, 국제적 인증기관에 의한 인증으로 국제적 신인도를 획득해야 한다. 최고의 의료기술은 물론 시설과 환자의 편의와 관련된 모든 업무를 적극적으로 개선해야 한다.

셋째, 입국-치료-관광-출국에 이르기까지 one-stop service를 제공할 수 있는 시스템을 구축해야 한다. 또한 의료나 관광을 위해 입국하는 국가들을 대상으로 비자면제 협정 등의 완화를 해야 한다.

넷째, 전문적인 의료관광 코디네이터의 육성으로 의료와 관광을 연계한 프로그램을 구성하여 동반상승할 수 있도록 해야 한다.

3) 교육과 연구개발에 대한 투자 확대

정부와 학계 그리고 업계가 삼위일체가 되어 관광종사원들을 위한 교육을 확대하고 자격증 제도를 실시하여 전문 인력을 육성하여야 한다.

관광 전문 인력은 최고의 서비스와 고객만족을 유도할 수 있는 자원이기 때문에 이에 대한 대책을 강구하고 연구개발에 투자를 해야 한다.

호텔산업을 활성화하기 위해서는 다음과 같은 대책이 적용되어야 한다.

첫째, 외국어 우수인력과 고급관광인력을 양성하여 활용할 수 있어야 한다.

둘째, 획일화된 주입식 교육이 아닌 현장중심의 교육과 실습교육을 연계한 실무교육이 선행되어야 한다.

셋째, 각 호텔 기업의 지속적인 교육과 훈련으로 종사원의 프로 서비스 정신으로 무장하여 서비스의 표준화를 정착시켜야 한다.

넷째, 학계의 연구와 호텔기업의 실무간 연계를 통하여 호텔분야의 이론과 실무가 함께 발전할 수 있는 노력이 필요하다.

다섯째, 한국형 호텔 서비스를 정착시켜야 한다. 우리나라에서만 제공되는 상품과 서비스를 개발하여 세계 체인호텔과의 경쟁력을 강화하여야 한다. 이는 정부와 학계 그리고 호텔기업과의 긴밀한 협조가 동반되어야 하는 과정이 필요하다.

여섯째, 정부의 적극적인 지원으로 서비스업의 지속적인 R&D 투자를 확대하여 이를 활성화하는 것이 필요하다.

일곱째, 기존의 일률적인 호텔용품에서 벗어나 혁신적인 디자인, 실용성 그리고 저비용 제품을 개발해야 한다.

여덟째, 한국형 호텔 브랜드만의 정체성을 찾아서 글로벌 시장에서의 한국형 호텔이 강력한 브랜드로 성장하고 구축할 수 있도록 적극적인 연구와 투자를 해야 한다.

아홉째, 세계 최강의 IT 국가 장점을 활용하여 편리하고 안전한 시스템으로 고객의 이용에 불편함이 없도록 개발해야 한다.

호텔경영론

Introduction to Hotel Management

Chapter 03

호텔경영의 특성

01 호텔 서비스 상품의 특성

호텔 서비스 상품은 제조기업의 제품과는 다른 네 가지의 특성이 있다.

호텔 서비스는 다른 산업에서 존재하지 않은 특성을 가짐으로서 호텔 경영에 많은 제약이 되기도 한다.

호텔 서비스 상품의 특성에는 무형성, 소멸성, 비분리성, 그리고 이질성이 있으며, 이에 대한 상세한 내용은 다음과 같다.

1. 무형성(Intangibility)

무형성은 제품과 서비스의 차이를 구분하는 가장 큰 속성인 동시에 서비스 특성을 유발하는 가장 핵심적인 서비스 고유의 특성이다.

호텔 상품은 유형 제품과는 달리 상품을 구입하기 전에 눈으로 보거나, 맛보거나, 느끼는 것은 어렵다. 따라서 호텔의 상품을 판매하려고할 때 상품을 직접 가지고 가서 보여주거나 체험할 수 있는 기회를 제공할 수 없기 때문에 무형의 상품을 유형적으로 나타낼 수 있도록 해야 한다.

Robert Lewis 는 "서비스 구매자들은 빈손으로(empty-handed) 돌아가지만 빈 머리(empty-headed)로 돌아가지는 않는다"라고 설명하고 있다. 다시 말해서 그들은 빈손으로 돌아가지만 다른 사람들과 함께 공유할 수 있는 추억을 가지고 돌아간다는 것이다.

호텔 상품은 많은 부분이 무형의 경험으로 불확실성을 줄이기 위하여 서비스 제공자는 서비스에 대한 정보와 확신을 제공하는 실질적인 단서를 제공해야 한다. 따라서 호텔 서비스의 명확성을 증가시키는 것이 최우선 이며, 구전 커뮤니케이션을 자극하여 강력한 이미지를 창출하여 소비자들의 머릿속에 브랜드 이미지를 각인시켜 브랜드를 구매할 수 있도록 해야 한다. 즉 무형적인 요소들을 브랜드화 시켜서 유형적인 요소로 전환할 수 있는 방안이 요구된다.

2. 소멸성(Perishability)

서비스의 소멸성은 제품과는 달리 저장이 불가능하다는 것을 가리키는 것으로 향후의 수요에 대비해서 저장해둘 수 없다는 것을 의미한다. 즉 판매되지 않은 서비스는 곧 바로 소멸해 버리게 되므로 재고로 보관할 수 없다.

호텔 상품은 일반 상품과는 달리 재고로 남겨서 저장할 수 없는 특성을 가지고 있다. 예를 들면 호텔의 객실이나 항공기의 좌석, 레스토랑의 좌석 등은 일정한 시간이 지나면 판매할 수 없으며 당해 시간이 지나면 소멸해 버린다는 것이다.

일반적으로 수요가 안정적인 경우에는 소멸성이 별 문제가 되지는 않지만, 수요의 변동이 심하여 예측이 불가능한 경우에는 호텔 상품의 판매는 더욱 어려워진다.

호텔 상품의 소멸성을 극복하기 위해서 성수기에는 객실의 초과예약이나 비수기에는 가격을 할인하여 판매하는 경우가 많다.

서비스 수익을 최대화하려면 예약을 활용하여 객실점유율 향상과 레스토랑 수익을 높일 수 있도록 하여야 한다. 비수기에는 할인정책과 패키지 상품판매로 소멸되는 상품을 최대로 줄이는 방법을 강구해야 한다.

3. 생산과 소비의 동시성((비분리성) Simultaneously)

제조업의 경우 생산과 소비가 분리되어 있어서 생산과정에 소비자가 참여할 필요가 없다. 반면 호텔 서비스는 소비자가 반드시 호텔의 상품 생산과정에 참여해야 한다. 따라서 호텔 서비스 상품은 고객의 주문에 의해서 상품이 생산이 되며 그와 동시에 고객은 소비를 하게 되는 것이다. 즉 종사원과 고객도 제품의 일부라고 할 수 있다. 또 다른 특성은 호텔 상품은 고객과 종사원이 함께 제품을 공동생산 하는 것이기 때문에 고객과 종사원이 모두 서비스 제공 시스템을 이해하고 있어야 한다.

4. 이질성(Heterogeneity)

서비스의 이질성은 서비스가 생산 및 전달되는 과정상 계속해서 완벽한 서비스 품질을 달성하는 것을 불가능하게 하는 요소이다. 호텔 서비스에 있어서 서비스의 질은 전달하는 사람, 전달받는 사람, 시간과 장소 그리고 환경에 의해서 달라지게 된다. 호텔 상품을 판매하는 기업들은 이질성을 최대한 줄이기 위해 우수한 인재를 선발하고 교육, 훈련하는데 많은 시간과 노력을 투자하여야 한다.

서비스의 이질성은 서비스가 생산 및 전달되는 과정상 계속해서 완벽한 서비스 품질을 달성하는 것은 불가능하다. 서비스의 이질성은 고객과의 커뮤니케이션 부재와 고객의 기대가 너무 높은 것 또한 이질성의 원인이 된다. 서비스 질의 균일화가 어렵기 때문에 서비스를 일정 수준 이상으로 유지하거나 표준화 시키는 것이 중요하다. 서비스의 이질성을 최대한 감소시키기 위해서는 인적자원의 서비스 표준화를 하는 것이 최우선 과제이다. 우수한 인적자원 확보와 교육과 훈련으로 어느 정도의 표준화는 가능할 수 있다. 하지만 인적자원들의 개인별 성격, 감정, 인격, 배려심 등이 각각 다르게 형성되어 있기 때문에 표준화를 하는데 많은 어려움이 존재한다.

호텔 서비스의 표준화가 어려운 이유는 다음과 같다.

첫째, 생산과 소비가 동시에 발생하기 때문에 고객에게 서비스가 전달되기 전에는 사전 품질관리가 어렵다.

둘째, 수요의 예상을 하기 어렵기 때문에 많은 고객이 한 번에 방문할 경우에 일률적인 서비스의 질을 유지하기가 어렵다.

셋째, 인적 서비스의 비중이 많기 때문이다. 종사원의 서비스교육을 강화하여 같은 서비스 제공자가 같은 서비스를 제공해도 고객의 시간과 기분에 따라 다를 수 있으며, 고객의 유형에 맞게 서비스 수준을 달리 제공해야 되기 때문이다.

서비스의 이질성은 문제와 기회를 동시에 제공하기도 하여 고객에 따른 차별화의 기회를 제공하게 되므로 서비스의 개성화를 통하여 다양한 고객욕구에 대응할 수 있어야 한다.

〈사례〉 호텔 1층 로비가 사라졌다

새 호텔들 멋진 전망– 안락함 찾아 꼭대기나 중간층으로 대거 이동

서울 구로구 신도림동의 특1급 쉐라톤 서울 다큐브시티 호텔은 가장 높은 층인 41층에 로비를 마련하여 여의도와 인천지역을 한 눈에 조망할 수 있다.

호텔 관계자는 "관광객보다는 구로, 여의도를 사업차 방문하는 해외 비즈니스 고객이 많을 것으로 판단해 서울의 발전상을 보여줄 수 있는 최고층에 로비를 마련했다"고 한다.

'호텔 로비는 1층에 있다'는 통념이 깨지면서, 요즘 신개념으로 짓는 호텔들이 꼭대기 층 또는 전망이 좋은 중간층에 로비를 만들고 있는 추세이다. 이들 호텔의 1층에서는 '만남의 광장'처럼 북적이는 기존 호텔로비의 모습을 찾아 볼 수 없다.

1층에 로비를 만들지 않는 것은 투숙객들에게 안락함과 여유로운 공간, 최상의 전망 등을 제공하기 위해서 이다. 과거 꼭대기 층에는 최고급 레스토랑이나 스위트룸이 있었으나 고객의 편의를 고려하여 로비의 위치를 바꾸는 변신을 하고 있다.

국내 호텔 가운데 가장 먼저 '호텔 1층 = 로비'라는 공식을 깬 곳은 서울 강남구에 위치한 '파크 하얏트 서울'이다. 이 호텔의 로비도 꼭대기 층인 24층에 있다.

이 꼭대기 층 로비에 있는 카페의 창문 옆 좌석은 일주일 전 예약을 해야할 정도로 강남의 명소로 인기가 높다. 호텔 관계자는 " 로비가 1층에 있을 때보다 외부인들이 덜 드나들기 때문에 호텔 투숙객들에게 더욱 안락한 공간을 제공할 수 있는 장점이 있다"고 한다. 이 호텔은 방문객들이 차에서 내리자마자 엘리베이터를 타고 바로 객실로 이동할 수 있기 때문에 대중의 시선이 부담스러운 해외 유명 연예인이나 스포츠 인사들이 즐겨 찾기도 한다.

파크 하얏트 서울과 같은 계열사인 '파크하얏트 부산'도 상층부에 로비가 위치한다. 2013년 부산 해운대 마린시티에 6성급 호텔로서 33층 가운데 30층에 로비가 있으며 31층과 32층에는 레스토랑, 꼭대기 층에는 대규모 미팅시설이 꾸며진다.

서울 중구 명동에 위치하고 있는 이비스 엠버서더 호텔도 19층에 로비가 있다. 특정객실에 투숙하는 고객만이 아닌 모든 고객이 자유롭게 서울의 전경을 즐길 수 있도록 하기 위해서 이다.

서울 영등포에 있는 코트야드 바이 메리어트 서울 타임스퀘어는 쇼핑몰의 내부와 연결되어 있기 때문에 투숙객들이 백화점, 영화관, 레스토랑 등의 편의시설을 쉽게 이용할 수 있도록 5층에 로비를 설치했다.

동아일보 2011년 6월 16일자

02

호텔경영상의 특성

1. 연중무휴 영업

호텔기업은 산업의 특성상 1년 365일 하루 24시간 연중무휴 영업을 하고 있다.

각 나라별로 휴일의 차이가 있으며 인종이나 민족마다 활동시간도 다를 뿐만 아니라 각 개인마다 투숙 및 시설이용의 목적이 다르기 때문이다. 특히 외국인들이 다수 체재하는 호텔의 특성상 연중무휴 영업활동은 필수적인 사항이다.

호텔 투숙 고객은 거주지를 떠나 비즈니스나 관광을 위주로 하는 사람들이므로 각자 취향을 만족하며 즐길 수 있도록, 언제든지 감동적인 서비스를 제공해야 하는 호텔리어들은 특별한 사명감과 투철한 봉사정신으로 무장해야 한다.

호텔리어들은 호텔을 찾는 고객이 많을수록 더 많은 업무를 수행해야 하며 반대의 경우에 휴무를 가질 수 있는 특수한 업무를 수행하는 직업이다. 고객의 생명과 재산을 보호하고 식사와 휴식공간을 제공하는 잠들지 않는 대표적인 서비스 기업이다.

2. 인적서비스의 의존성

호텔기업은 근본적인 출발점이 노동집약적이고 인간 중심적이다.

서비스를 창출하기 위하여 서비스 제공자와 고객이 상호작용을 하기 때문이다. 인적자원의 높은 품질의 서비스를 제공하여 호텔 상품이 생산되고 판매되면 고객만족을 최대화 할 수 있다.

호텔기업은 일반대중을 고객으로 하고 객실과 음식을 제공하기 위한 인적 서비스와 물적 서비스로 이루어진다. 종사원은 고객을 위해서 서비스를 제공하는 사람으로 기업에서 핵심역할을 하며, 이들의 행동 여하에 따라 고객만족 여부가 결정된다.

호텔 상품은 객실, 식음료 및 부대시설 등으로 이루어져 있으며, 무엇보다 고객의 호텔선택에 영향을 미치는 가장 중요한 요소는 고객이 받는 서비스의 질적 수준으로 결정된다. 호텔에서 제공하는 물적 서비스도 중요하지만 고객의 욕구 수준이 갈수록 다양해지고 높아지면서 그에 따른 인적 서비스의 중요성도 함께 높아지고 있다.

과학과 IT 기술의 발달로 인하여 많은 부분의 업무를 기계나 로봇으로 대체되는 직종이 늘어가고 있는 추세이다. 하지만 관광산업의 꽃이라고 일컬어지는 호텔의 서비스는 정밀하고 똑똑한 기계나 로봇으로 대체하기가 어렵다. 왜냐하면 호텔리어는 서비스 접점에서 고객과의 직접적인 교감을 교환하고 서비스를 제공하게 됨으로써 감동적인 서비스를 제공하게 된다. 호텔의 상품은 객실과 식음료 그리고 기타 부대시설과 같은 유형적 서비스에 종업원의 인적 서비스인 무형적 서비스까지 포함되어야 비로소 상품으로서의 면모를 가지게 된다. 따라서 호텔기업은 절대적으로 인적 서비스에 의존할 수밖에 없다.

고객은 호텔을 선택하게 될 때 물리적 환경이나 다른 요소에 의해서 선택하기보다는 질 높은 인적서비스에 더 많은 가치를 두게 되는 것이다.

3. 기능의 다양성

현대의 호텔은 예전처럼 단순히 숙식만 해결하는 장소가 아니다.

우리나라 경제성장과 더불어 경제 강국으로 발돋움 하면서 내국인뿐만 아니라 외국인 비즈니스 나 관광객들이 갈수록 증가하고 있는 추세이다. 현대의 호텔 서비스나 기능은 이제 숙식은 물론이고 MICE(Meeting, Incentive, Convention, Exhibition)기능, 가족연회, 휴양시설, 문화 서비스 그리고 정보교환 서비스 등 그 기능도 다양하고 복합적으로 운영되고 있다.

4. 입지의 중요성

호텔상품은 필요에 따라 이동할 수 없는 조건이기 때문에 입지에 많은 의존을 하게 된다. 따라서 핵심고객 이나 유동인구가 많은 입지를 선택하는 것이 중요하다. 좋은 입지조건에 위치함으로 인해서 후발경쟁업체의 진입을 차단할 수 있는 효과를 가질 수 있다.

최근에는 도심 중간에 사무실과 결합되어 있는 고층빌딩에 호텔들이 입점하고 있는 추세이다. 이는 주로 비즈니스호텔 위주로 국제적인 사업가들이 늘어나면서 이동시간을 단축시키고 회의와 숙박을 한곳에서 해결하려는 경향이 높기 때문이다.

5. 고정경비의 과다

호텔기업의 고정경비는 업무성과와 관계없이 업무를 위해 필요한 경비로 인건비, 임대료, 수도난방비, 전기료 등의 고정경비 교통비와 접대비를 포함하는 변동경비가 있다. 이러한 고정경비는 호텔경영에 있어 큰 부담으로 작용하고 있다. 따라서 고정경비를 최대한 줄이기 위해서 노력해야 하며 최대한 많은 고객을 유지할 수 있는 방안이 필요하다.

6. 계절성

호텔기업은 계절적 영향으로 성수기와 비수기가 극명하게 차이가 있으며 수입격차 또한 심하게 나타난다. 주말과 주중의 수요와 공급의 조화가 적절하게 이루어지지 못하고 있다. 우리나라의 경우 도심지나 번화가에 위치한 호텔은 계절적 영향을 비교적 적게 받는 경우가 많다. 하지만 휴양지에 위치한 호텔은 계절적인 영향에 의해 비수기와 성수기가 명확한 차이를 보이고 있다.

이에 대한 자구책의 일환으로 각종 모임(세미나·연수·회의 등)의 적극적인 유치, 부대시설 및 레크리에이션 시설의 확대, 레스토랑과 클럽에서의 여흥, 각종 행사개최 등을 통한 고객유치에 만전을 기하고 있다.

03

호텔 시설상의 특성

1. 초기투자비용의 과다

호텔산업은 건물, 토지, 인테리어, 인건비 등 고정자산에 대한 시설투자가 매우 높게 차지하고 있다. 이러한 물리적인 비용이 다른 일반기업에 비해 전체 투자액의 70~80%의 고정자산에 대한 의존도가 매우 높다. 이러한 이유로 호텔산업은 시장 진입장벽이 다른 관광 사업에 비해 초기 투자비용이 매우 높다고 할 수 있다. 하지만 객실의 경우는 초기 투자 금액은 많지만 객실이 완성되고 나면 적은 유지비만으로도 많은 수익을 얻을 수 있다.

2. 기계화의 한계

호텔은 인적 서비스에 의한 의존도가 매우 높기 때문에 기계화의 한계가 있을 수밖에 없다. 호텔에서의 기계화는 주로 프런트 오피스의 예약 및 등록, 회계 등의 업무나 시설면에 한정되어 있다. 고객과의 접점이 이루어지는 부서에서는 질적인 서비스를 제공하기 위해서는 인적자원의 투입이 필수적이다. 종사원과 고객과의 교감은 고객만족은 물론 호텔의 브랜드 이미지 향상에도 많은 영향을 미치게 되는 요소로 작용하기 때문이다.

3. 시설의 조기노후화

호텔은 일반기업에 비해 다양한 고객들이 이용하게 되므로 시설이 조기에 노후화되기 쉽고, 고객의 트렌드 또한 빠르게 변화하기 때문에 고객의 마음을 이끌기 위해서 최신 시설로 교체해야 하는 시기가 그만큼 빨리 찾아오게 된다.

호텔의 건물은 감가상각비가 높다. 일반적으로 호텔건물의 수익성이 가능시 되는 사용연한은 20~30년으로 이 기간이 경과하면 호텔은 대개 새로운 건축물로 짓게 된다. 현행 우리나라 법인세 시행규칙 제15조에서도 건물의 감가상각 내용연수를 용도별로 구분하여 철골·철근콘크리트의 건물과 구조물에 대한 내용연수를 40년(하한 30년~상한 50년)으로 정하고 있는 것도 위와 같은 호텔건물 진부화의 취지에 따른 법적 조치이다.

4. 비생산적인 공공장소의 확보

호텔의 고객이 주로 이용하는 객실과 레스토랑, 연회장, 기타 부대시설 등 영업을 위주로 하는 공간을 제외한 비생산적인 공간이 필요하다. 이러한 공간은 호텔의 로비, 주차장을 비롯한 주변의 환경시설 등은 그 자체로는 수익을 내지 못하는 비생산적인 요소이지만, 반드시 필요한 공간으로서 호텔 브랜드 이미지 향상과 고객만족에 많은 영향을 끼친다.

04

호텔경영 형태

호텔의 분류기준은 경영형태에 따라 단독경영호텔과 체인경영호텔로 구분 된다. 한국 관광협회 중앙회에서는 단독경영호텔과 체인호텔(일반체인, 경영협약체인, 프랜차이즈체인), 리퍼럴 그룹으로 분류하고 있다.

1. 독립호텔(Independent Hotel)

20세기 초 미국에서 스타틀러 호텔이 탄생하기 까지는 적어도 모든 호텔들이 개인의 소유로 운영되는 독립경영 호텔이었다.

독립경영호텔은 개인 사업자가 자신만의 경영방식과 브랜드를 가지고 독자적으로 영업활동을 수행하는 경우이거나, 대기업들의 경우 호텔기업에 투자해서 관리자로 하여금 경영하는 호텔을 말한다.

독립경영호텔은 어떠한 호텔이나 체인호텔에 영향을 받지 않고 개인 또는 공동 투자자에 의해 소유 및 경영되는 경영방식의 한 형태이다. 또한 가맹비나 로열티 등에 대한 추가 비용이 없으며 마진율이 훨씬 높고, 의사결정이 비교적 빨라 외부환경의 변화에 신속하게 대처할 수 있는 장점이 있지만, 글로벌 차원에서의 인지도와 마케팅 활동을 하는데 있어서 많은 비용과 노력이 필요하다.

호텔경영에 대한 경험과 노하우가 부족하기 때문에 사업초기에 많은 어려움이 있을 수 있다. 또한 입지선택, 인테리어, 영업, 홍보 마케팅, 인력모집 및 관리, 회계 등에 대한 전문경영지식의 부족으로 어려움을 겪을 수 있다.

독립호텔의 장점과 단점에 관한 내용은 다음과 같다.

독립경영 호텔의 장점으로는

첫째, 경영의 자율권이 보장된다.

소유자의 경영방침에 의해서 경영, 자본, 영업, 홍보 등을 재량에 따라 운영할 수 있다.

둘째, 시장이나 고객의 변화에 신속하게 대응할 수 있고 경영에 있어 유연성(flexibility)을 가지고 있다.

셋째, 본사의 간섭이나 브랜드 사용료, 수수료 등을 지불하지 않으며 경영자 의지 에 따라 브랜드 확장이 용이하다.

넷째, 독창적인 경영기법을 개발할 수 있다.

이와 반대로 단점은 자본의 영세성과 열악한 경영환경, 그리고 경영 노하우의 부족에 따른 경영상의 위험성이 높다. 국외 마케팅의 제약성, 홍보의 한계, 제휴호텔에 비해 예약시스템의 약점, 그리고 선진호텔의 문화 및 서비스 도입의 한계 등이 있다.

독립경영호텔 기업은 전문조직으로 경영되어야 할 것이며, 경영의 과학화와 전문화를 유도하기 위해서 튼튼한 자본력과 경영 노하우 축적이 필요하다.

2. 체인호텔(Chain Hotel)

체인호텔은 모(母)회사가 소유권에 대한 지분(equity)을 일부 혹은 전부 보유하거나 소유주로부터 호텔시설을 임차운영하며 체인본부(headquarter)는 경영만의 책임을 지게 된다.

19세기 말 세자르 릿츠(Cesar Ritz)는 최초로 체인경영을 시작하였으며, E. M. Startler는 현대 체인 호텔의 발전에 많은 영향을 미쳤다. 체인호텔은 숙박산업을 변화 시키게 되었고 호텔 산업을 발전시키는 중요한 역할을 하게 되었다.

체인 호텔은 단독경영호텔보다 경쟁력이 강하며 세계적인 호텔산업에 커다란 지각변동을 일으키는 역할을 했다.

체인 본부호텔과의 제휴 나 계약관계에 의하여 브랜드, 경영방식, 광고, 마케팅, 구매 등의 지원을 받으면서 개인 또는 다른 기업이 영업활동을 할 수 있는 시스템이다. 제휴나 계약관계에 따라 차이가 있지만 본부호텔에 의하여 건축구조, 경영, 표준 운영 및 업무 등을 철저하게 통제를 받게 되는 경우가 많다.

또 다른 형태의 체인 호텔은 광고, 마케팅, 구매 등 일부 분야에만 집중적인 관리체제를 유지하기도 한다. 일부 체인호텔은 단순한 기업구조를 유지하고 최소한의 가맹점 표준관리에만 집중하기 때문에 경영지원 하는데 차이가 있다.

체인 호텔 경영방식의 장점은

첫째, 체인본부 호텔의 주도로 호텔에서 사용되는 자재나 소모품 등을 대량 구매함으로 인해 원가를 절감할 수 있다.

둘째, 체인 호텔 공동제작과 적은 비용으로 세계적인 광고를 실시하여 광고 극대화 효과를 볼 수 있다.

셋째, 체인 본부 주도로 전문가들을 체인호텔로 파견하여 근무할 수 있다.

넷째, 세계적인 광역체인망을 활용하여 고객의 예약 편의성과 고객 관리를 공유할 수 있다.

체인호텔은 표준화된 운영방식으로 2개 이상의 호텔들이 독자적인 영업활동을 수행하는 호텔기업으로서, 체인본부는 보유하고 있는 브랜드 이미지와 경영활동의 중추적인 부분을 차지한다. 본사 호텔의 경영시스템, 직원관리 및 교육서비스, 공동 홍보 및 마케팅 그리고 공동 구매 및 예약시스템 등 튼튼한 기반구조와 자본 조달의 용이성 때문에 독립경영 호텔을 압도적으로 장악하고 있다. 하지만 경제상황과 지역시장의 빠른 변화의 대응에 있어서 자체적인 결정을 내릴 수 없으므로 시장의 변화에 신속하게 대처할 수 없다.

현재의 대부분 체인호텔들은 직접 소유하고 운영하는 호텔들을 제외하고는 프랜차이즈(franchise), 위탁경영계약(management contract), 리퍼럴 그룹(referral group) 등의 형태로 나누어진다.

3. 임차호텔(Leased Hotel)

호텔영업을 위해 초기에 투자해야 할 고정자산, 즉 토지 및 건물에 투자할만한 여력이 없는 사람이 제3자의 건물 또는 호텔을 계약에 의해 임차하여 운영하는 방식의 호텔을 말한다.

임차경영호텔은 호텔경영 전문회사가 호텔소유 회사의 호텔을 임차하여 운영하는 형태이다. 호텔 소유자는 호텔경영능력의 부족으로 인해 경영의 어려움에서 벗어날 수 있으며, 호텔경영회사의 입장에서는 많은 자본의 투자 없이 경영을 할 수 있는 이점이 있다. 계약기간 동안 호텔 소유주에게 사용료를 지불하는 조건으로 사용자가 호텔을 대여하여 영업을 하는 경우를 말한다.

임대차 계약의 기본적인 형태로는 건물의 장식, 설비 기타 비품에 대한 투자는 호텔 소유주가 부담을 하게 되며, 임차료는 쌍방에 의해 결정된 금액을 소유주에게 지급하는 방식으로 이루어진다.

임차료를 지급하는 방식에는 다음과 같이 세 가지로 나눌 수 있다.

① 영업실적과 관계없이 일정한 액수를 임차료로 지급하는 방법.

② 영업실적에 따라 일정한 비율로 지급하는 방법.

③ 일정한 최소액수의 임차료와 영업실적에 따른 매출액의 일정비율을 혼합하여 지급하는 방법 등이 있다.

4. 위탁호텔(Management Contract Hotel)

호텔경영에 있어 경영실적과 노하우가 검증된 호텔이 계약에 의해 경영을 전담하는 새로운 형태의 경영기법으로 위탁을 담당하는 호텔을 위탁경영호텔(management contract hotel)이라 하고 경영을 위탁한 호텔을 말한다.

위탁경영 형태는 소유와 경영이 분리된 경영형태의 하나로 소유주는 운영에 필요한 토지, 건물, 시설, 집기, 운영자금 등을 제공하고 위탁경영을 맡은 자는 호텔경영에 필요한 권한을 소유주로부터 위임받아 경영하는 것으로 오늘날 가장 많이 도입된 형태이다. 또한, 호텔의 소유주가 호텔 경영에 관심이 없어졌거나 호텔경영에 대한 전문지식이 부족한 관계로 호텔 경영의 경험이 많거나 잘 경영할 수 있는 전문경영인을 고용하는 형태를 말한다. 호텔 소유주와 전문경영인 양자간의 문서화된 계약에 의해 운영되는 호텔경영의 유형을 말한다.

위탁경영호텔의 장점으로는 경영 노하우의 전수가 용이하며, 유능한 인력활용이 가능하다. 단점으로는 직접적인 경영참여가 불가능 하다는 것이다.

위탁경영 호텔의 형태는 우수한 호텔경영기법을 보유한 호텔기업이 소유회사와 상호계약을 통해서 호텔기업을 집단적으로 경영하게 되며, 상표권과 마케팅을 지원해주는 대가로 일정의 로열티를 지불하게 된다.

5. 리퍼럴 호텔(Referral Hotel)

리퍼럴 그룹(referral group) 경영호텔은 단독 경영호텔들이 강력한 체인호텔에 대항하기 위하여 상호 연합하는 경영형태이다.

전 세계 호텔 체인들이 확대됨에 따라 독립경영호텔들은 경쟁력이 약화되면서 체인호텔에 대한 생존의 위협을 타개하기 위한 것으로 독립경영호텔들이 협력관계를 구축하여 체인호텔과 같은 경영시스템을 유지하는 것이다. 체인호텔의 상표명(brand names)과 심벌(symbols)들을 모아서 하나의 브랜드와 심벌을 만들어 체인형태로 만들게 되는 것이다.

회원호텔들은 시설, 표준화된 건축, 색채 및 내부 장식 등을 사용하게 된다. 회원호텔들에 의해 광고, 홍보 및 마케팅, 예약시스템 등의 구축비용은 공동으로 납부하면서 경영방식은 호텔 소유주 재량껏 운영할 수 있다.

리퍼럴 조직 경영호텔은 스스로 가입한 회원들에 의해 운영이 되며 입회비, 연회비, 객실예약 실적당 수수료와 같은 지불조건이 있다. 리퍼럴 그룹은 경영계약이나 프랜차이즈 형태의 호텔로 광범위한 예약망 운영으로 시장 점유율을 확보하고 상호 협력하여 공동선전, 판매정책 및 예약 서비스 정보교환 등을 획일화하여 일종의 조합 형태로 운영된다. 이에 대한 비용을 충당하기 위해 회원사로부터 고정금액이나 객실판매액 비율로 회비를 징수한다. 물론 회원사의 자격을 획득하고 유지하기 위해서는 일정한 시설이나 서비스 등의 자격요건을 갖추어야 한다.

리퍼럴 호텔 방식의 장점은 단독경영 호텔들의 국제적인 공동예약 시스템을 형성할 수 있다. 단점은 객실예약 실적당 수수료 지불, 가입조건에 따른 시설점검, 공동예약시스템의 기여도가 미약한 점이 있다. 모든 리퍼럴 조직은 중앙예약 시스템을 보유하여 그 조직의 회원들에게는 정해진 수준의 기준을 준수할 것을 요구하고 있다. 즉 모든 회원 호텔들은 시설·서비스·기준 등에 대해 정기적인 검열을 받게 되어 회원자격을 유지할 수 있도록 한다.

최근의 리퍼럴 그룹은 독립 호텔간의 단순한 협력관계가 아닌 국제적인 예약 체인망을 갖춘 전문 association 회사가 등장하여 가맹호텔을 받아들이고 있다.

국내호텔로는 롯데호텔이 SRS(Steigenberger Reservation Service)그룹에 가입하였으며, 이 그룹은 전 세계 64개국 264개의 회원호텔로서 가장 큰 리퍼럴 조직의 하나이다. 국제적인 리퍼럴 그룹은 로열티의 액수가 저렴하고 계약기간이 짧아서 중저가 호텔들이 리퍼럴 그룹경영 호텔을 선호하고 있다. 리퍼럴 조직의 대표적인 호텔로는 Quality Court, Best Western, Best Eastern, 그리고 Master Host 등의 브랜드가 있다.

〈사례〉 국내리퍼럴 그룹 – 베니키아 호텔

BENIKEA 베니키아

Benikea = Best Night in Korea

한국관광공사가 국내최초로 개발한 '베니키아'는 한국형 관광호텔 체인이다. 순수 국내 중저가 호텔들로 구성된 체인호텔 브랜드이다. 베니키아는 '최고의 휴식을 선사하는 한국의 대표호텔'이란 어원의 영문 'Best Night in Korea'의 머릿글자를 따왔다. 베니키아 가맹호텔은 교통이 편리한 호텔, 시내 관광하기 좋은 호텔, 공항에서 가까운 호텔, 바다가 한눈에 보이는 호텔, 온천을 즐길 수 있는 호텔 그리고 스키장이 있는 호텔 등 즐거움과 고객편의를 제공하고 있다.

베니키아 호텔의 목적은 첫째, 체인화의 장점을 통한 관광호텔의 활성화 둘째, 관광산업의 성장에 가장 중요한 인프라, 관광호텔 경쟁력 강화 셋째, 외국 브랜드 체인으로 지출되는 외화낭비를 막고, 궁극적으로 체인 브랜드 수출에 의한 외화획득 등의 목적이 있다.

베니키아 브랜드는 향후 국내는 물론 기존의 외국 브랜드인 베스트 웨스틴, 이비스, 홀리데이 인 등에 버금가는 세계적인 브랜드로 성장시켜 나갈 계획이다. 베니키아는 순수 국내 중저가 관광호텔 체인 브랜드로 탄생했으며, 관광공사가 추천하는 베니키아를 통해 국내 여행시 최고의 서비스와 검증된 시설에서 부담 없는 금액으로 즐길 수 있는 숙박문화가 정착될 것이며 해외에서도 인정받는 브랜드로 성장할 것이다.

레저신문 2010. 4. 15일자

6. 프랜차이즈 호텔(Franchise Hotel)

세계적인 브랜드를 가지고 경영성과가 높고, 규모 및 시설, 서비스 등에서 브랜드 가치(brand value)를 인정받고 있는 호텔(franchisor)에서 계약을 통해 각국에서 체인호텔을 원하는 사람에게 허가해 주는 것을 말한다.

프랜차이즈 시스템은 본부 와 가맹점간의 계약에 의해 본부는 가맹점에게 일정기간 동안 브랜드, 기업운영의 경영노하우, 종업원 교육, 광고, 홍보 등을 사용하게 되며, 가맹점은 이에 대한 대가로 본부에 가맹비와 매출액에 대한 일정 비율의 로열티를 지급하는 경영형태를 의미한다.

프랜차이즈 호텔은 체인호텔(franchisor)과 호텔 소유주(franchisee)간의 계약에 의해 운영되는 호텔이다. 이들 간의 계약에 의해 운영이 되는 호텔로서 상표, 상징, 영업시스템 등에 대한 배타적 독점권을 소유한 체인호텔들이 상호간의 이득을 도모하기 위해 호텔 소유주에게 모든 권한의 사용을 허가하는 대신 호텔 소유주는 체인호텔 계약에 의한 수수료를 지불하는 형태의 사업이다.

1950년대 이후 미국에서 고속도로 건설이 활성화되면서 가장 빠르게 성장한 경영형태가 프랜차이즈 호텔이다. Holiday Inns 의 설립자인 Wilson은 대표적인 호텔경영자 중의 한 사람이다. 또한 Howard Johnson's 레스토랑의 밝은 오렌지색 지붕을 본인이 운영하고 있는 레스토랑에 도입하여 호텔사업에 적용하였다.

호텔경영자는 프랜차이즈 호텔에 가입하게 됨으로써 사업규모의 확대에 따른 서비스 수준향상, 브랜드 이미지 향상, 예약망 확대, 광고홍보의 효율성, 성공적인 인사방식, 경쟁적인 마케팅과 공급시스템, 중앙예약시스템(CRS), 비용절감 등의 경제적 효과를 얻을 수 있다. 마케팅 측면에서는 세계적인 브랜드를 공동사용하게 됨으로써 안정적인 경영활동을 전개할 수 있다.

프랜차이즈 가맹호텔(franchisee)은 사업위험을 줄이는데 많은 도움이 된다. 가맹본사(franchisor)에 의해 개발되고 그 효과가 입증된 영업방식이 고객들에 의해 인정을 받고 있다는 것이다. 가맹호텔은 가입한 브랜드에 대해 본사의 방침에 의해서 운영되며 독립적인 운영을 할 수 없으며, 브랜드의 시장 점유율을 확대하는데 집중하게 된다. 프랜차이즈 시스템은 공동구매의 이점을 창출하여 가맹호텔에 비용절감의 기회를 제공하게 된다.

프랜차이즈 호텔의 장점으로는 초기 시장개척이 용이하며 가맹점의 적극적인 영업활동이 가능하다. 반면 단점으로는 본사 통제의 한계, 연구개발, 투자비 증가 등이 있다.

표 3-1 프랜차이즈 방식의 장·단점 비교

장 점	단 점
• 경영 및 시설의 표준화로 대고객 신뢰도 제고 • 상표권 활용을 통한 잠재고객의 활용 및 효율적 운영 기대 • 본사 예약시스템의 활용으로 전 세계적 예약서비스 가능 • 전문가를 통한 교육훈련으로 표준화된 서비스 제공 • 본부에서의 통합된 광고 및 판촉 활동으로 광고, 홍보비의 절감	• 본부(franchisor)에 지급하는 가맹비 및 로열티(royalty)에 대한 부담 • 지역특성에 맞는 상품개발 및 판매 등의 영업활동에 대한 제한 • 본부의 일방적인 제도와 절차로 인한 경영상의 제한 • 독자적인 상품개발판매 제한

프랜차이즈 규칙의 핵심사항은 다음과 같다.

첫째, 잠재 가맹점과 가맹 본사에 어떠한 종류의 수수료를 지불하기 전에 정보를 공개한다.

둘째, 가맹본사에 의해 작성된 예상 이익수준을 문서로서 증거를 제출한다.

셋째, 판매촉진 광고를 통해 홍보되었던 가맹점들이 달성한 수익률과 해당 가맹점들의 수와 비율을 공개해야 한다.

넷째, 잠재 가맹점에게 가맹본사가 이용하고 있는 기본적인 프랜차이즈 약관을 제공한다.

다섯째, 잠재 가맹점이 가맹본사의 표준약관에 서명을 거부하면 법적으로 가맹본사는 모든 수수료를 환불해야 한다.

여섯째, 가맹점에게 제공되었던 문서화된 공개정보에 대해 서로간의 갈등 또는 충돌에 대해 구두 또는 문서로서 요구할 수 없다.

〈체인 본사가 제공하는 서비스〉

- 입지선택 및 시장조사 지원
- 호텔건설 과정에서의 조언 및 지원
- 금융 및 재무지원
- 중앙 집중에 의한 구매지원
- 가맹 호텔간의 소개

- 중앙 예약 시스템(CRS)
- 증명된 효율적인 영업방식 지원
- 마케팅 오피스 지원
- 홍보 및 판촉활동 지원
- 가맹호텔 검열 및 평가

7. 공동투자호텔(Joint Venture Hotel)

둘 이상의 당사자가 계약에 의해 사전에 정해진 지분을 공동으로 투자하여 독립적인 기업을 만들어서 운영되는 경영방식을 말한다.

국내호텔로는 반포에 위치하고 있는 JW Marriott 호텔의 경우가 있다.

8. 제휴호텔(Alliance Hotel)

둘 이상의 호텔들이 쌍방에 이익이 될 수 있는 부분에 대해 계약을 체결하여 서로의 단점을 보완하여 운영하는 경영방식을 말한다. 보통 이 경우에 당사자 간 지분에 대한 공동투자 관계와는 전혀 상관없다.

실제적인 예로서, 강북의 신라호텔과 강남의 인터컨티넨탈 호텔은 강남과 강북의 지역적인 단점을 보완하기 위한 더블 초이스(double choice) 프로그램은 양 호텔간의 계약으로 할인해 주는 것으로 좋은 예가 될 수 있다

표 3-2 호텔 경영형태별 비교

호텔경영 형태	호텔 소유자		호텔 영업자	
	장점	단점	장점	단점
단독경영 호텔	• 자유로운 영업 • 수수료 없이 최대 수익확보	• 타 호텔들과 제휴, 리퍼럴, 예약 시스템의 활용의 어려움 • 최대의 경영하락 위험		

호텔경영 형태	호텔 소유자		호텔 영업자	
	장점	단점	장점	단점
체인 호텔	• 호텔경영 경험없이 투자 가능 • 체인본부에서 전문경영자가 호텔경영전담 • 최대 수익성확보	• 경영통제권 상실 • 최대 위험부담 • 경영위탁 수수료 지불(총매출액의 3~5%) • 체인본부 소속의 경영자를 임의대로 통제가능	• 체인망의 확장 • 최소비용으로 경영위탁 수수료 등 수입증가 • 호텔소유자에게 급료 지불이 안 됨	• 제한적 경영위탁 수수료 수입 • 호텔소유주 결정에 따라 최소한의 투자만 가능 • 소유주의 재정적 강점에 의존 • 계약만료에 따른 자산 가치 상실
프랜차이즈 호텔	• 타 호텔들과 제휴, 리퍼럴, 지도 가능 • 일정한 범위에서 영업 자율성 보장 • 최대 수익성확보	• 최대의 위험부담 • 프랜차이즈 수수료부담 • 프랜차이저가 무력해지면 부정적 이미지가 발생할 가능성	• 최소의 투자로 체인망 증가 • 최소의 원가로 리퍼럴 수수료 등 수입증가 기대	• 호텔 표준화와 서비스질 최소한의 통제 • 수입은 회원사 리퍼럴 수수료로 제한
리퍼럴 조직경영 호텔	• 타 호텔과의 제휴와 리퍼럴 가능 • 예약 시스템의 자유로운 활용	• 최대의 경영하락 위험 • 리퍼럴 수수료 (0.75~1.55)부담	• 최소의 투자로 체인망 증가 • 최소의 원가로 리퍼럴 수수료 등 수입증가기대	• 호텔 표준화와 서비스 질 최소한의 통제 • 수입은 회원사 리퍼럴 수수료 제한
임차경영 호텔	• 호텔경영 경험이 없어도 투자가능 • 매출임대율 측면에서 유리함 • 유능한 체인본부 경영자가 운영하므로 재무관리가 쉽다	• 경영통제권 상실 • 임대동의서 따른 제한된 수익성	• 최소 투자로 체인망 확장 • 영업비용을 상쇄하고 나면 수입증가 • 감가삼각비와 운송비 없음 • 경영의 독점적 통제가능	• 임대료를 포함한 재무적 위험부담 • 임대 종료로 인한 자산 가치 상실

자료: James J. Eyster, "The Negotiation and Administration of Hotel Management Contracts," 2nd ed. Cornell Univ. 1980, 9. p.14.

호텔경영론

Introduction to Hotel Management

Chapter 04

프런트 데스크 서비스

01

프런트 데스크 서비스

1. 프런트 데스크의 개념

프런트 데스크는 호텔의 투숙객을 최초로 영접하고 최후로 환송하는 곳이다.

프런트 데스크에서 수행하는 업무 중 가장 중요한 기능으로 객실의 판매를 촉진하는 것이며 고객들에게 종합 서비스를 제공하는 곳이다. 프런트 데스크는 숙박하고자 하는 고객에게 객실예약 에서부터 객실등록 및 정산 등과 관련된 업무를 수행할 목적으로 유기적으로 결합되어 숙박관련 업무를 하는 부서이다.

투숙하는 전체고객에 대하여 호텔을 대표해 중개역할의 기능을 담당하는 곳이라 할 수 있다. 프런트 데스크는 호텔의 얼굴이기도 하며 고객이 체류하는 동안 필요한 정보를 제공하기도 하며 고객에게 가장 인상적인 서비스와 만족을 제공할 수 있는 부서이기도 하다.

프런트 데스크는 기능과 업무의 특성상 매우 중요한 부문이다.

그 업무를 살펴보면 다음과 같다.

첫째, 호텔과 고객과의 커뮤니케이션을 담당하여 중개하는 업무를 맡고 있다. 투숙객은 물론이고 호텔을 이용하는 모든 고객의 문의사항을 해결해 주고 모든 커뮤니케이션에 응대하는 역할을 하고 있다.

둘째, 객실상품의 판매 및 이와 관련된 제반 서비스를 제공하는 업무를 담당한다. 객실예약 및 판매활동은 물론 이와 관련된 각종 통계자료와 정보 등을 산출하고 작성하여 관리한다.

셋째, 객실판매와 관련하여 타 부서와의 협의 및 조정의 기능을 담당한다. 호텔의 모든 고객들에게 필요한 정보와 안내를 담당하고 호텔내의 모든 부서와의 유기적인 관계를 유지하면서, 고객의 편의를 위해 협의· 조정하는 기능을 담당한다.

넷째, 투숙객의 고객관리업무를 담당한다.

고객관리를 위해 history card를 관리한다. history card는 고객관리카드로서 고객에 대한 신상정보 및 호텔이용정보 등이 기록되어 있어 고객의 욕구와 취향 등을 쉽게 파악할 수 있다.

지금의 고객관리는 HIS(호텔정보시스템)을 통해서 이루어지고 있다.

프런트 데스크는 크게 세 부분으로 구분되어 있다.

데스크 중앙에는 객실판매의 관리와 등록을 담당하는 룸 클럭(room clerk)이 위치하고 있으며, 호텔 투숙객이 이용한 요금을 정산하는 front cashier 가 위치하고 있고, 우편물이나 안내 업무를 담당하는 information clerk 이 위치하고 있다.

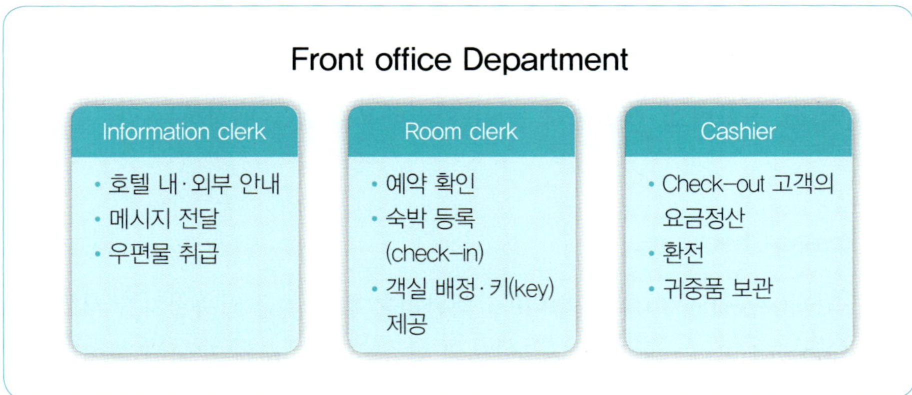

그림 4-1 Front Office 주요기능

2. 프런트 데스크의 핵심 업무

프런트 데스크는 고객과 종사원의 접점이 가장 먼저 발생하는 지점으로 호텔의 첫인상을 결정하는 장소이기도 하다. 고객의 숙박절차와 안내업무 일체를 담당하며 체크인 업무, 룸 컨트롤, 당일 예약접수 및 판매, 정보의 접수와 전달, 고객응대, 열쇠관리, 영업일보 작성 등을 담당한다.

24시간 연중무휴로 운영되는 프런트 데스크에 근무하는 종사원은 호텔의 전반적인 업무를 상세하게 파악하고 있어야 하며, 고객의 요청이 있을 경우에는 정확한 정보를 신속하게 제공해야 하는 부서이기도 하다. 따라서 호텔 전체의 부서와 긴밀한 협력 관계를 유지하고 신속한 연락체계를 유지해야 한다.

프런트 데스크의 주요 업무에 관한 사항은 다음과 같다.

1) Check In

체크 인은 등록의 개시를 하는 것으로 일정한 지불조건을 갖추고 투숙을 원하는 고객을 대상으로 등록을 하기 위한 첫 번째 단계이다.

고객이 사전에 예약을 한 후 방문하거나 예약을 하지 않고 숙박을 원하는 고객에게 일정한 절차를 거친 후, 객실 키를 제공하고 지정된 객실을 사용할 수 있는 조건을 말한다.

고객에게 보다 편리함을 제공하기 위해 고객과 관련된 많은 정보를 가지고 있는 것이 중요하다. 사전에 예약을 하지 않고 도착한 고객에게 일정한 절차에 따라 고객의 등록을 진행하게 되며, 예약을 마치고 도착한 고객은 먼저 예약사항(성명, 주소, 전화번호, 객실형태 등)을 확인하고 객실을 배정하는 업무를 맡고 있다.

(1) Express Check-In

단골고객(repeat guest)확보와 VIP 고객관리를 위해 특급 입숙절차를 시행하고 있는 호텔들이 많다. 예약 시 등록업무에 필요한 모든 사항을 미리 확인함으로써 고객이 도착하면 프런트 데스크를 경유하지 않고 바로 객실로 안내하여 등록카드에 서명만 하면 등록업무를 마감할 수 있도록 한다.

(2) Group Check-In

대규모 호텔에서는 단체담당 프런트 데스크가 별도로 설치되어 있으며 이곳에서 체크인과 체크아웃을 전담하고 있다. 프런트 데스크의 혼잡을 피하고 단체고객들의 편리성을 제공하고 단체고객의 명단을 미리 받아서 사전에 객실을 배정하게 된다.

단체고객이 도착할 때는 호텔에서의 일정과 식음업장, 부대시설 이용 등에 대한 간단한 안내 및 키(Key)를 전달한 다음 객실로 안내한다.

2) Check Out

고객이 퇴숙할 의도로 도움을 요청하면 벨맨은 고객의 baggage를 프런트 데스크로 이동한다. 프런트 데스크 종사원은 고객이 체류하는 동안 객실요금과 다른 영업장을 이용하여 미지급된 금액을 한꺼번에 지불하는 것으로, 지불 방법을 결정하고 정확한 객실 회계 기록을 남겨서 고객으로 하여금 좋은 인상을 가질 수 있도록 하는 것이 중요하다. 모든 정산이 끝난 후 벨맨과 도어맨의 최종적인 영송을 받고 호텔을 떠나기까지의 과정을 체크아웃 이라고 한다.

고객 중에는 호텔이 규정한 체크아웃 시간을 지키지 않고 늦게 하는 경우가 있는데, 추가 시간에 따라 부가적인 요금을 지불해야 된다는 사실을 주지시켜야 한다.

3) 정보제공

호텔 내부에 관련된 모든 업무와 제공되는 서비스 등 고객이 필요로 하는 모든 정보를 상세하고 자세한 정보를 제공하는 역할을 한다. 또한 호텔 외부의 정보뿐만 아니라 고객의 궁금한 내용까지도 안내할 수 있는 다양한 정보와 지식을 제공하는 부서이기도 하다.

일반적인 호텔의 정보내용으로는,

- 호텔 내 각종 업장의 시설과 행사에 대한 정보
- 근교 관광지 및 교통에 관한 정보
- 쇼핑센터와 오락시설에 관한 정보
- 고객이 가고자 하는 행선지 및 교통편 안내
- 기타 고객이 필요로 하는 정보 안내 등이 있다.

4) 프런트 데스크의 기본 업무

① **고객의 영접**: 호텔에 도착한 고객이 종사원과 처음으로 접점을 이루는 장소이며, 종사원의 접점 태도에 따라 호텔에 대한 평가가 이루어지는 곳이기도 하다.

② **숙박등록 및 객실배정**: 예약한 고객이나 예약을 하지 않고 도착한 고객에게 숙박 등록을 제공하며 객실배정을 하게 되는 곳이기도 하다.

③ **객실예약:** 여러 가지 경로(전화, e-mail, CRS, 인터넷 등)를 통해서 객실예약과 확인을 하게 되는 곳이며 즉석에서 예약과 판매가 이루어지기도 한다. 예약의 접수과정은 호텔 상품의 주문을 뜻하므로 항상 친절하고 신속하게 업무가 진행되어야 한다.

예약접수 업무에 종사하는 직원은 고객이 질문하는 어떠한 질문에도 신속하고 정확한 정보를 제공할 수 있도록 객실상품 뿐만 아니라 호텔전체의 상품과 행사까지 정확하게 숙지하고 있어야 한다.

예약을 입력할 때는 다음과 같은 정보는 필수적으로 입력해야 한다.

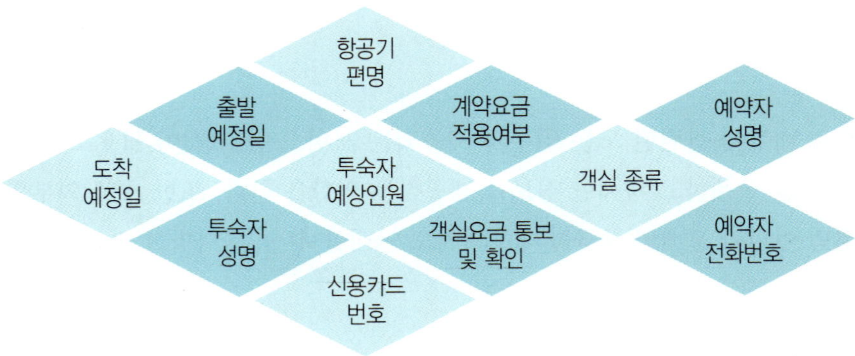

그림 4-2 객실 예약시 필수사항

예약담당 부서는 위의 사항을 수시로 체크하여 차질이 생기지 않도록 주의해야 한다.

④ **우편물 및 메시지 전달:** 고객의 우편물을 수취하거나 송부하는 역할을 하며, 고객의 요청에 의한 메시지 전달이나 고객에게 전해지는 메시지를 전하는 업무를 한다.

⑤ **컴플레인 접수 및 해결:** 고객이 투숙하는 동안 발생하는 불평이나 불만 사항을 접수하고 해결하기 위한 상담 등의 업무를 한다.

⑥ **귀중품 보관:** 고객의 요청에 의해 귀중품을 보관해주고 필요시 언제든지 찾을 수 있도록 하는 업무를 한다.

⑦ **고객의 영송:** 고객의 투숙과 관련된 모든 과정을 마무리하고 최종적으로 고객을 영송하는 장소이기도 하다. 따라서 고객의 즐거웠던 추억을 영원히 간직할 수 있도록 정성을 다해서 환송하는 것이 중요하다.

3. 프런트 데스크의 등록 절차

1) 개인 고객의 등록 절차

호텔에서의 개인고객(FIT: Foreign Independence Tour)은 단체여행객이 아닌 개인고객으로서 예약을 하는 경우와 그렇지 않은 경우가 있다.

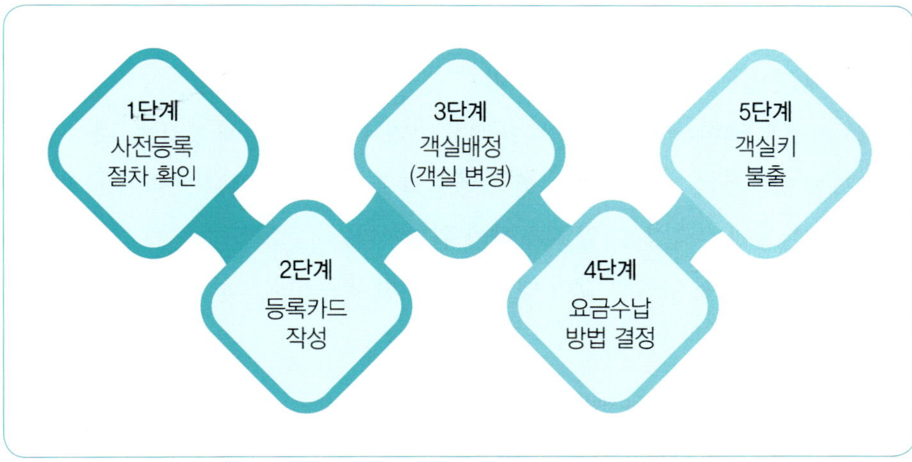

그림 4-3 개인고객의 Check-In 절차

(1) 사전등록절차 확인(Pre-registration activity)

사전등록은 고객이 호텔에 도착하기 전에 미리 등록하는 절차로서 예약과정에서 예약담당자에 의해 이루어진다.

사전 등록한 고객의 경우 자신이 원하는 객실형태와 요금, 객실번호 등이 확정되어 있으며 호텔에 도착하여 고객의 확인 서명만 받고 바로 객실로 이동할 수 있다. 때로는 갑자기 취소되거나 수정되는 경우가 있기 때문에 고객이 도착하기 전에 특정객실을 배정하는 것은 신중을 기하는 것이 좋다. 사전등록은 특별히 지정한 VIP 고객이나 특정단체에 한정시키는 것이 바람직하다.

최근에는 컴퓨터 시스템으로 운영되는 시스템의 활성화로 예약과정에서 획득한 고객정보를 컴퓨터가 등록카드로 자동 전환시켜 주기 때문에 모든 도착 예정 고객에게 사전 등록 서비스를 제공할 수 있다.

(2) 등록카드 작성(Registration record)

고객이 호텔에 도착하여 프런트 데스크에서 등록카드를 작성하게 된다. 등록카드에는 고객의 성명, 주소, 전화번호, 근무처 등 필요한 개인정보를 기록하게 되며 고객의 귀중품 보관에 관한 호텔의 책임을 명시해 준다.

등록카드의 작성목적은 객실이용에 관한 고객과의 약속과 고객관리차원이며 스키퍼(skipper) 발생 시 문제를 해결할 수 있는 자료가 된다.

호텔 등록카드에 작성된 고객의 개인정보는 외부에 노출되지 않도록 철저한 보호를 받는다.

(3) 객실배정 업무(Room assignment)

객실 배정은 예약에 의한 당일도착예정 고객에게 객실을 배정하고, 당일 예약된 고객이 도착하기 전에 객실을 미리 배정해 둠으로써 고객이 호텔에 도착하여 신속하게 객실에 투숙할 수 있도록 하기 위함이다.

객실 배정을 할 때 다음과 같이 예약 조건에 따라 우선적으로 객실을 배정한다.

- VIP 예약
- 블록(block)이 설정된 예약
- 커넥팅 룸(connecting room)이나 인접객실(adjoining room)의 예약
- 특정 층이나 객실번호를 미리 지정한 예약
- 판촉부의 사전 요구가 있는 고객
- 관광이나 컨벤션을 위한 단체고객
- 고객의 혼잡이 예상되는 주말이나 휴일 등의 초과 예약

(4) 객실변경 업무(Room change)

고객의 요청이나 호텔 사정상 불가피할 경우 객실을 변경하게 된다.

호텔 사정일 경우 고객에게 양해를 구한 뒤 요금할인, 객실 업그레이드(room upgrade), 과일바구니 등의 적절한 보상을 제공하여 고객의 마음을 상하게 하지 않도록 하는 것이 중요하다.

(5) 요금수납방법 결정(Method of payment)

고객이 현금이나 수표, 신용카드 또는 다른 수단의 방법으로 요금을 지불하는가에 대한 요금지불을 보장받기 위한 예방적 수단을 강구하는 것이다. 효과적인 수납방법의 설정은 고객의 등록시점에서 결정해야 한다. 추가 발생 요금이나 회수 그리고 체크아웃 시에 요금정산과 관련된 분쟁을 미연에 방지할 수 있도록 하기 위한 것이다.

(6) 객실 키(key)의 불출

호텔의 객실 키는 체크인의 모든 과정이 끝나고 난후 고객에게 제공되며, 고객의 안전과 재산을 보호 하는 가장 기본적인 도구이다.

키 관리 요령과 함께 체크 아웃 시에 반드시 반납할 수 있도록 고객에게 요청해야 한다.

2) 단체고객의 등록절차

단체고객의 체크인은 많은 사람들이 동시에 도착하기 때문에 프런트 데스크 혼잡이 예상된다. 따라서 단체고객을 인솔하는 여행사 직원이나 인솔자와 협의하여 간략한 등록절차를 밟도록 하는 것이 중요하다.

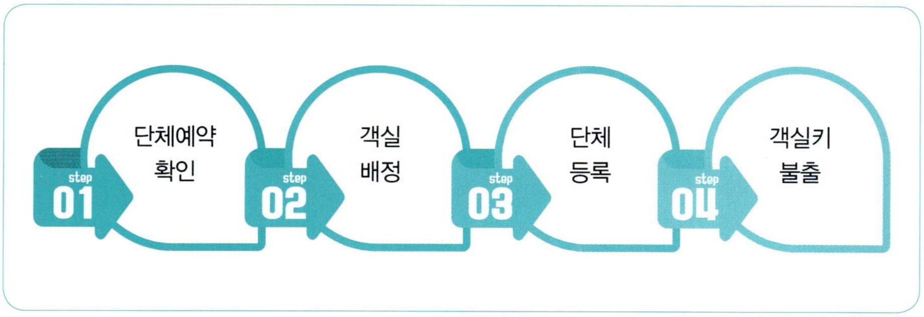

그림 4-4 단체고객의 Check-In 절차

(1) 단체예약 확인

당일 도착예정인 단체 고객을 체크하여 여행사의 직원이나 인솔자와의 긴밀히 협의하여 객실형태, 인원수, 도착예정 시간, 교통편, 식사, 요금지불방식 등을 확인하여 당일의 객실판매계획을 수립한다.

(2) 객실배정

단체고객의 객실배정은 가능하면 일반 개인고객과 분리하여 배정해야 하며, 동일 층으로 배정하는 것이 호텔과 단체여행객 그리고 개인 고객에게 편리함을 제공하게 된다. 객실 배정 시에는 고객 간에 상호 연락을 취할 수 있도록 단체 투숙자 명부를 작성하여 나누어 주어야 한다.

(3) 단체 도착

단체고객이 도착하게 되면 호텔 로비가 매우 혼잡하게 되므로 호텔로비의 일정한 공간을 확보하거나 소 연회실로 인도하여 다른 고객들에게 불편을 주지 않도록 해야 한다. 객실배정 담당자는 고객에 대한 구체적인 정보를 미리 입수하여 등록시간을 최대한 단축할 수 있는 방안을 마련해야 한다.

(4) 객실 키 불출

객실명부(rooming list)를 기초로 하여 객실배정이 완료되면 키홀더(key holder)에 객실번호, 고객성명을 기재하여 고객별로 나누어 준다.

전자카드의 경우 벨 맨을 통해 객실 키의 사용방법을 알려주도록 한다.

02 객실 예약 업무

1. 객실예약 업무의 개념

객실예약(room reservation)이란 호텔의 객실을 이용하고자 하는 고객이 호텔에 도착하기 전에 다양한 경로를 통하여 객실을 예약하게 되며 이는 호텔과 고객간의 계약이 형성되는 과정이라 할 수 있다. 즉 객실예약은 고객과 호텔간의 숙박시설 이용에 대한 상호 계약이 성립되었다는 것을 의미한다.

객실 예약은 고객이 원하는 날짜의 객실사용을 위하여 미리 예약해 둠으로 인해서 안전하게 객실을 확보하는 의미가 있고, 호텔기업의 경우는 객실을 미리 예약을 받음으로 인해서 객실 점유율을 사전에 확보할 수 있어 수익을 극대화할 수 있는 이점이 있다. 이러한 경우에는 고객과 호텔에 있어서 상호 이익을 기대할 수 있다.

호텔의 객실예약은 주로 전화, 인터넷, CRS 등을 통하여 접수하게 되며, 담당 종사원은 예약과 관련된 모든 사항들을 정확하게 접수, 기록, 정리 보관하여 고객이 투숙하는 과정에서 조금이라도 불편한 점을 느낄 수 없도록 세심한 주의를 기울여야 한다. 특히 호텔 객실과 전반적인 사항의 정보뿐만 아니라 호텔 주변의 관광지, 쇼핑, 음식, 공연 등에 관한 많은 정보를 제공하게 됨으로써 고객만족을 이끌어 낼 수 있다. 고객은 기간에 따라 예약이 빠를수록 할인율을 차등 적용받을 수 있다.

2. 객실예약 부서의 주요 업무

객실예약 부서는 고객의 객실예약을 접수하고 처리하는 업무를 담당하는 부서이며, 고객의 요구사항을 적극적으로 수용하고 그에 맞는 최적의 객실을 제공할 수 있는 역할을 하는 부서이다.

예약부서의 목표는 숙박하려는 고객을 최대한 확보하여 최대의 객실 점유율을 높여서 객실 수익을 극대화하는 것이다. 객실예약사항에 따라 프런트 데스크에 신속하게 전달함으로써 고객이 호텔에 도착하였을 때 투숙에 불편함을 해소해 줄 수 있는 중요한 역할을 하게 된다.

1) 객실 예약 접수

고객 주문에 의해 객실을 판매할 수 있는 다양한 수단(전화, 팩스, 인터넷, 직접방문, CRS 등)으로 인하여 접수를 하게 된다. 예약 접수는 신속, 정확, 간단하게 하는 것이 중요하다. 특히 고객의 주문사항에 대한 정확하고 친절한 답변이 요구되며, 객실 내 필요한 사항들을 문의하여 미리 세팅될 수 있도록 한다.

고객이 궁금해 하거나 의심이 가지 않도록 확인 전화나 메일 등 재확인의 절차가 반드시 필요하다.

객실예약 경로에는 다음과 같이 다양한 방법으로 진행되고 있다.

① **전화**: 대부분의 호텔들은 전화로 예약을 받는다. 미국에서는 800번으로 시작되는 무료통화 전화번호(toll free number)를 가지고 있다.

② **호텔지점을 통한 방법(hotel representation)**: 호텔의 지사(支社)를 통한 방법으로 해외 체인 호텔인 경우 가까운 호텔에 전화를 하게 되면 전 세계에 위치하고 있는 동일한 브랜드 호텔을 간단하게 예약 할 수 있다.

③ **판매요원(sales executives)등에 의한 방법**: 호텔 내의 마케팅 직원이나 판촉요원들이 직접 고객을 찾아가 예약을 받아 오는 방법이다.

④ **제3자 컴퓨터 시스템**: 항공사, 여행사 등의 제3자 컴퓨터 시스템 등을 통하여 예약을 받는 방법으로 수수료는 일반적으로 10% 정도 지불한다.

⑤ **예약 없이 투숙하는 고객(walk-in guest)**: 사전에 예약을 하지 않고 고객 스스로호텔로 찾아와 투숙하는 고객이다.

⑥ **우편(mail)**: 엽서, 편지를 이용해서 예약하는 것으로 컨벤션 호텔의 경우 실질적인 정보를 알려 줄 수 있다는 장점이 있다.

⑦ **기타**: 이상과는 다른 방법으로 텔렉스(telex), 전보(cable), 팩시밀리(fax) 등을 이용하는 방법 등이 있다.

2) 객실관리

객실예약 담당자는 효과적인 객실 판매를 하기 위해서 객실의 상태를 수시로 확인하고 판매할 수 있는 객실과 그렇지 않은 객실을 사전에 구분하여 인지하고 있어야 한다. 수리해야 될 객실과 수리가 진행 중인 객실 등을 빨리 조치하여 고객에게 판매할 수 있도록 해야 한다. 그러나 완벽하지 못한 객실을 고객에게 판매해서는 안 된다.

하우스 키핑 부서와의 소통을 유지하여 객실공급이 원활하게 이루어질 수 있도록 하여 고객에게 판매되는 객실은 항상 최상의 상태를 유지할 수 있도록 해야 한다. 모든 객실 종사원은 최고의 가격으로 객실을 판매하여 객실점유율과 수익을 높이는데 기여하는 것이 중요하다.

3) 예약변경 및 확인

호텔의 내부 사정이나 객실사정 그리고 고객의 항공기 시간 변경, 천재지변 등의 외부적인 환경으로 인하여 객실예약에 차질이 생길 수 있다.

호텔이나 고객의 요청에 의해 변경이 생길 경우 상호간의 커뮤니케이션을 활용하여 즉시 수정할 수 있어야 한다. 객실요금·도착일·체재기간·객실유형 및 고객의 요구사항 등을 기록한 예약확인서를 최종적으로 고객에게 송부하여야 하며, 고객에게 불편을 초래할 수 있는 상황이 있어서는 안 된다.

4) 예약 취소

객실을 예약한 고객이 부득이한 사정으로 인하여 객실예약을 취소할 경우가 발생하게 된다. 예약된 고객은 반드시 전화나 e-mail 또는 다른 방법을 이용하여 호텔 측에 예약취소를 알려야 할 의무가 있다. 그렇지 않으면 예약할 때 기록된 신용카드 계좌로부터 계약조건에 따라 요금이 결재되는 경우가 발생하게 된다.

해외 호텔의 경우 객실예약을 할 때에는 반드시 신용카드 번호를 남겨야 한다.

5) 초과예약(Over Booking)

객실의 특성상 저장이 불가능하고 재고가 발생하지 않는 특성으로 인하여 호텔이 보유하고 있는 객실보다 많은 객실 예약을 받게 된다. 고객이 예약을 한 후 투숙당일에 나타나지 않는(no-show) 경우나 예약을 취소하는 경우를 대비하여, 보유한 객실보다 일정 비율만큼 초과예약을 받아서 판매하지 못하는 경우를 방지하고 객실판매를 극대화하기 위한 조치이다.

초과예약을 하는 이유는 no show인 경우에는 약 5% 정도를 예상하고, 예약취소는 약 8~10%정도가 일반적인 것으로 여겨지고 있다. 초과예약에 의해 호텔을 방문하였으나, 객실이 확보되지 못한 경우인 carry-over 손님은 반드시 친절하게 다른 호텔로 안내하여 숙박할 수 있도록 하는데, 이를 turn- away service 라고 한다.

호텔은 객실을 판매함에 있어서 여러 가지의 기회손실이 발생하기 쉬우므로 객실판매에 있어서의 불확실성을 최소화해야 한다.

〈초과 예약이 발생하는 4가지 일반적인 요인〉

① under-stay: 고객이 예약한 숙박일 수보다 빨리 떠나는 경우이다.

② walk-out: 공식적인 체크아웃 과정 없이 호텔을 떠나는 고객.
고객이 예약한 일정기간 동안 체재하고 있었으나, 프런트 데스크를 거치지 않고 호텔을 떠나는 경우이다. 즉 호텔 입장에서는 다시 돌아올 것인지 알 수 없으므로 해당 객실을 판매하지 못하는 경우이다.

③ stay-over: 고객이 예약된 숙박일 수 보다 하루 또는 그 이상을 체재하는 경우이다.

④ no-show: 예약한 고객이 예약된 날짜에 나타나지 않는 경우이다.

03 기타 프런트 서비스 업무

1. Executive Floor Lounge Service

1) Executive Floor의 개념

귀빈층은 '호텔 내의 호텔'(a small hotel within a hotel)로써 잦은 해외출장, 바쁜 스케줄, 복잡한 업무에 시달리는 현대 비즈니스맨들을 위해 보다 신속하고 정확하며 차별화된 서비스와 편안함을 함께 제공하기 위한 호텔서비스 이다.

EFL의 운영은 호텔의 이미지 상승과 전반적인 매출을 높이려는 목적으로 특별히 운영되는 객실층 이다. 비즈니스를 목적으로 하는 여행객은 바쁜 일정으로 진행되기 때문에 그들에게 있어서 시간은 매우 중요하다. 이러한 이유로 EFL 층에서 편리하게 업무를 수행하고 식사와 함께 휴식까지 취할 수 있으며, 회의실과 비즈니스 센터까지 완비되어 있어 비즈니스를 수행하는데 있어서 조금도 불편하지 않는 서비스를 제공하고 있다.

EFL 층은 우리나라 대부분의 5성급 호텔에서 운영하고 있으며 출입을 하기 위해서는 엘리베이터와 객실에서 동시에 사용할 수 있는 열쇠가 있어야 한다.

개별 라운지가 있어서 조식이나 바(bar) 서비스가 제공되며, 하루 종일 커피, 홍차, 주스, 과일, 쿠키 등이 제공되고, 미팅룸의 무료 사용, 퇴숙 절차, 항공예약 및 확인 등 개인 비서급 서비스가 제공된다.

2) EFL 특별 서비스

① 라운지는 영접하는 곳과 엘리베이터가 인접한 곳에 위치하고 있으며, 휴식을 취하고 친교를 나누며 가벼운 식사와 독서를 할 수 있는 공간이 별도 준비되어 있다.

② 회의에 필요한 장비를 갖추고 독립된 회의실이 따로 준비되어 있다.

③ 고객을 보조할 수 있는 직원이 배치되어 있어 언제든지 도움을 줄 수 있다.

④ 무료 다림질과 구두닦이 서비스를 제공하고, 비즈니스 센터에서는 사진 복사, 팩스, 비서업무를 제공하게 된다.
헬스클럽과 휘트니스 시설을 무료로 이용할 수 있도록 하고 문구류와 어메니티(amenity)를 제공한다.

⑤ EFL 층에는 일반고객의 출입이 불가능하며 별도의 카드를 소지하여야 출입이 가능하다.

⑥ 무료 오드볼과 함께 지정된 시간에 무료 칵테일과 와인을 제공한다.

⑦ 업그레이드된 butler(VIP 서비스요원) 서비스와 valet service를 제공받고, 객실청소, 미니바 보충, 고급 어메니티와 객실장비를 제공받는다.

⑧ EFL 층의 GRO(Guest Relation Office)는 고객의 입·퇴숙을 확인하고, 식당·공연장·리무진·비행기 표 및 관광을 준비할 수 있도록 도와준다.
비즈니스 서비스를 위한 고객의 요구를 들어 주며 메시지나 소포 및 우편물을 배달하는데 협력한다.

EFL(Executive Floor Lounge)서비스는 비즈니스 고객들을 위한 것으로 호텔의 이미지 홍보와 장기투숙 등의 추가 수입으로 인하여 호텔 매출증가라는 일거양득의 효과를 얻을 수 있다. 5성급 호텔에서는 비즈니스 고객들을 지속적으로 유지하기 위함이며, 사무능력을 높이기 위한 회의실을 설치하여 각종 첨단 OA기기를 비치하고 있다. 또한 신문, 잡지, 도서 등 읽을거리가 상시 전시되어 있으며, 품위 있고 차원 높은 서비스 제공의 일환으로 외국어 실력이 뛰어난 안내 담당이 배치되어 있다.

호텔의 경영정책 관점에서 비즈니스 여행자는 성수기와 비수기에 상관없이 고정적이고 확실한 고객이다. 일반관광객에 비하여 상대적으로 소비활동에 있어서 경제적인 부담을 적게 느끼기 때문에 비즈니스 고객에 대한 판매 전략은 호텔 경영수익의 실현과 성장이라는 측면에서 매우 중요하다고 할 수 있다.

표 4-1 주요 5성급 호텔의 Executive Floor 현황

구 분	J.W.Marriott	The Shilla	Millennium Hilton	Imperial Palace	Lotte Hotel(잠실)
귀빈층 층수	27~34 (8개층)	7~22층 (12개층)	16~22층 (7개층)	15~29 (9개층)	28~29 (2개층)
EFL의 수 (층수)	1개 (30층)	1개 (23층)	2개 (19층, 21층)	1개 (20층)	1개 (28층)
EFL만의 특별한 혜택	• 웰빙헬씨조식 • 해피아워 • Express check in/out • 도착당일 정장 다림질 서비스 • 미팅룸 무료 이용	• 조식, 라이트 스낵, 애프터눈 티, 해피아워 등 하루 4번 다이닝 서비스 • 개별 컨시어지 서비스	• 각종 정기간행물, 일간지 비치 • 조식뷔페, 음료	• 라운지 내 전용노트북 무료 이용 • PDP 전용 대형미팅룸 이용 • 도시락 서비스	• 개인 비서 서비스 • 컨시어지 서비스 • 워크 스테이션 (인터넷+네트워크)업무 • 리프레싱 룸 • 샌드위치, 케이크 제공

2. 비즈니스 센터(Business Center Service)

비즈니스 센터는 첨단의 각종 사무기기와 설비들을 갖추고 투숙고객이나 방문고객의 각종 비즈니스 업무를 수행하는데 필요한 다양한 서비스를 제공한다. 대부분의 호텔에서는 로비에서 가까운 곳에 위치하고 있으며, 고객과의 개별적인 접촉을 통해서 이루어지기 때문에 서비스를 제공하는데 있어서 세심한 주의를 기울여야 한다. 비즈니스 센터는 상용고객을 대상으로 고객에게 다양한 정보와 수준 높은 서비스를 제공하여 호텔의 이미지 제고와 판매증진 및 호텔홍보에 많은 역할을 하게 된다.

비즈니스 센터의 세부적인 업무내용은 다음과 같다.

- 고객의 영접, 안내 및 불평처리
- 개인비서 업무의 수행
- 팩스, 복사, 타자업무
- 회의실 제공 및 관리

- 공연 및 행사예약
- 특수 우편물 취급 서비스
- 매출전표의 작성
- 각종 이용현황 작성 및 보고
- 업무 체크리스트 점검
- 각종 업무의 번역과 통역

04

유니폼 서비스

유니폼 서비스란 호텔을 왕래하는 모든 고객들이 로비를 이용하는 만큼 고객들에게 가장 많이 눈에 띄는 부서이다. 호텔 프런트 오피스에 소속되어 있으며 주로 호텔 로비에서 고객을 위해 봉사하는 종사자를 일컫는다. 투숙객이나 호텔을 이용하는 고객들에게 안내, 화물 운반 및 보관 등 고객의 요청에 따른 서비스를 제공하는 업무를 한다.

유니폼 서비스는 로비에 위치하고 있으며 고객의 편의와 고품격 서비스를 제공하기 위해서 정복 차림위주의 복장과 친절로서 고객을 맞이하고 환송하는 업무를 맡고 있다.

고객이 출입하는 입구에서 밝은 미소로 고객을 환대하는 것이 무엇보다 중요한 유니폼 서비스는 크게 도어맨, 벨맨, concierge, 포터로 구분할 수 있다.

1. 도어맨(Door Man)

호텔 고객이 자동차를 타고 정문에 도착하면 자동차의 문을 열어 주는 사람이기도 하면서 호텔의 첫인상을 전달하는 직원이다.

도어맨은 호텔에 도착한 고객을 환대하면서 맞이하고 차량의 질서를 유지해주는 업무를 하고 있다. 또한 고객을 최종적으로 환송하는 업무도 하고 있다.

일반적인 업무로는 고객영접 및 환송, 차량안내 및 교통정리, 주차서비스 및 차량호출, 교통편 안내 등의 업무를 맡고 있다.

무엇보다 절도 있고 예의바른 태도와 미소를 잃지 않는 성실한 자세가 요구된다. 계절이나 시간에 관계없이 항상 외부에서 업무가 이루어지는 특징이 있다.

다음은 도어맨의 주요 업무이다.

① **고객영접 및 환송서비스**: 호텔정문에 위치하여 차량으로 호텔에 도착하는 고객을 영접하고 환송하는 업무를 담당한다. 고객이 호텔에 도착하여 제일 먼저 고객의 접점에 접하는 곳으로 친절한 인사와 미소로서 환대하는 것이 중요하다. 숙련된 도어맨의 경우 고객의 차량번호나 고객의 인상착의를 기억해 두었다가 고객의 이름을 불러주거나 특별 서비스를 제공하기도 한다.

② **차량안내 및 교통정리**: 대규모 행사가 있는 날에는 호텔입구가 차량으로 혼잡하기 때문에 교통의 흐름이 빠르게 진행될 수 있도록 하는 역할을 한다.

③ **주차서비스 및 차량호출 서비스**: 고객을 대신해서 주차를 도와주기도 하며, 운전기사가 있는 고객의 차량을 호출하는 업무를 수행하기도 한다.

④ **주차대행 서비스(valet parking service)**: 대규모의 호텔인 경우 고객의 차량을 안전하고 신속하게 주차할 수 있도록 하며, 특히 여성고객운전자들을 대신해 편의를 제공하기도 한다.

호텔은 이러한 서비스를 제공하게 됨으로서 호텔 서비스의 고급스러운 이미지를 각인시키기도 한다. 또한 주차대행 서비스 요금을 받아서 또 다른 수입원으로 매출을 올릴 수 있다.

2. 벨 맨(Bell Man)

벨 데스크에서 근무하는 직원을 벨맨 이라고 한다.

벨맨은 호텔의 로비 정문에 대기(stand by)상태에서 항상 밝은 표정으로 미소를 지으면서 고객의 주의를 살펴야 한다. 고객과 시선이 마주치는 경우에는 밝은 표정으로 목례로 인사를 한다.

벨맨은 프런트 데스크에서 체크인을 마친 고객의 짐을 객실까지 전달하고, 고객을 객실까지 안내해 주는 업무를 한다. 또한 체크아웃을 하기 위해 고객의 호출이 있으면 고객의 짐을 수거(pick up)해서 프런트 데스크 까지 옮겨주기도 한다. 아울러 로비관리, 각종 메시지 전달, paging service, 객실 변경, 차량수배 그리고 고객의 짐을 보관 해주는 업무를 한다.

고객을 최종적으로 정성껏 환송하여 호텔에 좋은 이미지를 가지고 떠날 수 있도록 한다.

벨맨의 일반적인 업무는 다음과 같다.

① **고객영접 및 환송**: 고객을 따뜻하게 맞이하고 고객에게 필요한 정보를 제공하며, 고객이 호텔을 떠날 때 환송하는 업무를 맡고 있다.

② **숙박등록 안내**: 고객이 호텔에 도착하여 숙박 등록과 퇴숙 시 고객의 수하물을 객실까지 전달하고 객실에 도착하여 객실의 사용방법과 여러 가지 필요한 사항들을 고객에게 알려주게 된다.

③ **호텔 시설 안내**: 호텔에 도착한 고객에게 시설의 안내와 필요한 정보를 정확 하게 전달하게 된다.

④ **수하물 보관 및 관리**: 투숙객이나 방문객의 수하물을 보관하는 서비스로 장기보관과 단기보관으로 구분하게 된다. 고객의 수하물은 안전하고 바뀌지 않도록 취급에 주의해야 하며, 물품의 내용을 정확하게 파악하여 기록을 남겨두는 것이 중요하다. 수하물 갯수와 고객 이름, 맡긴 날짜, 벨맨 이름 등의 정보를 정확 하게 기록하여 수하물표를 부착한다. 수하물이 여러 개일 경우 그물망 등으로 따로 구분하여 보관하고 분실되지 않도록 주의해야 한다.
귀중품일 경우에는 안전한 장소에 따로 보관하고, 부패될 수 있는 보관품은 냉장고 또는 냉동실에 보관하여 고객에게 불편을 초래하는 일이 발생하지 않도록 한다.

⑤ **Delivery 서비스**: 팩스, 우편, 서류, 메시지, 귀빈용 과일, 꽃, 신문 등을 고객이 원하는 장소나 시간에 정확하게 전달하는 업무를 맡고 있다.
실행한 업무내용은 업무일지에 철저히 기록해야 한다.

⑥ **룸 체인지 서비스**: 고객이 재실 중에 객실변경에 대한 요청을 프런트 데스크로 부터 받게 되면, 수하물 카트를 가지고 가서 고객의 수하물을 옮기며 최대한 고객의 프라이버시를 존중해서 조금이라도 불편한 일이 발생하지 않도록 해야 한다. 고객이 부재중일 경우의 객실 변경은 프런트 데스크에서 고객에게 사전에 허락을 받은 상태이며, 오해의 소지가 많으므로 고객의 소지품이나 수하물 등을 신중하게 다루어야 한다.

⑦ **로비의 청결상태를 유지할 직무를 담당한다.**

벨맨은 고객이 호텔 내부로 진입하였을 때 처음으로 대면하는 최일선의 종사원으로 벨맨의 서비스 숙련도와 매너는 고객에게 전체 호텔 종사원의 서비스수준을 판단하는 결정적인 요소가 된다.

3. 컨시어지(Concierge)

불어로는 'Le comte des cierges' 영어로는 'keeper of candles'의 뜻으로 프랑스 중세시대 많은 성(castle)의 방들을 밝힌 초를 관리하는 사람에서 유래되었다.

현재는 고객의 편의를 위해 총괄적인 서비스를 담당하는 집사라는 의미로 사용하고 있으며, 호텔을 내집처럼 편하게 이용하기 위한 기본정보를 제공함은 물론 고객의 개인적인 업무를 처리함에 있어 불편함이 없도록 프라이빗 비서 서비스를 제공하는 곳이다.

대규모 호텔에서는 로비의 한쪽 면에 별도의 컨시어지 데스크를 설치하여 고객의 불편을 해소해주는 역할을 한다.

컨시어지는 호텔 로비에서 여러 가지 업무를 수행하게 된다. 고객과 가장 가까운 곳에서 고객이 원하는 정보를 제공하고 안내해야 하며, 따뜻하고 호의적인 태도로 도움을 필요로 하는 모든 고객의 친절한 안내자로서의 역할을 수행하고 있다.

고객에게 보다 신속하고 정확한 서비스를 제공하기 위해서 각 관련부서와 긴밀하고 원만한 대인관계를 유지하는 것이 중요하며, 필요시 각 부서에 협조를 얻을 수 있도록 한다. 호텔 내 각 부서의 특징적인 업무와 전 영업장의 업무시간, 이용시설, 특별행사 등을 숙지하고 고객이 요청할 경우 정확한 정보를 제공해야 할 의무를 가지고 있다. 이 부서는 고객 영접, 차량호출, valet parking service, 수하물 보관, 호텔셔틀 버스 운행관리, 메시지와 통신물 전달, 로비지역의 점검 등의 업무를 수행하게 된다.

컨시어지의 주요업무는 다음과 같다.

① 호텔 로비에서 항상 단정한 자세로 왕래하는 고객들을 주시하면서, 도움을 필요로 하는 고객에게 먼저 다가가 적극적인 자세와 태도로서 성심을 다해서 서비스를 제공해야 한다.

② 고객에게 보다 신속하고 정확한 서비스를 제공하기 위해 관련 부서와의 원만한 관계를 유지하여야 한다. 호텔의 각종행사와 각 영업장의 영업시간 등을 정확히 숙지하여 정보를 제공해야 한다.
③ 고객정보 데이터베이스를 구축하여 제공한다. 특히 귀빈층에 투숙하는 고객의 성향을 미리 파악하여 적절한 서비스를 제공한다.
④ 고객의 불편사항 접수와 함께 신속하게 해결 한다.
⑤ 필요시 VIP 고객을 에스코트 한다.
⑥ 일별, 월별, 연도별 이용객수와 고객성향 등에 대한 각종 정보수집과 보고서를 작성, 유지 관리한다.

4. 포터(Porter)

포터는 해외나 다른 지역에서 오는 예약된 고객을 영접하게 되며 공항, 역 그리고 버스 터미널에서 호텔까지 리무진으로 호송하는 업무와 화물을 운반하는 업무를 맡고 있다. 해외에서 한국을 처음 방문하는 고객이나 호텔 VIP, 그리고 짐이 많은 고객들이 대중교통을 이용하기에는 많은 불편함이 따른다. 따라서 호텔은 이들의 불편함을 해소시켜 주기 위해 포터서비스를 제공하고 있다.

도어맨과 벨맨의 업무를 도와 호텔 현관영접 과 접객 서비스의 업무를 원활하게 한다. 대부분의 호텔에서는 벨맨이 포터업무를 담당하고 있다.

5. 전화 교환원(Operator)

호텔의 전화 교환원은 고객과의 직접적인 대면이 이루어지는 것은 아니지만, 교환원의 목소리와 태도, 신속성 등의 여부에 의해 호텔 이미지를 창출하는 중요한 곳이다. 최근에는 컴퓨터 시스템 도입으로 전화교환원의 수는 감소하고 있지만, 그 업무의 중요성은 여전히 유지되고 있다.

1) 전화교환실장(Chief Operator)

전화교환실장은 전화교환업무를 지휘· 감독하고, 각종 보고서와 근무일지를 작성하는 업무를 맡고 있다. 그리고 전화업무상 불평· 불만의 처리와 주기적으로 교환업무 교육을 실시한다.

전화교환실장의 직무내용은 다음과 같다.

- 교환실의 업무를 총괄·지휘·감독하며, 보고서 및 근무일지를 작성하는 직무를 담당한다.
- 교환원의 업무를 교육시키는 직무를 담당한다.
- 전화 혹은 통신 시스템의 수리의뢰서를 작성한다.
- 교환실의 청결상태를 감독한다.
- 필요시 회의에 참석하여 업무의 효율성을 증진시킨다.

2) 전화 교환원(Telephone Operator)

전화 교환원은 전화교환, 국제통화, 전보접수, 전화문의·안내 업무를 담당한다. 고객의 모닝콜(morning call)업무를 처리하며, 교환실·휴게실 등의 청결상태를 유지한다. 전화교환원은 상냥한 목소리로 친절하게 응대하며 보이지 않는 호텔의 얼굴임을 자각해야 한다. 또한 다양한 외국어에 능숙한 실력을 가지고 있어야 한다.

전화 교환원의 주요 업무는 다음과 같다.

- 국제전화 및 전보의 신청 접수 및 연결 업무
- 모닝콜(morning call)업무
- 귀빈객실의 체크(VIP room list check) 업무
- 단체명단 체크(group list check): 프런트에서 단체명단을 받아 모닝 콜 및 식사 시간, 장소, 메뉴 등을 안내한다.
- 기타 업무: 비상상황을 즉시 당직 지배인에게 통보 한다

05

프런트 오피스 직무분석

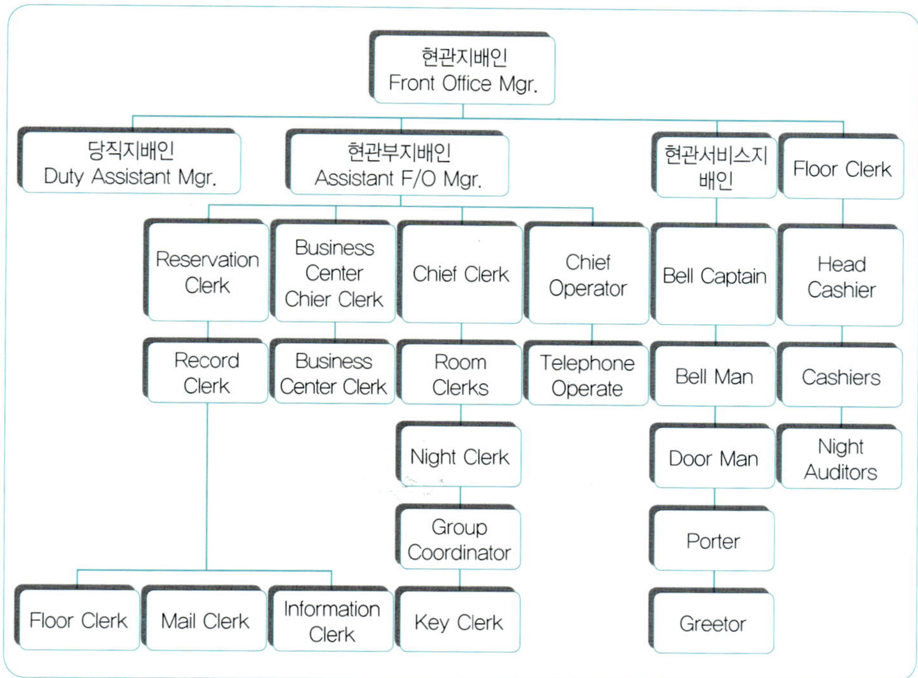

그림 4-5 프런트 오피스 조직도

1. 프런트 매니저(Front Office Manager)

프런트 매니저는 프런트 부서의 책임자이며 현관부서 종사자의 업무를 지휘, 감독하면서 교육을 담당하고 있다. 프런트 매니저는 종사원들이 고객 서비스에 최선을 다하여 서비스 할 수 있도록 적극적으로 지원해주며, 능숙한 외국어 구사 능력을 가지고 있어야 한다. 또한 고객의 만족을 실천하기 위하여 종사원이 보지 못하는 것까지 인지할 수 있는 섬세함과 고객 불평불만의 요소가 되는 것을 사전에 예방할 수 있는 통찰력이 필요하다.

프런트 매니저는 프런트 오피스의 최고 책임자로서 객실판매를 위해 최선의 노력을 해야 한다.

프런트 매니저의 주요업무는 다음과 같다.

- 프런트에 근무하는 모든 직원과 시설·설비, 객실 판매 수, 예산을 수립하는 등의 업무를 효과적으로 처리할 수 있도록, 프런트 오피스 직원들의 업무 시스템과 호텔의 객실체계를 정확하게 파악하고 있어야 한다.
- 객실의 생산과 판매의 효율성을 높일 수 있는 방안을 가지고 있어야 한다.
- 직원들에게 고객을 위한 서비스가 가장 중요한 사항임을 항상 교육으로 인지 시켜야 하며, 자신이 맡은 일에 대한 자부심과 긍지를 가질 수 있도록 정신무장을 시킨다. 각 부서간의 상호보완적인 협력관계를 유지할 수 있도록 노력해야 한다.
- 자신이 맡은 일을 충실히 수행하고 총지배인이 정한 목표, 목적, 표준들을 따를 수 있도록 직원의 교육을 철저히 실시한다. 여러 가지 필요한 사항들을 파악하여 각 부서의 장들에게 정보를 제공하고 협조를 요구한다.
- 고객관리와 수익의 통계 등을 통제할 수 있어야 한다.
- 객실의 시설과 설비 등에 대한 전문적인 지식과 기술을 습득하여 객실관리의 효율성을 제고하여야 한다.

2. 레저베이션 클럭(Reservation Clerk)

레저베이션 클럭은 고객의 숙박예약 접수와 고객에게 예약상황 등을 통보하는 업무를 하고 있다. 예약 고객의 신상정보를 정확하게 기록하여 고객이 호텔에 도착하였을 때, 조그만 불편사항도 느끼지 못하도록 객실 판매원에게 인계하는 것이 중요하다.

레저베이션 클럭의 주요 업무는 다음과 같다.

- 객실예약을 접수하고 예약 슬립(reservation slip)을 작성한다.

- 년, 월, 일별 객실예약현황을 작성하고 이와 관련된 현황을 객실부 지배인과 프런트 지배인에게 보고할 직무를 갖는다.
- 기존의 예약 고객에 대하여 예약된 사항을 확인할 직무를 갖는다.
- 객실예약과 판매현황 및 기타 객실과 관련한 각종 보고서류 혹은 양식을 작성하여 관리하며, 객실부 지배인과 프런트 지배인에게 보고할 직무를 갖는다.
- 당일 체크인하는 예약 슬립을 프런트 데스크에 인계하고 체크 아웃한 고객의 예약 슬립을 회수하여 정리, 보관할 직무를 갖는다.

객실 예약 담당자는 객실상품에 대하여 모든 사항을 완벽하게 숙지하고 있어야 하며 정확한 업무를 수행할 수 있어야 한다. 어학능력은 물론 친절한 서비스를 제공할 수 있는 능력과 마음자세를 가지고 있어야 한다.

객실예약과 관련한 업무의 주요내용은 다음과 같다.

- 예약의 접수 및 예약 슬립 작성
- 예약사항의 전산 입력 및 출력
- 예약의 확인 및 변경
- 예약의 취소
- 예약금의 징수 및 처리
- 객실관련 회의자료 작성
- 예약현황 파악
- 객실 판촉과 홍보 및 해외사무소와의 업무협조
- 예약 슬립의 프런트 인계
- 귀빈의 예약보고 및 기타 예약의 특이사항 보고
- 예약 슬립의 정리 및 분류

3. 룸 클럭(Room Clerk)

룸 클럭은 호텔 프런트 데스크에 근무하면서 고객의 영접, 숙박등록, 객실배정, 객실열쇠관리 등의 업무와 귀빈이 도착하게 되면 상부에 보고하는 업무 등을 수행한다. 룸 클럭은 호텔의 규모 및 특성에 따라서 reception clerk, front desk clerk, front clerk 등으로 불리어지기도 한다.

다음은 룸 클럭의 주요 업무를 나열한 것이다.

- 객실 예약의 접수
- 고객의 사전 등록 업무 처리
- 고객의 체크인 업무 처리
- 객실의 배정 및 판매
- Guest History Card 관리
- 근무조의 철저한 업무 인수· 인계
- 객실 변경 업무 처리
- 기타 객실영업과 관련된 서비스 제공

4. 인포메이션 클럭(Information Clerk)

인포메이션 클럭의 주요 업무로서는 고객이 궁금해 하는 정보를 제공하는 것이다. 호텔 내·외에서 치러지는 각종 행사에 대해 정확한 정보를 제공해야 한다. 그리고 주변 관광지, 쇼핑 등 고객이 필요로 하는 정보를 신속하고 친절하게 안내한다. 인포메이션 클럭은 고객안내 업무 및 정보를 제공하는 것을 주요 목적으로 하며, 프런트 지배인의 지시에 의해 다른 업무를 수행하기도 한다. 인포메이션 클럭이 제공하는 안내 서비스 및 정보제공 서비스는 고객의 만족으로 높여주는 중요한 수단이 된다.

인포메이션 클럭이 제공하는 정보는 다음과 같다.

- 호텔에 관한 각종 정보와 행사에 관한 정보 제공
- 근교 관광지 및 교통편에 대한 자료 제공
- 주변의 쇼핑에 관한 정보 제공
- 도시의 지리와 특성에 대한 정보 제공
- 주요 비즈니스 관련 교육기관의 소재지

5. 메일 클럭(Mail Clerk)

메일 클럭은 숙박객에게 오는 우편물의 접수와 송달, 그리고 발송 우편물의 접수 및 발송을 담당하게 되며, 객실 판매원의 업무에 협조하는 일을 하게 된다.

메일 클럭이 하는 업무는 다음과 같다.

- 숙박객의 편지 및 우편물은 도착 즉시 고객에게 전달한다.
- 부재중일 경우 열쇠함에 보관 후 돌아오는 즉시 전달한다.
- 신속히 배달할 것은 도착시간 인(time stamp)을 찍어 즉시 전달한다.
- check out 후 도착한 우편물은 고객의 행선지 주소를 찾아 다시 우송한다.
- 행선지를 모를 경우 우편물 반송의뢰서를 붙여 반송한다.
- 도착 전의 우편물(hold for arrival)은 고객이 도착하는 즉시 전달한다.

6. 레코드 클럭(Record Clerk)

레코드 클럭은 숙박등록을 마치고 숙박하는 고객의 모든 기록사항들을 기록하고 처리하는 업무를 맡고 있다. 고객의 숙박카드 관리 및 객실판매현황 작성 등의 업무를 수행하게 된다.

레코드 클럭의 직무는 다음과 같다.

- 숙박등록을 마친 모든 고객의 기록을 정리하여 처리한다.
- 숙박카드와 고객관리카드, 객실판매일보 등 객실과 관련된 정보를 기록하고 보관한다.
- 룸 클럭의 업무를 지원한다.
- 실질적으로는 예약실의 직원 혹은 프런트 데스크의 룸 클럭이 레코드 클럭의 업무를 대신하는 경우가 많으므로, 규모가 작은 호텔에서는 레코드 클럭을 별도로 두지 않는 경우가 많다.

7. 나이트 클럭(Night Clerk)

호텔은 하루 24시간 연중무휴 영업을 하는 곳으로 프런트 데스크 역시 24시간 근무를 해야 하는 장소이다. 나이트 클럭은 프런트 오피스에서 주로 야간 업무를 전담하는 종사원을 말한다. 야간 근무자는 주로 그날의 영업을 마감하고 결산을 하는 업무를 맡고 있다. 따라서 당일 판매한 모든 계산서가 정확하게 되었는지 확인하고 검증하여 정리하는 것이 야간 근무자의 주요 업무의 목적이다.

주간 근무자로부터 미결 업무를 인계받아 처리하고 다음날 업무 수행에 있어서 차질이 생기지 않도록 하여 아침 근무자에게 정확하게 인계해야 한다.

나이트 클럭의 업무내용은 다음과 같다.

- 각 영업부서의 영업시간 종료 후 영업장의 열쇠를 받아 보관한다.
- 객실의 열쇠를 점검한다.
- 예약을 해놓고 연락 없이 도착하지 않은 예약손님을 미도착(no-show)고객으로 처리한다. No-show 된 것을 객실영업일보에 기록한다.
- 나이트 클럭은 일일보고서를 작성한다. 이것은 그날의 근무가 끝난 후 작성하며 내용은 객실매상에 관한 명세이다.
- 데일리 룸 리포터(daily room report)는 객실매상에 대한 명세로서 객실부문의 영업현황을 상부 경영층에 보고하는 중요한 자료이다.
  Daily room report에는 객실의 이용현황, 숙박객의 분석, 객실매출현황 등을 기재하여 상부에 보고한다. 이 보고서에는 당일의 숙박실적을 과거의 실적과 비교 할 수 있게 전월, 전년, 당월 등의 데이터도 기입한다. 또한 이 보고서는 현관사무실 관리지침의 토대가 되는 매우 중요한 데이터가 된다.

다음은 나이트 클럭의 주요 업무이다.

- 객실열쇠 점검
- 야간 도착 고객의 체크인
- 예약 취소 처리
- 객실 상황표(room status sheet) 작성
- No show(예약고객의 미도착) 파악 처리
- 메일과 메시지 점점
- 객실 영업일보(daily rooms report) 작성
- Morning call 접수 처리
- 업무일지(log book) 작성
- 명일 투숙자 객실지정 업무

- 명일 room change 요구사항 점검
- 명일 출발예정자의 현황파악 작성

Night clerk 의 보고서 작성은 자정을 기준으로 실시하게 된다.

객실판매 일보에 기록된 내용 중 중요한 항목은 다음과 같다.

- 객실점유율(room occupancy)= (판매 객실 수/ 판매가능 객실 수)×100
- 객실매출비용(room revenue)= (판매가능 객실의 총매출액/ 당일 판매객실의 매출액)×100
- 평균 객실 요금(average per room occupancy)=(객실매출액/판매객실 수)×100

8. 당직지배인(Duty Manager)

야간 당직 지배인은 호텔의 모든 간부 직원들이 퇴근하여 다음날 출근할 때까지 야간의 총지배인으로서 총지배인의 직무와 권한을 대행하는 호텔의 간부직원을 말한다.

당직 지배인은 호텔 전체 영업장에 관한 사항과 고객요구에 의한 업무처리, 불평·불만의 취급 및 해결, 호텔의 안전관리·재산관리, 영업부문 당직업무를 수행한다. 대부분의 호텔에서는 당직지배인의 조직을 강화하여 총지배인이나 객실담당이사 소속으로 하여 업무지시를 받고 결재를 득하도록 하고 있다.

당직 지배인의 직무는 다음과 같다.

- 당일 VIP확인, 단체투숙객 파악
- 로비 배경음악의 주의 깊은 청취 및 교정
- 고객 불평, 불만의 처리
- 매 시간 호텔 전관의 순시, 철저한 경비업무 수행
- 야간 근무자의 지휘 및 감독
- 긴급사태의 신속한 처리
- 정확하고 철저한 열쇠관리
- 시간대별 정확한 당직업무일지(log book)기록

호텔경영론

Introduction to Hotel Management

Chapter 05

호텔 객실 경영

01 호텔객실의 개요

호텔객실(guest room)은 고객에게 편안하고 안락한 휴식과 함께 잠자리를 제공하는 공간 이라고 할 수 있다. 호텔의 주목적은 객실이라 할 수 있으며 호텔을 건축할 때에도 객실을 주축으로 건축되며, 호텔경영에 있어서 객실의 판매가 차지하는 비율이 가장 많다. 객실은 호텔의 수익 중 가장 큰 부분을 차지하고 있어 객실 점유율을 높이기 위한 노력을 많이 하고 있다. 또한 호텔의 규모나 등급을 결정하는데 있어서 많은 비중을 차지하기도 한다.

호텔 객실부서의 업무는 주로 객실판매, 서비스 제공, 객실의 유지 및 관리를 맡고 있다. 객실부서는 크게 세부분으로 나누어지는데 프런트 오피스(front office), 보안(security), 그리고 하우스키핑(housekeeping)으로 분류되어 진다.

프런트 서비스는 고객이 호텔에 들어와서 가장 먼저 접하는 곳으로 객실판매, check in/ check out, 고객안내(information), 객실예약(reservation) 등 가장 중요한 부분을 담당하고 있으며 고객환송의 기능까지 담당하고 있는 부서이다.

보안 서비스는 호텔 내 고객의 생명과 재산을 보호하기 위한 것으로 24시간 근무하고 있다.

하우스키핑은 호텔의 객실과 건물관리를 담당하는 부서로서 객실상품을 관리하고 생산해내는 업무를 맡고 있다. 또한 객실 고객의 필요한 물품을 제공하고 세탁 서비스 업무도 함께 병행하는 부서이다.

1. 호텔객실의 개념

호텔의 객실은 어떠한 목적을 달성하기 위해 거주지를 떠나 여행이나 비즈니스를 하는 사람들을 위한 숙박시설을 제공하는데 있다. 즉 여행이나 비즈니스에서 누적된 피로와 외부로 부터의 위협이나 사고에 대한 불안감 등을 해소하고 편히 쉴 수 있는 공간을 제공하는데 목적이 있다.

호텔의 객실상품은 유형적인 것과 무형적인 것까지 포함해서 고객의 욕구에 맞게 제공될 수 있도록 물적, 인적 상품인 종합적인 상품으로 구성되어 있다. 호텔객실(guest room)은 고객에게 편안한 잠자리를 제공하고 편히 쉴 수 있는 장소이다. 객실은 숙박기능을 갖는 호텔의 하드웨어 상품으로 대표된다. 따라서 객실은 객실자산의 유지를 위한 정비업무와 비품관리, 고객에 대한 정보 및 서비스 관리, 객실판매를 위한 룸 컨트롤 등을 주요업무로 한다. 시대의 변화와 함께 사회가 발전함에 따라 고객의 욕구도 다양해져서 점차 특징 있는 서비스를 제공하고 있다.

호텔 객실은 다른 영업부서와 비교하여 원가의 비중이 낮고 운영비용이 적게 들어 수익률에 있어서 매우 큰 부분을 차지하고 있다. 따라서 객실 점유율이 높으면 높을수록 다른 영업장의 매출을 높일 수 있는 긍정적인 영향을 미치기 때문에 호텔경영 전반에 커다란 파급효과를 가져오게 된다.

일반적으로 호텔을 평가할 때 객실의 크기와 규모를 기준으로 하는 경우가 많다. 그리고 호텔객실을 건축할 때 객실을 중심으로 실시하며 판매에 있어서도 핵심적인 요소가 되기도 한다.

객실은 고정비용이 높은 특성을 가지고 있는데 고정비용은 감가상각비, 인건비, 시설의 유지 그리고 관리비 등으로 구성된다. 하지만 이들의 고정비용은 객실의 점유율과 관계없이 일정하게 소요되며 그 비용 또한 매우 높은 특성을 가지고 있다.

다시 말하면, 객실의 점유율이 높고 낮은 것과는 상관없이 기본적인 고정비용이 소비된다는 것이다. 따라서 호텔기업은 객실점유율이 높으면 수도, 광열비, 소모품 그리고 세탁비만 추가하면 많은 수익을 얻을 수 있다는 것이다. 그리고 인적서비스 또한 제한적으로 제공되므로 인건비 절약에도 많은 영향을 주게 된다.

일반적으로 객실의 기능은 수면, 휴식, 사업의 장소로 활용하는 기능으로 사용되며 다양한 인적 서비스를 추가하여 고객에게 편안하고 안전함을 제공하는 공간이다. 고객은 일정상 많은 시간을 호텔의 객실에서 보내는 경우가 많기 때문에 청결, 서비스, 안락함 등 고객의 라이프스타일에 적합한 상품과 서비스를 제공해야 한다. 객실 상품은 서비스의 형태인 객실의 이미지, 개인적인 친근감, 친절성이 객실 상품의 가치를 높이게 되며, 호텔의 수익성 향상에 큰 기여를 하게 되는 부가가치가 높은 핵심 상품이라 할 수 있다.

2. 호텔 객실의 분류

1) 침대 종류에 의한 분류

예전에 비해 객실의 크기가 넓어지고 고급화됨으로 인해 보다 크고 넓은 침대를 제공하는 경향이 확대되고 있다.

(1) 싱글 베드 룸(Single bed room)

싱글 베드룸은 한 객실에 1인용 침대가 1개 있는 객실이며 한 사람이 투숙 할 수 있는 객실이다. 하지만 국내 호텔에서는 주로 더블베드(double bed)를 사용하여 고객이 보다 편안하게 쉴 수 있도록 제공하고 있다.

(2) 더블베드 룸(Double bed room)

더블 베드룸은 주로 하나의 객실에 2인용 침대가 1개 있는 객실을 말한다. 하지만 국내 호텔에서는 주로 더블베드 2개를 하나의 객실에 사용하는 추세이다.

(3) 트윈 베드 룸(Twin bed room)

트윈 베드룸은 하나의 객실에 1인용 침대 2개가 있는 객실이다. 주로 동성이나 친구, 단체 여행객들이 많이 이용하는 편이다.

(4) 트리플 베드 룸(Triple bed room)

트리플 베드 룸은 하나의 객실에 3인이 투숙을 원할 때 트윈 베드 룸에 보조침대(extra bed)를 추가로 설치하는 경우나 처음부터 트리플 룸으로 만들어 판매하는 경우가 있다.

(5) 온돌 룸(Korean style room)

온돌 룸은 객실의 면적이나 욕실의 구조 및 객실의 비품 등은 양실과 차이가 없지만, 한국 전통식의 가구나 인테리어로 꾸며져 있으며 침대 대신 요와 이불을 제공한다. 온돌 룸은 주로 내국인 투숙객의 이용률이 높으며 요즘에는 외래 관광객이 한국의 전통을 체험하기 위해 이용하는 경우도 늘고 있다.

최근에는 각 호텔의 특성에 맞는 전통적인 인테리어와 어메니티(amenity)로 새로운 형태의 한국형 객실로 차별화를 하고 있다.

2) 객실 등급에 의한 분류

(1) 스탠다드 베드 룸(Standard bed room)

스탠다드 베드 룸은 호텔 객실 중 가장 일반적인 객실을 말한다. 객실 중에서 가격이 저렴하며 가격에 민감한 고객이나 단체고객들이 이용하는 보통객실이다. 호텔의 객실 타입중에서 가장 많은 수의 객실을 보유하고 있으며, 일반적으로 많은 고객들이 선호하는 객실이다.

(2) 슈페리어 베드 룸(Superior bed room)

슈페리어 베드 룸은 스탠다드 베드 룸에 비해 가격이 조금 비싼 편이며, 객실면적이 조금 더 넓고 조망도 나은 층에 배치된다. 객실에 제공되는 어메니티(amenity)는 스탠다드 베드 룸과 동일하다.

(3) 디럭스 베드 룸(Deluxe bed room)

디럭스 베드 룸은 슈페리어 베드 룸 보다 가격이 좀 더 비싸게 책정되어 있으며 객실 면적도 더 넓다. 객실의 위치도 높은 층에 위치하고 있어 전망도 훨씬 좋다. 객실 인테리어와 어메니티(amenity)가 다른 객실유형에 비해 보다 고급스러운 것이 보통이다.

(4) 이규재크티브 베드 룸(Executive bed room)

이규재크티브 베드 룸은 귀빈층에 꾸며진 고급객실을 의미하며 일반객실보다 더 넓고 침대 또한 크고 고급 인테리어를 제공하는 객실이다.

(5) 스위트 베드 룸(Suite bed room)

스위트 베드 룸은 호텔에서 고급 객실을 의미하며 일반 객실에서는 볼 수 없는 집무실, 회의실, 식당 등 별도의 시설들이 제공되고 있다. 그리고 스위트 객실 중에서도 가격에 따라 제공되는 객실면적, 시설, 서비스 등이 차별화 되어 있다.

스위트 베드 룸은 Junior Suite, Corner Suite, Royal Suite, Presidential Suite 등 호텔마다 차별화된 스위트 객실을 개발하고 있다.

(6) 프레지던셜 룸(Presidential room)

프레지던셜 룸은 호텔에서 최고급 객실을 의미하며 각 호텔마다 1~2개의 객실만을 보유하고 있다. 주로 국외의 왕족이나 대통령, 귀빈들이 주 고객이 되며, 세계적인 명성을 가지고 있는 VIP 고객에게만 제공되는 객실이다. 프레지던셜 룸에는 집무실, 회의실, 식당, 수행원 실 등 화려한 인테리어와 최고의 시설들로 구성되어 있다. 평균적으로 1일 투숙하는데 2천만원 정도로 판매되고 있다.

호텔에서 최고의 VIP고객을 유치하게 됨으로써 세계의 매스컴을 통하여 전파됨으로 인해서 호텔의 홍보효과와 브랜드 이미지를 향상시키는데 많은 도움이 되기도 한다.

3) 객실위치에 의한 분류

(1) 아웃사이드 룸(Outside room)

아웃사이드 룸이란 객실내부에서 호텔 건물 외부의 전망을 볼 수 있는 객실을 의미하며 주변의 전망이 좋은 곳을 볼 수 있는 객실을 말한다.

호텔이 어디에 위치하고 있느냐에 따라 다양한 명칭으로 사용한다. 아웃사이더 룸은 Ocean View, Sea View, Mountain View, Lake Side View 등이 명칭으로 사용되고 있으며 최고의 전망을 감상할 수 있는 객실이다. 대부분의 고객들은 전망 좋은 객실을 선호하기 때문에 호텔건물 설계시에 가능하면 많은 객실이 외부의 좋은 전망을 감상할 수 있도록 하고 있다. 전망의 정도에 따라 가격의 차이가 달라 지게 된다.

(2) 인사이드 룸(Inside room)

아웃사이드 룸의 반대되는 개념으로 호텔의 뒷면에 위치하고 있어 외부의 아름다운 전망을 볼 수 없는 객실이며, 가격은 아웃사이드 룸에 비해 저렴한 가격으로 판매된다. 전망을 중요시 하지 않는 고객이나 싼 가격을 원하는 고객에게 제공하기도 한다. 또한 호텔의 임직원이나 여행사 등 무료로 제공할 경우에 인사이드 룸을 제공하는 것이 일반적이다.

(3) 커넥팅 룸(Connecting room)

객실이 서로 나란히 인접해 있는 객실과 객실 사이에 통용문이 있어서 외부로 나가는 문을 통하지 않고도 옆의 객실을 왕래할 수 있는 객실을 의미한다.

주로 자녀를 동반한 가족단위의 고객들이나 단체 여행객들이 많이 사용하는 객실이다. 호텔의 객실 사정이 여의치 않을 경우 커넥팅 룸일지라도 따로 분리해서 판매할 수도 있다.

(4) 어드조이닝 룸(Adjoining room)

인접된 객실을 의미하며 투숙하는 고객들의 일행이 동반하는 경우 대부분 옆방을 이용하고자 하는 경우가 많이 있다. 이런 고객들을 위해 객실 배정 시 같은 방향으로 객실을 배정하는 것을 말한다.

(5) 어드제이션트 룸(Adjacent room)

서로 마주보는 객실을 의미하며 일반적인 호텔의 객실은 복도를 중간에 두고 양쪽으로 배열되어 있다. 따라서 단체의 객실배정에 있어서 룸 블로킹을 할 때 고객의 특성이나 객실상황을 참고해서 담당자가 결정해야 한다.

3. 숙박형식에 따른 요금

1) 유럽식 요금제도(European Plan)

우리나라 호텔이 채택하고 있는 요금 방식이며 세계 각국 대부분의 도심지에 위치한 호텔들이 적용하고 있다. 유럽식 요금제도는 객실요금과 식사요금을 분리하여 별도로 계산하는 방식이다.

특히 도심지에 위치하고 있는 비즈니스호텔의 고객들은 호텔의 정해진 식사시간을 맞추어서 식사를 하지 못하는 경우도 있기 때문에 유럽식 플랜이 적합하다고 할 수 있다.

유럽식 요금방식은 고객의 취향에 따라 취향에 맞는 식당을 선택하여 먹고 싶은 메뉴를 선택할 수 있으며 식사시간 또한 자유롭게 선택할 수 있다. 따라서 식사요금을 절약할 수도 있으며 시간에 구애받을 필요도 없게 된다.

2) 미국식 요금제도(American Plan)

미국식 요금 방식은 투숙객의 객실요금에 1일 3식대를 포함하고 있는 제도이며 full pension 이라고 불려 지기도 한다. 또한 객실요금에 2식(조식과 석식)을 포함하는 요금방식은 half pension 이라고도 한다. 이는 호텔의 입지조건상 주위에 식당시설이 없는 경우에 많이 적용하며 주로 리조트 호텔에서 많이 적용하고 있다.

3) 컨티넨탈 요금제도(Continental Plan)

객실요금에 조식요금을 포함시켜서 계산하는 방식으로 주로 유럽지역의 호텔에서 많이 사용하는 방식이다. 우리나라 호텔들도 객실을 이용할 경우 조식을 무료로 제공하는 호텔이 갈수록 증가하고 있는 추세이다.

4) 혼합식 요금제도(Dual Plan)

고객의 요구사항을 적극적으로 반영하여 고객이 원하는 식사를 적용하여 객실요금에 적용하는 방식이다.

5) 기타 객실요금 종류

(1) House Use Room

호텔의 프로젝트나 중요한 회의가 있을 경우, 직원이 호텔 객실을 사무실로 사용할 경우나 부득이한 경우 임시 숙소로 사용할 경우 무료로 제공된다.

(2) Up-grading

객실을 예약한 고객이 호텔에 도착했을 때, 호텔의 사정에 의해서 예약한 객실을 제공할 수 없을 경우 한 단계 업그레이드 된 객실을 제공하는 경우이다.

당연히 추가요금은 청구되지 않는다.

(3) Down-grading

고객이 예약한 객실을 제공할 수 없을 때, 고객에게 양해를 구한 뒤 가격이 낮은 객실을 제공하게 되는 경우를 의미한다. 이 경우 객실요금은 사용하는 객실의 요금을 청구하게 된다.

4. 호텔 객실 부서의 조직 구조

호텔의 중추적이고 핵심적인 역할을 담당하고 있는 객실부문은 수준 높은 서비스 제공과 더불어 발생하는 호텔경영의 매출구성 측면에서 많은 영향을 미치고 있다. 호텔에서 창출되고 있는 전체 매출의 60%이상은 객실이 차지하고 있으며, 객실 점유율에 의해서 식음료와 기타 부대시설 매출에도 많은 영향을 미치게 된다.

객실부문의 조직은 호텔의 규모, 서비스 형태와 수준 등에 따라 다르게 적용하고 있다. 일반적으로는 현관(front office), 예약(reservation), 유니폼 서비스(uniform service), 객실정비(housekeeping), 교환(operator), 비즈니스 센터(business center) 등으로 구성된다.

1) 현관(Front Office)

호텔 현관은 모든 활동의 중심점이 되는 곳이며 고객들의 접점이 가장 많은 부서이기도 하다. 숙박고객의 체크인, 체크아웃 업무에서부터 채재 중 발생하는 고객의 요청사항이나 불평의 접수 및 처리, 관련 부서와의 상호적인 협조를 유지하여 고객의 만족을 위한 다양한 업무를 수행하게 되는 곳이다.

2) 예약(Reservation)

객실 예약부서는 호텔에 투숙하고자 하는 고객의 예약을 접수하고 조정하는 업무를 하고 있다. 대부분의 고객들은 판촉팀이나 인터넷, 팩스, CRS, 그리고 여행사 등을 통해서 예약이 이루어지고 있다. 고객의 예약과 확인 등을 통하여 고객이 투숙하는데 있어서 불평이 발생하지 않도록 사전에 예방할 수 있어야 한다.

3) 유니폼 서비스(Uniform Service)

호텔을 이용하는 고객에게 특색 있는 유니폼을 입고 서비스를 제공하는 부서로서 주로 호텔 로비에서 근무하게 된다. 호텔을 찾는 고객을 처음으로 맞이하는 동시에 마지막으로 환송하는 업무를 맡고 있다.

유니폼 서비스는 벨맨(bellman), 도어맨(doorman), 주차대행서비스(valet parking), 컨시어지(concierge) 등으로 구성된다.

4) 객실정비(Housekeeping)

호텔의 주상품인 객실을 정비하고 호텔 내·외의 환경을 주로 맡고 있는 부서이다. 고객의 퇴숙 절차가 끝나고 나면 객실을 깨끗하게 청소하고 다음 투숙고객이 이용하는데 불편함이 없도록 한다. 고객이 객실사용 중 필요한 물품이나 불편한 사항이 발생할 경우 이를 즉시 해결하는 업무를 하고 있다.

고객의 세탁물, 호텔의 각 업장에서 사용하는 각종 린넨류, 그리고 직원들의 유니폼 세탁 서비스 업무를 수행한다.

5) 교환(Operator)

IT 기술발달로 인하여 전화교환원의 역할이 예전에 비해 많이 축소는 되었지만, 여전히 중요한 역할을 하고 있는 것은 사실이다. 국내뿐만 아니라 해외로부터 걸려오는 예약전화, 전보 등 많은 안내 업무를 맡고 있다. 전화교환원은 상냥한 목소리와 친절한 상담으로 호텔의 이미지를 대표하는 업무를 맡고 있다. 다양한 외국어를 능숙하게 구술할 수 있어야 한다.

6) 비즈니스 센터(Business Center)

비즈니스 센터는 투숙객이나 호텔시설을 이용하는 상용고객에게 비즈니스 상 필요한 인터넷, 컴퓨터, 팩스, 복사 등 다양한 요구사항을 해결할 수 있는 곳이다. 비즈니스센터의 담당직원은 컴퓨터와 외국어에 능통하여야 한다. 호텔 투숙객의 간단한 수하물을 전달해주는 서비스(courier service)도 비즈니스 센터의 중요한 업무 중의 하나이다. 따라서 비즈니스 센터는 비즈니스 업무를 수행하는데 전혀 불편함을 느낄 수 없도록 인적, 물적 자원을 준비하여 서비스하는 곳이다.

5. 호텔 객실의 특성

객실 상품은 식음료와 연회상품에 비해 초기 투자비용이 높지만, 식음료에 비해 적은 인원의 고정 인건비와 시설비 그리고 유지비 등이 적은비용으로 유지되기 때문에 장기적으로 보면 객실수입의 공헌도가 매우 높다. 하지만 객실은 저장할 수도, 전매할 수도, 이동할 수도 없는 특성이 강하므로 일정한 시간이 지나면 그 가치가 소멸하는 시간적, 공간적 제약을 받는 상품이다.

호텔의 객실상품은 적은 비용으로 많은 수익을 얻을 수 있는 것으로 호텔의 경영 목표에 따라 객실의 규모와 유형을 다양하게 갖추게 된다. 호텔 객실의 점유율이 높으면 높을수록 식음료와 부대시설의 이용이 많아지면서 전체적인 호텔 수익에 많은 영향을 미치게 되기 때문이다. 따라서 호텔이 지향하는 성향과 목적에 따라 객실 인테리어와 규모를 다양하게 갖추게 되면서 다양한 고객 욕구를 충족시키고 있다. 객실상품의 공통적인 특성은 다음과 같다.

1) 객실재고의 소멸

일정한 시간이 지나게 되면 객실은 저장이 불가능하고 장소를 이동하면서 판매할 수도 없는 특성을 가지고 있다. 객실상품은 당일 판매되지 않으면 저장했다가 다음날 판매가 불가능해지게 되며, 그 가치가 소멸하여 호텔경영에 있어서 커다란 손해를 끼치게 된다. 객실상품은 객실 수를 초과해서 판매할 수 없는 장소적, 시간적, 양적 제한을 받고 있다.

2) 객실요금의 다양성

고객의 숙박기간이나 시간, 계약조건 그리고 호텔의 성수기와 비수기 등 여러 상황에 의해 동일한 객실을 이용하더라도 객실요금을 차등적용 하여 판매할 수 있다.

3) 높은 고정비용과 낮은 변동비용

호텔의 객실상품을 만들어내는데 있어서 일반 기업에 비해 초기에 많은 자본을 투입해야 하지만, 이후에는 적은 비용으로 객실을 그대로 유지할 수 있는 낮은 변동비용이 들게 된다.

4) 뚜렷한 비수기

호텔의 객실수요는 계절별, 월별, 날씨 그리고 특정한 상황에 따라 수요의 변동이 심하게 나타난다. 성수기에는 공표에 의한 요금으로 평균객실단가(average rate)를 높여 수익을 극대화할 수 있으며 비수기에는 할인된 요금을 적용하여 객실점유율을 최대한 높여서 유지하려는 노력을 하고 있다.

5) 객실공간의 효율적 활용

효율적인 객실판매 및 관리를 위하여 객실을 표준화하거나 규격화하고 있다.

이는 객실 공간 활용의 극대화와 고객들의 다양한 취향이나 수요를 맞추기 위하여 새로운 구조의 객실이나 타 호텔에서는 모방할 수 없는 고급화, 차별화된 객실형태를 창조하고 있다.

6. 스마트한 호텔 객실

지금의 호텔객실은 예전에 비해 객실의 형태가 대형화, 고급화되는 경향이 갈수록 뚜렷해지고 있다. 또한 IT 기술이 발달함에 따라 투숙 고객의 편리함을 제공하고 안전을 강화하는데 많은 역할을 하고 있다. 객실은 단순히 잠만 자는 공간을 떠나서 다양한 활용을 할 수 있도록 지속적으로 발전하고 있다.

고객 욕구 다양화와 과학기술의 발달로 인하여 호텔 객실은 점차적으로 스마트하게 진화하고 있는 중이다.

1) 객실의 대형화

최근의 특급호텔은 스위트 룸 객실 수를 증가시키고 대형화하고 있는 추세이다. 이는 기업의 최고 경영자나 임원 그리고 일반고객 등이 객실을 편리하고 효율적으로 사용할 수 있도록 하는 차원이다. 이러한 추세로 대부분의 특급호텔들은 대대적인 객실 보수와 리노베이션을 실시하여 객실 크기를 확장하고 있는 것이 현실이다.

2) 객실의 고급화

생활수준의 향상으로 주거환경이 점차적으로 고급화 되면서 고객들의 욕구를 충족시키기 위해서는 차별화되고 고급화된 시설을 갖추어야 한다. 객실 고급화의 영향으로 스위트 룸(suite room)은 일반객실(normal room)이 제공하지 못하는 기능을 다할 수 있도록 특별한 비품을 갖추게 되면서 고객의 욕구를 충족시키고 있다. 또한 객실 내에 각종 첨단 장비와 통신시설 등을 설치하고 고급 어메니티(amenity)를 제공하여 고객의 지위와 신분을 높여 주는 효과를 가지고 있다.

3) 객실의 첨단화

호텔은 첨단의 정보기술을 활용하여 객실관리나 고객관리에 필요한 시스템을 개발하고 있으며, 새로운 컴퓨터 시스템을 도입하여 업무 능력을 향상시키고 있다.

호텔 객실 내에 컴퓨터 시스템을 적용하여 객실 온도관리, 룸 인디케이터(room indicator), 메시지 서비스, 비상호출, 도난방지, 자동 계산식 냉장고 등 다양한 용도로 사용되고 있다.

정보통신기술의 발달은 객실 내에서 최신영화를 원하는 시간에 선택해서 볼 수 있으며(VOD: Video On Demand), 인터넷 접속, TV를 통한 식사 주문, TV 체크아웃 기능, 호텔 홍보물 기능 등 다양한 기능으로 활용하고 있다.

최근에는 호텔의 key 대신 투숙객 본인 스마트 폰(smart phone)의 앱을 실행하여 객실 문을 열 수 있도록 하고 있다.

스마트 폰 앱을 다운로드한 후 프런트 오피스에서 체크인 하고 객실 고유의 바코드를 인식시키면 활용할 수 있으며, 체크아웃하면 자동으로 소멸되어 다른 고객이 다시 활용할 수 있는 시스템이다. 이는 객실 출입은 물론 객실 내 모든 시설을 통제할 수 있으며, 엘리베이터를 작동할 수 있어 고객의 안전을 최대로 보장하기 위한 시스템이다.

4) 객실 공간 활용의 최대화

호텔 객실의 사용목적에 따라 형태를 변화시켜 공간 활용을 최대화하여 이용할 수 있도록 한다. 국내 호텔의 경우 세미나, 단체 고객 등을 유치하여 소규모 회의실로 활용할 수 있는 객실 구조를 갖추기도 하는데 이는 객실 공간 활용을 최대화할 수 있도록 하는 방안이다.

객실을 최대한 활용할 수 있는 다용도 기능으로 하나의 객실로 낮에는 사무실로 사용하고 야간에는 침실로 사용할 수 있는 스튜디오 룸, 그리고 TV와 냉장고를 벽 속으로 넣을 수 있도록 설계 등 최대한 효율적으로 활용하는 추세이다.

객실하나를 완성하기 까지는 막대한 비용이 수반되기 때문에 객실공간을 최대로 활용하는 것은 호텔경영의 이익뿐 아니라 고객에게도 많은 이점을 주게 된다.

객실 공간의 효율적인 사용으로 공간이 넓게 보이고 냉, 난방에 소모되는 에너지를 절감할 수 있는 장점이 있다.

Case Study

스마트해지는 미래의 호텔

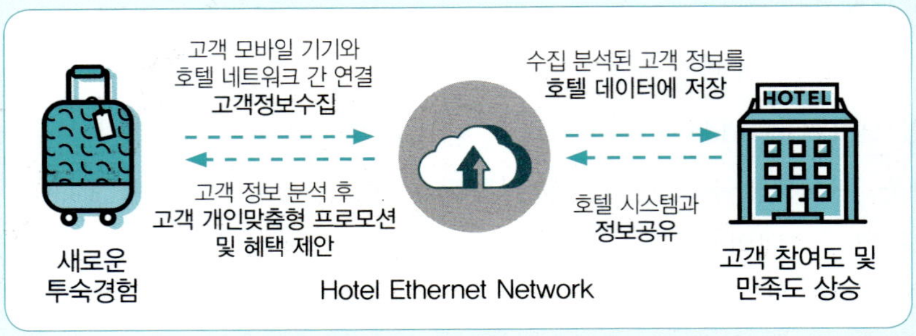

스마트호텔의 이더넷(Ethernet) 네트워크

스마트 호텔 객실을 구성하는 테크놀로지의 예시

호텔경쟁력을 위한 선택, 애플리케이션

테크놀리지가 급격히 진화함과 동시에 호텔 고객들의 요구사항 또한 보다 구체, 다양화되고 있다. 호텔들은 고객들의 기대치에 발맞추기 위해서 보다 스마트한 응대가 필수적이며 고객에게 더 매력적인 경험을 전달하고자 끊임없이 노력할 것으로 예상된다.

미래의 호텔은 고객과의 관계를 기술적으로 완전하게 형성해 운영적인 측면의 성장을 가져오고 이를 통해 고객의 기대치를 충족시킬 수 있어야 한다. 앞으로는 고객이 호텔에서의 모든 경험을 개인이 소지한 디지털기기 애플리케이션을 통해서 직접 편리하고 쉽게 컨트롤 할 수 있는 'Smart Hotel'시대가 열릴 것이다.

애플리케이션을 통해서 고객은 쉽고 편리하게 호텔을 예약하고, 호텔 도착시에는 디지털 체크인을 활용해 객실을 선택한 뒤 각종 스마트 기기로 객실내부를 제어하여, 디지털 컨시어지를 손쉽게 이용하게 된다.]

또한 투숙기간 중에 현지의 관광 및 여가활동에 대한 예약 및 지출 내역서를 확인하고, 최종적으로 디지털 체크아웃을 하며, 차후에 손쉽게 재 예약을 할 수 있는 등의 기능이 친숙한 구성으로 잘 통합된 하나의 애플리케이션만으로 가능하게 된다.

이러한 완벽한 모바일 환경은 호텔 경쟁력을 강화하는 필수 요소가 될 것이다.

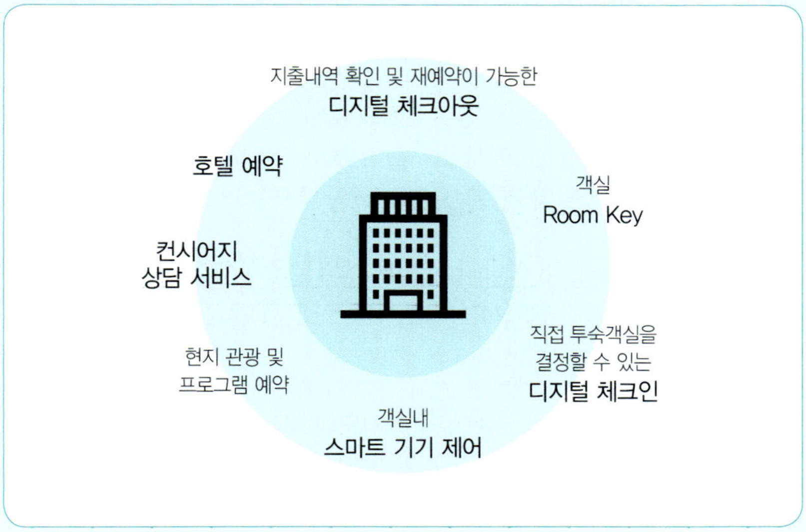

스마트 호텔 객실을 구성하는 테크놀로지의 예시

모바일 테크놀리지를 위한 호텔의 준비

Hospitality Technology의 2016 숙박업 테크놀리지 연구(2016 Lodging Technology)에 의하면, 2016년 출시된 첨단기술의 신제품 과반수가 모바일 기능을 탑재하고 있는 것으로 나타났으며, 이러한 기능들이 많아질수록 모빌리티(이동성)가 강조됨과 동시에 기존에 비해 사용자의 참여정도가 급격히 변화한다.

모바일 테크놀리지는 더욱 적극적이며 예측된 서비스의 제공을 가능하게 되는데, 스마트기기들 중에서 손목시계, 안경, 신발, 장신구 등의 착용제품(wearable)등장과 함께 호텔은 고객의 투숙 전, 투숙 중, 투숙 후의 각각의 시기에 따라 다양한 모바일 제품들과 많은 상호작용을 할 수 있을 것이다.

고객들은 스마트 안경으로 호텔 어메니티에 대한 영상을 관람하거나, 특별한 서비스 및 이벤트에 대한 정보를 단 한번의 눈 깜박임을 통해 손쉽게 얻을 수 있다.

고객들이 모바일 기기들을 통해 주변 사물과 상호작용하려는 성향은 매일 아침 스마트 폰을 찾는 것처럼 일상적인 일이 될 것이기에 호텔 PMS(Property Management System), 객실내 각종 제어시스템, 네트워크 시스템 등 모바일 서비스를 완벽하게 제공할 수 있는 플랫폼을 전문 파트너사와 개발해 적용하는 것이 우선적으로 필요하다.

고객들의 모바일 이용성향에 맞는 호텔의 로비형태는 연결되고 개방된 공간(open connected space)에서 고객들이 서로 교류하고 즐기는 커피하우스(coffee house)스타일이 지속적으로 인기를 유지할 것으로 보인다.

결국 호텔의 공용공간이 하나의 허브(Hub)역할을 하게 되는데, 고객의 경험 및 만족도를 증대하기 위해서는 기반시설인 네크워크 시스템이 절대적으로 중요한 역할을 하게 된다.

고속인터넷을 예로 들 수 있는데, 클라우드에 직접 연결돼 고객들이 새로운 경험을 할 수 있는 다양한 역할을 하게 되며, 또한 분산돼 있는 소유호텔들과 본사 및 호텔내의 다양한 시스템들을 활발하게 운영할 수 있도록 한다.

공용공간에서 고속 인터넷을 통해 무선 인터넷을 사용하며 커피와 간단한 스낵을 즐기고 있는 동안, 호텔직원은 고객의 참여도와 만족도를 극대화하기 위해서 고객행동에 대한 정보를 수집 및 분석해 즉각적인 프로모션 제안과 적절한 혜택제공을 통해 보다 친근하고 따뜻한 서비스 제공이 가능하다.

즉, 수집된 정보를 통합해 고객별 선호사항에 대해 인지한다면, 자주 이용하는 식당, 스파의 방문 빈도 수, 이용시간, 소비금액 등 보다 세세하고 구체적인 정보를 활용해 고객 개개인의 소비예측을 할 수 있고, 기존의 서비스 요구사항 및 SNS 및 온라인 리뷰사이트의 피드백을 통해 해당 고객에게 제공돼야 할 서비스에 관한 사항들을 예측할 수 있다. 호텔 직원들은 이러한 능력을 향상시킬수록 고객이 기대하는 이상을 충족시킬 수 있게 되며, 지금까지와는 전혀 다른 새로운 컨시어지(Concierge)문화를 만들 수 있게 된다.

스마트한 호텔의 객실모습

고객의 요구가 다양해지고 구체화될수록 '집처럼 편한' 또는 '집보다 나은' 투숙경험을 제공하는 일은 호텔이 반드시 해결해야 될 쉽지 않은 숙제이다.

구체적으로 살펴보면, 스마트한 호텔은 고객의 데이터를 기반으로 객실의 기압 및 이동감지 등을 예측해 실시간으로 최적화하는 등 고객의 투숙경험을 향상시킬 것으로 기대된다.

객실은 보다 스마트한 집으로 변해가고 있고 생방송 TV, VOD, DVR 기능 등 집에서 익숙하게 이용하는 기능들을 즐길 수 있으며, 음성인식 리모컨을 통해 보다 손쉽게 모바일기기와 TV간의 콘텐츠 이동을 집처럼 쉽게 이용할 수 있다.

이러한 객실 내 TV 서비스는 맞춤형으로 각각에게 제공되며, 다음 고객을 위해 해당고객의 체크아웃과 동시에 초기화된다.

또한, 스마트한 호텔의 객실은 조명, 냉난방시설, TV, 커튼 등이 스마트한 기기로 변하게 되며, 교체 및 업그레이드 주기는 7~10년 정도로 길어 객실품질을 유지하게 된다. 이러한 기기들을 최적화하기 위해서 물리적인 구조와 디자인 측면에서도 많은 변화가 이루어질 것이다.

모바일 의존도가 높아지고 첨단기술이 계속해서 적용되는 미래에는 모든 것들이 연동되고 연결되는 Access & Networking의 시대이다. 그렇기에 호텔 직원 모두에게 모바일에 대한 높은 이해도와 활용능력은 필수적이며 호텔경쟁력을 강화시키는 중요한 요소가 된다.

신규개발 호텔의 경우에는 적절한 기술개발을 통해 최적의 기술구현 기반을 마련해야 하고 운영중인 호텔은 수집된 데이터를 기반으로 맞춤형 서비스로의 연결방안에 대해 보다 구체적이고 적극적인 노력이 필요하다. 이러한 지원기술에 대한 예산을 확보하고 실행하는 것이 더욱 중요해질 것이다.

자료: Hotel & Restaurant 2017, March.

02

객실요금의 종류

호텔의 객실요금은 공표요금(정상요금), 특별요금, 추가요금 제도로 분류할 수 있다. 호텔의 경영정책에 따라 분류 하게 되며, 마케팅 전략에 따라 융통성을 적용하게 된다.

1. 공표요금(Tariff)

공표요금은 호텔의 공식적인 요금으로서 객실별로 미리 요금을 책정하여 공식적인 절차를 거쳐 대중에게 공시하는 기본요금 이다.

관할관청에서는 적정객실요금을 권고하고 있지만 대부분의 국내 호텔들은 경쟁호텔이나 동급호텔의 수준에 준하여 요금을 책정하고 있다.

공표요금은 full charge 라고도 하며 할인되지 않은 정상적인 요금을 의미한다.

2. 특별요금(Special Rate)

원칙적으로 호텔은 정상적인 요금을 부과해야 하지만, 비수기 타개나 이벤트, 단체고객 그리고 고객관리 등 여러 가지 이유로 인하여 경영정책에 따라 특별요금 제도를 실시하고 있다.

특별요금은 객실요금을 무료로 처리하거나 공표된 요금에서 일정액을 할인해 주는 것을 의미한다. 객실요금을 무료로 처리하는 경우는 컴플리멘터리(complimentary) 와 스페셜유즈(special use)의 두 가지 유형이 있다.

1) Complimentary(= Comp.)

컴플리멘터리는 호텔의 판매촉진 등 영업 전략상의 목적으로 사용하며 약자로 컴프(comp.)라고도 한다. 호텔에 중요한 고객이나 접대해야 할 고객 등 판매신장에 큰 공헌을 한 고객이나 VIP 등에게 객실이나 식음료 판매를 촉진할 목적으로 고객에게 무료로 제공하는 객실을 의미한다. 또한 단체여행객을 인솔하는 여행사의 안내인에게는 무료로 1개의 객실을 제공하고 있다.

식사요금은 호텔의 정책에 따라 받는 경우도 있지만 대부분의 호텔들은 조식을 무료로 제공하는 경우가 많다.

2) 스페셜 유즈(Special Use)

스페셜 유즈는 S/U라는 약자로 표기하기도 하며 객실요금을 무료로 제공한다. 적용대상은 각종 행사나 세미나를 주관하는 실무 담당자나 행사의 진행요원, 단체를 안내하는 가이드나 여행사 직원에게 무료로 제공되는 객실을 말한다.

3) 할인요금(Discount Rate)

전화, 인터넷, fax 등의 호텔 예약시스템의 예약을 통하여 객실을 구매한 고객들에게는 공표요금에서 일정한 비율을 적용하여 할인요금을 적용하게 된다.

(1) 단체 할인 요금(Group Rate)

국내·외 여행사의 단체 고객이나 호텔의 VIP 고객의 행사 고객 등의 회의나 세미나에 참석하는 단체 투숙객에게 적용되는 요금이다.

(2) 비수기 요금(Off Season Rate)

비수기의 객실 재고를 판매하기 위해 학회나 협회 등 기업의 연수 프로그램이나 여러 가지 행사를 유치하여 할인 요금을 적용하게 된다. 이는 잠재고객을 실구매 고객으로 전환할 수 있는 계기를 마련할 수 있기도 한다.

(3) Commercial Rate

호텔의 자회사나 기업체, 공공단체 그리고 호텔의 장기 투숙객(long-term guest)에게 일정한 비율의 요금을 적용하게 된다.

3. 추가 요금(Additional Charge)

추가요금은 일반적으로 고객의 요청이나 실수 등으로 인하여 발생되는 것으로 정상요금에서 추가로 부과되는 요금이다.

1) Hold Room Charge

홀드 룸 차지는 keep room charge, non-sleep charge, sleep out charge 등으로 사용한다. 이에는 두 가지 경우에 발생하게 된다.

그 하나는 각국의 대통령이나 VIP 등이 숙박을 할 경우 고객의 요청으로 인하여 보안상 또는 특별한 이유로 인하여 인접한 객실을 판매하지 말 것을 요청한 경우에 해당하며, 다른 고객에게 판매하지 못한 객실에 대해 요금을 부과하는 경우이다.

또 다른 경우는 투숙객의 수하물은 객실에 그대로 남겨 둔 상태에서 객실을 사용하지 않은 경우에도 적용된다.

고객이 예약을 한 상태에서 비행기의 지연이나 기타 다른 이유로 인하여 도착시간이 늦어 새벽에 도착하였을 경우에는 호텔 객실을 다른 고객에게 판매할 수 없기 때문에 이런 경우에도 전일의 객실료를 청구하게 된다.

이러한 추가요금의 적용은 호텔의 예약 담당자와 고객 간에 사전에 합의 guaranteed(GTD)된 경우에 한하여 이루어지는 것이 바람직하다.

2) 초과 요금(Over Charge)

고객이 체크아웃(check out) 시간을 초과하는 경우에 해당하는 시간만큼 추가요금을 징수하게 된다. 보통 호텔에서의 체크아웃 시간은 오전 12시까지 이다.

이 시간을 초과하는 경우는 호텔에서 규정한대로 추가 요금을 받게 된다.

보통 12시부터 15시까지는 객실요금의 1/3을, 15시부터 18시까지는 1/2, 18시 이후부터는 객실요금의 100%를 받게 된다.

보통 호텔객실은 싱글 룸을 제외하고는 2명이 사용하는 것으로 되어있다.

14세 이하의 어린이는 보조침대(extra bed)를 무료로 제공하지만, 14세 이상인 경우에는 추가요금을 받게 된다.

3) 취소 요금(Cancellation Charge)

객실을 예약한 고객이 사정에 의하여 객실 예약을 취소할 경우가 있는데, 이때 호텔은 정해진 호텔 약관(regulations)에 의해 취소 요금을 부과하게 된다. 이 경우에도 정해진 시간에 따라 취소요금이 달라지게 된다.

일반적으로 호텔에서 예약을 받을 경우에는 신용카드를 등록하도록 규정하고 있는데, 취소할 경우에는 취소요금을 등록된 신용카드로 결제가 이루어지게 된다. 취소요금의 경우에는 호텔마다 다르게 적용하고 있으며, 한 달, 일주일, 하루 전 그리고 당일의 취소 여부에 따라 차등 취소요금을 적용한다.

4) 미결정 요금(Optional Rate)

미결정 요금은 예약시점에 정확한 요금을 결정할 수 없을 때 사용하는 용어이다. 또한 예약 신청자가 특별할인을 요구하여 왔지만 결정권자가 부재중이어서 요구사항을 즉시 수용할 수 없을 때에도 미결정 요금으로 표시한다.

5) 봉사료(Service Charge) 와 세금(Tax)

고객으로부터 팁(tip)을 받게 될 경우 고객을 차별화해서 서비스하는 경우가 발생하기 쉽다. 우리나라에서는 신라호텔에서 최초로 노팁(NO TIP)제도를 시행하여 모든 고객에게 동등한 서비스를 제공하기 위해 도입하였다. 팁을 받지 않게 되면서 고객을 차별하지 않고 공정한 서비스를 제공하여 고객 만족을 확대시키는 계기가 되었다.

국내 모든 호텔에서는 공식적으로 팁(tip)을 받을 수 없다. 따라서 고객에게 합리적인 서비스를 제공하고 이용요금의 10%의 봉사료가 추가로 청구된다. 고객이 체크아웃 시, 계산서(bill)에는 이용료 외에 10%의 봉사료와 10%의 세금이 추가로 청구된다.

03

호텔객실 키(Key) 관리 업무

1. 객실 키 관리의 중요성

객실의 고객은 호텔로부터 고객의 신변안전과 재산의 보호를 받을 수 있어야 한다. 객실의 키 관리는 신중하고 철저하게 관리되어야 하며 관리자는 책임감을 가지고 있어야 한다.

호텔 객실 키에 대한 주의사항은 다음과 같다.

- 카드 키에는 어떠한 경우이든 객실번호나 이를 식별할 수 있는 숫자를 표시해서는 안 된다.
- 키는 객실번호 대신 호텔만이 사용하는 특별한 코드를 부여하여 관리해야 한다.
- 등록을 끝내고 키를 고객에게 인도할 경우 객실과 관련된 정보들이 다른 사람에게 노출되지 않도록 주의해야 한다. 단체고객에게는 일정한 양식에 기록하여 개인에게 전달하도록 한다.
- 컴퓨터 시스템을 이용하여 객실 키를 제공하는 호텔에서는 호텔체크인 패스포트에 자동으로 기록하도록 한다.
- 하우스 키핑 부서의 직원이나 그 외 다른 부서의 직원이 객실 키를 호텔 내에서 발견하였을 경우 즉시 프런트 데스크에 반납하도록 한다.
- 고객이 체크아웃을 할 경우에는 반드시 객실 키를 반납하도록 고객에게 요청해야 한다.
- 비상키를 포함한 모든 마스터키를 사용할 때에는 반드시 사용여부와 시간 등을 일지에 기록해야하며 사용 후에는 즉시 담당부서에 반납하도록 한다.

- 객실점검이나 청소 시에는 본인 외 다른 사람에게 양도하거나 사용해서는 안 된다.
- 객실 키를 재발급할 때에는 반드시 기록을 하고, 총지배인은 주기적으로 키의 발급현황을 점검해야 한다.
- 만약 고객이 키를 분실했거나 직원이 소지하고 있는 마스터키를 분실했을 경우 다른 사람이 사용할 수 없도록 즉시 시스템을 바꾸도록 해야 한다.

Case Study

IT 품은 호텔, 예약부터 룸서비스까지 척척

IT가 산업 전반으로 스며들고 있다. 푸드테크, 핀테크 등 IT와의 융합으로 새로운 분야가 생겨나고 있으며, 이런 현상은 앞으로 점점 더 가속화될 것은 명백하다.

숙박업계 또한 마찬가지. 호텔이 점점 스마트하게 변하고 있으며, ICT 도입은 선택이 아닌 필수가 되어가고 있다. 예약 및 결제뿐만 아니라 투숙 환경 조절, 룸서비스 신청까지 손가락만 까딱하면 원스톱으로 해결되는 시대가 열리고 있는 것. 특히 IoT(사물인터넷) 기술은 숙박 문화에 빠르게 스며들며 고객에게 더 편리한 경험을 제공하는 밑바탕이 되고 있다.

숙박과 IT의 결합, 어떤 모습일까? 국내 사례를 통해 알아봤다.

포시즌스 호텔 앤 리조트

포시즌스 호텔 앤 리조트는 이세돌 프로 9단과 인공지능 알파고의 바둑 대결 장소로 유명세를 치른 곳이다. 바둑 대결이 있기 전만 하더라도 택시 기사에게 포시즌스 호텔로 가자고 하면 어딘지 헤맸지만, 지금은 이세돌 호텔이라고만 하면 척척 데려다 준다.

글로벌 호텔 체인인 포시즌스 호텔은 자체 모바일 앱을 만들어 스마트 서비스를 제공하고 있다. 2015년 업그레이드를 통해 포시즌스 서울을 추가한 상태. 고객은 앱을 통해 호텔 예약과 체크인은 물론, 다양한 갤실 서비스까지 요청할 수 있다. 의류 다림질 신청, 네일숍 예약뿐만 아니라 투숙객의 취향에 따라 매트리스 부드러운 정도까지 손끝에서 선택할 수 있다.

포시즌스 호텔의 맥케이 사장은 "모바일 세대가 아닌 나도 쉽게 쓸 수 있을 정도로 간편하다"며 "정말로 기억에 남는 순간을 만드는 건 결국 서비스"라고 말했다. 포시즌스 서울에 묵게 된다면, 태블릿에서 가글액을 요청해 보자. 약 5분 만에 직원이 가글액을 쟁반에 받쳐 들고 와 노크할 것이다.

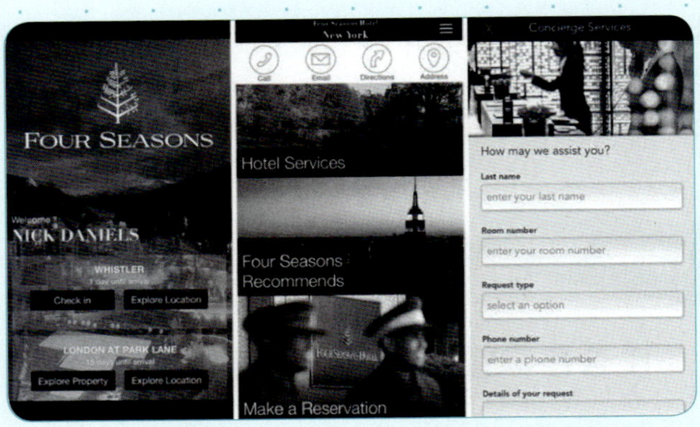

호텔 스카이파크

서울 명동에서 세계 처음으로 '스마트 객실 서비스'를 상용화한 호텔이 있다. 호텔 스카이파크 센트럴 명동점이 바로 그 주인공.

호텔 스카이파트는 LG CNS의 도움을 받아 최상층인 15층 16개 객실에 '스마트 그린 플랫폼(Smart Green Platform)' 기반의 호텔 특화 서비스를 도입했다. 객실 키와 리모콘을 없애고 체크인부터 객실 환경 조절까지 스마트폰으로 제어할 수 있게끔 한 것.

실내 온도와 조명 조절, TV를 끄고 켜는 것은 물론 청소 요청 등의 편의 서비스 신청도 터치 한 번이면 해결된다. 여기에 스마트폰으로 후불 전자결제를 할 수 있는 스마트 결제 서비스, 예약 시스템과 연동된 에너지 절감 서비스 등으로 기능 확장 중이다. 투숙객들은 호텔 밖에서 미리 객실 온도를 설정해 겨울에는 따뜻하고 여름에는 시원한 상태를 유지할 수 있는 것.

야놀자

야놀자는 숙박 관련 사업을 펼치는 회사로 O2O 숙박 앱 서비스로 알려진 곳. 자사 프랜차이즈 숙박업소인 '코텔'에 열쇠 없이 앱을 통해 객실을 이용할 수 있는 키리스(keyless) 시스템을 도입했다. 고객은 입실 시 프런트를 방문할 필요 없이 스마트폰에서 예약 후 객실로 바로 가서 앱으로 문을 열 수 있게 된다. 퇴실 또한 프런트를 거칠 필요가 없다.

여기에 객실 내 고객들의 출입, 재실 여부를 확인할 수 있는 센서를 설치해 청소를 진행하는 시간과 인력 관리를 효율적으로 할 수 있게 돕는다. 야놀자는 이 시스템을 통해 최대 30% 정도의 운영 비용 절감 효과를 기대할 수 있을 것으로 내다보고 있다. 향후 차량호출, 비품 추가 주문, 시간 연장 결제, TV/에어컨/조명 컨트롤 등의 서비스로 확장될 예정이다.

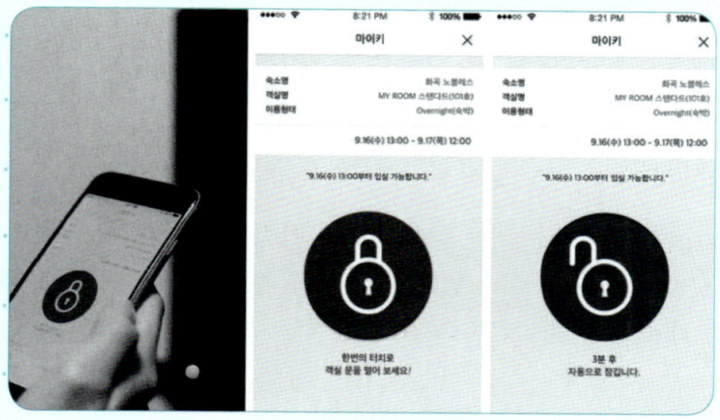

롯데시티호텔 명동

2016년 1월 지상 27층, 지하 4층, 430실 규모의 롯데시티호텔 명동이 개관했다. 명동에 있는 비즈니스호텔 중에서는 가장 큰 규모로 눈길을 끄는 부분은 LG전자와 협업으로 전 객실에 스마트 솔루션을 적용한 것. 전체 객실에 스마트 통합 솔루션을 적용한 호텔은 이곳이 처음이다.

객실에 갖춰져 있는 스마트TV의 리모컨과 투숙객의 스마트폰을 이용해 조명, 온도 등 객실 제어를 할 수 있으며, 청소나 모닝콜 등을 요청할 수 있다. TV 리모컨 사용 시 TV 화면을 통해 해당 메뉴를 선택하면 호텔 관리자 PC로 전송된다.

고객이 객실에 들어서면 호텔 안내는 인쇄물이 아니라 TV를 통해 제공된다. 흥미로운 건 고객의 모국어로 안내가 이루어진다는 것. 체크인할 때 기록했던 정보를 바탕으로 이런 서비스가 이루어진다.

신라스테이

신라스테이는 호텔신라에서 운영하는 비즈니스호텔이다. 지난 2월 29일 스마트폰 앱을 통한 객실 예약부터 체크인, 호텔 주변 여행 가이드 등을 제공하는 서비스를 시작했다.

스마트 레저베이션(Smart Reservation), 스마트 어라이벌(Smart Arrival), 스마트 스테이(Smart Stay), 스마트 페이 (Smart pay) 등 4가지 콘셉트로 이루어진다.

앱을 이용한 예약 서비스에서는 신라스테이 호텔(광화문, 역삼, 동탄, 제주, 울산, 서대문, 마포)의 정보를 확인하고, 예약을 진행할 수 있다. 사전 체크인 정보를 입력하면, 체크인 시간이 단축된다. 호텔에 도착해 체크인을 비롯한 객실에 들어가기까지의 과정을 휴대폰 하나로 진행할 수 있는 것.

특히 신라스테이 광화문에는 삼성SDS와 협력한 키리스 시스템이 적용되어 있어, 앱으로 도어락을 열 수 있다. 체크인 후 프론트에서 푸시 메시지가 오면 모바일로 내려받고 객실로 이동해 핸드폰을 객실 문에 갖다 대면 자동으로 열린다.

앱의 로컬가이드는 주변 추천 관광지 정보를 제공하며, 신라리워즈 회원으로 가입하면 스마트페이 기능을 사용할 수 있다.

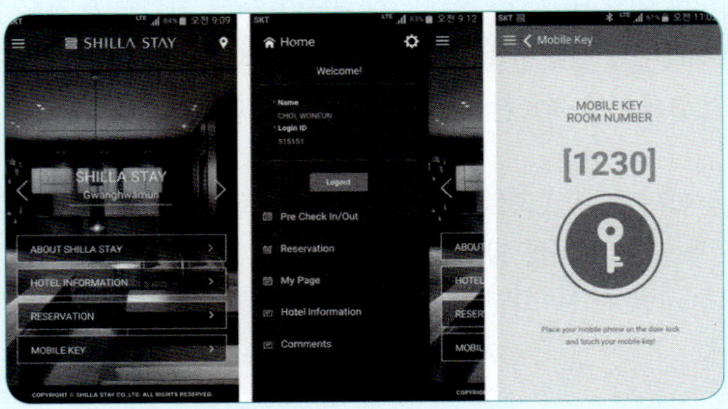

자료: IT 동아. 2016. 04. 26

2. 객실 키의 종류

1) Guest Key

고객이 호텔에 도착하여 프런트 데스크에서 check in을 하게 되면 객실 키를 받게 된다. 프런트 클럭이 키 입력 시스템을 이용하여 제공되는 키는 해당하는 객실에만 사용할 수 있는 것이다.

2) Floor Master Key

일반적으로 객실 정비를 담당하는 룸 메이드(room maid)나 하우스키핑 룸 인스펙터(room inspector)가 객실 정비나 상태를 점검할 때 사용하는 것이다.

플로어 마스터 키는 한 개층에 있는 전체 객실을 하나의 열쇠로 모두 열수 있는 것이다.

3) Master Key

호텔에 있는 모든 객실을 열수 있는 키를 말하며, 대부분 당직지배인이 직접 관리하여 객실내부에 문제가 발생했을 경우 사용할 수 있다.

4) Grand Master Key

그랜드 마스터 키는 호텔 전체 객실의 문을 열 수 있을 뿐만 아니라 이중 잠금장치도 열 수 있는 키로서 비상시에만 사용할 수 있다.

그랜드 마스터키의 관리는 총지배인이 주로 관리하게 되며 총지배인의 허락하에 사용할 수 있으며 사용 시에는 반드시 기록을 남겨서 고객의 신변안전이나 재산을 보호하고 분실하지 않도록 해야 한다.

04

하우스 키핑의 개념과 기능

1. 하우스 키핑의 개념

하우스 키핑(house keeping)은 객실상품을 생산하는 부서로서 객실의 정비와 청소 그리고 시설비품의 유지 관리를 하는 부서이다. 객실에 제공되는 각종 어메니티(amenity)제공을 위한 제반 서비스를 하게 된다. 하우스 키핑은 고객이 체류하는 동안 쾌적한 환경 유지를 위해 청결을 최우선으로 하며, 편안함을 느낄 수 있도록 인적서비스를 제공한다.

호텔의 객실 상품은 정비가 완료되면 새로운 상품으로 태어난다. 그러므로 객실 상품은 항상 청결하고 정돈되어 있어야 하며 객실은 가구비품의 조화와 쾌적한 공간으로 유지되어야 한다. 하우스 키핑 부서는 호텔 조직 중에서 객실과 관련된 각종 업무를 신속하고도 기능적으로 관리해야 한다.

고객이 원하는 쾌적한 객실을 유지하기 위해서는 완벽한 청소와 점검, 편리성과 신속성을 확보하기 위해서 FF&E(Furniture, Fixture & Equipment)의 고장이나 미비함이 없도록 철저히 점검하고 모든 일에 있어서 고객의 입장을 우선적으로 생각해야 한다. 또한 레스토랑, 로비, 화장실, 주방 등의 호텔 전역에 걸친 린넨 제공업무와 유니폼의 보급 및 수선에 이르기까지 업무 영역이 매우 다양하고 광범위하다.

호텔객실은 고객의 편안함과 보안이 가장 중요한 요소이다. 따라서 하우스 키핑 근무자는 최대한 고객을 불편하게 해서는 안 된다. 객실뿐만 아니라 복도는 24시간 정숙할 수 있도록 해야 한다. 부득이한 경우 고객이 투숙하고 있는 객실에 출입을 해야 할 경우가 생긴다면, 고객에게 사전 허가를 받은 후 양해를 구하고 출입해야 하며 고객의 호출이 없을 경우에는 절대로 방해해서는 안 된다.

객실 하나에 담긴 정성은 고객으로 하여금 호텔의 좋은 이미지 형성과 지속적으로 재 구매를 유도할 수 있는 서비스를 제공해야 한다.

2. 하우스 키핑의 기능

하우스 키핑은 고객에게 제공될 객실상품을 생산하고 정비하며 각종시설물을 유지, 관리하는 부서이다. 고객과의 직접적인 접촉은 희박하지만 호텔의 이미지를 제고시키는데 상당한 역할을 하고 있다.

일반적인 하우스 키핑의 기능은 다음과 같다.

1) 객실상품의 생산과 관리

호텔기업은 자본금의 80~90%가 고정자산으로 이루어지고 있다.

고정자산을 이루는 요소가 호텔의 건물을 비롯한 내부설비이다. 하우스키핑은 호텔의 객실을 비롯한 내·외부 공간을 청결하게 유지하고 시설물을 관리하는 부서이다. 따라서 객실을 판매하기 위해서 객실을 재생산하고 유지하는 가장 중요한 기능을 맡고 있는 부서이기도 하다.

객실의 청결이 유지되지 못한다면 고객의 불평이 발생하게 되며 호텔의 브랜드 이미지를 크게 손상시킬 수 있게 된다. 따라서 객실상품은 언제나처럼 청결하고 안락한 분위기를 유지할 수 있도록 철저한 관리가 이루어져야 한다.

2) 호텔의 수익 증대에 기여

호텔의 주 수익원이 되는 객실은 판매하는 것도 중요하지만 그것을 유지 보수하는 것도 중요하다. 이 업무는 하우스 키핑에서 관리를 하고 있으며, 업무를 제대로 수행하지 못하면 당일 객실 판매가 이루어지지 않아 호텔의 수익 증대에 커다란 손해를 끼치게 되는 것이다.

호텔 객실의 청결유지와 관리는 결과적으로 객실판매와 객실점유율에 영향을 가져오게 된다. 따라서 하우스 키핑은 객실상품을 효율적으로 생산하여 객실경영 목표를 달성하는데 없어서는 안 되는 부서라고 할 수 있다.

3) 호텔의 자산관리

호텔 기업에 있어서 고정자산에 비해 내구연한이 아주 짧으며 점유하고 있는 비율이 타 산업과 비교하여 매우 높다고 할 수 있다. 이러한 호텔기업의 고정자산을 유지하고 관리하는 책임을 맡고 있는 하우스 키핑의 업무는 매우 중요한 부서라고 해도 과언이 아닐 것이다.

4) 호텔 운영경비의 절감

호텔의 기업운영은 궁극적으로 이익의 극대화라는 목표를 달성하고자 한다.

그 방법으로는 호텔상품의 판매를 극대화하는 것과 비용을 극소화하는 것이다. 호텔의 운영경비는 고객의 증감에 관계없이 일정한 비용이 꾸준히 지출되는 고정경비(fixed expenses)와 고객의 증감에 따라 그 지출도 함께 증감하는 변동경비(variable expenses)로 나누게 된다.

고정경비에는 인건비나 광열비 등이 포함되며 변동경비에는 재료비 등이 포함된다. 재료비의 절감은 하우스 키퍼(housekeeper)들의 주인정신만으로도 충분히 줄일 수 있는 역할을 하게 된다. 하우스 키퍼는 보다 세심한 관찰과 주의로 비용절감 이라는 목표를 가지고 실천에 옮기는 것이 중요하다. 또한 효율적인 업무를 수행함으로써 인건비 절감에 기여할 수 있다.

객실 판매의 극대화와 비용을 극소화함으로써 기업의 이익은 증가하게 되며, 에코(eco) 기업으로서의 역할을 수행할 수 있게 된다. 객실을 비롯한 호텔 내 모든 비품 및 설비의 관리를 책임지고 있는 하우스키퍼는 기업의 수익증대에 커다란 역할을 하고 있다.

05

객실관리의 주요 업무

1. 객실정비

하우스 키핑은 호텔 객실의 정리정돈과 청소업무를 고객이 사용한 객실과 투숙 중에 있는 객실을 정비하는 부서이다.

정비가 필요한 객실은 룸 메이드(room maid)에 의해 청소가 이루어지게 되며 객실 내 고객이 사용한 린넨(linen)을 교환하고, 베드메이킹(bed making)을 한 후에 욕실청소와 어메니티 등을 빠짐없이 준비해야 한다.

객실청소는 다음과 같은 순위로 정비해야 한다.

① 고객이 청소를 요구할 때

② VIP룸은 가능한 한 오전 중에 마침

③ 체크아웃 된 방

④ 고객이 투숙하고 있는 방

⑤ 체크아웃이 예상되는 방

⑥ 당일 예약하여 체크인하는 VIP 방(보고받는 즉시 실시)

2. 객실의 비품유지

호텔의 객실 비품은 호텔마다 종류와 품목에 따라 약간의 차이가 있다.

하우스 키핑 종사원들은 고객용 비품의 재고를 정확히 파악하여 부족한 품목이 없도록 확인하고 파손여부 등을 수시로 점검해야 한다.

객실에 사용되는 비품은 다음과 같다.

표 5-1 객실의 비품

구 분	내 용
객실의 설비, 가구, 비품	책상(desk), 의자(chair), 사이드테이블(beside table), 커튼(curtain), 헤어드라이어(hair dryer) 등
객실용 린넨	침대시트(bed sheet), 베개(pillow), 베개 커버(pillow cover), 침대패드(bed pad), 담요(blanket), 얼굴수건(hand towel), 목욕수건(bath towel), 발 깔개(bath mat) 등
객실용 소모품, 인쇄물	비누, 화장지, 물병(보온병)과 받침, 찻잔, 생수, 구둣솔과 구두주걱, 쓰레기통, 객실가운, 슬리퍼, 옷걸이, 비상용 전등, 화장품과 머리빗, 욕탕 미끄럼 방지용 고무 매트, 샤워캡, 양치질용 물컵, 세탁용 봉투, 문구류 폴더, 호텔이용규칙 안내서, 호텔안내서, 편지지와 봉투 및 메모지, 볼펜, Do not Disturb 카드, 청소요청 카드, 룸 서비스용 메뉴, 전화번호부 등.

3. 소모품 및 분실관리

객실에 사용되는 모든 소모품들을 관리하는 책임을 가지는 부서 또한 하우스키핑이다. 하우스 키퍼는 소모품 내역을 정확히 파악하여 구매부서에서 보급이 잘 될 수 있도록 재고조사를 하여 부족한 품목은 미리 구매요청을 하여야 한다.

Check-out 된 객실에서 고객들이 분실한 물품들을 습득하여 보관하고 고객의 신상을 파악하여 빠른 시간 내에 돌려줄 수 있는 시스템을 확보하여야 한다.

4. 고객 세탁물 관리

고객의 요청에 의하여 세탁물이 접수되면 고객의 객실번호와 세탁물의 종류 등을 정확하게 기록해야 한다. 세탁물이 접수되면 훼손된 부분이나 변색 등의 유무를 확인하여야 하며, 메모지나 소중한 물품이 있는지 꼼꼼하게 확인한 다음 세탁작업을 해야 한다. 세탁물은 고객이 원하는 시간에 정확하게 전달되는 것을 원칙으로 한다.

5. 공유 장소에 대한 타 부서와의 협조

호텔에서의 공유 장소는 주로 고객들이 많이 이용하는 장소로서 호텔 로비, 엘리베이터, 객실 복도, 화장실, 식음료 부서와 연회장 등을 들 수 있다.

하우스 키핑은 위의 장소 외에도 호텔의 내·외부를 막론하고 전반적으로 청결을 유지할 수 있도록 하여야 한다. 또한 타 부서와의 원활한 협조를 얻어서 고객의 불편함을 초래하지 않도록 하는 것이 중요하다.

특히 연회부서와는 사전에 예약된 각종 행사와 관련된 정보교환이 무엇보다 중요하다. 기타 다른 부서와도 업무협조를 구하여 원활한 업무를 수행할 수 있도록 해야 한다.

06

린넨류 및 소모품 관리

린넨은 호텔을 이용하는 고객의 서비스를 위해 사용되는 여러 종류의 직물 종류를 말한다. 린넨은 특성상 쉽게 손상되는 성격을 가지고 있기 때문에 세탁 및 수선하는데 있어서 주의를 기울여야 한다.

린넨의 보관 및 관리는 종류별로 통풍이 잘 되는 곳에서 위생적으로 보관, 관리가 이루어져야 한다.

항상 깨끗하고 잘 정리된 린넨의 공급은 고객에게 기쁨과 만족감을 주게 되는 것이다. 객실에 제공되는 린넨류는 위생이나 청결의 수준을 고객에게 보여 준다고 해도 과언이 아니며 린넨류의 형태나 재질이 매우 중요하다.

린넨 서비스의 주요 업무는

- 고객의 세탁물을 수거하여 세탁 후 전달하는 laundary service 업무
- 세탁물을 세탁하고 수선하는 washing, dry cleaning, pressing, sewing 등과 같은 기술적인 업무
- 원활한 영업활동을 위해 린넨과 유니폼 류의 적정재고를 유지 및 관리하는 저장품 관리 업무
- 경비절감을 위한 린넨류의 수선 및 재활용 업무

1. 린넨류의 관리

호텔의 린넨 서비스는 고객의 만족도를 높이는데 매우 중요하다.

깨끗하게 손질된 린넨의 적절한 공급은 호텔의 분위기를 밝게 해주고 잘 정돈된 느낌을 주어 보다 편안한 분위기를 연출할 수 있다. 객실에서 사용한 린넨류

는 룸 메이드가 담당 객실에서 수거하여 각층 린넨실에 모으고, 린넨원은 각층 린넨실에서 세탁된 린넨을 수거하며 수거한 품목별로 수령한 만큼 지급한다.

린넨류를 구입하는 데는 막대한 비용이 소요되며 효율적인 관리에 따라 사용 횟수를 늘릴 수 있는데 많은 영향을 미치게 된다.

린넨 관리를 하는데 있어서 다음과 같은 사항들을 유의해야 한다.

첫째, 각 업장에서 필요한 소요량을 정확하게 파악해야 한다.

둘째, 호텔의 수준에 맞도록 적절한 재질을 선택하는 것이 좋다.

셋째, 필요한 양과 적절한 재고관리를 통하여 린넨의 보급과 유지관리에 차질이 생기지 않도록 해야 한다.

넷째, 주인의식을 가지고 사후관리를 함으로써 고객에게 좋은 서비스 제공과 기업의 운영비를 절감할 수 있는 효과를 가져 오게 된다.

린넨이 마모되는 원인은 종사원의 부주의로 인하여 빨리 훼손되는 경우와 반복적인 세탁으로 인한 수명의 단축 그리고 분실과 도난으로 인한 경우가 발생한다.

2. 린넨 서비스(Linen Service)

린넨은 깨끗하고 잘 정리된 것을 공급하여 고객에게 편안함을 제공해 주면서 만족감을 주어야 한다. 린넨류는 호텔의 위생 상태나 청결의 수준을 고객이 직접 보고 경험하는 것이기 때문에 그 형태나 재질을 고려하여 선택해야 한다.

린넨류의 관리는 해당 부서에서 필요한 양과 여유분 등을 고려하여 주문하고, 사용부서에서 사용하는 테이블의 규격, 용도, 실내 분위기 등에 맞는 종류와 재질을 고려하여 구입, 관리한다.

린넨류의 재고 조사는 매월 실시하며 훼손된 것과 사용이 불가능한 것은 미리 체크하여 고객에게 제공되는 일이 없도록 한다.

각 부서에서는 필요한 충분한 양의 린넨류를 확보하여 고객서비스에 불편을 끼치지 않도록 해야 한다.

3. 세탁물 서비스 및 유니폼 관리

세탁물 서비스는 호텔에 투숙한 고객의 편의를 위해 제공하는 서비스로, 벨맨이나 룸 어텐던트 또는 오더 테이커 등에 의해 고객의 세탁물이 접수되면, 고객으로부터 세탁물을 수거하여 수량과 종류 그리고 세탁물의 상태를 확인한 후 세탁실로 보내야 한다.

세탁물 서비스는 세탁물의 종류에 따라 자동 및 수동 세탁기 공정과정을 통해 이루어진다. 고객 세탁물의 경우에는 귀중품 및 메모지 등의 확인과정이 필요하다.

세탁과정을 통해서 고객이 원하는 지정된 일자와 시간에 맞게 전달하는 것이 필수적이다.

종사원 유니폼 관리에 있어서 서비스 종사원은 깔끔하고 세련된 유니폼을 입는 것이 매우 중요하다. 서비스 종사원은 항상 고객과 접촉하는 접점에 있으며 유니폼은 고객의 시선에서 주목받게 되는 상품 서비스 이다. 따라서 서비스 맨의 세련된 매너를 통한 수준 높은 서비스는 고객으로 하여금 호텔 전체에 대해 좋은 인상을 갖게 해주는 요소이다. 종사원의 유니폼은 개인당 2~3벌씩 제공 되며 와이셔츠는 매일 갈아입는 것을 원칙으로 한다. 유니폼과 와이셔츠의 세탁물은 세탁실에 맡기게 되면 깨끗하게 세탁하여 다려진 모습으로 하우스키핑에 의해 전달된다. 고객의 접점에 있는 종사원의 깨끗한 유니폼은 고객의 기분을 좋게 해주는 역할을 하기도 한다.

종사원들의 수준 높은 서비스는 세련된 매너뿐만 아니라 맵시 있게 디자인된 유니폼을 깨끗하게 입었을 때 더욱 빛을 발하게 되는 것이다.

07

객실관리 부서의 직무분석

1. 하우스키핑 지배인

지배인은 소속 종사원들이 호텔기업의 철학과 정책 및 방침을 알 수 있도록 종사원을 교육하고 질적인 서비스를 제공할 수 있도록 항상 관리, 감독 해야 한다.

하우스 키핑 지배인의 직무는 크게 5가지로 구분하게 된다.

첫째, 인사관리: 적정수의 직원을 유지 관리 하며 직원의 교육 및 복지관리, 업무 계획의 작성.

둘째, 원가관리: 예산 수립, 가격의 적정여부확인, 각종 기록의 유지 및 분석, 적정 소요물품의 계산 및 집행.

셋째, 자재관리: 각종 물품 이용가능성 파악, 재고조사, 각종장비 주문 및 수리.

넷째, 업무관리: 청소감독 및 청결유지, key 취급 및 관리감독, 분실물, 습득물 처리 안전 및 화재 예방 관리.

다섯째, 고객관리: VIP 고객파악, 단골고객유지, 대고객 서비스 관리.

2. 하우스 맨(House Man: Inspector)

객실점검, VIP 응대, 분실물 처리, 소모품과 비품관리, 객실순찰, 미니바 운영 등 의 업무를 하고 있다.

하우스 맨의 주요업무는 다음과 같다.

- 고객으로 부터의 order taker 업무

- 각종 order 집계 및 통보
- lost & found 접수 및 보고
- lost & found 반송 및 사후관리
- 소모품, 비품 등 재고조사
- 야간업무 수행
- 고객세탁물 수거 및 배달
- extra bed 투입 및 철수
- 각종 장비수리 및 수리의뢰
- 각종 객실관리보고서 작성

3. 룸 어텐던트(Room Attendant)

객실 정비원을 room maid, room steward, chamber maid 등으로 호칭하고 있으나 최근에는 이를 총칭하여 룸 어텐던트로 호칭되고 있다.

룸 어텐던트는 객실의 청결 및 정비, 정리정돈, 소모품 관리 등을 맡고 있다.

룸 어텐던트는 객실을 재판매하여 객실 판매율의 회전속도를 가속화하기 위하여 빠른 동작으로 작업을 수행해야 한다.

보통 이들의 1인당 작업량을 1일 8시간을 표준으로 하여 12실에서 14실 정도로 1실 청소에 걸리는 시간을 약 30분 정도로 정하는 것이 가장 합리적이다.

일부 호텔에서는 인건비 절감을 위해서 룸 어텐던트를 아웃소싱(outsourcing) 업체에 맡기기도 한다.

룸 어텐던트가 객실 청소를 하는 순서를 간략하게 요약하면 다음과 같다.

① 객실에 고객이 있는지 여부를 2~3번 정도 콜을 한 후, 응답이 없으면 객실 문을 열고 전체적인 이상 유무를 확인한다. 청소는 고객이 청소를 요청한 객실을 우선적으로 실시한다.
② 객실 문을 고정시키고 객실에 들어서면 창문을 열어 환기를 시킨다.
③ 객실 내의 전구와 전등의 이상이 있는지를 확인한다.
④ 미니바(mini bar)의 내용물과 미니바 체크리스트에 기록된 물품을 대조하여 확인한다.

⑤ 고객이 놓고 간 물건이 있는지를 확인한다. 만약 고객의 분실물이 있을 경우 하우스 맨이 가져갈 수 있도록 오더 테이커(order taker)에게 전화로 통보한다.
⑥ 사용된 시트와 타월, 린넨류 등을 분류하여 복도에 있는 린넨 카트에 옮긴다.
⑦ 욕실 내 청소 및 소모품을 보충한다.
⑧ 베드 메이크업(bed make-up)을 실시한 후 헤드 보드(head board) 상단과 벽의 그림 및 전기제품, 옷장, 거울, 유리창, 화장대, 통신장비, 쟁반 등의 식기류 등에 대하여 청결하게 정리한다.
⑨ 문구류, 관광안내서, 호텔안내책자 등을 확인한 후 보충한다.
⑩ 객실정비사항에 룸 어텐던트 리포트를 작성하고 객실 문을 닫는다.

룸 어텐던트의 주요 업무는 다음과 같다.

- 객실청소 및 정비
- 객실의 규정된 비치품목(린넨류, 소모품, 미니바 품목 등) 정리
- 각종 인쇄물 및 홍보용 책자의 정리
- 미니바 체크 및 물품 보충과 check list 작성
- turn down service 및 second service 수행
- 객실 내 고장사항, 보수사항의 신속한 통보
- 객실 내 습득물 발견 시 즉시 통보
- 월말 재고조사 실시

4. 퍼블릭 클럭(Public Clerk)의 업무

퍼블릭 클럭은 공공구역 청소를 맡고 있는 사람을 말한다. Janitor 또는 Utility man으로 호칭하기도 한다.

주요 업무는 다음과 같다.

- 영업장 및 객실 내의 카펫 샴푸 및 오물 제거
- 영업장내 의자, 소파 등의 샴푸 작업
- 로비 및 현관 정, 후문 주변청소

- 공공장소의 화장실 청소 및 화분관리
- 고객이 다니는 장소(로비, 객실통로 등)와 back side 청소
- 호텔 건물의 외곽청소와 정원주변, 산책로 청소
- 객실과 영업장 및 각 사무실 쓰레기 수거

5. 린넨 클럭(Linen Clerk)의 업무

린넨 클럭은 객실에 필요한 린넨류, 비품, 소모품 등을 수령하여 공급해 주는 것이 주요 업무이다. 전일의 객실판매상황을 파악하고 그에 따른 소모량을 준비하여 불출해 준다.

린넨 클럭의 주요업무는 다음과 같다.

- 인력관리 및 교육훈련 실시
- 린넨, 유니폼의 수급 계획 관리와 구매의뢰 및 입고 관리
- 린넨 저장 및 수불관리(각 영업장에 신속히 지원)
- 세탁물량 산출 및 비용분석
- 린넨류 재고조사 및 손망실 분석 및 집계
- 행사 및 의전용 국기 관리
- 린넨실 운영에 따른 제반 행정관리

호텔경영론

Introduction to Hotel Management

Chapter 06

호텔 식음료 (Food & Beverage) 경영 실무

01

호텔 식음료의 개념 및 특성

1. 식음료의 개념

호텔 레스토랑의 정의는 영리를 목적으로 하는 호텔의 부대시설로서 일정한 장소에서 시설을 갖추어 놓고 음식물에 인적 서비스를 부가하여, 지불능력이 있는 고객에게 상품과 서비스를 제공하고 그 대가를 받는 공공의 시설이라 할 수 있다. 호텔 레스토랑은 단순하게 식사 및 휴식장소를 제공하는 것뿐만 아니라 맛과 영양이 풍부한 음식, 깨끗하고 세련된 인적서비스가 복합적으로 구성되어 판매되는 장소이다. 레스토랑은 객실과 함께 호텔의 영업활동에서 중추적인 역할을 담당하고 있다.

호텔경영에 있어서 수익성이 높은 객실위주의 판매에 비해 높은 인건비와 재료비, 유지비 등이 많이 드는 식음료 판매에 긍정적인 것은 아니었다. 하지만 지금에 와서는 식음료에 대한 인식이 조금씩 달라지고 있다. 외식업의 대중화와 고급화를 지향하는 지금은 호텔 식음료에 대한 가치가 한층 높아지고 있다. 특히 컨벤션 산업과 호텔 결혼식의 대중화로 인하여 대규모 연회행사 유치로 인한 매출을 증진하는데 많은 기여를 하고 있기 때문이다.

호텔 식음료 상품은 고객의 욕구에 맞는 분위기와 서비스를 개발하여 특별함을 제공할 수 있어야 하며, 고객의 생리적 욕구는 물론 심리적 욕구까지 충족시킬 수 있는 서비스를 제공하고 있다.

일반적으로 식음료 부서 업무라면 조리사에 의하여 만들어진 요리를 웨이터가 고객에게 정성스러운 서비스를 곁들여 제공하는 조리와 서비스를 함께 포괄하는 의미가 있다. 식음료 서비스는 고객의 주문에 의한 레스토랑 서비스와 행사성 서비스를 제공하는 연회 서비스 부문으로 크게 나눌 수 있다.

현대의 호텔 레스토랑은 최고의 재료와 요리사가 만든 음식을 먹는 장소일 뿐만 아니라 깨끗하고 위생적인 시설과 음식, 최고의 분위기와 친절 등 최상의 하드웨어 상품과 최고의 소프트웨어 상품인 인적 서비스가 복합적으로 구성되어 있는 곳이기도 하다. 호텔내의 다양한 레스토랑은 객실 고객의 이용뿐만 아니라 외부 고객의 영업활동으로 인하여 매출향상에 많은 기여를 하고 있다.

국내특급 호텔의 레스토랑은 국내·외 유명한 주방장을 초빙하여 질 좋은 음식의 제공을 통하여 이윤 추구는 물론 호텔의 대외적인 긍정적 브랜드 이미지에도 많은 영향을 미치는 역할을 하고 있다. 또한 호텔 서비스를 평가 하는 척도를 구분하기도 한다.

호텔 레스토랑은 고객들의 욕구가 다양해지고 라이프스타일이 빠르게 진화하면서 호텔의 F&B(Food and Beverage) 부서는 지속적으로 고객만족경영을 위해 변화해야 한다. 하지만 식음료 부서는 식재료비 인상과 운영비 그리고 고정적인 높은 인건비로 인하여 많은 비용이 발생하는 것이 호텔경영의 어려움이라 할 수 있다. 고객만족은 종사원의 서비스에 의해서 창출되어진다. 따라서 질적인 교육훈련이 동반되어야 함은 당연하다.

식음료 서비스 종사원을 질적으로 양성하기 위해서는 실기 위주의 기본 서비스교육을 철저히 실시하고, 컴퓨터를 활용한 사전 서비스의 실행, 서비스 만족을 위한 'One More Touch Service'를 실시하여 고객의 불평을 사전에 예방하고 점검하는 등 고객에 대한 최고의 서비스 창출에 최선을 다해야 한다. 이를 바탕으로 하여 기존의 충실한 서비스를 수행함은 물론 영업장의 특성에 맞는 서비스를 제공하여 고객만족을 추구해야 한다.

식음료 부문은 호텔의 주된 수입원이 되는 객실부문과 더불어 호텔 총매출의 약 40%에서 60%까지 차지하는 중요한 부문이다. 호텔의 식음료는 객실과 연회행사 고객과 더불어 외부 고객에게 식음료를 제공하여 이윤추구에 중요한 역할을 할 뿐만 아니라 호텔의 이미지제고에도 많은 영향을 미치고 있다.

호텔경영에 있어서 식음료 부문의 역할은 다음과 같다.

첫째, 호텔 식음료 상품은 전 직원의 적극적인 판매활동으로 이윤을 창출한다.
둘째, 고객의 필요와 욕구에 맞는 식음료 상품과 서비스를 제공하여 충성고객을 확보한다.

셋째, 식음료의 판매활동을 통하여 기업의 이윤창출에 공헌한다.

넷째, 충성고객의 구전으로 인한 잠재고객을 유인한다.

다섯째, 질 높은 식음료 상품 제공과 서비스로 호텔의 이미지를 향상시킨다.

여섯째, 호텔기업은 인적자원을 많이 필요로 하는 기업으로 고용창출 효과를 높이게 되고, 관광객의 유입으로 지역경제 활성화와 사회적 책임을 지는데 있어서 많은 기여를 하게 된다.

2. 식음료상품의 특성

식음료 상품은 표준화된 상품을 제공하기 보다는 고객이 선호하고 기호에 맞는 상품과 서비스를 제공하는 특성을 가지고 있다.

식음료 상품의 특성에는 영업장의 이미지, 종사원의 친절한 서비스, 분위기 등의 요소들이 하나로 연결되어 있는 시스템이 유기적으로 통합됨으로써 완전한 상품이 된다.

식음료 상품은 전문적인 지식과 경험 그리고 숙련된 종사원에 의해서만 수준 높은 서비스를 제공할 수 있다. 따라서 식음료 서비스는 고객과 종업원 간에 인간적인 요소와 교감을 통해서 최고의 서비스와 인간적인 정(情)을 느낄 수 있는 서비스를 제공하는 의무를 가지고 있다.

식음료 상품은 생산과 판매가 식음료 영업장소의 제한된 지역에서 주문생산에 의해 생산되고 생산과 동시에 소비하게 되는 시스템으로 진행된다.

식음료 부서는 예약에 의해서 어느 정도의 고객 수요를 예상할 수는 있지만 정확한 수요를 예측하기는 어렵다. 따라서 식자재를 미리 예상해서 구매하기가 어렵고 제품을 미리 생산해 놓을 수 없기 때문에 판매에 제한이 따른다.

식음료 상품은 시설의 제약성과 재료의 부패성이 크기 때문에 대부분 짧은 시간에 걸쳐 판매되어져야 하고 장기간 보관할 수 없다. 그리고 인적 서비스의 의존도가 높기 때문에 훌륭한 상품으로서의 가치를 더하기 위해서는 스마트한 종사원에 의한 질적인 서비스 제공이 필수적이다. 식음료 서비스는 고객만족에 중요한 역할을 하기 때문에 최신식 시설과 호텔 고유의 분위기를 창조하는 물리적 환경과 증거에 지속적으로 투자하는 것이 필수적이다.

표 6-1 식음료상품의 특성

특 징	내 용
1. 비분리성	식음료상품은 고객의 주문과 동시에 생산되기 때문에 반드시 고객이 참여해야 하며, 이와 동시에 소비도 같이 이루어지는 특징이 있다.
2. 수요예측의 어려움	고객의 방문을 어느 정도 예상은 가능 하지만, 갑작스러운 방문이나 외부적인 영향으로 인한 정확한 수요예측을 하기 어렵다.
3. 동일상품의 유지 한계	고객의 라이프스타일 변화나 경쟁기업 등 기타 영향으로 메뉴의 변화를 지속적으로 개발해야 한다.
4. 장소, 시간의 제약	정해진 식사시간과 한정된 장소로 인한 제약으로 충분한 수요를 충족시키지 못하게 된다.
5. 높은 인적의존도	서비스 직원과 주방 직원 그리고 백사이드(back side)직원 등 높은 고정 인건비로 인한 어려움을 가지고 있다.
6. 상품의 부패성	최고의 재료와 신선한 재료를 사용해야 하는 특성상, 어느 정도 시간이 지나면 재료의 부식이 빨리 진행된다.

식음료 업장은 인적서비스와 시설 그리고 분위기 등 시스템적으로 잘 통합된 종합적인 상품으로 고객의 욕구를 충족시켜 주는 것이다.

호텔의 식음료 상품은 다양한 외식업과는 달리 호텔이 가지고 있는 훌륭한 브랜드 이미지와 고급 서비스를 바탕으로 한 물리적 환경을 제공하고 있다. 따라서 양적인 면보다는 질적인 서비스와 식음료를 제공하게 되며, 고객 관계 관리(CRM: Customer Relationship Management)를 통한 심리적인 측면까지 고려하게 되는 감성 서비스를 제공하는데 중점을 두고 있다.

식음료상품의 생산관리 측면과 판매관리 측면에서의 특성을 다음과 같이 구분하고 있다.

1) 생산관리 측면에서의 특성

(1) 수요예측의 불확실성

식음료 상품은 원칙적으로 고객이 직접적으로 참여해야하기 때문에 생산에 관한 계획이나 예측을 하는 것이 어렵다. 지금에 와서는 고객의 인식 증가와 휴대폰의 보급률 상승 등으로 인하여 전반적으로 예약문화가 활성화 되어 있는 분위기이다. 따라서 호텔 레스토랑의 예약률은 갈수록 향상 되어가는 경향이 있다. 하지만 서비스업의 특성상 고객의 수요를 최대한으로 정확하게 파악하는 것은 매우 어려운 일이다.

이로 인하여 레스토랑 매니저는 그동안의 경험과 정확한 데이터 분석을 통하여 고객의 수요를 예측하는 능력이 절실히 요구되고 있다.

고객의 욕구와 경쟁사 분석 그리고 사회전반에 걸친 변화에 능동적으로 대처할 수 있는 능력을 가지게 됨으로서 정확한 수요예측을 하는 것이 호텔경영에 있어서 능력있는 책임자가 되는 것이다.

(2) 주문생산의 원칙

일반적인 제조업의 경우 규격과 수요예측에 의존하여 미리 생산할수 있지만, 레스토랑에서는 고객의 직접적인 주문에 의해서 생산으로 이루어지는 선(先) 주문, 후(後) 생산의 특징을 가지고 있다.

(3) 생산과 판매가 동일한 장소에서 이루어진다.

고객이 업장에 방문하여 선택한 메뉴를 주문하게 되면, 주방에서 고객이 주문한 요리가 만들어지고 이에 인적 서비스가 부가되어 고객에게 정중하게 서비스된다. 즉 고객이 생산과정에 직접 참여해야만 서비스가 진행이 되는 것이다. 이는 생산과 소비가 한 장소에서 동시에 이루어지는 것이다.

(4) 상품원가에 대한 이익의 폭이 크다.

식음료 산업 중에서도 상품원가에 대한 이익의 폭이 타 기업에 비해서는 높은 편이다. 하지만 재료비의 상승이나 인건비, 전반적인 경비의 상승, 높은 질을 유지하기 위한 조건 등으로 인해서 고정경비의 과다 지출로 인해 호텔경영 측면에서는 높은 이익을 가지는 데는 한계가 있다.

(5) 다양한 고객욕구로 생산표준화가 불가능하다.

식음료는 다양한 부류의 고객과 욕구가 다른 고객들이 많이 이용하기 때문에 제조업에서처럼 표준화된 상품을 만들어서 판매하는 것은 불가능하다. 고객의 주문요구가 많이 다르고 같은 요리일지라도 고객에 따라 양념이나 소스 그리고 조리방법 등을 자신의 취향에 맞춰 주기를 원하기 때문이다.

2) 판매 관리 측면에서의 특성

(1) 장소와 시간의 제약성

식음료 서비스는 호텔 내의 일정한 장소와 한정된 공간 내에서 이루어지기 때문에 고객에 대한 서비스를 제공하는데 약간의 제약이 따르고 있다. 레스토랑은 규정된 영업시간에 따라 서비스를 제공해야하기 때문에 최상의 서비스로서 최대의 효과를 얻을 수 있어야 한다.

(2) 식재료의 부패성

신선한 식재료는 일정한 시간이 지나면 자연적으로 부패가 진행하게 되므로 빠른 시간 내에 소비하는 것이 최선의 방법이다. 고객에게 최상의 재료로 만들어진 음식을 제공하기 위해서는 적당한 식재료의 주문과 소비의 정확한 수요예측을 하여야 한다.

(3) 인적 서비스의 의존성

호텔 레스토랑은 인적 서비스의 의존도가 매우 높다.

식음료 상품은 고객과 종사원의 교감에 의해 이루어지게 되며 이는 고객이 만족할 수 있는 최선의 방법이다. 고객의 환영부터 환송까지 종사원들의 서비스를 거쳐야하기 때문에 최고의 서비스를 제공하기 위해 숙달된 종사원의 정교한 서비스를 제공할 수 있도록 해야 한다.

(4) 인적자원의 육성

최고의 서비스를 제공하기 위해서는 최고의 서비스 맨을 육성해야 한다.

지속적이고 정기적인 종업원 서비스 교육을 강화해야 하며, 훌륭한 인재가 장기 근무를 할 수 있도록 그에 따른 복지정책도 뒷받침 되어야 한다.

(5) 서비스 상품의 표준화가 어렵다

식음료 상품을 구매하는 고객마다 10인 10색의 다양한 성향과 만족도가 다르게 되며, 그날의 기분과 상황에 따라 달라지기 때문에 모든 고객에게 표준화된 서비스를 제공할 수 없다. 즉 같은 서비스와 상품을 제공한다고 해도 고객의 감정과 취향에 따라 표준화의 기준이 달라지기 때문이다. 서비스 상품의 표준화를 정립하는 것은 어렵지만 개별 고객에 맞는 맞춤 서비스를 제공하는 것은 종사원의 능력에 따라 가능하다.

(6) 반품과 재고가 없다

식음료 상품은 소비자가 생산에 직접 참여 하는 것으로 생산과 소비가 동시에 진행된다. 따라서 식음료 상품은 한번 생산된 상품은 반품이 불가능하게 되며, 일정한 시간 내에 판매하지 못한 상품은 재고로 처리하여 차후에 판매할 수 없는 특성이 있다.

(7) 레스토랑의 구조와 시설, 분위기 등의 영향이 크다.

제반 시설의 고급화와 청결화, 그리고 개성화의 경향이 뚜렷해야 한다.

고객의 성향과 타겟 고객에 따른 특성을 고려하여 그에 맞는 인테리어와 분위기를 조성하여야 한다.

일정한 시간이 경과하면 부분 또는 전체적인 리노베이션을 통해 새로운 분위기를 연출하여 신선함을 제공할 필요가 있다.

(8) 현금판매를 원칙으로 한다.

레스토랑에서의 지불은 현금이나 credit card 사용을 원칙으로 하고 있으며, 이로 인하여 기업은 자금운영을 원활하게 할 수 있다.

3. 식음료상품의 중요성

오늘날의 호텔경영은 수익의 극대화라는 측면에서 볼 때 객실보다 식음료 판매에 많은 관심을 보이고 있는 것을 알 수 있다. 객실 판매는 정해진 객실에 의한 한계가 있는데 비해 식음료의 경우는 수익확대의 제약이 많이 따르지는 않는다.

미국호텔협회에 따르면, 식음료 부분의 중요성을 다음과 같이 강조하고 있다. "한 호텔에 있어서 최대 진보의 기회는 음식의 준비와 서비스에 달려 있다. 이 부문이 호텔의 명성을 좌우하게 되며, 아무리 기술을 더해도 항상 부족함을 보이는 곳이기도 하다." 현대의 고객은 호텔 브랜드를 선택하게 될 경우 식음료 부문의 음식과 서비스 요소들도 호텔을 결정하게 만드는 기준이 되기도 한다. 이처럼 식음료 서비스는 호텔의 이미지와 서비스를 평가하는 기준이 되고 있다. 식음료 음식의 높은 품질을 기본으로 하여 종사원의 서비스를 향상 시키는 것은 그 무엇보다 중요하다.

식음료는 다음과 같은 이유에서도 중요하다.

1) 새로운 고객의 창출

호텔 식음료 서비스는 새로운 고객을 꾸준히 발생시키고 유지시키는 역할을 하고 있다. 기존의 고객에게 최선을 다해서 서비스를 하게 되면, 고객은 새로운 고객을 끌어들이게 되고 새로운 고객은 또 다른 새로운 고객을 창조하게 된다. 따라서 식음료 서비스는 단순히 식사를 위한 음식과 음료를 제공하는 기능 이외에도 모임이나 집회, 세미나, 공연예술 등의 다양한 기능을 가지고 있다. 이러한 여러 가지 이유로 호텔 레스토랑을 찾는 고객을 위해 품격 있는 식사와 훌륭한 서비스가 잘 조화될 수 있도록 하여 고객에게 좋은 인상을 심어주는 것이 필요하다. 식음료 서비스는 호텔의 이미지를 향상시키고 잠재고객을 충성고객으로 만들 수 있는 마케팅 도구로서의 중요한 역할을 하고 있다는 것이다.

2) 고객기대에 부응

식음료 서비스를 개선하기 위해서는 고객이 무엇을 기대하고 있는지를 미리 파악하고 이를 충족시킬 수 있는 조사와 마케팅 활동을 꾸준히 실시하여야 한다.

고객의 마음은 언제 어떻게 변하게 될지 예측하기가 어렵다. 따라서 고객의 기대를 예상할 수 있는 통찰력을 가지는 경영자가 되어야 한다.

경영자는 항상 고객의 트렌드를 파악하고 시장을 주도할 수 있는 능력과 과감한 투자를 할 수 있어야 한다. 서비스의 지속적이고 높은 질의 유지는 호텔 명성이나 브랜드 이미지 창출에도 많은 기여를 하게 된다.

3) 호텔 기업에 재정적 기여

식음료는 레스토랑 판매뿐만 아니라 연회행사 그리고 케이터링(catering) 서비스를 포함하여 호텔 내·외를 막론하고 시간과 장소에 영향을 받지 않고 판매할 수 있는 장점이 있다.

식음료 서비스의 제공은

첫째, 고객의 필요와 욕구에 맞는 식사와 음료 그리고 서비스를 제공한다.

둘째, 고정고객의 확보와 이미지를 부각시키는 동시에 포지셔닝을 할 수 있다.

셋째, 식음료의 생산과 판매활동을 통하여 호텔 기업의 적정이윤을 창출한다.

넷째, 지역사회에서 생활의 질을 보다 윤택하게 하는 호텔의 사회적 책임에 따른 사회적 사명을 완수하게 된다.

02

호텔 레스토랑 분류

호텔 레스토랑 서비스는 호텔 전체의 서비스 이미지를 평가하게 되는 중요한 부분이다. 레스토랑 서비스 직원은 언제나 친절하고 따뜻한 미소로서 고객을 환대해야 한다.

호텔 레스토랑은 일정한 장소에 식탁과 의자를 마련해 놓고 고객의 주문에 의해서 음식이 만들어지고 그 음식을 고객에게 정중하게 서비스되는 테이블 서비스 시스템(Table Service System)으로 운영되고 있는 고급스럽고 호화로운 레스토랑이다.

1. 메뉴판매 품목에 의한 분류

세계 각국마다 특색 있는 음식과 문화를 가지고 있다.

메뉴에 따른 분류에 있어서 주요한 호텔에서 제공하고 있는 메뉴에 따른 레스토랑에 대해 알아보기로 한다.

(1) 프랑스식 레스토랑(French Style Restaurant)

프랑스 요리는 이탈리아에서 유래되어 16세기 앙리 4세 때부터 시작되어 현재까지 가장 화려하고 품위 있는 요리와 서비스를 제공하고 있는 최고급 레스토랑이다.

와인(wine)과 더불어 고급요리를 즐길 수 있는 레스토랑으로서 정통요리를 경험할 수 있다. Lobster, Chateaubriand, Oyster 와 각종 Hors d'Oeuvre 등의 요리를 맛볼 수 있다.

프렌치 서비스는 요리에 필요한 조리 기구와 요리 재료를 왜건(wagon)에 실어서 고객의 테이블 앞에서 요리사가 직접 만들어 고객에게 서비스를 하는 것이다.

고객 앞에서 직접적으로 요리를 하게 되므로 요리도중 실수를 할 경우 고객에게 피해를 줄 수 있기 때문에 숙련된 요리사만이 서비스를 제공할 수 있다. 이를 게리동 서비스(gueridon service) 라고 한다.

게리동은 보조 테이블(side table)이라는 뜻을 가지고 있다. 주로 프랑스 식당에서 러시안 서비스를 위해 제작된 바퀴가 달려 있지 않은 전형적인 게리동이 있으나, 요즘에는 사용하기 편리한 바퀴가 달린 왜건(wagon), 카트(cart) 혹은 트롤리(trolley) 등을 사용하기도 한다.

게리동 서비스의 요령은

① 게리동을 손님의 식탁에 최대한 가깝게 이동시킨다.

② 이동식 히터를 게리동 위에 설치한다.

③ 주방에서 준비된 음식 냄비나 큰 쟁반의 뚜껑을 열고 주문한 손님의 일행들에게 보여 드리고 난 후 히트에 올려놓는다.

④ 적당한 크기로 썬 고기 포션(portion)을 주 요리용 접시의 아랫부분을 올려놓고, 고명(garnish or decoration) 등을 접시의 윗부분에 놓는다.

⑤ 작업이 진행되는 동안 그레이비(gravy) 혹은 주 요리 소스를 고기위에 뿌리기를 원하는지, 고기의 주변 혹은 별도의 소스 접시에 원하는 지를 여쭙고 손님의 취향에 따라 서비스 한다.

⑥ 준비된 음식을 서비스 순서에 따라 여자 손님부터 고객의 오른쪽에서 서비스 한다.

⑦ 남은 음식은 다시 뚜껑을 닫고 히터위에 보관하게 되고 고객이 원하면 추가로 서비스 한다.

게리동 서비스의 특징은

- 품위가 있는 고급 서비스에 속한다.
- 전체적인 조리 시간이 절약된다.
- 낭비되는 음식이 별로 없다.
- 소규모의 파티에 적합하다.

- 고객의 입장에서 음식의 양이나 주문된 요리를 부분적으로 선택, 조절할 수 있다.
- 서비스 요원들의 숙련과 기교가 필요하다.
- 쉬프트랭 시스템과 같은 팀 조직이 필요하다.(page.245 참조)

서양요리의 정통성은 프랑스 요리에 있다고 할 수 있다. 프랑스 요리는 세계적으로 유명한 고급 요리로 잘 알려져 있으며 오늘날 고급 레스토랑의 대명사로 인식되어 있다.

프랑스는 지형적으로 유럽의 중심에 위치하여 문화의 교류가 활발하였고, 풍부한 식재료와 포도주 제조기술의 발달로 인하여 음식문화 발전에 중요한 요소가 되었다. 서양요리의 맛을 창조하는데 있어서 가장 중요한 요소는 소스인데 와인과 리큐르 등에도 각종 최상의 재료를 사용하여 정통요리에 맞는 소스를 만드는 것이 중요하다. 고급요리는 싱싱한 바다가재, 푸아그라, 캐비어 등과 함께 수백 가지의 소스가 요리와 함께 어우러지게 된다. 프랑스 레스토랑에는 와인 전문가인 소믈리에(Sommelier)가 항시 대기하고 있어서 요리와 분위기에 가장 잘 어울리는 와인(wine)을 추천한다.

프랑스 레스토랑은 정통적인 서비스와 예술적인 음식이 어우러진 레스토랑이다. 따라서 프랑스 레스토랑을 이용하기 위해서는 다른 레스토랑과는 달리 미리 예약을 하는 것을 원칙으로 하고 남녀를 불문하고 정장을 갖추어야 한다. 각 국가의 전통적인 의상은 무방하다.

(2) 이태리식 레스토랑(Italian Style Restaurant)

이탈리아 요리는 기원전 14세기 초에 마르코 폴로가 중국 원나라에서 배운 면 종류의 요리가 spaghetti 와 macaroni로 정착하여 이탈리아 요리의 원조가 되었다.

면 종류의 요리를 총칭하여 파스타(pasta)라 하며 수프(soup)를 대신하여 메인 코소(main course)요리 전에 먹는 것이다.

이탈리아 요리는 지중해 연안의 풍부한 해산물과 올리브유를 많이 사용하는 음식으로 마늘을 좋아하는 우리나라 사람들의 식성에도 잘 어울리는 음식이다. 주로 스파게티(spaghetti), 라자냐(lasagna), 라비올리(ravioli), 피자(pizza) 등이 유명하다. 이태리 요리는 대표적으로 파스타(pasta) 요리를 의미한다.

이탈리아 요리 코스는 다음과 같다.

- 아빼리티보(aperitivo): 식사 전에 마시는 술
- 안티파스토(antipasto): appetizer 에 해당
- 육류요리
- 인살라타(insalata): salad에 해당
- 과일
- 커피 및 음료

(3) 미국식 레스토랑(American Style Restaurant)

미국인들은 주로 스테이크와 빵, 계란, 우유 그리고 과일과 야채 등의 음식을 위주로 하고 있다. steak, hot dog, hamburger 등을 주식으로 하고 있다.

미국식 레스토랑은 일반적으로 스테이크, 바비큐, 햄버거 등의 메뉴를 제공하는 레스토랑을 의미한다. 우리나라 호텔에서는 대부분 미국식 레스토랑을 따로 운영하지는 않으며, 커피숍(coffee shop)에서 오찬(lunch), 만찬(dinner) 메뉴로서 제공하는 경우가 많다.

(4) 중국식 레스토랑(Chinese Style Restaurant)

중국 요리는 6세기경에 식경(食經)이라는 책이 만들어졌으며 지금까지 전해져 내려오고 있다. 방대한 넓이의 땅과 바다는 중국인들에게 다양한 음식을 만들 수 있도록 많은 혜택을 제공해 왔다. 또한 다양한 조리법과 갖가지 향신료를 이용한 요리가 발달해 왔다. 전 세계에서 가장 인기 있는 음식중의 하나가 중국음식이라 해도 과언이 아닐 정도이다.

(5) 일본식 레스토랑(Japanese Style Restaurant)

사면이 바다로 둘러싸인 해양국가의 면모를 볼 수 있는 수산물과 해산물의 요리가 발달하였으며, 색깔과 맛, 그리고 향을 중요시하고 있다.

음식의 깔끔한 데코레이션과 배열은 고객의 입맛을 돋우는데 한 몫을 하고 있다.

요즘에는 철판구이요리, 노바다야기, 우동 전문점 등의 다양한 요리가 일반대중의 외식문화로 자리 잡고 있는 추세이다.

(6) 한국식 레스토랑(Korean Style Restaurant)

호텔의 한식당에는 주로 궁중요리를 바탕으로 하여 한 상에 가득 차려서 제공하기 보다는 다양한 코스(course)요리를 제공하고 있다.

전통적인 향과 맛을 새롭게 개발하여 외국인에게도 친숙하고 거부감을 느끼지 않도록 하여 제공하고 있다.

최근에는 한국음식이 건강에 좋다는 과학적인 방법으로 증명이 되면서 세계인들의 입맛에 따라 음식을 개발하고 있으며, 한류의 영향으로 말미암아 한식의 세계화가 빠르게 진행되고 있는 상태이다.

2. 식사의 구성에 의한 분류

1) Table d'Hote Restaurant(정식 레스토랑)

Full Course 요리를 제공하는 레스토랑으로 정해진 순서에 의해 제공되는 것을 말한다.

표 6-2 Full Course 요리

Course	종류
Appetizer(전채요리)	Smoked Salmon, Snail, Shrimp Cocktail.
Soup(수프)	Cream Soup, Vegetable Soup, Consomme.
Fish(생선요리)	Halibut, Trout, Salmon.
Sherbet(샤벳)	생선의 비린 맛을 없애고 다음 요리를 새롭게 즐길 수 있도록 한다.
Main Dish(육류요리)	Beef, Pork, Lamb, Veal.
Poultry(가금류)	Chicken, Turkey, Duck.
Salad(샐러드)	Green Salad, Tossed Salad, Chef Salad.
Dessert(디저트)	Ice Cream, Fruit, Cake.
Coffee or Tea(커피, 홍차)	Irish, Vienna, Lemon Tea, Milk Tea.

표 6-3 정식메뉴 코스별 순서

순서	영어(불어)	5 course	7 course	11 course
식전음료	Aperitif			○
전체	Appetizer(Hors d'oeuvre)		○	○
수프	Soup(Potage, Consomme)	○	○	○
화이트와인	White wine			○
생선	Fish(Poisson)	○	○	○
셔벗	Sherbet			○
레드와인	Red wine			○
주요리(육류)	Main dish(Entree)	○	○	○
샐러드	Salad		○	○
후식	Dessert	○	○	○
식후음료	Coffee or Tea	○	○	○

정식메뉴의 코스는 5코스, 7코스, 11코스로 구분하고, 고객의 기호에 따라 코스별 요리를 다르게 하여 제공한다.

정식요리의 특징은 다음과 같다.

- 일품요리(a la carte)보다 저렴하고 푸짐하게 즐길 수 있다.
- 원가가 절약되고 조리과정이 일정하여 효율적이다.
- 고객의 입장에서 메뉴선택이 용이하다.
- 메뉴구성상 코스에 중복되는 재료, 소스(sauce)나 조리방법을 달리해야 한다.
- 신속하고 능률적인 서비스를 제공할 수 있다.
- 조리과정이 일정하여 주방의 인력이 절감된다.
- 매출액이 높다.

2) A La Carte Restaurant(일품요리 레스토랑)

각 코스별로 가격이 정해져 있으며 고객의 주문에 따라 요리를 제공하게 된다. 정해진 재료와 조리방법에 따라 제공되는 정식요리와는 달리 고객이 원하는 요리와 원하는 가짓수를 선택할 수 있다. 단품가격으로 보았을 때 정식요리보다 비싸다는 단점이 있다.

3. 서비스 형식에 의한 분류

1) 테이블 서비스 시스템 레스토랑(Table Service System Restaurant)

일정한 장소에 식탁과 의자가 준비되어 있고 고급스러운 분위기와 서비스를 제공하게 되며, 고객의 주문에 의해서 음식이 만들어지게 되고 종사원이 서비스를 해주는 고급전문식당을 말한다. 뷔페레스토랑을 제외한 호텔 내의 모든 레스토랑은 이러한 서비스를 제공하고 있다.

테이블 서비스 시스템의 특징은 다음과 같다.

- 종사원에 의해 접객 서비스를 제공받게 된다.
- 가격이 비싼 편이며 조리와 서비스의 전문성을 필요로 한다.
- 식사 제공시간과 고객 식사시간이 길기 때문에 테이블 회전율이 낮다.
- 전문 요리사가 필요하며 업태에 따라서는 팁(tip)을 줄 필요가 있다.
- 맛과 품질이 요구되며 고품격 연출이 필요하다.
- 메뉴는 주방에서 직접 요리하여 제공한다.
- 종사원에 의해 직접 서비스 되기 때문에 인건비가 높은 편이다.

2) 러시안 서비스(Russian Service)

19세기 중엽에 유행했던 고급스럽고 우아한 서비스를 제공하는 서비스 형태이다. 플래터(Platter) 서비스라고도 한다.

요리는 주방에서 만들어져서 종업원에게 전달된다. 종업원은 서비스용 spoon과 fork를 사용하여 고객의 왼쪽에서 인원수에 맞게 적당한 양의 음식을 서비스하면 된다. 러시안 서비스의 음식은 큰 쇼 플래터(show platter)에 준비되어 서비스가 제공되며, 주로 연회행사나 중국식 식당에서 주로 사용하는 서비스 형태이다.

러시안 서비스의 특징을 살펴보면 다음과 같다.

장점

- 많은 인원에게 신속하게 서비스할 수 있다.
- 다른 서비스에 비해 인건비가 적게 든다.
- 우아하면서도 높은 수준의 서비스를 제공할 수 있다.
- 사용하지 않은 음식은 재사용 할 수 있어서 낭비를 줄일 수 있다.
- 고객의 성향에 맞게 서비스할 수 있다.
- 프렌치 서비스 보다는 정교한 서비스를 요하지 않는다.

단점

- 설비 장치로 인한 초기 투자비용이 많이 든다.
- 서비스를 제공하기 위해서는 어느 정도의 공간이 필요하다.
- 마지막으로 서브되는 고객은 음식에 대한 식욕이 떨어질 수 있다.

3) 아메리칸 서비스(American Service)

플레이트 서비스(plate service)라고 하며 가장 신속하고 효율적인 서비스의 형태로 모든 요리가 주방에서 개개인의 접시로 서비스되는 방식이다.

아메리칸 서비스의 특징은 다음과 같다.

- 신속한 서비스를 제공할 수 있다.
- 격식 있는 서비스를 하게 된다.
- 음식은 주방에서 준비하여 서비스 된다.

4) 셀프서비스 시스템 레스토랑(Self Service System Restaurant)

고객이 좋아하는 음식을 직접 가져다 먹는 방식으로 종사원의 서비스가 필요치 않으며, 좌석 선정에서 부터 계산까지 고객 스스로 해결할 수 있는 시스템이다. 예로서 카페테리아, 구내식당, 뷔페 등이 이에 속한다.

고객관점에서의 장점

- 인건비 절약으로 인하여 고객의 부담도 줄어든다.
- 기호에 맞는 음식을 선택하여 양껏 먹을 수 있다.
- 팁(tip)을 지불할 필요가 없다.

경영자 관점에서의 장점

- 식사시간이 짧아 테이블 회전률이 높다.
- 고객의 불평이 많지 않다.
- 차림표의 요리수가 적으므로 원가가 절감된다.
- 무차별 서비스를 제공한다.
- 매상이 증진된다.
- 최소한의 종사원으로 인건비를 절감할 수 있다.

5) 카운터 서비스 시스템 레스토랑(Counter Service System Restaurant)

요리사와 고객이 마주 보고 있어 요리사에게 바로 주문을 하게 되며 요리사는 주문과 동시에 고객 앞에서 음식을 조리하여 요리사가 직접 서비스를 제공하는 시스템이다. 이러한 시스템은 고객이 직접 요리하는 과정을 지켜볼 수 있어서 지루하지 않고 위생적인 상태를 확인할 수 있으며, 고객에게 요리에 대한 설명과 함께 할 수 있어 고객의 만족감이 더 커질 수 있다. 고객 불평(complaint)의 비율이 현저히 낮다. 요리사가 직접 계산까지 하는 곳도 있다.

4. 명칭에 의한 분류

1) 카페테리아(Cafeteria)

카페테리아는 고객의 취향에 맞는 음식을 선택해서 먹을 수 있도록 진열 테이블위에 밥과 국 그리고 여러 가지 종류의 반찬이 있으며, 이를 선택한 종류와 개수에 따라 요금을 지불하는 방식이다.

고객 자신이 직접 가져다 먹는 셀프 서비스(self-service)방식으로 제공되며 신속한 식사를 할 수 있으며 인건비 절감의 효과가 있다.

2) 다이닝 룸(Dining room)

주로 정식(table d'hote)을 제공하는 호텔의 고급 레스토랑을 의미하며 점심과 저녁시간대에만 운영하는 식당이다. 이용하는 시간이 제한되어 있으며 최근에는 정식(table d'hote) 뿐만 아니라 일품요리(a' la carte)도 함께 제공되고 있다.

3) 그릴(Grill)

전형적인 테이블 서비스를 하는 식당으로 즉석요리를 주로 제공하며, 수익증진을 위해서 특별요리(daily special)를 프로모션(promotion)하기도 한다.

고객의 편의를 위해 아침, 점심, 저녁식사가 서비스된다.

4) 뷔페식당(Buffet Restaurant)

여러 가지의 요리를 미리 준비해 놓고 셀프 서비스 방식으로 고객이 먹고 싶은 음식을 마음대로 선택해서 먹을 수 있는 식당이다.

1인당 균일한 요금을 지급하고 정해진 시간에 양껏 먹을 수 있다.

5) 런치 카운터(Lunch Counter)

조리사의 요리 과정을 지켜보면서 원하는 음식을 즉석에서 주문할 수 있으며 조리사와의 대화도 가능하다. 조리사와 음식의 청결상태를 직접 앞에서 확인할 수 있으며 오감을 만족하면서 식사를 즐길 수 있다.

조리사는 고객과의 대화를 통해서 고객만족을 한층 높일 수 있을 뿐만 아니라 직접 서비스하고 계산까지 가능하므로 인건비를 줄일 수 있는 장점이 있다.

6) 드라이브 인(Drive In)

자동차를 이용하는 고객을 대상으로 하여 고객은 차에서 내리지 않고 주문과 계산 그리고 주문음식을 차에서 바로 받을 수 있는 식당이다.

세계적으로 유명한 하워드 존슨(Howard Johnson)회사의 식당이 이에 속한다. 우리나라에도 맥도날드, 롯데리아, 스타벅스 등 많은 곳에서 제공되고 있다.

7) 스낵 바(Snack Bar)

가벼운 식사를 제공하는 간이식당으로 식사시간을 절약할 수 있는 장소이다.

8) 인더스트리얼 레스토랑(Industrial Restaurant)

회사나 공장에서 직접 운영하는 식당으로 비영리 목적으로 운영된다. 학교, 병원, 군대의 급식식당 등도 이에 속한다.

9) 커피숍(Coffee Shop)

외부에서 많이 접할 수 있는 커피 전문점과는 달리 호텔내의 커피숍에는 오전부터 밤늦게까지 영업을 하고 있다. 조식부터 시작하여 밤늦은 시간의 야식까지 제공되기도 한다. 물론 모든 커피 종류와 tea 종류도 함께 판매 된다. 식사시간 외에는 주로 음료를 즐기는 고객이 많으며 주류와 간단한 칵테일이 제공되기도 한다.

03 레스토랑 식사의 분류

1. 미국식 조찬(American Style Breakfast)

미국식 조찬은 계란요리를 곁들여서 쥬스류(Orange, Pineapple, Apple, Tomato, V8 등), 토스트(with ham or bacon), 그리고 커피를 제공하는 식사이다. 계란요리는 계란 2개가 제공되고 omelette은 계란3개로 요리된다. 추가메뉴로서 오트밀(oatmeal), 콘플레이크(cornflake) 등의 곡류(cereal)를 곁들이기도 한다.

(1) Fried Eggs

프라이팬에 순식물성 기름을 바르고 약간 연기가 날 때까지 가열한다. 그 후 고객의 주문에 따라 아래 종류의 프라이드 에그를 요리한다. 프라이드 에그는 다음과 같이 4가지로 구분하고 고객의 요구에 의해 한 가지 요리만 제공된다.

종류	요리방법
Sunny-side up	계란의 한 면만 익힌 후 살라맨더(salamander)에 넣어서 윗면을 덥힌 계란요리.
Over easy	계란을 뒤집어서 양쪽의 흰자만 약간 익힌 것.
Over medium	계란을 뒤집어서 흰자의 양쪽을 중간 정도 익히고 노른자는 약간 익힌 것.
Over hard	계란을 뒤집어서 노른자까지 익도록 양쪽을 완전히 익힌 것.

(2) Scrambled eggs

계란 두 개에 한 스푼 정도의 우유 또는 생크림을 넣고 잘 휘저은 다음 프라이팬에 기름을 넣고 가열한다. 계란을 넣고 빨리 휘저으면서 볶듯이 익힌다. 앤초비(anchovy), 치즈, 감자, 버섯, 새우 등을 넣어 만들기도 한다.

(3) Boiled eggs

물이 끓는 온도보다 조금 낮은 온도(93℃)에서 계란을 깨지 않고 삶은 계란 요리이다. 고객 서브 시에는 계란을 세우기 위한 egg stand와 계란 속을 떠먹을 수 있는 tea spoon을 제공한다.

Soft Boiled Egg(미숙)	3~4분
Medium Boiled Egg(반숙)	5~6분
Hard Boiled Egg(완숙)	10~12분

(4) Poached eggs

끓는 물(93℃)에 소금과 식초를 넣고 국자에 계란을 깨뜨려 물의 뜨거운 열기로 익히다가 끓는 물에 껍질을 제거한 상태에서 계란을 넣어 익힌 것으로 수란이라고 한다.

(5) Omelettes

오믈렛은 달걀이 갈라지지 않게 가지런히 펴서 맛을 맞추는 것이 중요하다. 프라이팬 속의 버터가 약간 자색이 될 때를 보면서 달걀을 굽는 것이 요령이다. 계란말이로 계란 세 개의 분량으로 햄, 베이컨, 소시지 등의 고객이 원하는 재료와 적당량을 섞어서 만든다.

종류	요리재료
Plain Omelettes	순수한 계란만으로 만든 것
Turkey ham Omelettes	칠면조 햄을 넣는 것
Ham & Cheese Omelettes	햄과 치즈를 잘게 썰어 넣어 만든 것
Spanish Omelettes	올리브, 양파, 버섯, 토마토를 넣은 것
Mushrooms Omelettes	버섯을 넣은 것
Onion Omelettes	양파를 넣은 것
Tomatoes Omelettes	토마토를 넣은 것
Salmon Omelettes	연어를 잘게 썰어 넣은 것
Combination Omelettes	여러 가지 재료를 넣어 만든 것

(6) 에그 베네딕트(Egg Benedict)

수도원식 계란 요리로 접시에 토스트나 구운 잉글리시 머핀(toasted english muffins)위에 시금치와 햄 혹은 캐네디언 베이컨(grilled canadian bacon)을 얹고 다시 수란 두 알을 올리고, 그 위에는 홀랜다이즈 소스(hollandaise sauce)를 뿌려서 살라맨더(salamander)에 올려 색깔을 낸 후 서비스 한다.

2. 유럽식 조찬(Continental Style Breakfast)

유럽식 조식은 미국식과는 차이가 있는데 미국식 조찬에 제공되는 계란요리를 제외한 빵, 주스, 커피만 제공된다. 유럽식 조찬은 간단하게 먹는 것이 특징이다. 주로 커피나 홍차 등과 같이 빵류(toast, croissant, sweet roll 등)에 버터, 딸기잼, 마멀레이드 잼(marmalade jam)등이 곁들여진다. 유럽의 경우에는 객실요금에 조식이 포함 되어있는 것이 보통이다.

3. 브런치(Brunch)

브런치는 조식(breakfast)과 오찬(lunch)의 합성어로서 조식과 오찬을 함께 한다는 뜻으로 토요일 과 일요일 또는 공휴일에는 늦잠을 자고 일어나서 아침 겸 점심을 먹는 것을 말한다. 브런치는 대부분 뷔페 형식으로 제공되며 조식 뷔페의 품목에 몇 가지의 점심 음식을 추가하여 제공된다. 브런치는 대개 오전 9시부터 오전 11시 사이에 제공되는 식사이다.

4. 런치(Lunch)

영국과 유럽에서는 힘든 육체노동을 하는 근로자들을 위하여 제공했으며, 점심은 저녁보다 좀 더 가벼운 식사를 한다. 일반적으로 제한된 일품요리 혹은 정찬 메뉴가 제공된다.

5. 애프터눈 티(Afternoon Tea)

클럽이나 커피숍에서 제공되는 것으로, 영국의 전통적인 식사 형태로서 밀크티(milk-tea: 크림을 섞지 않고 우유를 사용)와 엷은 토스트나 멜바 토스트(melba-toast)를 함께 먹는 것을 말한다.

애프터눈 티는 영국뿐만 아니라 세계의 많은 나라에서 티타임(tea time)의 형태로서 많이 활용되고 있다. 미국에서는 팬케익 하우스(pancake house)의 형태로 재탄생 하였으며, 팬케익과 핫케익 에는 메이플 시럽(maple syrup)이나 꿀 등을 가미하여 먹게 된다.

6. 만찬(Dinner)

만찬은 사회적 목적으로 가족, 친구, 비즈니스 등 사람들과의 돈독한 정을 나누거나 사교를 목적으로 하는데 있다. 대개 고급스러운 식당이나 호텔 레스토랑에서 제공되는 저녁식사 형태로서, 4~5코스(Appetizer, Soup, Main dish, Dessert, Coffe or Tea)와 생선(Fish) 이나 로스트(Roast)를 추가하여 6~7코스로 이루어진다.

보통 디너를 만찬이라고도 하며 식사시간은 대개 2 ~ 3시간 정도 되며,식사는 질적, 양적으로 높은 수준을 유지하며 가격은 비싸게 책정된다.

7. 서퍼(Supper)

격식 높은 정식의 만찬을 의미하였는데 최근에는 늦은 저녁 야식에 제공되는 것으로 여겨지고 있다. 주로 가벼운 음식과 간단한 코스(2~3코스)로 구성되며 진한 스프(thick soup)에 소시지와 빵 또는 샌드위치의 식사가 제공된다.

음식사정이 여의치 않은 곳에서는 보통 한 시간 후에 리큐(liquor)를 계속해서 서비스할 수 있도록 한다. 이러한 메뉴들은 파스타, 작은 스테이크, 스튜(stews) 그리고 파이 같은 작고 뜨거운 주 요리를 제공한다.

04

영업 준비 업무 (Mise-en-Place)

미장 플라스(Mise en Place)는 프랑스어로 'everything in place' 또는 'to put in place'를 뜻한다. 그 의미로는 서비스를 위하여 작업에 필요한 도구 및 재료를 사전에 준비하는 것으로 적재적소에 배치한다는 뜻이다. 다시 말해서 구체적으로 그날의 작업이나 서비스를 위한 식재료나 기물 등 모든 것이 준비되었다는 의미이다.

미장 플라스는 영업시작 전에 고객에게 신속하고 효율적인 서비스를 제공하기 위해서, 모든 기물과 서비스에 필요한 물품들을 지정된 장소에 충분히 비치하여 신속하고 정확하게 최고의 서비스를 제공하기 위한 준비 작업이라 생각하면 된다. 또한 영업장의 철저한 준비뿐만 아니라 백사이드(back side)에도 서비스를 하기 위한 완벽한 준비가 되어 있어야 한다.

1. Pre Mise-en-Place(사전 준비)

각 부서에서 서비스를 보조(bus boy)하는 직원이 서비스에 필요한 장비를 준비하고 테이블을 정리하면서, 소스(sauce)병들과 소금과 후추를 깨끗하게 닦고 점검하는 것이다.

1) China Ware(도자기 류 닦기)

① Dishwashing(식기 세척기)의 선반으로부터 도자기 류를 옮긴 후 낡은 천이나 중간 정도 젖은 타월로 닦는 것이 효과적이다.

② 트레이(tray)를 사용하여 서비스 스테이션에서 도자기 류를 적당량을 들어서 옮긴다.(trolley를 사용할 경우 다량의 도자기류의 파손을 초래할 수 있다.)

2) Glass Ware(글라스 류 닦기)

① Dishwashing으로부터 글라스 랙을 이용하여 조심스럽게 옮긴다.

② 스테인레스 포트에 뜨거운 물을 준비하여 글라스에 김을 쐬어서 글라스 타월을 사용하여 불순물이 남지 않도록 닦는다.

③ 이 빠진 것이나 립스틱 자국 있는 것, 또는 깨진 것을 점검한다.

④ 글라스를 다룰 때는 stem(목 부분)혹은 밑 부분을 잡는다.

3) Silver Ware(은기류 닦기)

① Dishwashing으로부터 옮겨서 스테인레스 포트에 뜨거운 물을 준비한다.

② 글라스 타월을 사용하여 지문이나 기타 불순물이 남지 않도록 닦는다.

③ 손상된 것 또는 휘어진 기물을 점검한다.

④ 기물을 닦을 때는 손잡이만을 잡는다.

4) 기타 물품 점검

① 소스병 등을 수시로 수거하여 병의 윗부분을 깨끗하게 닦는다.

② 소금과 후추병의 소금과 후추가 눅눅한 것이 없는지 점검하고, 안팎을 깨끗하게 닦는다.

③ 냅킨은 영업 시 모자라지 않게 충분하게 접어서 보관한다.

④ 메뉴에 이물질이나 낙서의 유무를 확인하고 안과 밖의 청결을 확인해야 한다.

2. 영업 개시 준비

종사원이 레스토랑에서 고객에게 식사를 제공하기 전에는 아래와 같이 모든 준비가 완료된 상태여야 한다.

① 업장의 정리정돈과 고객용 소모품의 충분한 확보

② 충분한 공급량의 서비스 기물

③ 당일의 제공될 메뉴와 recipe 숙지

④ 지배인 및 캡틴에 의한 최종 점검 실시

이와 같이 고객이 업장에 입장하기 직전까지 모든 준비사항이 완벽하게 갖추어져 있어야 영업 준비가 되었다고 할 수 있다.

05

호텔 레스토랑 서비스 실무

1. 레스토랑 서비스의 개념

식음료 서비스(food & beverage service)는 호텔의 특정한 공간 내에서 불특정 다수의 고객에게 음식과 음료를 제공하기 위해 일정한 접대시설을 갖추고 영리를 목적으로 하여 인적, 물적 서비스를 제공하는 것을 의미한다.

호텔기업의 식음료 상품은 복합성을 가지고 있으며, 유형의 식음료 상품과 무형의 인적 서비스 그리고 시설 및 분위기 등의 요소가 조화롭게 이루어져서 완전한 상품이 된다. 이러한 상품이 고객의 다양한 욕구를 충족시켰을 때 고객은 만족한 소비를 했다고 느끼게 된다. 레스토랑 서비스의 주요 업무는 다음과 같다.

1) 레스토랑 예약업무

레스토랑 예약은 고객이 계획하고 있는 행사의 날짜, 시간, 인원, 메뉴, 가격 등을 고객과 레스토랑 측이 상호 조율하에 이루어진 것이다.

레스토랑 예약자는 고객의 모든 요구사항을 정확히 접수하고 사전준비와 효율적인 서비스로 철저하게 하여, 고객이 이루고자 하는 목적을 성공적으로 달성할 수 있도록 해야 한다.

예약 당일에는 테이블 지정 및 고객이 요구하는 사항을 다시 체크하는 등의 확인을 요하는 서비스도 필요하다.

2) 고객 영접 및 안내

영업장 지배인(manager)과 안내 담당자(receptionist)는 고객의 영접과 안내를 맡게 된다. 지배인과 안내 담당자는 항상 단정한 자세로 입구에서 대기하고 있어야 하며, 신속하고 친절한 미소로 정중하게 고객을 영접하고 환송해야 한다.

영업장에서 발생하는 모든 업무 파악과 고객의 사소한 불평(complaint)일지라도 고객이 불편해 하지 않도록 보살피는 것이 주요한 업무이다.

3) 착석 서비스

지배인과 안내 담당자는 고객이 도착하면 정중하게 맞이하고 예약 장부와 좌석 배치도를 바탕으로 하여 예약상황을 확인하는 것을 우선적으로 실시해야 한다.

예약이 된 고객이라면 지정된 좌석에 따라 안내를 하고, 그렇지 않은 고객이라면 고객에게 적당한 좌석으로 안내를 해야 한다.

고객을 좌석으로 안내한 후 담당자는 서비스 순서에 따라 고객에게 의자를 빼드리고 안전하게 착석할 수 있도록 도와 드린다.

서비스는 주의 깊고 정성스럽게 해야 하며 절대 서두르지 않는 것이 좋다.

어린이 고객과 동반했을 경우는 유아용 의자(baby chair)를 제공해야 한다.

4) 보관 서비스

겨울에는 두터운 외투나 값비싼 옷을 입는 고객이 많기 때문에 식사하는데 불편함이나 만약의 경우 손상 입을 경우를 대비해 보관해 드리는 것이 좋다.

대부분의 호텔들은 로비(lobby)에 클로크 룸(cloak room)에서 옷이나 가방 등을 보관해주는 서비스를 제공하고 있다. 담당직원은 보관품을 확인하고 보관표(tag)을 드린 후 보관 장소에 보관하도록 한다.

5) 환송서비스

환송(farewell)서비스는 고객에 대한 마지막 서비스로 예약부터 현재까지 제공한 서비스에 대한 평가와 불편한 사항을 접수하게 된다.

고객의 불평사항을 듣게 되면 곧바로 해결할 수 있는 대책을 세워 고객의 불편을 신속하게 해소하는 것이 중요하다.

지배인이나 안내 담당자는 고객과 가벼운 대화를 하면서 업장의 출구나 엘리베이터까지 동행하고 정중하게 인사드린 후 다시 뵙기를 희망하는 메시지와 함께 환송을 마무리 한다.

2. 식음료 주문

고객이 착석한 후에 메뉴를 전달한 다음 고객이 메뉴를 결정하는 동안 멀리서 지켜보고 있다가 주문의 제스쳐(gesture)를 취하거나 그렇지 않으면 일정한 시간(약 10분)이 지난 후 주문의향을 여쭤보도록 한다.

메뉴를 결정한 고객부터 올바른 방법 및 순서에 의해 주문을 받는다.

주문받는 요령은 다음과 같다.

- 고객이 좌석에 착석하면 고객에게 환영인사를 하고 메뉴판을 제공한다. 메뉴는 시계방향으로 1인 1매를 제공한다. 고객의 우측에서 전달하고 주문받을 때는 고객의 좌측에 위치한다. 이는 상황에 따라서 유동적으로 변할 수 있다.
- 주문을 받을 때는 항상 메모지와 필기도구를 준비하여 즉시 주문내용을 받아 적는다. 요즘에는 IT기술의 발달로 전자식 이동 기기를 이용하여 주문 받기도 하지만, 고급 레스토랑이나 까다로운 주문을 하는 고객이 많은 레스토랑에서는 전통식 주문방식을 유지하기도 한다.
- 주문기록은 주문서(order slip)에 통일된 약자(abbreviation)로 정확히 기재하며 고객의 추가적인 주문사항도 기록한다. 반드시 복창하여 주문내용을 확인한다.
- 주문을 받을 때는 양발을 모으고 양팔은 겨드랑이에 자연스럽게 붙이며, 양손은 주문서와 볼펜을 쥐고 가슴은 앞으로 하여 허리를 15도 정도 숙이고 고객의 좌측에서 얼굴을 주시하며 공손히 주문받는다.
- 주문받는 순서는 시계방향으로 여자, 남자, hostess, host 순으로 받는다.
- 요리를 하는 시간이 많이 소요되는 음식은 주문받을 때 반드시 인지시킨다.
- 요리의 주문이 끝나면 음료 리스트를 제공하여, 음식과 어울리는 주류 등을 추천하여 고객의 식사를 즐겁게 도와드린다.
- 요리는 고객의 오른쪽에서 제공하고 왼쪽에서 치운다.
- 지배인은 각 테이블을 점검하면서 고객이 불편한 점이 없는지를 세심하게 관찰 한다.

다음은 양식당의 풀 코스(full course)를 기준으로 한 메뉴설명이다.

각 호텔 레스토랑의 메뉴나 고객의 선택에 따라 주문순서와 서비스가 달라지게 된다.

1) 식전음료(Aperitiff)

식사를 시작하기 전에 식욕을 촉진시키기 위해 마시는 술을 말한다. 식사의 시작이라는 의미로 볼 수 있으며, 쓴맛이나 신맛이 나는 술 종류를 주로 마신다.

연회행사나 만찬의 식전행사로 메인 행사장 입구에 리셉션(reception)을 설치하여 가벼운 음료와 식전주로 분위기를 돋우게 된다. 식전 음료는 한 두잔 정도가 적당하다. 식전주는 알코올 도수가 높거나, 향이 진하거나, 탄산을 함유한 음료, 포만감을 주는 음료 등은 식전주로는 부적합하다. 식전주로는 주로 버무스(Vermouth), 캄파리(Campari), 맨허튼(Manhattan), 마티니(Martini), 그리고 드라이 셰리(Dry Sherry) 등이다.

2) 전채요리(Appetizer)

본 요리를 먹기 전에 식욕을 촉진시키기 위해서 제공되는 요리이며, 다양한 조리법과 재치 있는 조리기술을 구사함으로써 시각과 미각을 동시에 만족시키게 된다.

전채요리는 음식의 양이 적으며 맛이 좋고 주 요리와 균형이 맞아야 한다. 침의 분비를 촉진시켜 소화를 돕도록 짠맛, 신맛이 곁들여지고 계절감이 있다. 뒤에 나오는 음식을 더 즐기기 위해서는 많이 먹지 말고 조금만 먹는 것이 좋다.

3) 수프(Soup)

육류나 생선의 뼈 혹은 조각들을 모아서 경우에 따라 단독이나 채소와 함께 향신료를 첨가하여 우려낸 국물인 스톡(stock-fond)을 기초로 하여 각종 재료를 가미하여 다시 끓인 것이다.

(1) 맑은 수프(potage clair= consonmme' clair)

주 재료가 스톡과 같으며 소, 닭, 생선, 자라고기 등에서 한 가지 재료만을 사용해야 한다. 조리된 콩소메는 가미한 재료, 즉 국물에 섞는 재료에 따라 명칭이 다르게 표현된다.

(2) 진한 수프(Potage lie= thick soup)

포타주 리에(potage lie)는 야채, 쌀, 밀가루, 생선, 육류 등을 주 재료로 관련 재료와 양념을 첨가한 부용(bouillon)을 가지고 만들어 내고 탁하고 농도가 진한 수프이다.

(3) 부용(Bouillon)

부용은 흰색 스톡(white stock)을 기본으로 거기에 고깃덩어리를 넣고 푹 삶은 국물을 천으로 걸러내고 위에 뜬 기름을 제거한다. 이때 삶은 고기는 별개의 요리로 제공되기도 한다. 이에 대한 대표적인 요리로는 오스트리아에서 유명한 'boiled table beef'를 들 수 있다.

4) 생선요리(Fish)

생선요리는 메인 요리를 맛있게 먹기 위해 적은 양으로 서비스된다. 생선요리는 육류요리보다 지방성분이 적고 응집력이 약하며, 비타민과 칼슘이 매우 풍부하므로 건강식으로 인기가 높다.

5) 샤벳(Sherbet)

생선요리를 먹고 난 후, 생선의 비린 맛을 없애고 메인요리를 산뜻하게 먹을 수 있도록 제공된다.

6) 메인요리(Main dish)

메인요리에는 육류 또는 가금류가 제공되며 고객의 기호에 따라 선택할 수 있다.

메인요리로는 소(beef), 양(lamb), 돼지(pork), 송아지(veal), 가금류(poultry)등으로 제공된다. 특히 송아지 고기와 돼지고기는 굽는 정도가 특별히 나뉘어져 있지 않고 well-done 으로 요리되어 소스(sauce)와 함께 서브된다.

호텔레스토랑에서 제공되는 메인요리에 대한 내용들은 다음과 같다.

쇠고기의 분류

- 수송아지: 어릴 때 거세하여 사육한 후 2년 반이나 3년 정도 된 소.
- 어린 암소: 2년 반이나 3년 정도 된 송아지를 낳지 않은 어린 암소.

- 암소: 1~2마리의 송아지를 낳은 암소
- 거세한 황소: 성적으로 성숙한 후 거세시킨 수컷
- 황소: 거세하지 않은 수컷

Steak 종류

① Tenderloin

- Chateaubriand: 소의 등뼈 양쪽 밑에 붙어 있는 연한 안심부위를 두껍게 (4~5cm) 잘라서 굽는 최고급 스테이크 이다.
- Tournedos: Tournedos란 '눈 깜박할 사이에 다 된다'는 의미로 안심부위의 중간 뒤쪽부분의 스테이크다.
- Filet Steak: 이것은 '아주 예쁜 소형의 안심 스테이크'라는 의미로 안심부위의 뒷부분으로 만든 스테이크이다.

② Sirloin Steak

영국의 왕이었던 'Charles 2세'가 명명한 것으로 이 등심 스테이크를 매우 좋아 하여 스테이크에 남작의 작위를 수여했다고 한다. 그 후 'Loin'에 'Sir'를 붙여서 'Sirloin'이라고 하였다.

③ Porter House Steak

이 스테이크는 short loin steak 로 안심과 뼈를 함께 자른 크기가 큰 스테이크이다.

④ T-bone Steak

안심과 등심을 동시에 맛볼 수 있는 스테이크로 뼈가 T자 모양으로 되어 있고, T자 뼈의 양쪽에 안심과 등심이 각각 나뉘어져 있는 스테이크이다.

⑤ Rib Steak: 갈비 등심 스테이크로 rib eye steak, rib roast 등이 있다.

⑥ Round Steak: 소 허벅지에서 추출한 스테이크

⑦ Rump Steak: 소 궁둥이에서 추출한 스테이크

⑧ Flank Steak: 소 배부위에서 추출한 스테이크

쇠고기 각 부분의 명칭은 〈그림 6-1〉에서 상세하게 설명하고 있다.

① Head ② Neck ③ Chine(Uncovered Chine) ④ Chuck ⑤ Prime Ribs of Beef ⑥ Sirloin ⑦ Tenderloin ⑧ Aitchbone ⑨ Oxtail ⑩ Top Side ⑪ Top Piece Round ⑫ Bottom Round ⑬ Thick Flank (Flank, Thin Flank) ⑭ Plate ⑮ Plate Shoulder ⑯ Should Fillet ⑰ Uncovered Plate ⑱ Cold Tip ⑲ Cold ⑳ Knuckit Soupbone ㉑ Hock ㉒ Brisket Lower Brisket ㉓ Shank ㉔ Foot

그림 6-1 쇠고기 부분별 명칭

Steak 굽기

스테이크는 굽는 정도에 따라 맛이 달라지게 된다. 따라서 스테이크를 주문할 때는 취향대로 주문하면 된다.

① **Rare**: Steak 속이 따뜻할 정도로 겉 부분만 살짝 익히는 것으로 자르면 속에서 육즙이 흐르도록 굽는다. 조리시간은 약2~3분 정도이며, 고기 내부의 온도는 52℃ 정도이다.

② **Medium Rare**: Rare 보다 좀 더 익히게 되며, medium 보다는 좀 덜 익힌 것으로 자르면 육즙이 보이도록 익힌다. 조리시간은 약 3~4분 정도 이며 고기 내부의 온도는 55℃ 정도이다.

③ **Medium**: rare 와 well-done의 절반 정도를 익히는 것이며 자르면 붉은 색이 되어야 한다. 조리시간은 약 5~6분 정도 이며 고기 내부의 온도는 60℃ 정도이다.

④ Medium Well-done: 고기는 거의 익히게 되며 자르면 가운데 부분에만 약간 붉은색이 있어야 한다. 조리시간은 약 8~9분 정도 이며 고기 내부의 온도는 65℃ 정도이다.

⑤ Well-done: 고기의 속까지 완전히 익히는 것이다. 조리시간은 약 10~12분 정도이며 고기 내부의 온도는 70℃ 정도이다.

스테이크의 굽는 정도는 위의 보기와 같이 좋아하는 스타일로 선택하면 되는데, 대개 적게 구울수록 육즙이 많아 고기의 참맛을 즐길 수 있다.

육즙은 고기가 열을 받을 때 나오는 엑기스이다. 이 육즙이야 말로 스테이크의 고유한 맛의 원천인 것이다. 따라서 굽는 시간이 길어지면 이 육즙이 증발해 버려서 맛이 떨어지고 또 씹을 때 육질이 다소 질기게 된다.

간혹 스테이크를 전부 잘라 놓고 먹는 사람이 있는데, 이럴 경우 육즙이 접시로 전부 흘러내려 스테이크의 맛도 떨어질뿐더러 미리 잘라 놓으면 금방 식어버리게 되므로 스테이크 본연의 맛이 시간이 지날수록 줄어들게 된다.

〈비프 타르타르 스테이크의 유래〉

1240년 유럽의 북동쪽을 정복, 통치한 몽고족은 전쟁 중 쇠고기를 말 엉덩이에 매달고 다녔는데, 오랜 원정 동안 그 날고기가 말의 유동으로 인하여 부서지면서 부드럽게 되었다고 한다. 이에 그들이 그 고기에다 채소를 집어넣어 날것으로 먹었던 것이 유럽에 전해져, 비프 타르타르(beef tartar)스테이크라는 요리가 되었고, 독일의 함부르크(hamburger steak)가 되었다는 설도 있다.
이는 서양의 스테이크 중 유일한 날고기 스테이크여서 우리나라의 육회와 같은 느낌이 든다.

〈Sirloin Steak 의 유래〉

영국 국왕 찰스 2세(1660 ~ 1685)는 등심 스테이크를 매우 좋아 했는데, 어느날 시종에게 "내가 항상 먹는 고기의 부분이 어느 부분이냐"라고 물었다고 한다. 그러자 시종이 로인(loin)부분이라고 대답하였으며, 국왕은 "그렇다면 그 로인 이라는 고기가 매일 식사 때마다 나를 즐겁게 하여 주므로 내가 그 공적에 보답하는 뜻으로 나이트(knight)작위를 수여하노라"라고 하여 그 이후부터 서로인(sirloin)이 되었다고 한다.

7) 샐러드(Salad)

지방분이 많은 육류요리와 소화를 돕고 영양에 필요한 필수 비타민과 미네랄이 함유되어 있어 건강의 균형을 유지시켜 주는 데 좋은 역할을 하고 있다. 샐러드는 보통 메인요리와 함께 먹는 경우가 많아서 거의 동시에 제공되는 경우가 많다. 레스토랑에 따라 메인요리 앞이나 뒤에 제공되는 경우도 있다.

8) 디저트(Dessert)

식사가 모두 끝나면 글라스(glass)류를 제외한 테이블위에 있는 모든 기물들을 제거한 후 디저트를 제공한다.

디저트는 입안에 남아 있는 기름기를 없애 주고 소화 작용을 돕는 음식으로 신선하고 달콤하며 향기가 있는 음식을 제공한다.

9) 커피 또는 홍차(Coffee or Tea)

모든 식사와 후식을 마친 후 커피와 홍차 중 고객의 주문사항에 따라 제공하게 된다. 커피를 제공할 시 맛과 향이 살아 있도록 세심한 주의가 필요하며 적정한 온도(80~83도)로 유지하여 커피의 맛이 가장 좋도록 한다. 커피를 서비스 할 때 반드시 커피컵은 따뜻한 상태에서 제공될 수 있어야 한다.

3. 테이블 웨어 종류

테이블 웨어(table ware)는 식사에 필요한 집기나 기물 등을 말한다.

고객에게 제공되는 음식을 담아내는 그릇에서부터 음료 서비스 등에 사용되는 기물 등 테이블에서 식사하는데 쓰이는 모든 기물을 말한다.

테이블 웨어는 크게 3가지 Silver ware, China ware, 그리고 Glass ware로 나누게 되는데 이는 다음과 같다.

1) Silver Ware(은기 류)

은기류는 steel로 만들어진 것에 은으로 도금을 한 것이다. 이는 관리를 잘하지 못하면 기물에 녹이 발생하는 경우가 많기 때문에 마른 수건으로 항상 청결하게 관리해야 한다. 은기류를 취급할 때는 은도금이 벗겨지지 않도록 조심스럽게 다루어야 하며, table setting 을 할 때에는 은도금이 벗겨지지 않았는지, 손금이나 때가 묻어 있는지를 반드시 확인해야 한다.

(1) Knife & Fork

포크는 16세기 앙리 2세때 프랑스 궁전에서부터 사용된 것으로 전해지고 있으며, 일반 대중에게는 1866년 이후에 보급되었다고 한다.

① Knife 의 종류

- Appetizer Knife
- Fish Knife
- Main Knife
- Butter Knife
- Dessert Knife
- Cheese Knife
- Cake Knife
- Bread Knife

② Fork 의 종류

- Appetizer Fork
- Fish Fork
- Main Fork
- Dessert Fork
- Escargot(Snail) Fork
- Cocktail Fork
- Salad Fork
- Serving Fork

③ Spoon의 종류

- Bouillon Spoon
- Dessert Spoon
- Service Spoon
- Ice-Cream Spoon
- Tea Spoon
- Laddle (Sauce, Sugar, Soup)

④ 기타 Silver Ware

Soup Tureen, Platter, Sauce Boat, Champagne Cooler, Water Pitcher, Coffee Pot, Ice Pail, Chafting Dish 등.

2) China Ware (도자기 류)

호텔 레스토랑에서의 도자기류는 양질의 제품을 사용하게 되며 국내 유명 브랜드부터 해외의 브랜드 도자기류를 사용하기도 한다.

도자기류는 가장 많이 쓰이는 기물중의 하나이며 가장 비싼 제품이기도 하다.

도자기류는 부주의하게 다루게 되면 잘 깨지기 때문에 이를 다루는 직원은 매우 주의하면서 다루어야 한다. 고객에게 서비스되는 기물 중에 조금 이라도 파손된 부분이 있거나 금이 간 기물들은 곧바로 폐기처분해야 한다.

(1) Service Plate(Show Plate)

① 보통 지름이 12인치 이상 되는 것으로 사용하며, 테이블 세팅시 cover 의 중앙에 위치하게 되며 위에는 네프킨을 세팅한다.

② 주로 고급 레스토랑에서 사용된다.

③ Appetizer 와 Soup을 그 위에 서브하고 Soup Bowl을 치울 때 같이 수거한다.

④ Show Plate는 고급 레스토랑의 상징으로서 화려하고 품위가 있어야 한다.

(2) Soup Bowl

① Soup Bowl 은 두 가지로 나누게 되는데, 맑은 수프를 제공할 때는 Bouillon Cup(뷔용컵)을 사용하며, 탁한 수프는 넓은 Bowl을 사용한다.

② Bouillon Cup의 지름은 4인치, 탁한 수프 Bowl은 8인치 정도를 사용한다.

(3) Main Plate(Entree' Plate)

① Main Course를 서브할 때 사용한다.

② 지름은 10인치 이상이어야 하며, 호텔에 따라 화려한 장식의 Plate를 사용한다.

(4) B&B Plate

① Bread 와 Butter 를 제공하는데 사용된다.

② 테이블 세팅시 Plate 위에 Butter Knife를 세팅한다.

③ 약 6인치 정도의 Plate 이다.

(5) 기타 China Ware

Salad Plate, Dessert Plate, Coffee Cup, Coffee Saucer 등.

3) Glass Ware(글라스 류)

글라스 웨어는 다양한 음료와 주류를 제공할 때 사용하는 것으로 글라스의 청결에 주의를 기울여야 한다. 특히 립스틱 자국이나 지문 그리고 다양한 이물질이 묻어있는지를 확인한 후 고객에게 서비스해야 한다.

또한 글라스 부분에 금이 갔거나 깨진 부분을 발견하는 즉시 폐기처분해야 한다.

그림 6-2 글라스의 종류

4. 테이블 세팅 실무 (Table Setting)

1) 테이블 세팅의 순서

테이블 세팅은 고객에게 요리를 제공하는 데 필요한 냅킨, 식기, 조미료 등을 바르게 갖춰 놓은 것을 말한다. 테이블은 레스토랑 분위기에 어울리는 종류와 규격에 맞게 제작되어야 한다. 종류에는 정사각형(square), 직사각형(rectangular), 원탁(round)형이 있으며, 2인용, 4인용, 6인용 테이블로 구분된다.

테이블의 배치는 고객의 활동과 서비스를 제공하는데 있어서 불편함이 없어야 하고 고객들 간에 어느 정도의 보안이 유지될 수 있도록 배치해야 한다.

테이블위에는 under cloth를 씌우게 되는데, 이는 식탁위의 소음을 줄여주며 촉감을 좋게 해준다. 그리고 table cloth의 수명을 연장시켜 주는 역할을 하게 된다.

Table cloth는 구겨짐이 없도록 해야 하며, 얼룩이나 구멍 그리고 흠이 있는 것을 사용해서는 안 된다.

테이블 세팅의 순서는 다음과 같다.

① 식탁과 의자를 점검한다.
② 테이블 클로스를 편다.
③ 센터 피스(소금, 후추 등)를 놓는다.
④ Show Plate를 Cover 중앙에 놓는다.
⑤ Bread Plate를 놓는다.
⑥ Dinner 나이프, 포크를 놓는다.
⑦ Salad 포크를 놓는다.
⑧ Fish 나이프, 포크를 놓는다.
⑨ Soup 스푼과 샐러드 포크를 놓는다.
⑩ Appetizer 나이프, 포크를 놓는다.
⑪ Butter 나이프를 놓는다.
⑫ 디저트 스푼, 포크를 Show Plate 위쪽에 놓는다.
⑬ Water Goblet, 화이트, 레드 와인 글라스를 놓는다.
⑭ 냅킨을 편다.
⑮ 전체적인 조화와 균형을 점검한다.

2) 테이블 세팅의 종류와 요령

테이블 세팅은 식사의 종류에 따라 다양하게 준비되지만, 일반적으로 다음과 같이 세 가지로 나누게 된다.

- 기본차림(Basic Setting)
- 정식차림(Table d'hote Setting)
- 특별식차림(Special Setting)
- 조식 차림(Breakfast Setting)
- 일품요리 (A la Carte Setting)

(1) 기본차림

기본차림은 표준차림(standard cover)라고도 하며, 레스토랑에서는 고객에게 요리를 서비스하는데 기본적으로 갖추어야 할 기물의 차림을 말한다.

기본차림은 Show Plate 또는 Doily 그리고 냅킨으로 기준을 잡는다.

① Napkin ② Dinner Knife ③ Dinner Fork ④ Butter Knife ⑤ B&B Plate
⑥ Water Goblet ⑦ Salt & Pepper

그림 6-3 기본차림

(2) 정식 식탁차림

정식 셋업은 레스토랑의 운영형태와 방법에 따라 배열하는 방법이 다르다. 일반적으로 가장 많이 사용하는 방법은 다음과 같다.

① Service Plate ② Napkin ③ Appetizer Knife ④ Soup Spoon ⑤ Fish Knife
⑥ Dinner Knife ⑦ Appetizer Fork ⑧ Fish Fork ⑨ Salad Fork ⑩ Dinner Fork
⑪ Dessert Spoon ⑫ Dessert Fork ⑬ Butter Knife ⑭ BB Plate ⑮ Butter Bowl
⑯ Water Goblet ⑰ White Wine Glass ⑱ Red Wine Glass ⑲ Champagne Glass
⑳ Salt & Pepper

그림 6-4 정식 식탁차림

(3) 특별식 식탁차림

특별식 식탁차림은 특별한 요리에 따라 준비해야 한다. 대개 appetizer를 제공할 경우에 많이 쓰이나 때로는 간단한 식사의 경우에도 사용한다. 고객에게 서비스 되는 메뉴에 적합하도록 오른손을 사용해야 하는 기물의 경우는 오른쪽에 왼손으로 사용해야 하는 기물은 왼쪽에 셋업(set-up)한다.

3) 글라스 세팅

① 글라스의 세팅은 Water Goblet을 중심으로 한다.

② Water Goblet은 Meat Knife의 약 1.5cm ~ 2cm 위에 세팅한다.

③ Water Goblet을 중심으로 마름모 꼴이나 사선형으로 White Wine, Red Wine, Champagne Glass 순으로 세팅한다.

④ Glass를 옮길 때는 stem(목 부분) 부분을 잡는다.

4) 그밖의 기물 세팅

① Meat Knife 와 Fork를 중심으로 하여 순서대로 바깥쪽으로 세팅한다.

② 디저트를 제공할 때는 테이블 위의 Water Goblet 과 Wine Glass 를 제외한 모든 기물을 깨끗하게 치운 후 디저트 용 기물을 세팅한다.

③ Coffee Cup의 손잡이는 시계바늘의 5시 방향에 위치하도록 한다.

5) Napkin 접기

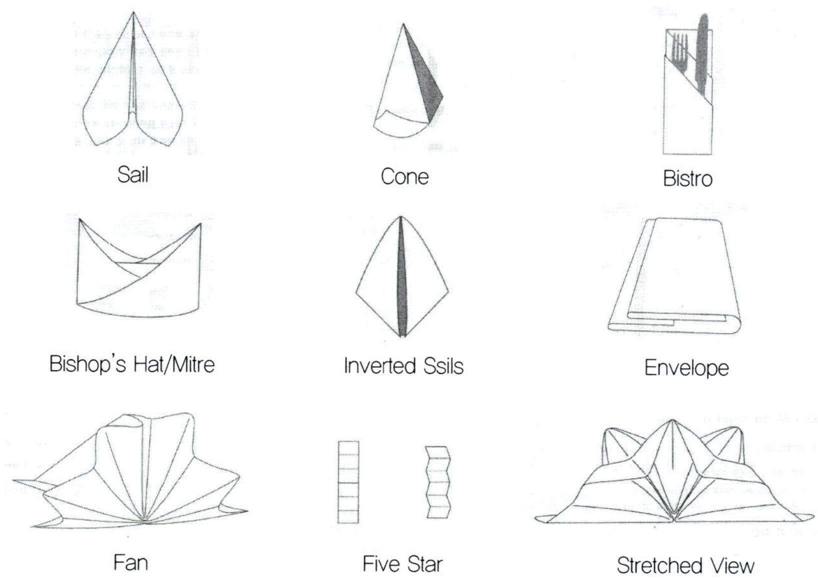

그림 6-5 Napkin 접기의 종류

06

룸서비스 실무 (Room Service)

1. 룸서비스의 이해

룸서비스는 단순히 '호텔 투숙객에게 그들의 욕구와 편익을 위해 식음료와 무형의 가치인 서비스를 객실에까지 제공하는 업무를 맡고 있으며 그에 따른 대가를 받는 일련의 행위'라고 정의할 수 있다.

룸 서비스는 투숙객을 대상으로 하기 때문에 24시간 주문 대기를 하며 주방에서 즉시 요리를 하여 서비스 한다. 룸서비스 주문은 대부분 오더테이커(order taker)가 전화를 통하여 주문을 받게 되며, 메뉴는 한식, 양식, 일식, 이태리 식 등이 가능하며 레스토랑의 영업시간에 따라 주문이 이루어진다.

호텔에서의 룸 서비스 메뉴 중 양식은 24시간 제공하는 것이 대부분이다.

아침조식(일식, 양식) 및 야외 도시락(luncheon box)은 룸서비스에서 제공될 수 있는 품목으로 예약이 가능하다. 단 야외 도시락은 24시간 전에 주문예약이 이루어져야 한다. 외부로 부터의 과일, 케익, 음료 등을 주문받아 객실에 제공을 하게 되며, 객실에서 칵테일 파티시 bar set-up이 가능하다.

룸서비스의 서비스 형태는 Cart, Tray, VIP service 등으로 구분할 수 있다.

2. 룸서비스 업무(Room Service)

1) 룸서비스 업무의 개념

룸서비스는 개별 식당의 서비스 형태와 같지만 객실이라는 단위의 공간 구조가 하나의 독립된 개별 공간이 되며 오더테이커(order taker)가 객실의 고객으로부터 전화나 door knob(문고리 메뉴)메뉴에 의해 객실까지 식음료를 서비스 하는 것을 말한다. 객실 이외의 부대시설(휘트니스, 사우나, 미용실 등)에서의 고객 주문이 있으면 룸서비스에서 서비스를 담당하고 있다.

2) 룸서비스 업무의 중요성

룸서비스를 이용하는 고객들은 자신의 프라이버시 유지와 비즈니스 고객들의 특성상 아침식사의 경우 빠르고도 정확한 시간에 배달을 원하는 경우, 24시간 레스토랑처럼 격식을 갖추지 않고 편리성을 추구할 때 많이 이용하게 된다.

룸서비스 종사원은 그들의 직무에 있어서 정중하고 신속한 서비스 제공으로 인하여 가장 높은 수준의 서비스를 수행하도록 해야 한다. 이에 따라 룸서비스의 제반 서비스는 호텔 수준과 이미지 제고에 크게 기여하게 된다.

고객에게 최고의 룸서비스를 제공하게 됨으로써 호텔에 대한 좋은 이미지와 평판으로 구전을 전파할 수 있으며 충성고객을 확보할 수 있다. 이러한 이유로 인하여 호텔 객실 점유율은 물론 룸서비스의 매출 또한 증가하게 하는 효과를 가지게 된다.

비즈니스호텔에서의 아침식사나 늦은 밤 시간대의 룸서비스 이용은 고객에게 더 많은 만족감을 주게 되며 깊은 신뢰감을 가질 수 있게 된다.

따라서 룸서비스 업무의 중요성은 아무리 강조해도 지나치지 않을 것이다.

3) 룸서비스 업무의 특성

룸서비스는 레스토랑 서비스 보다 노동력과 장비가 집중되고 전문화 되어 인건비와 가격이 비싸다는 특성이 있다. 룸서비스 업무는 객실 점유율과 다양한 상황으로 인하여 영업수익에 영향을 받게 되며 성공적인 운영은 좋은 서비스 제공과 친절 그리고 메뉴의 다양성에 따라 성공의 여부가 좌우된다.

고객은 호텔에서 체류하는 동안 기억에 남을 만한 일을 경험하기를 바라는데, 룸서비스를 통해 그 목적을 달성할 수 있다. 이를 위해 신속하고 정확한 서비스를 제공해야 하며 신속하고 정확한 주문받기, 감동적인 서비스 제공 등 통합된 서비스를 제공해야 한다.

룸서비스의 특성으로는,

첫째, 룸서비스에는 중식, 양식, 한식, 일식 그리고 간단한 스낵까지 다양한 메뉴로 구성되어 있다.

둘째, 호텔의 투숙객을 대상으로 하여 연중 24시간 영업으로 운영되고 있다.

셋째, 대부분의 주문이 전화상으로 이루어지기 때문에 고객과의 커뮤니케이션 오류나 고객의 감정 파악이 어려워 불평으로 이어질 수 있다.

투숙하는 고객에게 체재하는 동안 좋은 추억을 간직할 수 있게하는 룸서비스의 역할이 매우 크다. 고객에게 유쾌한 감정을 줄 수 있고 친절한 서비스를 단독적으로 제공할 수 있기 때문이다. 따라서 신속하고 정확한 서비스를 제공할 수 있도록 종사원을 대상으로 지속적으로 교육과 훈련을 반복해야 한다. 다양한 국가의 고객들에게 서비스를 제공하기 때문에 외국어에 능통해야 한다.

3. 룸서비스 주문 방법

1) 객실의 전화 주문 접수

객실에서의 룸서비스로 주문하는 방법은 객실 전화를 들어 룸서비스 버튼이나 번호를 누르면 룸서비스 만을 담당하는 오더 테이커(Order taker)가 전화를 받게 된다.

① 오더 테이커는 전화벨이 울리면 먼저 객실번호를 확인, 기록한다.
② 명랑한 목소리로 인사를 하며 주문에 관한 내용을 요청한다.
③ 주문이 끝나면 반드시 반복하여 메뉴를 확인하고, 조리시간을 알려 주어야 한다.
④ 통화가 끝나면 수화기를 고객이 먼저 놓은 다음 오더테이커는 다시 한번 객실 번호를 확인한 후 수화기를 내려놓는다.

⑤ 주방에 주문서를 투입하고 billing 을 한다.
⑥ 웨이터는 고객이 주문한 음식과 기물들을 cart 에 세팅하여 bill 과 함께 원하는 시간에 맞춰서 객실에 서비스 한다.
⑦ 고객으로부터 bill지에 서명을 받은 다음 정중히 인사한 후 객실에서 나온다.
⑧ 서명을 받은 bill을 오더테이커 에게 전달한다.
⑨ 고객이 식사 후 객실복도에 내놓은 Cart는 일정한 시간을 정하여 놓고 정기적으로 수거하도록 한다.

2) Door Knob Menu에 의한 주문 접수

객실에 비치된 door knob menu를 이용하여 고객이 원하는 날짜, 시간, 품목을 표기하여 당일 오전 2시 까지 door knob에 걸어 놓으면 이를 룸서비스 직원이 수거하여 오더테이커 가 시간대 별로 분류하여 bill을 작성한다.

룸서비스 직원은 조식예약 주문서를 door에서 수거 시 종종 누락되는 일이 있으므로 이를 방지하기 위하여 다음과 같은 방법으로 수거하도록 한다.

① 조식 예약 주문서의 수거 시는 복도 양쪽에 위치한 문을 살피면서 느린 걸음으로 진행하며, 수거 즉시 객실번호를 잘못 기록하였거나 누락 여부를 확인하고 이상 발견 시 정정, 기록 한다.
② door knob menu 수거는 오전 3시부터 진행하며, 시간 미정 및 기타 문제 발생시 오더테이커 에게 인수인계하여, 서비스되기 이전에 전화하여 확인하고 원하는 시간에 서비스 되도록 한다.
③ 수거한 주문서는 같은 층과 같은 시간대별로 분류한다.
④ 오더테이커는 주문서와 같이 bill을 작성하여 주방에 주문서를 넣고, 담당 서비스 직원에게 전달하여 cart에 set-up 하도록 한다.
⑤ 담당 서비스 직원은 시간대 별, 층별로 분류하여 객실별로 간단한 기본 제공 기물 및 양념 등을 주문내용과 확인하면서 set-up 한다.
⑥ 준비가 완료되면 bill에 작성된 내용과 일치하는지를 확인한다.
⑦ 담당 서비스 직원은 고객이 요구하는 시간 내에 예약된 식음료가 배달되도록 유의하며 정확한 시간을 엄수한다.

4. 룸서비스 직무분석

1) 지배인(Manager)

룸서비스의 운영과 경영에 있어서 모든 것을 지시 감독하고 계획 및 정책의 수립, 영업장의 관리 및 영업목표를 달성하게 된다.

- 직원의 승진, 승급 및 인사관리를 하고 정기적인 교육을 실시한다.
- 매출증대를 위해 목표를 설정하고 노력하게 되며 직원의 업무수행을 위해 지도 감독한다.
- 모든 운영 장비의 유지 및 청결을 관리 감독한다.
- 고객의 불평을 처리하고 고객과의 접촉을 원활히 하면서 피드백(feedback)한다.
- VIP 서비스를 감독하고 미니바 운영과 귀빈층 운영의 감독을 한다.

2) 부 지배인(Assistant Manager)

- 전문적인 지식과 기술이 요구된다.
- 업장의 운영상태 및 문제점 파악
- 종사원의 교육훈련과 서비스 강화 훈련 책임

3) 버틀러(Butler)

- VIP 영접과 무료 환영음료를 제공한다. VIP고객의 모든 요구에 따라 서비스를 제공하고, 매일 보충되는 과일의 보충과 바(Bar)를 세팅하고 귀빈층 라운지의 식음료 서비스를 제공한다.
- 고객카드를 기록, 유지한다.
- 테이블 세팅과 주변의 기물을 정리정돈하고 보충한다.
- 경영진에 의해 결정된 모든 일을 합리적으로 수행한다.

4) 캡틴(Captain)

- 당일 부서의 운영과 서비스를 감독하고 서비스도 직접 참여한다.
- 직원의 교육을 지도하고 위생과 서비스를 철저히 교육한다.

- 직원 근무 표를 작성하고 운영 장비의 적절한 사용법을 숙지시킨다.
- 전체적인 운영을 책임지고 주어진 업무를 합리적으로 수행한다.

5) 웨이터(Waiter)

- 야간 근무자의 경우 door knob 메뉴를 객실로부터 수거하여 서비스하는데 편리하도록 시간별로 분류하여 준비한다.
- 객실 층으로 부터 tray 또는 trolley 를 픽업(pick up)하고 기물들을 깨끗이 정돈 한다.
- 주어진 근무표에 따라 성실하게 근무하고 직원교육과 위생 상태를 유지한다.

6) 오더테이커(Order Taker)

고객이 룸서비스에 전화했을 때 친절하고 명랑한 목소리로 응대하여 좋은 인상을 주도록 하는 것이 매우 중요하다. 전화로 응대하고 고객 주문 시 판매촉진(up-selling, cross-selling)기법을 이용하여 매출을 증진시키는데 노력을 해야 한다.

고객으로 부터의 주문내용은 빠짐없이 체크하고 확인하여 불평이 발생하지 않도록 한다. 주문이 끝난 후 반드시 감사의 인사를 한 뒤 고객이 전화를 끊은지를 확인하고 내려놓는다.

07 식음료 부문 서비스 조직과 직무분석

1. 식음료 부서의 일반적인 서비스 조직구조

호텔 식음료 부서의 조직은 고객의 음식 또는 서비스에 대한 욕구를 충족시키며, 각 구성원과 관리의 효율성을 추구하기 위한 관련성의 조직구조라 할 수 있다.

일반적인 식음료 부서의 조직은 Food, Beverage 그리고 Catering 으로 나누어져 있다. 현재는 식음료 부서의 역할과 기능이 확대되면서 식음팀으로 개편되고 있다. 그리고 Catering은 연회팀에 소속되어 업무를 수행하고 있다.

특급호텔의 경우 연회팀의 역할이 확대되면서 식음료 팀과 분리되어 운영되는 경우가 많다.

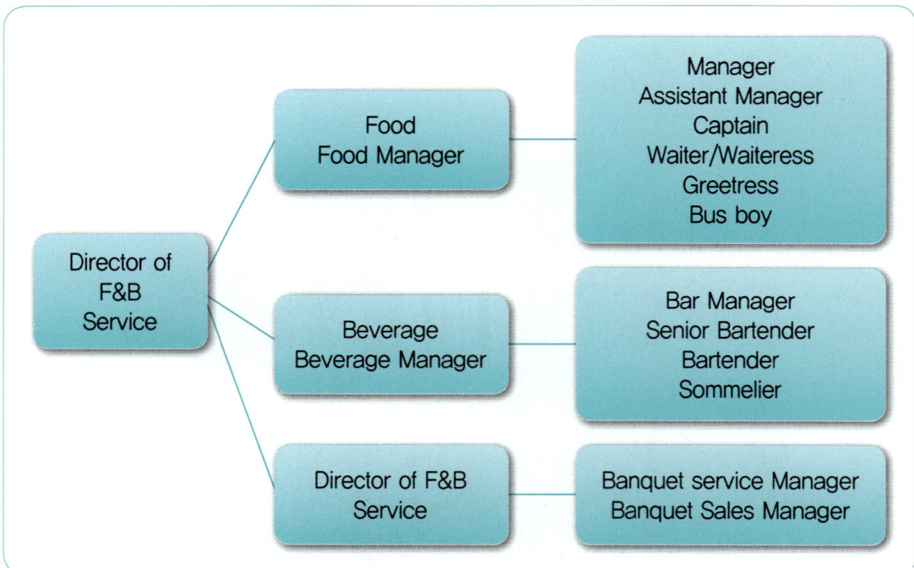

그림 6-6 일반적인 식음료 부서의 조직구조

2. 레스토랑 서비스 조직의 유형

1) 쉬프 드 랭 시스템(Chef de rang System)

쉬프 드 랭 시스템의 서비스 조직은 국제적 서비스 제도 또는 프렌치 서비스 조직이라고도 한다. 호텔 서비스 중에서도 가장 정중하고 최고급 서비스를 제공하는 시스템으로 주로 프랑스 레스토랑에서 운영하는 시스템이다.

레스토랑 지배인 아래 접객조장(chef de rang)이 있으며, 그 아래 3~4명의 접객원들이 근무 조를 이뤄 고객을 담당하여 서비스를 진행하게 된다.

고객의 요청이 있거나 메뉴에 적합한 와인을 추천하는 소믈리에가 있어 즐거운 식사가 될 수 있도록 도와준다. 이 서비스 조직은 업무책임이 각기 다른 구성원들 간의 팀워크(team work)가 무엇보다도 중요하다.

(1) 장 점

- 최고급 서비스를 제공하게 된다.
- 체계적인 조직과 종사원간에 업무협조가 잘 이루어지고 근무조건에 만족하게 된다.
- 고객 서비스를 위한 준비시간과 휴식시간이 충분하다.
- 예약상황에 따라 근무인원을 조절할 수 있다.
- 고객 앞에서 직접 조리와 서비스를 할 수 있다.

(2) 단 점

- 종사원에 대한 의존도가 높고 인건비 부담이 크다.
- 고급식당의 운영조직으로만 활용이 가능하다.
- 다른 서비스보다 많은 시간이 소요된다.
- 세심한 서비스와 오랜 식사시간으로 인하여 테이블 회전율이 낮다.

2) 헤드 웨이터 시스템(Head Waiter System)

헤드 웨이터 시스템은 일반적인 식당에서 가장 널리 쓰이는 서비스 조직이다.

헤드 웨이터 아래 식사담당 과 음료담당을 두고 지정된 테이블이 없이 레스토랑 전체를 대상으로 하여 서비스를 하게 된다.

이는 chef de rang system 을 간소화시킨 서비스 제도로서 비교적 정중도가 떨어지고 빠른 서비스를 요하는 아메리칸 서비스에 적합한 시스템이다. 쉬프트랭 서비스 보다 적은 인원으로 구성되며 활동범위도 넓다.

(1) 장 점

- 넓은 공간을 적절한 인원의 가능한 서비스로 인하여 인건비에 대한 부담이 절감된다.
- 전체 테이블의 무차별 서비스를 제공할 수 있다.
- 쉬프트 랭 서비스 시스템보다 신속한 서비스 제공이 가능하다.
- 플레이트 서비스(plate service)가 가능하다.

(2) 단 점

- 종사원의 지정된 서비스 구역이 정해지지 않아서 고객의 요구에 즉각 응하지 못한다.
- 고급 서비스 레스토랑에서는 적합하지 못하다.
- 쉬프트 랭 서비스보다 서비스의 분위기가 가볍다.

3) 스테이션 웨이터 시스템(Station Waiter system)

스테이션 웨이터 시스템은 담당 웨이터 시스템(one waiter system)이라고도 한다. 레스토랑에 manager or captain 을 두고 그 밑에 몇 명의 웨이터가 담당구역(station)별로 서비스를 제공하는 시스템이다.

휴양지의 계절식당, 나이트 클럽, 극장식당과 같은 특수한 식당에 적합한 방식이다.

헤드 웨이터 밑에 각 테이블을 담당하는 웨이터들이 담당 테이블 만을 맡아서 주문에서부터 서비스 그리고 계산에 이르기까지 모든 과정의 서비스를 담당하고 있다.

(1) 장 점

- 한 사람의 웨이터가 일정한 수의 고객을 전담하여 서비스를 하기 때문에 서비스에 대한 일관성이 있다.
- 인건비의 부담이 절감된다.

(2) 단 점

- 웨이터가 식사주문과 운반을 위해 주방을 출입하거나 음료준비로 담당구역에서 자주 이탈하여야 한다.
- 고객을 기다리게 하여 컴플레인(complaint)의 요인이 되기 쉽다.

3. 식음료 부서 종사원의 직무 분석

호텔기업의 식음료 부서는 호텔의 규모나 특성에 따라 다양하지만 일반적인 식음료부서의 조직구조와 직무는 다음과 같다.

1) 식음료 이사, 부장(Director of F&B Service)

식음료 부서의 최고 책임자로서 영업에 관한 정책수립 및 계획, 영업 관리, 식음료 부서의 전 종사원에 대한 인사관리 등 전반적인 운영 상태에 대해 책임을 진다.

2) 차장, 과장(Food Manager)

식음료 이사, 부장의 지휘와 통솔에 의해 각 레스토랑의 운영 상태와 영업에 관한 전반적인 책임을 진다. 다양한 외국어 구사능력이 반드시 필요하고, 식음료 각 업장의 영업을 평가하기 위해 영업 분석의 전반적인 지식이 있어야 하며 특히 관리능력이 필요하다.

3) 지배인(Manager)

레스토랑내의 모든 서비스와 고객관리를 위해 업장에서의 충성고객과 신규고객을 관리하게 되며 직원에 대한 책임 및 그에 따르는 권한을 행사하게 된다.

업장에 근무하는 스케줄에서 교육훈련에 이르기까지 업장의 전체적인 업무를 총괄하여 지휘하는 역할을 한다.

- 영업 및 서비스에 관한 제반사항을 지휘, 통제하며 책임을 진다.
- 직원의 사정을 고려하여 근무시간표를 작성한다.

- 예약사항과 VIP 상황을 확인하고 각 station 담당자에게 세부사항을 지시한다.
- 영업장의 매출 달성과 이익증대 효과를 높이기 위해 특별 이벤트를 기획한다.
- 고객의 영접과 안내를 하며 고객 불평에 대해 책임을 지고 해결한다.
- 직원들의 서비스 교육과 인사관리에 대해 책임을 진다.
- 직원들의 능력을 감안하여 매일 서비스 담당구역을 지정하여 주고, 영업에 지장이 없도록 전체적인 확인과 점검을 실시한다.
- 주방요원과 서비스 요원 간의 협동이 잘 이루어지도록 업무조정을 한다.

4) 부지배인(Assistant Manager)

평상시에는 지배인을 보좌하게 되며 영업장을 운영관리하고 지배인의 지시를 캡틴에게 전달하게 된다. 특히 대고객 서비스 관리를 주된 업무로 하며 지배인 부재시 지배인의 업무를 대행한다.

5) 캡틴(Captain)

캡틴은 고객을 직접 접대하고 식음료에 대한 풍부한 지식을 숙지하여 주문을 받으며, 고객이 주문한 음식이 요구한대로 제공되는가를 관찰한다. 또한 모든 접대책임을 맡고 있는 책임자로서 웨이터나 실습생을 관리, 감독하며 식음료 서비스에 있어서 주문과 서비스를 담당한다.

캡틴의 업무는 다음과 같다.

- 영업시작 전에 담당구역의 서비스 준비사항과 구성인원을 점검한다.
- 웨이터와 웨이트리스에 대한 작업지시와 감독을 한다.
- 고객을 영접하며 주문을 접수한다.
- 판매하는 메뉴와 각 품목의 조리시간을 숙지하고 순서에 따라 서비스 한다.
- 웨이터 및 실습생에 대한 메뉴와 서비스에 대한 교육훈련을 실시한다.
- 각종 집기 및 린넨류를 관리한다.
- 고객에게 주된 요리를 제공한 후 고객의 반응을 살핀다.
- 고객을 전송한 다음 테이블을 재정비하도록 지시한다.

6) 웨이터/웨이트리스(Waiter/Waiteress)

캡틴을 보좌하며 주문된 식음료를 고객에게 직접 제공하는 역할을 한다.

각자의 주어진 책임구역에서 책임과 의무를 다하며 정리와 정돈을 한다.

- 영업시간 전에 미리 도착하여 영업에 필요한 모든 사항들을 준비한다.
- 소스(sauce)나 새로운 메뉴의 recipe를 숙지하여 팀원에게 전파하고, 고객의 요청이 있을 경우 즉시 알려줄 수 있도록 한다.
- 메뉴, 할당된 구역, 부수적인 업무 등을 숙지하여 서비스를 준비한다.
- 담당 테이블의 영접, 식음료 주문접수, 그에 따른 식사의 제공.
- 고객 식사 시 추가적인 필요사항 응대
- 고객 식사 후 계산서 제공 및 이상 유무 확인
- 다음 고객을 접대하기 위한 테이블 재정비
- 지배인 및 담당 캡틴의 지시사항 이행 및 동료직원과 협조
- 보조 웨이터의 지시와 감독 및 지원
- 스스로 용모와 복장을 점검하고 고객에게 불쾌감을 주지 않도록 한다.

7) 리셉셔니스트(Receptionist)

레스토랑입구에 항상 대기하고 있으며, 고객의 영접과 예약업무 및 좌석안내 등을 한다.

- 항상 업장의 정문에 대기하여 정중하게 고객을 맞이한다.
- 각 스테이션(station)에 배치된 캡틴과 웨이터 및 테이블 숙지
- 예약업무, 좌석안내 등과 관련한 지배인의 지시사항 준수
- 예약접수 및 예약내용 기록(예약자의 정확한 성명, 인원수, 도착시간, 특별한 요구 사항, 전화번호 등 확인)
- 좌석 안내 후 고객에게 메뉴 제공
- 서비스 인원 부족 시 웨이터 및 웨이트리스 지원

8) 접객 보조원(Bus boy)

접객 보조원은 웨이터와 웨이트리스를 도와 식당기물의 준비, 세척, 정리와 영업장 내의 청소를 책임진다.

- 고객이 테이블에 앉는 것을 확인하고 물을 제공한다.
- 고객에게 요리를 제공하는 웨이터, 웨이트리스를 보조한다.

- 식사가 끝나면 사용한 기물들을 주방으로 옮긴다.
- 커피와 차 등을 제공한다.
- 테이블을 정리 정돈하며 다음 고객을 위하여 테이블 세팅을 한다.
- 업장 내 가구류, 집기, 비품 등 기물을 닦는데 돕는다.

호텔경영론

Introduction to Hotel Management

Chapter 07

호텔 연회 서비스 실무

01

호텔 연회 서비스

1. 연회(Banquet)의 개념

연회는 사전적 의미로 축하, 위로, 환영, 석별 등을 위하여 여러 사람들이 베푸는 잔치라고 할 수 있다. 연회를 의미하는 banquet의 어원은 프랑스 고어판사의 거리 또는 연회를 의미하는 banquetto에서 유래되어 왔다.

오늘날 호텔에서의 연회란 '식음료를 판매하기 위한 제반시설이 완비된 호텔이나 호텔 외의 장소에서 2인 이상 동일한 목적의 단체고객에게 식음료와 기타 부수적인 사항을 첨가하여 행사 본연의 목적을 달성할 수 있도록 서비스하여 그 대가를 받는 것'이다.

연회는 많은 사람들이 특별한 일 이나 사람을 기리기 위해서 함께하는 격식을 갖춘 행사와 식사를 겸하는 것으로 정의할 수 있다. 우리나라 경제가 발전하고 사회의 구조 발달과 소비자들의 의식수준이 높아지면서 여러 가지 규모의 행사가 많이 이루어지고 있다. 고객들의 소득수준이 향상되면서 규모와 격식 또한 급상승하여 호텔에서 개최되는 행사가 많아지고 있는 것이다.

최근에는 글로벌화되는 추세에 맞추어서 각종 국제회의도 빈번하게 개최되고 있는 실정이다. 그 중에서 가장 많은 역할을 하는 곳이 바로 숙식과 회의장을 모두 갖추고 있는 호텔 연회장이다.

최근 호텔기업의 연회에는 각종회의 및 세미나, 전시회, 컨벤션, 결혼식, 회갑잔치, 돌잔치 등의 확대된 개념인 MICE(Meeting, Incentive, Convention, Exhibition)상품으로 운영되고 있다.

연회장은 호텔 연회시설 과 식음료를 판매하기 위한 시설이 완비된 장소에서 단체 행사나 고객에게 원하는 테이블 배치 및 식사와 음료를 제공하며 행사의 목적을 달성할 수 있도록 하는 것이다.

연회장은 레스토랑과는 달리 식탁과 의자 등이 일정하게 배열되어 있는 것이 아니라 고객의 요구사항과 행사의 내용과 목적, 참석 인원에 따라 다양한 형태의 행사를 진행할 수 있는 장소이다. 다시 말하면 연회장은 단일 업장으로 대·중·소 연회장이 있으며 인원에 맞춰서 연회 장소를 선택하여 원하는 테이블 레이아웃으로 식음료와 기타 고객이 주문한 상품을 제공하여 고객이 이루고자 하는 행사의 목적을 성공적으로 달성할 수 있도록 한다.

현대의 호텔 경영에서는 국제회의(MICE)산업을 많이 유치하게 됨으로 인해서 식음료와 연회장의 매출이 점진적으로 증가되고 있는 추세이다. 연회 행사는 짧은 시간에 많은 매출을 올릴 수 있으며 식음료 매출뿐만 아니라 행사의 성격에 따라서 다량의 객실도 사용할 수 있는 이점을 가지고 있다.

연회장은 호텔의 규모에 따라 식음료 부서와 함께 운영하기도 하며, 대규모 호텔에서는 식음료 부서와는 별도의 연회부서를 운영하는 경우가 많다. 또한 연회부서는 케이터링(catering)도 함께 관장하고 있다. 연회행사를 통하여 방문한 고객으로 인하여 신규고객을 창출할 수 있는 경우가 많으므로 호텔경영에 있어서 연회부서의 활성화를 위한 마케팅도 매우 중요한 역할을 하고 있다.

2. 호텔연회 상품의 효과

관광산업의 발달과 경제 발전으로 인하여 국제적인 행사가 증가되고 있으며 다양한 행사들이 연회장에서 이루어지고 있다. 특급호텔의 경우 대부분 연회만 전담하는 부서들이 증가하고 있으며 갈수록 대형화, 다양화되고 있는 추세이다.

현대의 연회시장은 보다 많은 연회행사를 유치할 수 있는 매력적인 상품을 개발하여 판매함으로써 식음료 매출의 상당한 부분을 차지하고 있어 행사유치에 필요한 홍보 및 활동이 적극적으로 이루어지고 있다.

특급호텔들은 국내뿐만 아니라 국제적인 행사들을 유치하기 위해 다양하고 매력적인 상품을 개발하는데 적극적인 자세로 활동하고 있다.

호텔 연회의 효과들은 다음과 같다.

1) 탄력적인 인력활용

각종 연회행사는 계절별, 행사별 여러 가지 상황에 따라 변화될 수 있기 때문에 항상 규칙적인 인력을 확보할 필요가 없다. 예약상황이 많거나 행사가 많은 계절에는 미리 인력을 수급할 수 있는 계획을 세워야 하며 그렇지 않은 경우에는 기본적인 인력만 가동하면 된다.

대형 연회행사의 경우 타 업장인 판촉부나 경리부 등 지원부서의 종사자들에게 서비스 교육을 실시하여 행사에 투입하여 사내에서 탄력적인 인원을 보충하게 되며, 외부인력(part time)을 확보하여 언제든지 활용할 수 있는 인력 pool 시스템을 가지고 있어야 한다.

2) 상품가격의 차별화

연회행사의 메뉴는 일반적인 레스토랑의 정해진 메뉴나 가격에서 선택되어지는 것이 아니며, 고객이 원하는 메뉴와 가격을 선택할 수 있어 행사의 중요도와 성격에 따라 상품가격을 다양화 할 수 있다.

다양화하는 방법에는 연회 행사의 방법, 식사의 종류, 실내장식 및 서비스의 범위 등으로 다양한 상품으로 차별화할 수 있다. 즉 연회상품은 연회예약 접수시 고객의 예산과 행사의 특성 및 중요도에 따라 특별한 메뉴를 요구하는 경우 그에 따른 특별요금이 적용될 수 있는 특성이 있다.

연회행사는 회의나 세미나 등으로 인한 수입이 높은 편이어서 판촉활동을 활발히 전개하여 연회고객을 유치하기 위한 노력을 하고 있다.

3) 생산성 극대화

메뉴의 재료를 대량으로 생산·판매하게 됨으로써 저 원가와 저장되어 있는 식자재를 한 번에 해결할 수 있는 효과가 있다. 일시에 대량으로 동일한 메뉴와 음료가 제공되기 때문에 편리한 서비스와 타 업장의 서비스 인력을 활용하여 짧은 시간의 인력을 활용 하여 노동 생산성을 극대화할 수 있다.

연회부문의 영업은 식음료의 서비스가 각각 다르게 판매되는 반면에 연회는 똑같은 식음료가 서비스되어 동일한 서비스 방식으로 인하여 노동생산성을 극대화할 수 있다. 식재료의 낮은 원가와 일시적인 인력운용으로 매출이익률이 높아지게 되며, 이는 결국 식음료의 생산성을 극대화하는 중요한 역할을 하게 된다.

실제로 서울의 주요호텔 식음료 부문 식재료 원가 분석현황에 따르면, 연회부문의 식재료 원가율이 일반 레스토랑의 원가율보다 훨씬 낮게 나타났다. 다시 말해서 원가가 적게 든다는 것은 그 만큼의 매출이익률이 높다는 것이고, 결국 호텔식음료의 생산성을 극대화시키는데 중요한 역할을 하게 되는 것이다.

4) 대중화와 홍보 효과

일부 한정된 사람들에 의해서만 이용이 가능한 다른 부문의 영업과는 달리 연회는 불특정다수의 고객을 표적시장으로 하기 때문에 호텔의 대중화에 기여를 하게 된다. 즉 호텔을 이용해보지 못한 사람은 호텔을 이용하는 것이 쉽지만은 않다. 따라서 여러 가지 행사로 인하여 호텔에 대한 경험을 하게 됨으로 인해서 호텔 인식에 대한 개념이 달라질 수 있다. 이러한 인식의 변화로 새로운 고객을 확보할 수 있는 기회가 될 수 있으며 훌륭한 연회 서비스로 호텔의 이미지와 홍보를 극대화 할 수 있게 된다.

5) 비수기 타개 효과

호텔상품은 성수기와 비수기가 뚜렷하게 나타나기 때문에 영업 매출의 격차가 많이 생기게 된다. 연회행사 특히 컨벤션은 계절성의 영향과 주말의 영향을 비교적 덜 받기 때문에 객실판매, 비수기 혹은 주중의 타개책으로 이용하여 매출향상에 크게 기여하게 된다.

호텔의 연회장은 비수기에 특별 이벤트를 기획하고 학회 및 연수 프로그램 등 패키지상품을 개발하여 고객을 유인함으로써 연회, 식음료, 객실 등 호텔영업에 상당한 기여를 하게 된다.

6) 특별기획 상품의 개발

시장상황을 고려하여 호텔기업의 이미지에 맞는 연회행사를 기획하여 특별한 상품을 개발할 수 있다. 특별기획 연회상품으로는 어린이날, 어버이날, 크리스마스, 연말행사를 비롯하여, 유명가수를 초대하여 디너쇼 등을 개최하여 호텔의 홍보와 이미지를 극대화시킬 수 있다.

3. 연회상품의 특성

연회상품은 개인이나 법인 고객이 2인 이상의 단체고객을 대상으로 해서 주최자의 의도가 포함된 제한적인 식음료 상품이 제공되는 특성을 가지고 있다.

연회상품은 고객의 욕구를 충족시키기 위해서 일정한 시간의 준비가 필요하기 때문에 반드시 예약을 통해서 이루어져야 한다. 예약 시 행사에 필요한 준비물과 식음료가 미리 결정되어야 한다. 연회상품의 특성은 다음과 같다.

1) 예약성(Reservation)

호텔의 각종 연회는 예약에 의해 접수되고 제안 견적서에 의해 계약이 이루어진다. 행사지시서(event order)에 의해 준비, 진행, 마감되는 절차로 진행된다.

2) 동시성(Simultaneity)

연회장의 식음료는 동시에 많은 인원에게 제공되기 때문에 동일한 음식과 서비스가 제공된다. 개인에 적합한 음식이나 서비스를 제공하는 것이 연회행사에서는 어려운 부분이 존재한다. 따라서 행사에 참여하는 대부분의 사람들이 선호하는 음식과 음료를 선택하는 것이 가장 바람직하다.

3) 불규칙성(Aperiodicity)

호텔 연회는 예약에 의해서만 행사가 진행되므로 예약이 없는 경우에는 거의 모든 직원이 휴무에 들어가며, 기타 업무에 필요한 인원만 출근하여 업무를 수행하게 된다. 비즈니스호텔의 연회장은 주로 여름철이 비수기 이며, 이외의 계절에는 행사가 많이 진행된다. 특히 주말은 예식행사나 가족 모임행사가 많으며 연말에는 기업이나 개인 연말행사로 인해 성수기를 맞이한다.

휴양지의 리조트 호텔은 겨울이 비수기 이며, 이에 대한 타개책으로 기업이나 학회의 연수 프로그램 등을 유치하고 있다.

4) 연출성(Direction)

호텔 연회장은 주최자의 요구에 따라 원하는 목적의 공간과 분위기가 연출된다. 최근에는 이벤트 전문대행사의 전문화로 인하여 새로운 연출력으로 끝없이 창조되고 있다. 행사장과 행사자체의 분위기 연출을 위한 무대작업, 조명, 음향, 특수효과와 기타 장치 장식물 그리고 연예인 섭외 등이 다채롭게 이루어지게 된다.

5) 협조성(Cooperation)

연회행사는 규모와는 관계없이 연회 부서 단독으로 진행될 수 없다.

성공적인 행사를 진행하기 위해서는 예약담당자, 연회지배인과 스태프, 주방장과 스태프, 조명, 음향, 무대설치 등 행사와 관련된 모든 관계자와의 협조가 없으면 진행하기가 어렵다. 연회행사는 관련부서의 원활한 협조를 통해서 연회서비스의 경쟁력이 생기게 되며 원만한 준비와 진행이 가능해진다.

6) 가변성(Variability)

호텔 연회의 주요 상품은 식음료와 장소 그리고 기기를 임대하는 것으로 수익을 올리고 있다. 특히 장소임대 수익은 객실과 같이 성수기와 비수기가 있기 때문에 일정한 범위 내에서 판매가격이 변화될 수 있는 가변성을 가지고 있다.

7) 연회상품의 외부 판매 기능

출장연회(outside catering) 서비스는 고객이 원하는 장소나 시간에 따라 식음료를 제공하는 서비스이다. 이는 호텔내의 제한된 공간이 아닌 고객이 지정한 장소에서 진행되기 때문에 또 다른 매출을 향상시킬 수 있는 역할을 한다.

4. 연회 행사의 종류

연회행사는 사회생활의 복잡, 다양함과 같이 행사의 종류도 지속적으로 성장하고 있다. 연회행사는 크게 식음료를 중심으로 생산과 판매가 동시에 이루어지는 식음료 연회행사와 연회장을 중심으로 하는 장소판매를 목적으로 하는 임대연회행사로 나누어진다.

최근에는 컨벤션의 활성화로 인하여 대규모 행사나 국가적인 행사를 호텔 연회장을 활용하는 경우가 많아지고 있다. 이는 호텔의 연회 행사와 식음료 제공뿐만 아니라 객실 이용까지 편리하게 사용할 수 있는 원스탑(one-stop) 서비스를 제공할 수 있기 때문이다.

1) 목적에 의한 분류

- 가족 모임: 약혼식, 결혼식, 돌잔치, 회갑연 등
- 기업 행사: 창립기념, 개관기념, 이·취임식, 특별행사 등
- 학교 행사: 사은회, 동창회, 동문회 등
- 정부 행사: 국가기념일, 기타 각종행사 등
- 협회 행사: 국제회의, 정기총회, 심포지엄 및 세미나, 학회행사 등
- 이벤트 행사: 시상식, 디너쇼, 패션쇼, 콘테스트 등
- 단순 식사형 행사: 대규모 단체관광객의 경우 등

2) 형식에 의한 분류

(1) 정찬파티(Table Service Party)

연회행사 중 가장 격식 있고 품위 있는 고급 정식연회로서 full course 를 제공하므로 그 비용도 높을 뿐만 아니라 사교상의 중요한 목적이 있을 때 개최되는 행사이다. 정찬파티는 주로 사교적인 목적으로 운영하는 경우가 많으며, 파티에 초대받은 사람은 정장을 입고 격식을 갖추는 것이 예의이다. 하지만 주최 측에서 연회의 목적과 취지에 맞게 참석자에게 복장 등을 요구할 경우가 많다.

정찬파티는 연회의 목적, 참석자의 수와 지위, 연령에 따라서 좌석의 배치가 이루어지게 되며, 주빈에 대한 예우 등을 잘 고려하여 치밀하게 이루어져야 한다.

(2) 칵테일파티(Cocktail Party)

칵테일파티는 여러 가지 주류와 음료를 갖추어 놓고 사회적 목적이나 친목 등의 형태로 이루어진 모임의 행사로 저렴한 가격으로 각종 주류와 오드볼(h'ors d'oeuvre)을 곁들여 스탠딩(standing)형태로 자유롭게 옮겨 다니면서 이야기를 나눌 수 있도록 진행되는 연회이다.

칵테일파티 에서는 수시로 음식과 음료가 부족함 없이 제공되며, 고객이 원하는 음료나 칵테일을 제공하게 된다.

(3) 티파티(Tea party)

각종 회의를 위한 모임에서 휴식시간에 간단하게 이루어지는 행사로 커피나 티(tea) 등의 음료와 스낵 등을 곁들이는 행사이다.

(4) 뷔페(Buffet)

뷔페는 행사의 내용이나 목적에 따라 달라지게 되며 Standing buffet와 Sit down buffet로 나누어지게 된다.

Standing buffet는 식음료와 함께 간단한 식사를 곁들일 수 있는 형태로 옮겨 다니면서 식사를 하면서 담소를 나눌 수 있는 형태이다. Sit down buffet 보다 비용이 적게 들고 시간도 비교적 짧게 이루어진다.

Sit down buffet는 셀프 서비스로 음식을 직접 가지러 가야되고, 식사는 테이블에 앉아서 먹을 수 있는 형태이다. 음식의 메뉴는 다양하고 standing buffet 보다 heavy 한 식사를 할 수 있다.

(5) 출장연회(Outside catering)

출장연회는 고객이 원하는 장소, 시간에 원하는 음식을 제공하는 행사이다.

고객이나 장소에 따라 테이블, 의자 등 모든 장비를 옮겨서 원하는 형태의 행사를 진행하게 된다. 이런 경우는 테이블, 의자 등의 장비 사용료까지 고객이 지불해야 한다.

음식은 주로 뷔페로 많이 하지만 고객이 원할 경우 양식, 한식, 중식 까지 제공하게 된다.

(6) 리셉션 파티(Reception party)

공식적인 행사로 만찬이나 오찬에 들어가기 전에 별실에 마련된 간단한 안주와 칵테일을 마시면서 주최자와 초청된 고객들이 인사를 나누거나 가벼운 담소를 나누는 것을 말한다. Seating arrangement board를 보고 자신의 좌석위치를 확인하고 행사가 시작되기 전에 좌석의 위치로 가면 된다.

3) 임대연회행사

(1) 회의 및 미팅(Conference & Meeting)

호텔의 연회장은 대, 중, 소규모의 각종 회의 시설이 구비되어 있기 때문에 국제회의부터 작은 규모의 회의나 미팅까지 호텔에서 이루어지고 있다.

호텔에서의 장점은 회의 장소뿐만 아니라 식사와 객실까지 제공되기 때문에 자동차를 이용하여 다른 장소까지 옮겨 다니는 불편을 해소할 수 있다.

회의 주최자는 원하는 회의 스타일에 맞는 테이블 배치를 요구할 수 있으며 호텔의 고급 서비스를 제공받을 수 있는 특권을 가질 수 있다.

(2) 전시회(Exhibition)

전시회는 무역, 산업, 교육 분야 혹은 상품이나 서비스 판매업자들의 대규모 상품진열을 의미하는 것으로 회의를 수반하는 경우도 있다.

패션쇼나 문화, 예술 공연 및 체육행사 등도 포함된다. 객실과 식음료의 선택은 주최자에 의해 결정되어진다.

(3) 박람회(Trade show)

부스(booth)를 설치하고 상품을 전시 및 판매하는 형태의 행사이다.

대형 국제 박람회의 경우 대규모의 인원이 참석하게 됨으로 인해 호텔뿐만 아니라 국가적인 이미지가 향상된다.

(4) 테마 파티(Theme party)

호텔기업의 특성과 이미지를 고려하여 일정한 주제(테마)를 정하고 이러한 테마에 알맞은 실내장식과 행사의 내용을 구성하는 이벤트적 성격을 지닌 파티로서 고객에게 색다른 서비스를 제공할 수 있다.

투숙객은 물론 외부고객을 유치할 수 있는 효과를 가지고 있다. 연회장의 비수기를 이용하여 기획할 수 있으므로 효율적인 연회장의 운영이라는 장점이 있다.

02

연회 예약 서비스

연회예약을 성립시키기 위해서는 적극적인 판촉활동으로 고객확보에 최선을 다해야 한다. 경쟁업체보다 우위를 유지하기 위해 최고의 시설, 특색 있는 요리, 품위 있는 실내분위기, 최상의 서비스를 지속적으로 제공해야 한다. 또한 친절과 정중한 언어구사와 상품지식 등을 습득하여 고객에게 좋은 이미지를 줄 수 있어야 한다.

1. 연회예약의 개념

"주최 고객의 예약에서 일시와 장소, 인원, 메뉴, 장식연출에 의한 계약체결의 과정을 거치고 그 계약사항에서 요구한 성격에 알맞은 메뉴와 음료 및 분위기 연출을 제공하는 영업행위"로 정의하고 있다. 호텔 연회는 계약자뿐만 아니라 호텔 연회측에서도 스케줄에 의해 진행되기 때문에 예약에 의해서 접수되고 제안견적서에 의해 계약이 성립된다. 연회서비스는 연회고객과 예약 담당자에 의해 연회행사와 인원수에 적합한 가격대의 연회메뉴와 음료 그리고 기타 연출비용이 결정된다.

예약담당자의 판매스킬에 의해 매출이 좌우되기 때문에 상품에 대한 충분한 지식과 훌륭한 상담스킬이 요구된다.

호텔 연회행사 예약은 워크인 게스트(walk in guest), 전화문의 고객이 주로 행사를 예약하고 판촉팀에서의 판촉으로 인한 행사로 이루어지게 된다. 연회예약은 호텔내에서 이루어지는 국제회의, 연회, 가족모임 등을 유치하여 고객이 원하는 테이블 배치와 음식, 행사내용으로 진행된다.

2. 연회예약의 중요성

연회예약은 최소 10명 이상부터 수백, 수천 명에 이르는 행사가 진행되기 때문에 예약시부터 효율적이고 체계적으로 이루어져야 한다.

예약담당자는 전문적인 예약절차에 의해 진행되어야 하며, 고객으로부터 요청되는 다양한 요구를 정확하게 이해하고 서술하여 연회실무 담당자가 이해하기 쉽고 진행하는데 차질이 생기지 않도록 하는 것이 중요하다.

연회행사의 성공적인 마무리는 새로운 고객창출과 고객재창출에 많은 영향을 미치기 때문이다.

3. 연회예약 접수

(1) 판촉에 의한 예약접수

호텔 판촉직원에 의한 예약으로 다양한 규모의 행사를 유치하게 된다.

(2) 고객의 내방에 의한 예약 접수

연회행사에 참석하여 경험이 있거나 주위 사람의 구전이나 추천에 의해서 예약하는 고객으로 직접 내방하여 연회예약으로 이루어지는 경우이다.

(3) 전화에 의한 예약 접수

해외나 거리가 먼 곳에 있는 고객이 주를 이루며 사정으로 인하여 직접 내방하여 예약을 하기 어려운 경우이다.

(4) 텔렉스(Telex), Fax, E-mail 등에 의한 예약 접수

팩스나 이메일 등 다양한 방법으로 연회예약을 하는 것을 말한다.

(5) 직원의 소개에 의한 예약 접수

내부직원, 주변의 지인 등 인맥을 통하여 직원이 소개하여 예약을 하는 경우이다.

(6) 인터넷 등에 의한 예약 접수

인터넷을 이용하여 연회예약을 하는 경우이다.

4. 연회예약 장부확인

(1) 예약 컨트롤 북 확인

예약문의가 있을 경우 예약스케줄을 확인하고 날짜, 시간, 장소의 유무를 확인하여야 한다.

(2) 예약 접수서 작성

예약이 가능하다면 예약 접수서를 작성하여 일종의 가계약을 맺는 과정이다.

(3) 예약 컨트롤 북 기입

가계약이 성립되면 예약 스케줄에 기입하여 관리해야 한다.

(4) 견적서 작성

행사의 인원, 식사구성, 음료와 주류 그리고 실내장식 등 주최자의 요구에 의한 내용을 토대로 하여 견적서를 작성하게 된다.

(5) 예약 확인서 작성

예약이 확정되면 호텔과 주최측에 의해 정식 계약서를 작성하게 된다.

(6) 예약 변경 및 취소

주최자의 사정에 의해 예약에 의한 날짜나 식사구성 등에 차질이 생길 경우 변경을 하게 된다. 또한 예약 일정이 취소될 경우 상호합의하에 이루어지고 취소시간에 따라 취소요금이 발생할 수 있다.

5. 연회예약부서 구성원의 직무

(1) 대고객 서비스의 평등화

연회예약을 위해 방문하는 모든 고객을 대할 때는 직위고하를 막론하고 정중하고 최고의 서비스를 제공하는 것을 원칙으로 해야 한다. 행사의 규모나 가격 등에 따라 고객을 차별화하는 것을 지양해야 한다.

(2) 고객의 재창출 및 매출액 증대

연회예약 부서 직원의 친절과 상담태도 등에 따라서 주최자의 재 구매를 창출할 수 있으며, 이는 매출액 증가에 직접적인 영향을 미치게 한다.

(3) 연회 판매촉진 조직 구성원과 협조체계 강화를 통한 업무 효율화

연회 판매촉진 조직과의 긴밀한 협조와 유대관계를 유지하는 것이 중요하다. 상호간의 정확한 의사소통과 협력은 매출상승과 고객만족으로 이어지는 연결고리가 된다.

(4) 고가격, 고품질 상품 및 고품질 서비스화

중·소기업뿐만 아니라 경쟁기업과의 경쟁이 치열해지고 있는 시점에서 균일화된 상품과 서비스로는 경쟁에서 살아남을 수 없다. 따라서 고가격, 고품질의 상품 그리고 서비스 질을 높여서 경쟁기업과의 차별화된 서비스를 제공하여 경쟁력을 향상시켜야 한다.

(5) 예약직원의 대고객 서비스의 자질향상

고객과의 접점에 있는 예약직원의 친절과 전문지식 그리고 말과 행동으로 인하여 예약의 성공유무가 결정되는 경우가 대부분이다. 따라서 예약직원은 전문지식 습득 뿐만 아니라 친절과 대고객 서비스를 제공하기 위해 끊임없이 자기계발에 힘써야 하고, 기업측면에서도 교육과 훈련에 많은 투자를 해야 한다.

6. 연회예약부서의 직무분석

연회예약부서는 연회예약 담당지배인, 코디네이터, 예약사무원으로 구성되어 있다.

(1) 연회예약 담당지배인 직무

- 연회예약과 관련된 모든 업무에 대한 총괄적인 지휘 감독관리 업무
- 타 부서와의 협조관계 유지
- 연회예약의 메뉴 및 가격결정

- 연회예약 접수에 따른 관리 및 결재
- 연회예약 대장 관리
- 직원교육 및 근태관리 등 기타 업무

(2) 연회 코디네이터 직무

호텔내의 행사를 주제에 맞게 기획, 연출, 진행을 하는 직원이다. 모든 정보를 종합하여 완벽한 행사 준비를 하고 행사 종료시까지 성공적으로 진행하고 고객만족을 극대화시키는 업무를 하고 있다.

- 고객의 행사내용 준비 및 진행을 위한 각 부서의 행사지시서 확인
- 각종 협력업체에 발주 및 관리
- 행사 및 고객관리

(3) 연회예약 담당자 직무

연회예약 담당자는 친절과 미소로 고객을 정중하게 대해야 하며, 전문지식을 습득하여 상담고객이 만족하여 예약할 수 있도록 유도하고, 성공적인 행사를 치를 수 있도록 정확하게 상담해야 한다.

- 내방객의 연회접수 및 연회장 안내
- 전화응답, Fax 등에 의한 연회 예약 접수
- Menu, 견적서, 도면 작성
- 조리부에 메뉴제출 의뢰서 발송
- 행사전일 행사전반에 대한 확인
- 대형 연회 시 follow up service
- 예약취소, 변경시 관계부서 통보
- 고객관리카드 작성 및 유지
- 예약금 취급 및 관리
- Function Sheet(event order) 작성

03

연회 기획

1. 연회기획의 개념

기획은 행동에 앞서 조직의 경험과 약점, 그리고 환경적 요소에서 오는 기회와 위협요소를 판단하며 누가, 왜, 언제, 어디서, 무엇을, 어떻게 행하는 것을 결정하고 구체적인 방법을 강구하는 과정이다.

연회기획은 고객의 연회행사를 위한 사전준비 과정부터 행사진행과정, 행사 종료 후 과정으로 요구되는 서비스 방법 '식음메뉴선정, 분위기 연출, 그리고 종료 후 고객들의 사후관리에 이르기까지 제반사항을 구체적인 계획서를 가지고 실행하는 것이다.

오늘날의 연회행사는 보다 발전된 이벤트적인 기획력과 기획된 영업력을 요구하고 있다. 연회행사에 대한 기획과정에서 요구되는 사항으로는 연회행사가 항상 특정한 장소에서만 이루어지지 않는다는 점과 행사의 규모와 내용, 성격, 인원, 방법에 따라 다양하게 연출된다는 점이다.

2. 연회기획의 중요성

호텔 연회가 대중화 되면서 다양한 가족모임과 기업의 행사 그리고 국제회의 개최 등 행사가 많이 이루어지게 되면서 다양한 직업이 등장하게 되었다.

이에는 파티 플래너(party planner), 푸드 코디네이터(food coordinator), 플로리스트(florist), 웨딩 플래너(wedding planner)와 같은 전문 직업들이 성장하고 있다.

또한 국제회의를 기획하고 용역을 담당하는 국제회의 전문용역업체(PCO)와 같은 전문 산업군도 형성하였다.

앞으로는 연회행사를 전문으로 기획하는 연회 기획가(Banquet planner)의 활동이 주목된다. 호텔 연회는 분위기를 연출하는 산업이기 때문에 최첨단 연회시설, 훌륭한 서비스와 식음료 상품을 갖추어야 한다.

연회 기획 담당자는 연회서비스 담당자와 연회지원 부서 담당자간의 효과적인 커뮤니케이션이 필요하다. 고객과의 약속사항이 이행될 수 있도록 관련자와의 상호 유대관계를 가져야 한다.

연회고객에게 만족스러운 결과를 주기 위해서는 연회 기획 담당자의 노력은 물론 관련된 모든 스태프들의 노력과 협조가 요구된다.

3. 연회기획의 구성요소

연회기획은 주최자의 의도와 행사의 성격에 따라 연출된다. 서비스 기획자의 탁월하고 섬세한 연출력은 분위기를 향상시킬 수 있으며, 고객의 만족도와 높은 수익을 보장할 수 있다. 공통적인 구성요소의 범위내에서 연회기획가의 잠재된 기획력과 경험에 의해 자유롭게 표현된다.

1) 주최, 주관(Organization & Organizer)

주최측이 행사를 기획하고 행사의 목적과 같이하는 구성원들을 모집하여 행사의 목적을 성공적으로 달성하기 위해 노력하는 주최자와 주관자를 의미한다.

2) 행사의 목적(Purpose of the occasion)

주최자의 행사 취지와 연회목적을 알 수 있으며, 주최자의 의도대로 진행될 수 있도록 최대한 노력해야 한다.

3) 일시(Date & Time)

연회가 개최되는 요일과 시간으로 주최자의 요구대로 준비하여 행사시작으로부터 2시간 전에는 모든 준비가 완료되어 있어야 한다.

4) 연회장(Venue)

연회장은 연회기획 요소 중에서 가장 먼저 고려되어야 하는 것으로, 주최자가 원하는 시간과 장소 그리고 수용 가능한 인원에 따라 다르게 적용시켜야 하기 때문이다. 연회기획가는 연회를 주최하는 주최자의 의도를 빨리 파악하고 행사의 성격과 규모, 인원수에 맞는 최적화된 공간을 제공할 수 있도록 해야 한다.

5) 행사의 형태(Types of function)

행사명은 주최자의 행사목적에 함축되어 있으며 이는 행사의 테이블 배치, 음식, 서비스방식 등 연회의 형태가 결정된다. 결정된 연회형태는 연회메뉴와 함께 제공되는 음료의 결정도 이루어진다. 연회메뉴와 음료의 종류는 연회기획가의 전문적인 상담에 따라 결정되어지는 경우가 많으며, 이는 호텔의 수익에 직접적인 영향을 미치는 요인이 된다.

6) 연출(Directing)

연출은 연회기획의 핵심이며, 연회행사의 성격과 기획의도에 따라 다양한 연출을 할 수 있다. 연회기획가는 연회 경쟁력을 위해 다양한 연출 장비와 장식에 대해 지속적으로 적용하는 노력을 해야 한다.

호텔 연회의 연출력은 승패를 좌우하는 경쟁력이기 때문이다.

7) 예산(Quatation)

연회 주최자는 주어진 예산에 의해서 행사를 집행하기 때문에 연회장소를 선택하는데 가장 중요한 변수로 작용한다. 연회기획가는 행사의 성격에 맞는 적절한 연회메뉴와 음료 및 분위기 연출 장비를 고객의 예산 범주 내에서 상담하는 컨설턴트가 되어야 한다.

최고의 연회기획가는 가장 비싼 메뉴로 장식하는 것이 아니라 주최자의 의도에 적합한 예산을 제안하고 그 범주 내에서 최고의 연출을 찾는 것이다.

4. 연회 기획시 고려사항

호텔연회의 기획은 자사의 규모와 시설 등을 고려하여 고객 포지셔닝을 설정하는 것이 중요하다. 포지셔닝과 타겟 마켓이 설정되면 고객의 조건에 적절한 연회를 어떻게 할 것인가를 시작으로 연회의 사전준비, 행사진행, 행사 종료 후 사후관리에 이르는 세부사항 등을 작성하여 실행에 옮겨야 한다.

다음과 같은 요건들을 고려하여 기획하는 것이 중요하다.

1) 매출증대효과

연회장에서 보유하고 있는 시설과 장비 그리고 인력 등을 활용하는 일반적인 연회와는 달리 기획된 연회는 고가의 각종 장비와 시설을 구입하거나 출연료와 같은 비용이 많이 발생할 경우 매출의 증가가 제한될 수도 있다. 연회상품을 기획할 때는 최소한의 비용발생으로 최대의 매출을 향상시킬 수 있어야 한다. 또한 호텔기업에 대한 좋은 이미지를 전달할 수 있어야 한다.

2) 홍보효과

호텔연회 행사는 짧은 시간에 많은 고객들을 대상으로 하여 최소한의 인원으로 서비스를 하기 때문에 대량생산, 대량판매에 의한 매출증대 및 원가절감 효과가 크다. 대규모 행사 참석자 중에는 잠재고객 뿐만 아니라 다양한 고객 분포로 인하여 호텔 브랜드에 대한 홍보에도 많은 기여를 하게 된다. 또한 국제적인 행사나 세계적으로 유명한 저명인사가 참가할 경우, 국내뿐만 아니라 세계의 모든 언론에 노출되기 때문에 호텔의 홍보효과는 돈으로 환산할 수 없을 만큼 기대효과는 크다.

Case Study

"이세돌 호텔 가 주세요~" 포시즌스, 알파고 효과 '대박'

포시즌스호텔 서울도 웃고 미래에셋도 웃고… '이세돌 vs 알파고' 행사 수십억 단기매출 + '브랜드' ↑

이세돌 9단이 인공지능 바둑 프로그램 알파고와의 세기의 대결을 마감한 지난 15일 오후 포시즌스호텔 서울에서 시상식이 열리고 있다. 포시즌스호텔 서울은 이 대결의 가장 큰 수혜자 중 하나로 손꼽히고 있다.

서울 광화문에 지난해 10월 문을 연 포시즌스호텔 서울.

포시즌스호텔 서울이 광화문에 있다는 사실 자체를 모르는 사람이 많다는 것. 호텔 측의 가장 큰 고민이었다. 그러나 최근 이세돌 9단과 구글 딥마인드의 인공지능 알파고의 대국이 5일 동안 열리면서, 포시즌스호텔 서울의 인지도는 확실히 자리매김했다. 택시기사들이 최근 고객들로부터 '이세돌 호텔' '알파고 호텔'로 가 달라는 요청을 많이 받는다고 말할 정도가 됐다.

총 5차례에 걸쳐 서울 광화문에 있는 포시즌스호텔 서울에서 진행된 '세기의 대국'의 수혜자로 호텔이 꼽히고 있다. 호텔은 첫 대국일에 등급 심사를 마쳐 한국관광공사로부터 5성 등급을 획득해 국내 7개 안에 드는 '5성급 호텔'에 등극하기도 했다.

호텔 측은 이번 대국이 가져온 경제적 효과가 예상을 훨씬 웃돌았다며 함박 웃음을 지었다. 호텔 관계자는 "구글 측이 행사 진행 비용을 지불했으며, 경기를 위해 호텔에 머무는 투숙객으로 인해 객실 점유율도 만실에 가까웠다"며 "사람들이 호텔이 문을 열었다는 사실을 모를 정도로 홍보가 안 돼 있었는데, 이번에 홍보 효과를 단단히 봤다"고 말했다.

호텔 측은 이번 대국이 가져온 수입 및 홍보 효과를 수치로 환산하는 것을 극히 꺼리고 있다. 그러나 단순한 산술적 환산만으로도 수십 억 원에 달하는 이득을 본 것으로 추정된다.

호텔에 따르면 구글이 행사장인 호텔 6층 그랜드볼룸을 빌리는 데 지불한 비용은 하루 3300만 원, 5일간 총 1억6500만 원 가량. 한 호텔업계 관계자는 "317개 객실이 5일간 만실이라고 가정할 경우 10억 원에 가까운 객실료가 발생한다"며 "여기에 투숙·비투숙객의 식음료가 포함돼 객실료 배 이상의 수익을 거두었을 것"이라고 밝혔다.

하지만 포시즌스의 진짜 득은 수십억원의 매출이 아니다. 별도 마케팅 비용을 들이지 않고 호텔 브랜드를 널리 알렸다는 점이다.

호텔은 이번 구글 행사의 유치를 위해 개원 직후인 지난해 연말부터 준비해 왔던 것으로 확인됐다. 구글 측이 익명으로 국내에 있는 몇 개의 호텔에 행사 문의를 해 왔으며, 이를 유치하기 위해 각고의 노력을 다했다는 것이다.

머니투데이 2016.03.17.

04

연회테이블 배치

1. 테이블 플랜

테이블 플랜이란 좌석 배치도로서 식탁의 모형을 중심으로 그 주위에 참석하는 사람의 이름을 배열해 놓은 것이다. 대다수의 연회에서는 카드에 식탁모형을 인쇄하여 각각의 고객에게 좌석위치를 표시하여 사전에 발송하기도 한다.

소수의 연회에서는 주최자가 식탁에서 좌석을 일일이 알려주는 것이 친근감을 더해 주기도 한다. 하지만 대형 연회에서는 사전에 테이블 플랜을 작성, 고객들이 쉽게 볼 수 있는 입구나 홀의 적당한 장소에 놓아두어 고객들이 자신의 좌석을 미리 알 수 있도록 한다.

연회 행사는 행사의 규모와 목적에 따라 정해진 테이블 배열을 하는 경우가 대부분이지만, 행사 주최자의 요구에 따라 원하는 형태의 테이블 배치가 가능하다. 연회의 인원과 행사의 목적에 따라 연회장의 공간을 최대한 활용할 수 있다.

2. 테이블 배치

연회시 테이블 배치는 여러 가지 요소들을 고려하여 결정된다.

가장 중요한 요소로는 연회의 형식(function type)이며, 이것을 기준으로 하여 고객 수, 행사시간, 연회장의 위치, 공간, 인테리어 등을 고려하여 가장 아름답고 효율적인 공간배치가 이루어지도록 꾸며야 한다.

1) 대형 연회의 테이블 배치

대형 연회는 참가자의 수가 수 백명에서 수 천명에 이르게 되므로, 한정된 공간에서 연회성격에 따라 가장 효율적으로 좌석을 배치하는 것이 중요하다.

일반적인 대형연회의 테이블 및 좌석배치 형태는 다음과 같다.

(1) 디너 스타일(Dinner Style)

연회장에서 가장 많이 사용하는 테이블 배치 방법이다.

공간의 활용도가 높을 뿐 아니라 많은 인원을 수용할 수 있으며 다양한 목적의 행사에 가장 잘 어울리는 배치의 형태이다.

주로 Round table 이 사용되며 8명에서 10명까지 앉을 수 있으며 행사의 성격과 메뉴에 따라 인원을 조절할 수 있다. 각 테이블의 배치는 무대를 중심으로 헤드 테이블(Head Table)을 정하고, 나머지는 지그재그 방식으로 무대가 잘 보이도록 테이블 사이사이에 배치하는 방식이다.

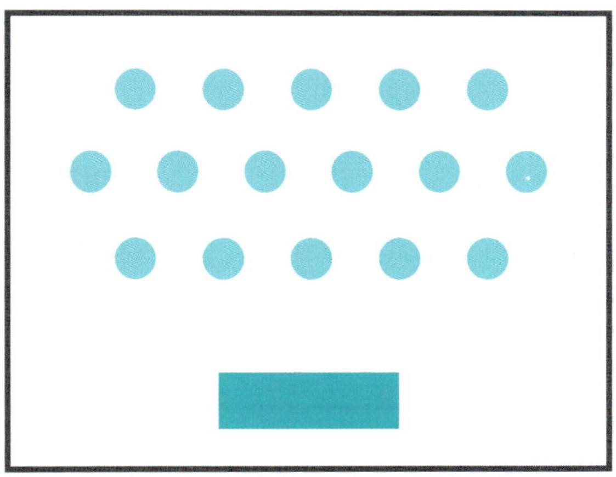

그림 7-1 Dinner Style (Round Table)

(2) 뷔페 스타일(Buffet Style)

모임의 형태나 인원수에 따라 다양한 형태의 테이블 배치가 이루어진다.

창립기념일 등 축하행사는 칵테일 리셉션(cocktail reception)으로 진행되는 경우가 많다. 칵테일 리셉션 스타일에는 각 코너에 칵테일 바(cocktail bar)가 설치된다.

(3) 학교 스타일(School Style)

주로 회의나 세미나를 위주로 하는 형태로서 식사는 하지 않는 semina style 이라고도 한다. 대형 세미나 또는 국제회의 등의 행사에 주로 사용된다.

식사는 다른 연회장에서 이루어지거나 간단하게 도시락으로 대체하는 경우도 있다.

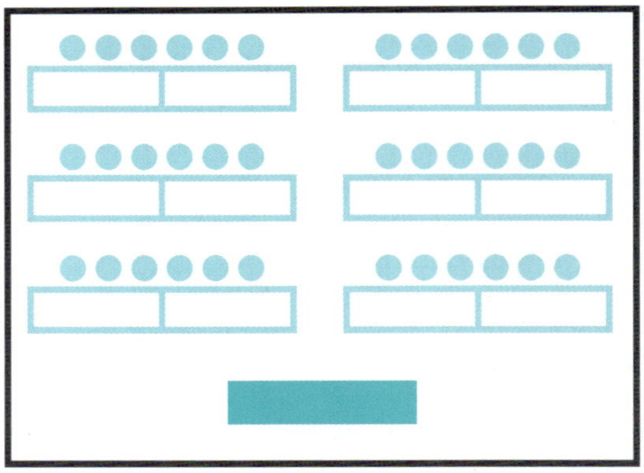

그림 7-2 School Style

(4) 쇼 스타일(Show Style)

패션쇼와 콘서트에 많이 사용되는 형태이다. 일반적으로 식사는 하지 않는 경우가 많으며, 테이블 없이 의자만 배치하는 경우이다.

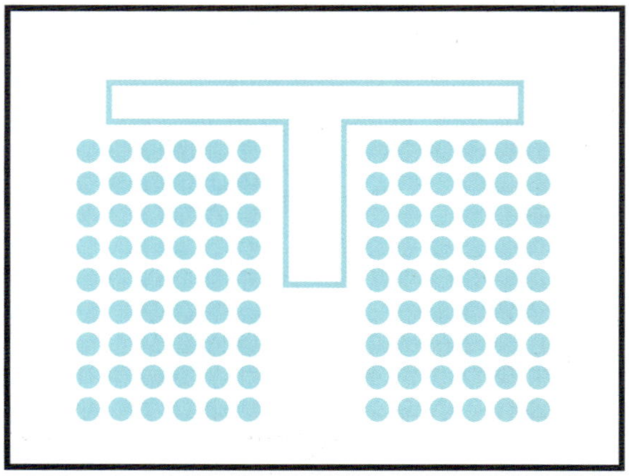

그림 7-3 Show Style

(5) 극장 스타일(Theater Style)

극장식 배치는 테이블 없이 의자만 배치하게 된다. 무대를 중심으로 하여 질서 정연하게 배치한다. 인원이 많을 때는 블록(block)을 설정하여 블록과 블록사이는 최소한 1.5m 이상의 통로를 두어서 통행에 불편을 주지 않아야 한다.

주로 강연회, 연설회, 영화 시사회 등에 사용한다.

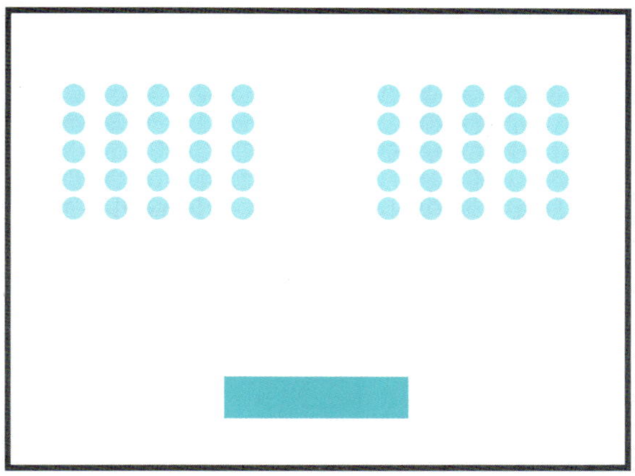

그림 7-4 Theater Style

2) 중소형 연회의 테이블 배치

(1) 라운드 테이블

대규모의 인원을 수용하여 행사를 진행할 경우, 식사와 함께 병행할 경우에 많이 사용하는 것이 라운드 테이블 이다. 이는 한정된 공간에 많은 인원을 수용할 수 있으며 식사를 할 경우 종사원이 서비스하기에도 편리하다.

(2) E형 배열

많은 인원이 식사를 할 때 주로 사용되며, 테이블 안쪽의 의자와 뒤쪽의 의자 사이는 편리하도록 되도록 넓은 간격을 유지하는 것이 좋다.

(3) U형 배열

주로 소수의 인원이 회의나 식사를 할 때 사용되며, 테이블 크로스는 양쪽이 균형 있게 내려와야 한다. head table 이 필요한 연회로 연회장 공간이 넓은 경우는 T자형 보다 U자형으로 배치하는 것이 보다 좋은 분위기를 조성할 수 있다. 필요에 따라 head table 과 일반석의 거리를 넓혀 안쪽에도 배치할 수 있는 장점이 있다.

(4) I형 배열

적은 인원의 회의나 식사 때 주로 사용되는 배열이다. 인원수에 따라 테이블을 늘리기가 편리하며 소규모 단체의 식사, 회의, 회담 및 발표회에 많이 사용되는 테이블 배치이나 딱딱한 느낌을 주는 단점이 있다.

(5) T형 배열

head table에 많은 사람이 앉아야 할 경우에 좋은 테이블 형태이다. 격식이 필요한 회의나 식사 시 많이 사용하며, head table 은 드레이프(drapes)를 둘러서 다리가 보이지 않도록 해야 한다.

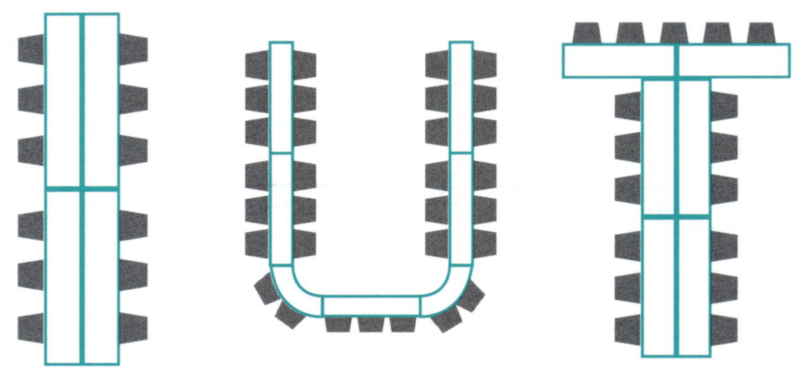

그림 7-5 중소형 연회 테이블 배치(I자, 타원, T 자형)

(6) 말발굽형 배열(Horse shoe shape)

U형과 비슷한 형태이며, U자형 과 비교하여 모서리를 둥글게 하여 부드러운 감을 줄 수 있을 뿐만 아니라 사람이 더 앉을 수 있도록 한다.

U자형과 기본적인 모양과 용도는 같으나 head table과 일반 테이블을 쿼터 라운드 테이블(quarter round table)이나 크루아상 테이블(croissant table)로 연결하여 모서리를 둥글게 만든다. 필요에 따라 안쪽으로 좌석을 배치할 수 있다.

(7) Oval 형 배열

상석의 개념이 필요 없는 소수의 인원이 회의나 식사할 때 주로 사용된다.

I형과 비슷한 모형의 테이블 형태이며, 양쪽에 half round 테이블을 붙여 사용하게 된다.

(8) 공백사각형 배치(Hollow square shape)

'ㅁ'자형 배치라고도 하며 속이 빈 정사각형 또는 직사각형의 테이블 배치로 테이블의 안쪽은 드레이프(drapes)를 쳐서 상대방의 다리가 보이지 않도록 하며, 가운데 빈 공간은 화분이나 장식물을 배치하여 분위기를 조성한다.

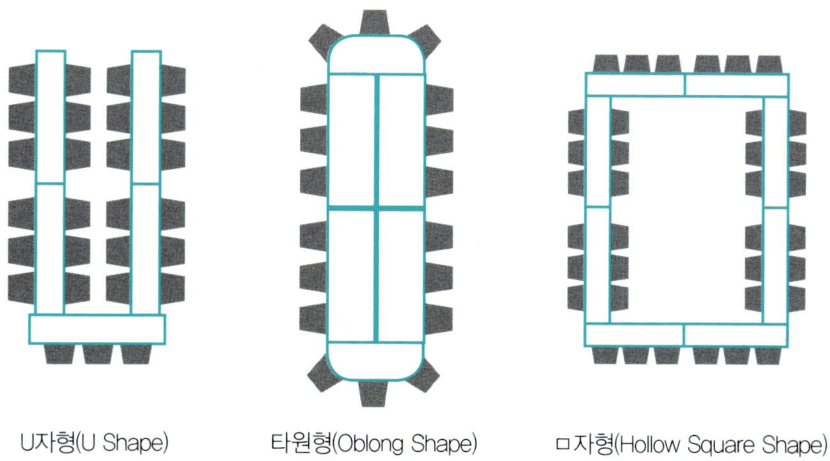

그림 7-6 중소형 연회 테이블 배치(U자, 말발굽, ㅁ자형)

3) 뷔페 및 칵테일 리셉션 테이블 배치

착석 뷔페(sitting buffet)는 음식 진열대가 비교적 단순하나, 스탠딩 뷔페(standing buffet)나 칵테일 리셉션(cocktail reception)은 연회장의 분위기가 매우 중요하므로 다양하고 아름답게 테이블을 배치해야 한다.

대 연회장에서 사용되는 각 구역별 다양한 방법은 다음과 같다.

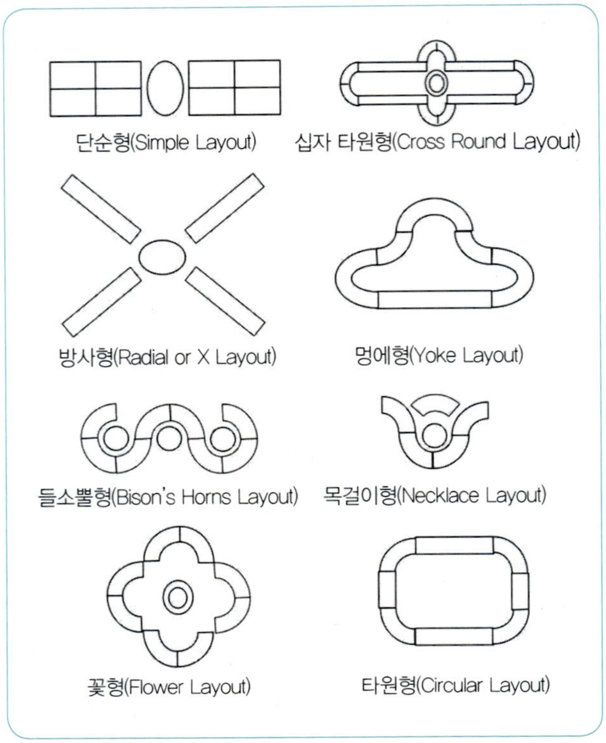

그림 7-7 Buffet or Cocktail Reception Food Table Layout

05

MICE 산업

1. MICE산업의 개념

MICE라는 개념은 1990년대 중반 산업적으로 받아들여진 개념으로 국제기관, 협회 등이 정보교류 및 토론을 목적으로 하는 회의, 비즈니스를 주목적으로 하는 기업 주최여행을 포괄하는 용어이다.

MICE는 Meetings(회의), Incentive Tours(포상여행), Conventions(컨벤션), 그리고 Exhibitions(전시회)의 첫 글자를 따서 만들어진 용어이다. MICE 산업은 대규모 회의장이나 전시장 등 전문시설을 갖추고 국제회의, 전시회, 인센티브 투어 그리고 이벤트를 유치하여 숙박, 교통, 관광, 유통 등 관련 산업과 유기적으로 결합되어 있는 고부가가치 산업이다.

MICE 개념은 국가 및 단체에 따라 다음과 같은 용어로 사용되고 있다.

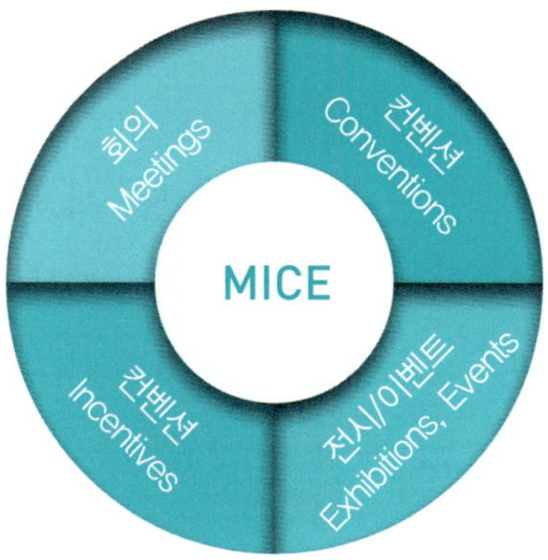

- M: Meetings.
- I : Incentive, Incentive Travel, Incentive Events, Incentive Meetings.
- C: Convention, Conference, Congress.
- E: Exhibition, Events.

MICE 산업은 싱가포르, 호주, 캐나다, 미국 등 일부국가 및 ICCA, CIC 등 관련 기관들 사이에서 널리 알려진 개념이기는 하나, 각 국가 및 사용기관들이 이를 자체적으로 정의하고 있어 세부적으로는 다양한 의미로 해석되며 국제적으로 통일된 의미를 가지고 있지는 않다.

세계적으로 MICE 산업을 국가 전략 산업으로 인식하여 대규모 컨벤션 시설과 전시 시설을 건설하고 있으며, 우리나라도 서울, 부산, 제주 등 대도시에서 컨벤션 시설을 건설하여 국가 차원의 유치활동지원에 앞장서고 있는 실정이다.

우리나라에서는 MICE 산업을 미래 한국경제를 이끌고 나갈 신성장 동력산업으로 선정하여 집중적으로 투자를 늘리고 있다.

MICE 산업은 연관된 시설과 서비스를 제공하는 기업 혹은 산업들의 상호 작용의 총체적 활동이라 할 수 있다. MICE의 직접적인 공급 산업은 회의시설과 장소, 전시자, 스폰서, 참가자, 컨벤션뷰로(CVB: Convention & Visitors Bureau), PCO(Professional Convention Organizer) 등이 있으며, 이와 관련된 산업으로는 관광공급자인 여행사, 숙박, 교통, 식음료, 오락, 관광 상품 등이 있다.

최근 MICE 산업 각각의 산업영역은 단순히 국제회의, 전시회, 인센티브만을 개최하는 것이 아니라 전시회와 국제 컨퍼런스 등 혼합된 형태로 개최되고 있다.

전시회, 컨벤션, 인센티브, 엔터테인먼트 등이 상호 복합적인 기능을 추구하고 있다. 이는 단순한 상품판매나 홍보 외에 정보 및 기술교류와 인적 네트워크 형성 등 보다 폭넓은 기능의 수행이 요구되기 때문이다.

2. MICE 산업의 특성

1) 미래 신성장 동력 산업

전시, 컨벤션 산업은 무역 인프라로서 무역과 산업 발전에 근간을 제공하고 있으며, 구미 선진국은 물론 중국, 홍콩, 싱가포르 등 아시아 경쟁국도 국가 전략산업으로 지정하여 각종 지원과 정책을 통하여 집중 육성하고 있다.

2) 전후방 경제적 파급효과가 매우 큰 산업

전시, 컨벤션 개최로 숙박, 교통, 관광 등 전후방산업에 외래 미치는 경제 효과는 2009년 GDP 대비0.45%(4.7조원)규모이다. 국내에서 개최하는 국제회의 참가자는 1인당 평균 소비액이 US$ 3,285로 일반 관광객보다 2배 이상 지출하고있다.

이에 대한 예로서, 부산에서 개최되는 '조선해양대전' 전시기간 중에는 해운대 지역의 호텔 투숙율이 100%를 기록하는 등 약 600억 원의 지역경제 활성화에 기여하고 있다.

3) 교역확대와 산업발전 병행 촉진

세계의 전시, 컨벤션 주요국들은 해외 마케팅의 주요 수단으로 활용하고 있으며 교역량이 높은 국가들은 대규모 전시장을 가지고 있다.

미국 기업의 91%가 전시회를 구매정보의 원천으로 활용하며, 독일 교역의 60 ~70%가 전시회를 통해서 이루어지고 있다(미국 전시산업 연구센터, CEIR: Center for Exhibition Industry Research). 전시회 및 컨벤션 산업은 산업발전방향을 제시하고 기술발전, 산업정보 교류에도 크게 기여하고 있다.

3. 회의(Meeting)

1) 회의의 개념

1950년대까지 대부분의 회의는 지역적인 것이었으며 1960년대까지는 기업이나 협회 간부들이 회의를 소집하는 것이었다. 회의 산업의 급성장은 교통산업의 발달과 더불어 성장하는 계기가 되었다. 철도, 고속도로, 장거리 버스 운송등과 함께 제트 여객기의 등장은 사람들의 이동을 빠르고 저렴하게 만들면서 국제간의 회의에 참가할 수 있도록 하였다.

국제컨벤션협회(ICCA: International Congress & Convention Association)는 회의를 다수의 사람들이 특정의 활동을 수행하거나 협의하기 위해 한 장소에 모이는 것을 의미하는 일반적인 용어로 정의하고 있다.

피기에라(Fighiera)는 국제회의 및 컨벤션 등의 용어와 구분하여 사용하는 경우에는 회의의 협의를 토대로 하여 정보와 지식을 교환할 목적으로 상호 의견을 주고받으며, 단체의 정책을 결정할 목적으로 사전에 계획된 일정에 따라 공통적인 관심사를 나누기 위한 모임으로 정의하고 있다.

우리나라 회의산업은 1983년 서울에서 개최된 미국여행업협회(ASTA: American Society Travel Agents)총회, 1993년 대전 엑스포, 1994년 한국방문의해

해와 태평양아시아 여행업 협회(PATA: Pacific Asia Travel Association)총회, 아셈(ASEM) 등을 계기로 하여 회의 관련 산업은 급속한 성장을 하기 시작 하였다.

2) 회의의 분류

회의는 모든 종류의 모임을 통칭하는 포괄적인 용어로서, 컨벤션, 컨퍼런스, 포럼, 세미나, 워크숍, 전시회, 교역전(trade show)등으로 분류할 수 있다.

(1) 회의(Meeting)

회의는 미리 정해진 목적이나 의도를 성취하고자 해당 분야의 관심을 가진 사람들이나 전문가들이 한곳에 모이는 것으로 정의할 수 있다. 다시 말하면, 한 회사의 직원들이나 비슷한 사업의 전문가들이 공통된 요소를 가지고 그들의 공통 관심사를 좀 더 배우기 위해 특정한 회의에 참석한다는 것을 의미한다.

특정목적의 활동을 수행하거나 논의하기 위해 한 장소에 많은 사람들이 모이는 것을 의미하며 정기적이거나 특정한 목적이 있을 경우에 개최되는 연회 또는 총회를 포함한다.

(2) 컨벤션(Convention)

국제회의로 해석되는 컨벤션은 공인된 단체가 정기적으로 주최하고 3개국 이상의 대표와 회원들이 참가하는 회의를 말한다. 일반적으로 국가 간의 이해 조정을 위한 교섭회의, 전문분야의 연구결과 토의를 위한 학술회의, 참가자 간의 우호증진을 위한 친선회의, 국제기구나 민간단체의 사업에 대한 검토회의 등과 같이 기업의 시장조사, 신상품 소개, 세부전략 수립 등 정보 전달을 주목적으로 하며 전시회를 수반하는 경우가 많다.

대부분의 컨벤션은 정기적, 연례적으로 개최되는 경우가 많다. 따라서 국제회의를 주관하는 호텔은 대규모 회의를 개최할 수 있는 첨단 설비를 갖추고 치열한 유치경쟁을 하기도 한다. 국제회의를 개최한 호텔은 각국 참가자들의 숙박과 관련한 객실 및 식음료 판매를 통한 수익뿐만 아니라 호텔의 브랜드 이미지를 세계적으로 홍보할 수 있는 계기를 마련할 수 있다.

(3) 컨퍼런스(Conference)

컨퍼런스는 회의를 기본으로 하는 국제적 집회로 미국에서 주로 사용되는 용어이다. 프랑스계 나라에서는 외교적 성격의 국가적 회의를 개최할 경우 사용되고 있다. 컨퍼런스는 대부분 일반적 성격의 문제보다는 특별한 문제를 다루게 된다. 컨벤션은 다수 주제를 가지고 업계 정기회의에 자주 사용되지만, 컨퍼런스는 주로 과학, 기술, 학술분야의 새로운 지식 습득 및 특정 문제점의 연구를 위한 회의에 중점을 둔다. 참가자는 대규모 컨벤션만큼 많지는 않지만 다양한 사람들이 참가하게 된다.

컨퍼런스는 토의, 실정조사, 문제해결, 상담을 목적으로 조직된 참여 형태의 회의이다. 콩그레스 와 비교할 때 컨퍼런스는 일반적으로 소규모이거나 정보교환의 활성화를 위해 보다 더 다양한 소재를 다룬다.

컨퍼런스는 특정주기를 갖지 않으며 기본적으로 시간에 대한 제한은 없으나 일반적으로는 특정주제와 함께 제한된 개최기간을 가지게 된다.

(4) 콩그레스(Congress)

컨벤션과 같은 의미의 용어로서 주로 유럽지역에서 국제회의를 총칭하는 의미로 사용한다. 컨벤션이나 콩그레스는 본회의와 사교행사, 그리고 관광 등 다양한 프로그램으로 편성되며, 참가인원은 보통 수 천명에 이르기도 한다. 연례적으로 개최되며 국제기구가 주체가 된다.

유럽에서는 주로 과학 단체나 의학 단체에서 많이 개최되는 경우가 많다.

(5) 포럼(Forum)

고대 로마시대의 공회용 광장에서 나온 용어로 자유토론 광장의 성격을 가지고 있다.

토론 형식은 비교적 자유로우며 제시된 한 가지의 주제에 대해 상반된 견해를 가진 동일 분야의 전문가들이 사회자의 주도하에 청중 앞에서 공개 토론하는 형태의 회의를 말하며, 청중이 자유롭게 질의에 참여할 수 있다.

(6) 심포지엄(Symposium)

특정문제를 놓고 연구 검토하기 위한 전문가들의 토론장으로서, 토론 주제는 전문가들이 연구를 거쳐 상호 의견을 나누며 이들이 모임 종결부에서 관련된 주제에 대한 건의사항과 제반 문제점을 정리하여 보고서를 작성하게 된다. 포럼이 자유토론 형식이라면 심포지엄은 격식을 갖춘 토론형식이라고 할 수 있다.

(7) 강연회(Lecture)

한 연사가 강단에서 청중들에게 연설하는 것이며 강사에 대해 질의, 응답의 시간도 주어진다.

(8) 세미나(Semina)

대면토의로 진행되는 비형식적 모임이다. 대부분 특정한 주제를 다루며 그 분야의 전문가들에 의해 진행된다. 주로 교육 목적을 갖는 회의로서 30명 이하의 참가자가 특정 분야에 대한 각자의 경험과 지식을 발표, 토론한다.

해당 주제에 관심을 가지고 있는 사람이나 그 분야의 종사자가 참석하여 회의에서 교환되는 지식을 얻기 위해 필요한 경비를 스스로 지불하게 된다.

발표자와 참가자가 같은 위치에 있는 것이 아니라 발표자의 우월적 지식전달이 위주가 되는 회의이다.

(9) 워크숍(Workshop)

큰 집단의 의견을 도출시키기 위해 몇 개의 소집단으로 나누어 소집단마다 주어진 의제에 대해 토론을 거쳐 결론을 내고, 큰 집단이 모인 가운데 각 소집단의 지도자들이 결론을 발표하고 질의·응답하는 형식의 회의를 말한다.

30명 정도의 인원이 훈련을 목적으로 하는 소규모 회의로서 특정문제나 과제에 관한 아이디어, 지식, 기술 등을 서로 교환한다.

(10) 패널 토의(Panel Discussion)

방청객들을 중심으로 장내를 메우고 발표자의 주제발표와 해당사항에 대한 전문가들 간의 상호 질문과 답변 등의 토론을 하는 형식의 모임이다. 청중들도 질문을 하고 의견을 개진할 수 있으나 청중의 참여보다는 전문가들의 토론 비중이 크게 차지한다. 패널토의에 참가하는 발표자와 토론자는 사전에 완벽한 준비를 할 수 있어야 보다 효과적인 토론이 가능하다.

4. 국제회의

1) 국제회의의 개념

국제회의는 국제간에 열리는 모임을 전제로 한다. 국제협회연합(UIA: Union of International Association)은 국제기구가 주최하거나 후원하는 회의 또는 국내회의(national meeting)로서

- 참가국이 5개국 이상 이어야 하며
- 회의기간은 3일 이상
- 전체 참가자 수는 300명 이상
- 참가자 중 외국인이 40%이상 이어야 하는 조건을 충족하는 회의로 정의하고 있다.

한국관광공사는 국제회의의 유치와 지원의 폭을 넓히는 목적으로 국제회의를 국제기구 본부에서 주최하거나 국내 단체가 주관하는 회의 중 참가국 수가 3개국 이상이고, 회의기간은 2일 이상, 외국인 참가자수는 10명 이상인 회의로 정하고 있다.

국제회의는 주로 실내에서 개최되기 때문에 계절적이나 관광 비수기에도 개최할 수 있으므로 개최국이나 회의 참가자 모두에게 이익을 줄 수 있다.

관광측면에서는 회의 전후 관광을 통하여 기존 관광 상품 및 신규 상품을 판매하여 관광 홍보의 파급효과를 얻을 수 있다.

국제회의 참가자들은 장기간 체류하면서 항공, 숙박, 교통, 관광, 쇼핑 등에 많은 소비를 함으로써 국내관광 관련 산업 발전에 많은 기여를 하고 있다.

일반 관광객의 경우 평균 4박5일인데 비해 국제회의 참가자들은 7일 정도 체류하며 이에 따른 평균 소비액은 $3,285로 일반 관광객의 2배 이상 소비하는 것으로 조사되고 있다. 따라서 각 국가에서는 국제회의 유치에 따른 경제적 효과가 크기 때문에 국제회의 시설의 신설과 확장을 하고 있으며 마케팅 활동에도 적극적으로 활동하고 있다.

국제회의 참가자는 대부분 각 나라의 정치, 경제, 과학, 기술, 문화 등 관련 분야의 전문가로서 국제회의 개최국의 브랜드 이미지 상승뿐만 아니라 투자유치

효과도 얻을 수 있게 된다. 전 세계적으로 국제회의 개최 수는 매년 증가하고 있으며, 아시아 지역에서의 개최 경쟁이 갈수록 치열해 지고 있는 실정이다.

2) 국제회의의 중요성

우리나라는 21세기 국가전략사업으로 국제회의업을 육성하기로 하고 1996년에 국제회의 산업 육성에 관한 법률을 제정하였다.

국제회의 참가자들은 장기간 체재하면서 회의 기간 중 또는 그 전후에 국내관광과 쇼핑 등을 함으로써 일반 관광객에 비해 많은 소비를 하게 된다.

우리나라는 경제발전과 세계적으로 국가의 브랜드 인지도와 이미지가 향상되면서 국제회의 개최건수가 갈수록 증가하고 있는 추세이다. 〈표 7-1〉에서 볼 수 있듯이 2012년 22만 건에서 2015년에는 25만 건으로 갈수록 증가하고 있는 추세를 보이고 있다.

국제회의 참가자들은 각 분야의 전문가들이 참가하게 되므로 참가국에 대한 많은 투자를 이끌어낼 수 있다. 또한 그들이 체재하는 동안 소비하는 금액과 체재일 수는 일반 관광객들보다 훨씬 많은 것으로 파악되고 있다.

표 7-1 국제회의 개최 건수

구분		2015	2014	2013	2012
개최 건수	미팅	236,633	234,909	222,758	215,453
	인센티브	8,616	8,641	8,212	9,518
	컨벤션	5,045	4,315	4,167	3,667
	전시회	805	709	619	577
	합계	251,099	248,574	235,756	229,215
외국인 참가지수	미팅	246,279	257,124	202,176	217,293
	인센티브	550,303	568,642	503,069	602,412
	컨벤션	494,015	474,991	461,558	453,551
	전시회	277,256	267,333	235,667	203,913
	합계	1,567,853	1,568,090	1,429,460	1,477,169

구분		2015	2014	2013	2012
전체 참가지수	미팅	20,678,484	20,723,815	20,130,282	19,415,225
	인센티브	550,303	569,642	530,069	602,412
	컨벤션	2,604,436	2,937,860	2,560,549	2,276,911
	전시회	16,229,301	14,967,268	14,296,633	14,253,242
	합계	40,062,524	39,197,585	37,507,533	36,547,790

자료: 한국관광공사 MICE관광통계

5. 인센티브 투어(Incentive Tour)

1) 인센티브 투어의 개념

인센티브는 기업의 예상 목표량보다 높은 실적을 달성한 것에 대한 보상의 개념으로 해당되는 종사원에게 보너스를 지급하거나 월급을 올려주는 것 또는 여행티켓을 제공함으로써 그동안의 노고와 격려를 하는 형태를 말한다.

기업의 경영자는 목적이나 목표를 달성한 종사원이나 고객, 중간 상인을 대상으로 자사의 경영방침을 이해시키고, 새로운 판매 이미지를 교환하며, 신상품 소개와 최고 경영진과 만남의 기회를 마련하여 소기의 목적을 달성하고자 여러 가지 형태로 인센티브를 제공하고 있다.

2) 인센티브 투어의 종류

(1) 순수 포상(Pure Incentive Travel)

순수포상은 그 의미대로 오로지 즐거움만을 위한 여행이다.

여행 중에는 회사와 관련된 어떠한 업무도 포함되어 있지 않으며 오로지 여행과 휴식으로 보상을 받는 것이다. 매력적인 장소에서의 여행은 가장 중요한 동기부여가 된다. 주로 대도시와 리조트 그리고 자연관광지나 이국적인 정감을 주는 장소를 선택하는 것이 좋다.

(2) 판매 포상(Sales Incentive Travel)

판매 포상 여행은 업무와 휴가를 겸한 여행으로 의무적인 회의가 포함되어 있다. 판매 포상에는 업무의 목표를 달성하기 위해 대부분의 시간을 소비하게 된다. 여기에는 신상품 소개, 신기술 및 새로운 생산설비 견학, 회의 참석 등이 포함된다.

일반적으로 포상 여행자는 호화 호텔의 숙박 및 최상의 서비스 등 고품질 수준의 여행을 하게 되며, 주로 부부 동반으로 이루어진다. 휴가 경비는 회사에서 부담한다.

(3) 딜러와 판매 직원 대상(Dealer Trips & Sales Force Trips)

딜러 대상 여행은 비교적 기간이 길고 장거리 여행을 하며 위락 및 휴식의 기회를 제공한다. 판매직원 대상 여행은 단기간 여행으로 업무적 성격의 프로그램으로 이루어지며 대부분 단체 여행 형태로 제공된다.

(4) 사원 대상

기업의 이미지 향상과 사원의 동기부여, 위로, 장기복무 등을 장려하기 위해 이루어지게 된다. 일반적으로 성적 우수자를 대상으로 행하는 여행이나 장기근속 여행, 재충전 휴가로도 활용되고 있다.

(5) 소비자 대상

사용자(user) 인센티브 투어라고 한다. 기업의 매상 증대에 직접적 동기를 부여하거나 고객관리를 위하여 시행되며, 경품증정이나 기업 이미지 그리고 상표 이미지 향상 등을 위한 개념이다. 여기에는 공모 현상 여행, 소비자 초대 여행, 소비자 우대 여행 등이 포함된다.

6. 컨벤션(Convention)

1) 컨벤션의 개념

1988년 서울 올림픽을 계기로 하여 우리나라에서 국제회의가 개최되면서 인적, 물적 교류를 통한 국제 상호간의 이해증진과 외래 관광객 유입에 따른 관광효과와 국가 이미지 향상으로 인하여 컨벤션 산업의 중요성을 인식하게 되었다.

컨벤션 산업은 고부가가치를 창출하는 것으로 각 분야 전문가들의 모임으로 인해 정보 교환과 사교를 추구하면서 상호 교류를 목적으로 이루어졌다. 이러한 목적을 이루기 위해서 참여한 사람들은 일정한 기간 동안 체류하게 되며 여러 산업에 소비하는 경제적 이익은 엄청난 파급효과를 가져오게 된다.

컨벤션 산업은 서비스 산업으로서 고용을 창출하고 지역 경제를 활성화 시키게 되며, 외화획득과 세수 증대를 확대시키고 국가적 브랜드 이미지 향상에도 많은 기여를 하게 된다. 컨벤션의 개최효과는 정치적, 경제적, 사회문화적, 그리고 관광 마케팅적 효과를 가져 오게 된다.

정치적 효과로는 컨벤션을 통한 국가 간의 정치적 교류와 민간 차원의 교류를 통하여 여러 민족간의 이질성을 극복하고 국제적인 친선을 도모할 수 있는 계기를 마련하게 된다.

경제적인 효과로서 새로운 경기부양을 위해 관광지의 비수기 타개와 고용을 촉진하여 지역사회의 경제부양에도 많은 역할을 하는 것으로 컨벤션 산업을 활성화 시키고 있다. 또한 관광지의 시설과 서비스의 결합으로 이루어내는 관광산업뿐만 아니라 국가 브랜드 이미지향상에도 많은 기여를 하고 있다.

사회문화적 효과로는 국제적 컨벤션 목적지는 문화 파급효과와 더불어 민간 차원의 문화교류를 확대할 수 있으며, 세계의 문화가 접촉하는 요충지의 역할을 하기도 한다. 컨벤션 행사를 유치하기 위해서는 도로, 항만, 통신시설 등 지역경제의 발전과 환경개선에도 커다란 영향을 미치기도 한다.

마지막으로 관광 마케팅 효과는 컨벤션에 참가하는 사람들은 거의 대부분 지도자적 위치에 속하며, 이들은 개최지에 체류하면서 경험하게 되는 모든 것들은 돈으로 환산할 수 없는 무형의 구전 효과로 나타나게 된다.

(1) 컨벤션 뷰로(CVB: Convention and Visitors Bureau)

컨벤션 뷰로는 컨벤션 개최 목적지 및 관광 방문지로서의 도시에 맞는 마케팅을 전담으로 하고 있으며, 관광과 컨벤션 개최지 마케팅에 있어서 중심축 역할을 하고 있다.

컨벤션 뷰로는 1896년 미국의 디트로이트에 설립되었으며, 디트로이트는 지식과 정보를 교환하고 상품 판매와 구매를 가능하게 할 수 있는 산업도시로 교통체계가 발달된 도시였다. 따라서 각종 산업의 발달과 함께 관련된 업종 단체가 생기면서 컨벤션 뷰로 설치의 필요성을 느꼈다.

컨벤션 시장의 잠재력을 가지면서 개별적인 마케팅을 보다 전문화하고 대형화를 하게 되었다. 현재 컨벤션 뷰로는 비즈니스를 목적으로 하는 컨벤션 참가자와 관광객을 대상으로 하는 개최도시 마케팅(destination marketing)을 담당하는 컨벤션 뷰로로 확대되고 있다.

(2) 컨벤션 뷰로의 목적

컨벤션 뷰로의 목적은 컨벤션 참가자들이 편리하게 이용할 수 있도록 산업과 교통이 편리한 지역에 컨벤션과 관광객을 보다 많이 유치하기 위한 것으로, 지역의 경제적 효과를 극대화하기 위해 홍보와 마케팅 활동을 강화하는 것이다.

컨벤션 뷰로의 역할은 다음과 같다.

① 컨벤션 세일즈와 마케팅

컨벤션 뷰로의 가장 중요한 업무는 전시회 및 컨벤션 유치를 위해 지역을 판매하는 것이다. 각국의 전시회와 컨벤션 개최자의 잠재고객을 발굴하여 이들의 행사를 유치하기 위해 마케팅을 하는 것이다.

잠재고객을 실질적인 고객으로 유치하기 위한 직접 방문이나 답사여행(familiarization tour)을 실시하여 경험을 통한 평가를 실시하는 것이 중요하다.

② 회의 개최를 위한 서비스 제공

컨벤션 뷰로는 다양한 정보를 필요로 하는 회의 기획가(PCO: Professional Convention Organizer)들에게 정보를 제공하는 역할을 수행하게 된다.

주요한 지원 내용으로는 원활한 회의 개최를 위해 개최지 사전 점검지원, 컨벤션 참가촉진활동, 숙박서비스 제공, 현장 등록지원 및 정보제공 등을 지원한다.

③ 지역이미지 향상

지역의 이미지는 목적지 마케팅 지역으로 선정 시 매우 중요한 역할을 한다. 개최지역이 좋은 시설과 서비스를 제공한다고 해도 지역이 가지고 있는 이미지가 좋지 않은 경우 개최지 선정에 매우 불리한 위치에 놓이게 된다.

따라서 지역의 좋은 이미지를 심어줄 수 있는 점을 강조하는 마케팅을 수행해야 한다.

④ 방문객에 대한 서비스 제공

컨벤션 뷰로는 방문객의 편의를 제공하는 역할로서 지역의 관광이나 컨벤션에 필요한 모든 정보를 제공하는데 노력해야 한다. 참가자들이 개최 장소에 도착하면 회의나 전시회 등록 지원, 여행안내 등의 서비스도 지원한다.

7. 전시회 (Exhibition)

1) 전시회의 개념

전시회의 영어 표현으로는 trade fair, trade show, exhibition 또는 exposition으로 사용되고 있다. 전시회의 개념적 정의로는 "사전에 주최자에 의해 설립된 주제와 목표에 따라 일정한 기간 동안 일정한 장소에서 기업이 관람객을 대상으로 제품 및 서비스를 진열해 놓고 사업적 상담을 벌이거나 판매촉진활동을 할 수 있도록 기획된 행사이다."

전시회는 특정 산업 또는 분야를 일정한 장소에서 일정 기간 동안 새로운 제품이나 서비스를 소개하면서 국내 또는 해외로부터 내방하는 관람객을 대상으로 하여 거래상담 및 계약을 체결하거나 일반 잠재 소비자에게 능동적으로 판매활동을 전개하는 마케팅 수단의 일종이다.

전시회에 참가하는 방문자나 구매자들은 전시 참가자의 여러 제품 중 시장성과 판매 잠재력이 가장 좋은 제품을 현장에서 비교하여 선택할 수 있으며, 공급자와 직접 접촉할 수 있는 기회를 갖게 된다.

전시회의 가장 큰 효과는 기업의 홍보와 제품의 판촉 활동이다.

세계 각국에서 온 구매자들과의 만남을 통해서 인간의 정을 나누며 이로 인한 각종 정보와 자료를 교환한다. 기능적 효과로는 동일한 장소에서의 교류로 시간과 비용을 절약할 수 있으며 최신의 추세와 발전에 대한 정보를 얻을 수 있다. 또한 전문가들과 토의도 할 수 있는 기회를 제공함으로써 제품에 대한 신뢰를 가질 수 있다.

2) 전시회의 종류

(1) 전문 전시회

산업전시회는 크게 나누어 전문 전시회와 상설 전시회로 나눌 수 있다.

전문 전시회는 제품이나 상품, 기술이나 서비스를 가지고 통합 마케팅 활동을 하는 행사이며 개최기간은 평균 5일을 기준으로 한다.

개최횟수는 연간 1회를 원칙으로 하며 2년에 한 번씩 개최하는 경우도 있다.

(2) 상설 전시회

전문 전시장이 아닌 호텔이나 공항의 로비 그리고 건물이나 유동인구가 많은 장소에 상시적으로 전시하고 구매자나 무역업체 그리고 소비자와 상담하거나 판매하는 전시이다.

(3) 문화예술 전시회

한나라의 전통적인 공예품이나 수공예품, 팬시용품, 캐릭터 용품 등 주로 문화예술과 관련된 상품을 전시한다.

예술품 전시회는 미술, 서예, 도자기, 조각 등 예술적 작품이나 문화유산들을 주제로 하여 개최되는 전시회이다.

호텔경영론

Introduction to Hotel Management

Chapter 08

메뉴 경영 관리

01

호텔 레스토랑 메뉴의 이해

1. 메뉴의 개념

고객이 레스토랑에서 처음으로 접하게 되는 것이 메뉴이다. 메뉴는 고객과 종사원과의 소통을 하게 해주는 의사소통 도구의 기능을 가지고 있다. 메뉴에 의해서 레스토랑의 영업방식이 정해지게 되고 서비스 방식이 결정되어 지게 된다.

메뉴는 단순히 판매를 위한 상품의 명칭과 가격을 표시한 리스트가 아니라 판매를 촉진하는 중요한 도구이다. 메뉴는 레스토랑의 경영정책과 이미지를 고객에게 전달하는 도구로서 레스토랑 경영의 청사진 역할을 하고 있다.

메뉴는 레스토랑의 얼굴과 같은 존재로서 항상 청결하게 유지해야 하고 깨끗하게 보관해야 한다. 메뉴는 레스토랑의 경영방침과 이미지를 고객에게 전달하게 됨으로써 선호도와 충성도를 향상시킬 수 있는 효과를 가지게 된다.

메뉴를 기획할 때 가장 고려해야 할 점은 고객의 욕구와 필요를 충족시킬 수 있음과 동시에 레스토랑의 수익을 향상시킬 수 있는 점을 감안하여 계획해야 한다.

2. 메뉴의 정의와 중요성

메뉴(Menu)는 라틴어'MINUTUS'에서 유래한 것으로 아주 작은 차림표(small list)라는 뜻으로 식사의 종류를 나열해 놓은 차림표를 말한다. 즉 고객이 음식 상품을 쉽게 이해하여 선택할 수 있도록 요리명이나 간단한 설명 또는 사진이나 그림 등을 곁들인 음식의 목록표를 의미한다.

메뉴의 역사는 서기 1498년경 프랑스 귀족의 아이디어라고 전해지고 있으며,

1541년 프랑스 헨리8세 때 부룬스윅 공작의 연회 시 요리에 관한 내용과 순서 등을 메모하여 식탁 위에 놓고 그 순서대로 제공하게 되면서 유래가 시작되었다고 한다.

메뉴의 정의를 웹스터 사전(Webster Dictionary)에서는 "A detailed list of the foods served at a meal", 옥스퍼드 사전(The Oxford Dictionary)에서는 " A detailed list of the dishes to be served at a banquet or meal"로 설명되어 있다. 이를 종합해 보면 '제공되는 요리의 상세한 목록'으로 정의할 수 있다.

호텔에서 사용되고 있는 메뉴는 고객의 욕구를 충족시키기 위해 다양해지고 있으며 메뉴에 음식의 사진과 함께 조리방법과 재료 등의 다양한 정보도 함께 제공되며 갈수록 고급화 되고 있는 추세에 있다.

레스토랑에서의 메뉴는 구매, 저장, 재고관리, 음식의 조리, 고객서비스 표준화의 기준이 된다. 메뉴는 인테리어와 디스플레이(display) 및 데코레이션(decoration)의 기준이 된다. 메뉴는 레스토랑이 추구하는 영업행위의 본질을 말해 주는 동시에 고객에게는 안내자로서의 역할을 한다.

3. 메뉴의 기능

메뉴에 의해서 고객과 종사원의 소통이 이루어지게 되며 레스토랑의 얼굴이라 할 정도로 메뉴는 매우 중요한 역할을 하고 있다. 메뉴를 제작함에 있어서 기본적으로 고려해야할 사항으로 깨끗해야 하고 질 좋은 재질로 만들어야 한다. 또한 글씨나 그림 등이 깔끔하고 보기 편하게 구성되어져야 한다. 메뉴는 관리자와 고객의 입장에서 관리와 통제자의 역할을 하게 되고, 이 두 역할이 통합되는 하나의 시스템을 관리하고 통제하는 역할을 하게 된다.

① 메뉴는 의사소통 도구이다.

메뉴는 고객에게 제공되면서부터 종사원과의 의사소통이 이루어지게 되는 역할을 하게 된다. 메뉴는 고객과의 대화를 유도하게 되고 커뮤니케이션이 진행됨으로 인해서 진정한 서비스가 시작되었다는 신호이기도 하다.

② 메뉴는 가장 중요한 마케팅 도구이다.

메뉴는 고객에게 만족감과 기쁨을 제공해 주게 되며, 디자인에서부터 메뉴 구성에 이르기까지 레스토랑의 가치를 결정하기도 한다.

③ **메뉴는 레스토랑 운영에 있어서 가장 중추적인 역할을 담당하는 관리도구이며 통제 도구이다.**

레스토랑에 있어서 메뉴는 인테리어, 분위기, 집기 등 모든 것을 결정하게 한다. 레스토랑의 식재료와 서비스 등을 통제하는 도구 역할을 하게 됨으로써 식자재의 원가, 노동, 자본 등의 원가가 메뉴에 따라 다르게 선택되어진다. 이는 메뉴분석에서 부터 원가관리가 시작된다는 것을 의미한다.

④ **메뉴에 따라 인력과 서비스 방식이 결정된다.**

메뉴는 서비스 인력과 서비스 방식을 결정하는데 중요한 역할을 하게 된다. 메뉴 종류에 따라 서비스 종사원의 연령, 유니폼, 교육 등을 결정하게 되고 서비스 방식과 실내 디자인 그리고 기물의 종류 등을 결정할 수 있다. 향후 레스토랑의 발전방향에 대한 지침을 가지고 지속적인 계획과 마케팅 활동을 전개해 나갈 수 있다.

⑤ **메뉴에 따라 운영방식이 결정된다.**

메뉴를 토대로 하여 타겟 고객을 설정하게 되고 예상고객의 규모에 따라 레스토랑의 위치 및 주방 설비, 서비스 직원 모집, 식재료 선택 그리고 마케팅 계획 등 모든 것이 결정된다.

메뉴의 결정으로 인하여 레스토랑의 향후 운영방향과 경영방침이 정해지게 된다.

⑥ **메뉴는 생산조건을 결정한다.**

메뉴는 어떤 재료를 어디서 어떻게 구매할 것인지와 무슨 방법으로 조리할 것인지는 작업의 흐름과 준비시간 및 제공시간 그리고 수량 등을 결정하는 중요한 요소가 된다.

⑦ **메뉴는 고객과의 약속이다.**

고객은 메뉴에 표시된 음식의 종류와 가격을 통해 예상되어지는 품질과 서비스의 수준을 미리 예측하여 자신의 기대에 준하는 음식을 주문하게 된다. 서비스 특성상 무형성이 존재하는 관계로 고객은 상품의 실체를 확인하고 구매를 할 수 없기 때문에 메뉴에 대한 충분한 지식을 기반으로 하여 주문을 하는 것이 유리하게 된다. 주문생산의 가장 기본적인 토대는 고객과 영업자 사이에서 무언의 약속으로 이루어지게 된다.

02

메뉴의 분류

1. 품목변화의 정도에 의한 분류

메뉴 리스트에 있는 메뉴가 지속적으로 제공되는지 또는 주기별, 계절별 등과 같이 메뉴의 품목 변화에 따른 분류 방법이다.

1) 고정메뉴(fixed menu)

메뉴 품목이 변하지 않고 항상 고정되어 있는 메뉴이다. 따라서 고정메뉴는 고객들이 선호하는 것이어야 하고 많이 팔리면서 이익이 많이 남을 수 있는 것으로 선택해야 한다.

고정메뉴에 대한 장점은

- 같은 품목이 고정적이므로 적절한 수요예측을 통해 필요한 식재료만큼 준비가 가능하다.
- 단체고객의 갑작스런 주문에도 원활하게 대처할 수 있다.
- 메뉴에 대한 전문성을 가질 수 있다.
- 단골고객을 확보할 수 있다.
- 서비스 인원의 노동력을 감소시킬 수 있다.

이에 대한 단점으로는 고객이 메뉴에 대한 식상함을 가질 수 있으며 시장의 규모가 제한적이 될 수 있다.

2) 순환메뉴(cyclic menu)

월별 또는 계절별로 제철에 맞는 식재료 사용으로 순환하면서 바뀌는 메뉴이다.

순환메뉴의 장점으로는

- 고객에게 새롭고 신선한 느낌을 주게 되며 레스토랑의 분위기 쇄신효과를 가지게 된다.
- 한정된 시간에 판매되는 메뉴이므로 일시적으로 매출향상에 많은 기여를 하게 된다.

단점으로는 각종 요리에 숙련된 요리사가 필요하며, 품목에 따라 식자재 구입의 어려움이 따르게 된다.

3) 가변메뉴(Changing Menu)

영업 상황 또는 식자재 가격의 변동 등을 감안하여 불규칙적으로 품목이 바뀌는 메뉴 형태를 말한다.

가변메뉴의 장점으로는

- 고정된 메뉴에 비해 싫증을 느끼지 않게 된다.
- 새로운 메뉴에 대한 아이디어를 상품화 할 수 있다.
- 새로운 고객을 유도하여 매출을 향상시킬 수 있다.

단점으로는 새로운 메뉴에 대한 개발과 숙련된 인력이 필요하며, 메뉴의 변화에 따른 통제가 어렵다.

2. 서비스 방법에 의한 분류

1) 정찬 메뉴(Table d'hote Menu)

Full Course에 해당하는 메뉴이다. 코스의 수는 적게는 3가지부터 11가지로 다양하게 제공된다. 정찬 메뉴는 코스에 따라 순서대로 서비스 되며 고객이 음식을 먹는 속도에 따라 빠를 수도 있으며 조금 늦게 서비스될 수도 있다.

정찬메뉴는 고급식당(dinning room)이나 연회행사에서 서비스 되는데, 특히 연회행사에서는 규모에 따라 코스의 수와 메뉴가 결정되기도 한다.

정식메뉴의 특징으로는

첫째, 일정한 가격으로 정해져 있다.

둘째, 원가절감 효과와 조리과정이 일정하여 효율적이다.
셋째, 서비스 요원의 전문성으로 음식의 제공이 편리하다.
넷째, Set menu 이므로 주문이 용이하고 매출에 대한 기여도가 높다.
다섯째, 메뉴구성에 있어서 식재료나 소스 혹은 조리방법이 중복되지 않도록 한다.

2) 일품요리 메뉴(A la Carte Menu)

정식메뉴의 순서와 동일하게 구성되어 있으며, 각 코스별로 고객이 원하는 품목만 선택해서 주문할 수 있는 메뉴이다. 일품요리는 고객이 원하는 품목을 분리된 가격으로 제공된다. 일반적으로 세트 메뉴보다 음식의 양이 더 많고 시간이 오래 걸리며 더 비싼 가격에 제공된다.

3) 특별 메뉴(Daily Special Menu)

특별메뉴는 원칙적으로 매일 시장에서 특별한 재료를 구입하여 주방장이 최고의 조리 기술을 발휘함으로써 고객에게 식욕을 돋구게 하는 메뉴를 말한다.

특별메뉴는 기념일이나 특별한 날 그리고 계절과 장소에 따라 감각에 어울리는 산뜻하고 차별된 맛을 느끼게 해주는 메뉴이다.

특별 메뉴를 제공함으로써 다음과 같은 장점이 있다.

- 매일 매일 준비된 상품으로 신속한 서비스를 할 수 있다.
- 재료의 재고품 판매를 꾀할 수 있다.
- 고객의 선택을 흥미롭게 할 수 있다.
- 매출액을 증진시킬 수 있다.

4) 뷔페 메뉴(Buffet Menu)

뷔페는 정식의 코스별 메뉴를 다양하게 차려놓고 고객의 기호에 맞는 음식을 마음껏 먹을 수 있으며 셀프서비스 형식으로 제공된다. 아침, 점심, 저녁 메뉴에 따라 고정된 가격으로 제공된다.

일반적으로 호텔의 상설뷔페(open buffet) 레스토랑에서는 일정액만 지급하면 이용할 수 있으며, 연회행사(banquet room)에 초대된 고객에 한해서 이용할 수 있는 뷔페를 주문뷔페(closed buffet)라고 한다.

03

메뉴 계획

1. 메뉴계획의 의의

메뉴계획이란 '호텔 레스토랑의 특성과 영업방법에 따라 고객에게 제공되는 음식의 종류와 가격을 결정하여 고객에게 판매될 수 있도록 준비하는 일련의 계획과정'이다. 메뉴계획은 레스토랑의 종류와 형태, 타겟 고객 선정, 조리방식, 서비스 방식 그리고 인테리어 까지 고려하게 되며 조직의 목표를 달성할 수 있는 레스토랑의 모든 것을 결정할 수 있는 아주 중요한 것이다.

메뉴를 계획할 때 표적시장(target market)을 선정하여 연령, 소득, 직업, 교육수준 등을 고려하여 유사한 동질적인 욕구를 가진 고객을 대상으로 한 메뉴를 구성해야 한다. 메뉴를 계획할 때 표적시장에 적합한 서비스와 인테리어 등을 고려하는 계획이 필요하다.

메뉴를 계획할 때 고려해야 할 사항은 다음과 같다.

- 고객들의 필요와 욕구 파악
- 조리사의 충분한 능력과 경험
- 설비수용능력과 배치
- 식재료 구매의 용이성과 지속성
- 가격과 가격결정 전략
- 영양적 가치
- 공헌 이론
- 메뉴의 정확성
- 메뉴 유형
- 실제 메뉴 품목

- 메뉴 분석
- 메뉴판의 디자인과 배치
- 표준 조리표
- 식재료 원가율
- 이윤의 최대성

메뉴는 레스토랑 컨셉에서 가장 중요한 부분이다. 따라서 메뉴 아이템을 선택하는데 있어서 신중하고 철저한 분석이 요구된다. 경쟁 레스토랑을 분석하는 것은 경쟁사와 차별화라는 측면에서 많은 도움이 될 수 있으며, SWOT분석을 통해서 최대한의 시행착오를 단축하고 실패하지 않게 할 수 있다.

메뉴를 결정할 때는 경쟁사와 차별화 할 수 있는 품목을 선정해야 할 뿐만 아니라 가격경쟁에서도 우위를 점할 수 있는 것이다.

메뉴계획은 전 과정에서 발생가능한 문제점을 해결할 수 있는 전문적인 지식을 가지고 있어야 한다.

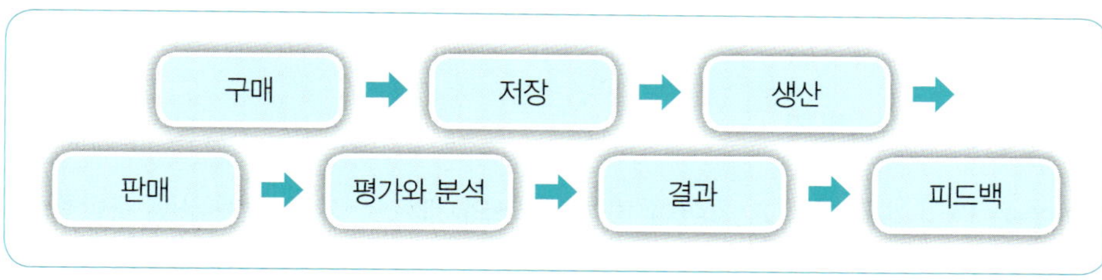

성공적인 메뉴는 다음과 같은 목적을 만족시켜야 한다.

첫째, 메뉴는 장·단기적인 목표를 가지고 마케팅 계획을 세워야 하며 고객들의 라이프 스타일 분석과 시장의 흐름을 수시로 파악해야 한다.

둘째, 메뉴는 기업의 브랜드 이미지를 확립하는데 기여해야 한다.

셋째, 메뉴는 메뉴품목에 있어서 고객의 요구를 반영할 수 있는 수단이어야 한다.

넷째, 메뉴는 경쟁의 이익을 얻을 수 있는 전달수단(매체)이어야 한다.

메뉴는 단골고객을 증가시키는 역할을 하고 있으며 구전을 통하여 새로운 고객을 창출하게 하는 핵심 요소이다. 메뉴에 맞는 목표시장을 개척하고 시장의 트렌드를 리드할 수 있는 역할을 하여 경쟁기업과의 차별화를 하는데 많은 기여를 하게 된다.

2. 메뉴 계획 시 고려되어야 할 변수

1) 타겟 고객 선정

목표 고객을 선정하여 그들의 욕구와 선호하는 메뉴와 형태를 파악하여야 하며, 앞으로의 시장성을 예측하는 것이 제일 우선시 된다.

2) 원활한 식자재 공급

4계절 내내 신선한 식자재를 손쉽게 구할 수 있어야 하며, 어떠한 외부적인 환경에도 최대한 영향을 받지 않는 식자재를 사용할 수 있는 메뉴를 구성할 수 있어야 한다.

3) 유행에 민감하지 않는 메뉴

일시적인 유행이나 고객들의 입맛이 금방 변할 수 있는 메뉴는 곤란하며, 지속적이고 웰빙을 고려한 메뉴를 계획하는 것이 중요하다.

4) 다양성 있는 계획

메뉴는 다양성을 가지고 있어야 하며, 하나의 재료로 다양한 메뉴를 개발할 수 있어야 한다. 조리법이나 식자재를 조금만 변화시켜서 여러 가지 메뉴로 변화시킬 수 있는 것으로 고객의 다양한 욕구를 충족시키는 것이 중요하다.

5) 영양적 요소

고객들의 최근 트렌드는 웰빙과 다이어트에 많은 관심을 기울이고 있다.

균형적인 영양소와 다이어트에 효과적이면서 건강에 좋은 재료를 고려하는 것이 중요하다.

04

메뉴 디자인

1. 메뉴 디자인의 개념

메뉴 디자인은 레스토랑의 분위기를 반영해야 한다.

메뉴판의 크기는 한 페이지에서 몇 페이지에 이르기까지 다양하게 구성할 수 있다.

인쇄는 정교하거나 단순해야 하며 인쇄와 제작은 전반적으로 레스토랑의 테마에 맞게 조화를 이루어야 한다.

메뉴 명칭은 누구나 읽기 쉽고 이해하기에 편리해야 하며, 메뉴의 표지는 레스토랑 정체성의 상징이 될 수 있도록 제작되어야 한다.

메뉴 디자인(menu design)은 선정된 메뉴를 메뉴판에 옮기는 것으로 정의된다. 메뉴의 계획과 디자인은 동일시되어야 하며 똑같은 중요도를 부여하여 제작되어야 한다.

2. 메뉴 디자인 방법

1) 커뮤니케이션 도구로서의 메뉴

메뉴는 고객이 만나게 되는 최초의 도구 이며 종업원과 고객과의 의사소통 도구로 사용된다. 메뉴는 고객에게 제공될 품목을 결정하고 메뉴의 수, 메뉴의 이름, 그리고 가격을 결정하게 된다.

전체적인 메뉴의 크기를 결정하고 그림이나 글씨체, 글씨의 크기, 색 등을 결정하고 품목의 배치 등을 결정하게 된다.

2) 메뉴의 구성과 포맷

메뉴를 제작하는데 있어서 사진, 도형, 문자 등을 일정한 공간에 배열하는 것을 메뉴의 구성이라고 한다. 고객의 심리를 고려하여 레스토랑의 전략적인 메뉴를 고객의 시선이 가장 많이 머무는 곳에 배치함으로써 매출의 영향을 높일 수 있어야 한다.

메뉴를 디자인하는데 있어서 메뉴의 포맷을 어떻게 해야 할지를 결정해야 한다. 예를 들면 메뉴의 크기, 형태, 페이지 수를 결정해야 하며 레스토랑의 규모와 종류에 따라 결정할 사항들이 많이 달라지게 된다.

(1) 메뉴의 크기와 모양

메뉴의 크기를 정하는데 있어서 표준이나 규칙이 정해진 것은 없으나 레스토랑의 규모나 수준 그리고 식탁의 크기에 따라 정하는 것이 좋다.

메뉴의 모양은 전형적인 직사각형에서 벗어나서 레스토랑의 콘셉트에 따라 달리하는 것도 마케팅 측면에서 긍정적인 반응이 좋으리라 예상된다.

메뉴의 페이지 수가 많을수록 고객이 선택하는 시간은 길어지게 되고, 메뉴를 선택하는데도 많은 어려움을 겪게 된다는 것이다. 따라서 메뉴의 페이지 수는 겉표지를 제외하고 최대 3페이지 이내로 하는 것이 바람직하다.

최근에는 IT 기술의 발달로 인하여 테이블마다 테블릿 PC를 비치하여 곧바로 주문을 하게 되며, 주문 후 고객들은 테블릿 PC를 이용하여 음식이 제공되기 전까지 웹서핑을 즐길 수 있도록 하는 것이다.

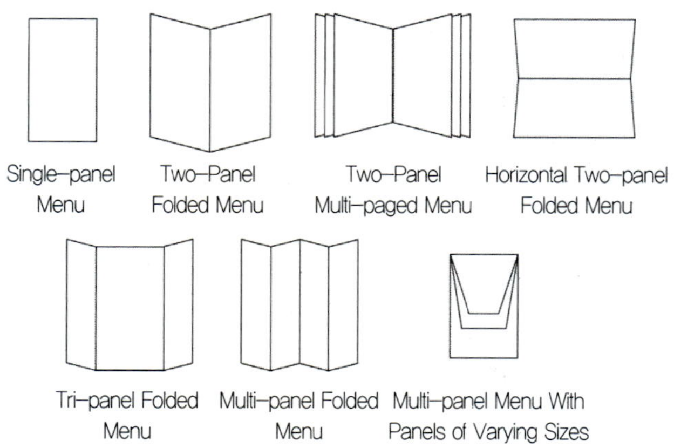

그림 8-1 여러 가지 메뉴의 포맷

(2) 품목의 기본 배열

일반적으로 메뉴 품목의 배열은 Full Course 순서대로 배열하는 것이 고객이 선택하는데 있어서 편리하다. 가장 기본적인 배열방법은 대칭적인 정방형과 X-mas 트리형 그리고 비대칭형으로 나누어진다. 어떤 배열이 이상적인 것은 없으며 레스토랑의 분위기와 컨셉에 따라 선택하면 된다.

대부분은 가로와 세로로 정렬하는 대칭형을 많이 사용하고 있으며, 가격은 오른쪽에 배치하는 것이 일반적인 형태이다.

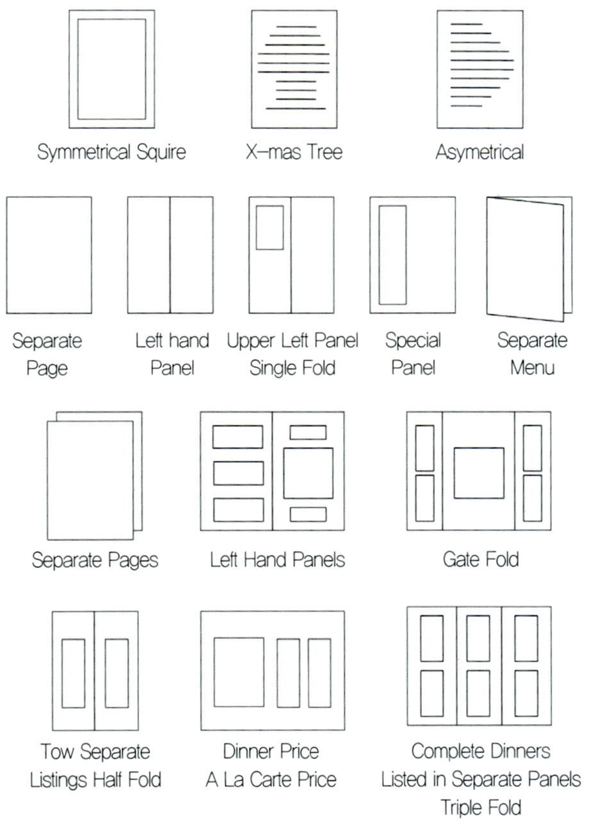

그림 8-2 Menu Layout Sample

(3) 메뉴를 보는 고객의 시선이동

메뉴판을 디자인 하는데 있어서 고객의 시선이 가장 먼저 그리고 가장 많이 집중되는 곳이 있다. 이는 메뉴의 포맷이나 페이지 수에 따라 다르게 나타나게 된다.

매사추세츠(Waltham Massachusetts)의 응용과학 실험에서 시선이동방향에 관한 연구를 실시하였다.

이 연구에서 고객은 전체 메뉴를 파악하기 위해서 메뉴의 오른쪽 상단에서 시작하여 왼쪽 상단으로 움직이며, 원하는 메뉴 아이템을 찾기까지 약 7번 정도 중앙부분을 가로질러 시선을 움직이는 것으로 나타났다.

메뉴의 중앙부분은 고객의 시선이 가장 많이 머무르게 되면서 원하는 음식을 선택할 수 있는 가능성이 많아지게 된다.

레스토랑의 판매 전략에 있어서 가장 자신 있는 품목이나 수익이 많을 것으로 예상되는 메뉴를 정중앙에 배치하는 것이 중요한 전략이 될 것이다.

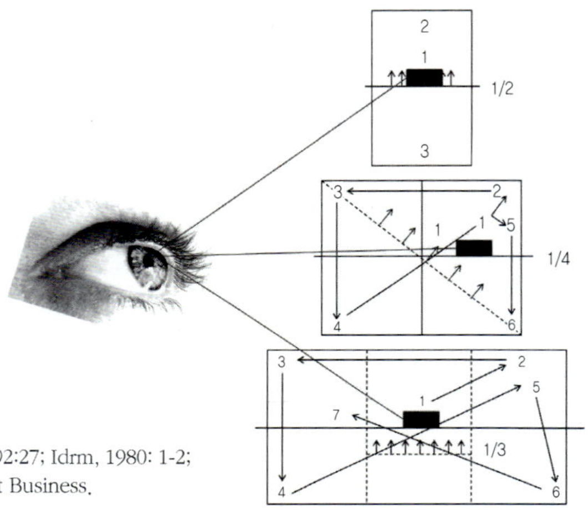

자료: Miller, 1992:27; Idrm, 1980: 1-2; Restaurant Business.

그림 8-3 시각 중심점과 시선의 이동방향

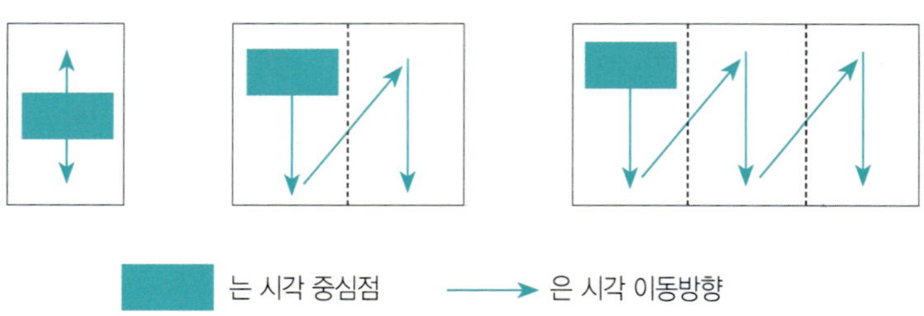

자료: The Gallup Monthy Report on Eating Out, 1987: 1.

그림 8-4 시각중심점과 시선의 이동방향

3. 메뉴 가격 결정

1) 메뉴 가격결정의 개념

가격은 마케팅에 있어서 가장 이해되고 있지 않은 변수이면서 통제받지 않는 시장에서는 통제 가능한 변수이다. 가격은 제품이나 서비스에 대하여 부과되는 금액으로서 넓은 의미에서의 가격은 소비자가 제품이나 서비스를 소유 또는 이용함으로써 얻어지는 편익(benefits) 과 맞바꾸어지는 모든 가치의 합계라고 할 수 있다. 가격을 지나치게 높게 설정하게 되면 잠재고객을 놓치게 되며, 반대로 지나치게 낮게 설정하면 기업은 사업을 적절히 유지할 만큼의 충분한 수익을 얻지 못하게 된다.

2) 메뉴 가격결정 방법

기업의 가격결정에 있어서 생산비용이 가격의 하한선을 결정하고 제품가치에 대한 소비자의 지각은 가격의 상한선을 결정하게 된다. 기업은 경쟁기업의 가격과 그 밖의 여러 가지 요인들을 고려하여 최적의 조건에서 가격을 결정해야 한다.

기업이 가격을 결정하는 방법에는 비용을 근거로 한 방법과 구매자를 근거로 한 방법 그리고 경쟁자를 근거로 한 방법이 있다. 비용을 근거로 한 방법(cost-based approach)에는 비용플러스 가격설정, 손익분기점 분석, 목표이익 가격설정 등이 있으며, 구매자를 근거로 한 방법(buyer-based approach)에는 지각가치 가격설정. 경쟁자를 근거로 한 방법(competitor-based approach)에는 경쟁자가 취하고 있는 실제가격을 토대로하여 가격을 결정하게 된다.

(1) 비용 기준 가격

① 가장 간단한 가격설정 방법으로 제품의 원가에 일정의 이윤을 부가하는 것이다. 여기에는 기본원가(prime cost)에는 인건비와 식재료비가 모두 포함되어 있다.

② 손익 분기점과 목표이익 가격설정 : 손익분기점(break-even analysis)에 기초한 가격설정은 비용을 기초로 한 또 다른 방법이다. 이 기법에서 파생된 것 가운데 하나인 목표이익 가격 설정법(target profit pricing)은 일정의 투자 수익률을 목표로 가격을 결정하는 방법이다.

(2) 가치기준 가격

가치기준가격 설정은 판매측의 비용에서가 아니고 구매자의 제품가치에 대한 지각을 가격설정의 기초로 하고 있다. 마케터는 제품과 마케팅 프로그램을 설계할 수 없고 가격도 설정할 수 없다는 것이다. 이는 구매자의 마음속에 지각된 가치를 자리 잡게 하여 가격을 지각된 제품가치에 알맞게 설정하는 것이다.

(3) 경쟁기준 가격

실세가격(going-rate pricing)은 비용이나 수요를 덜 염두에 두고 주로 경쟁상대가격을 기초로 가격을 설정하는 것이다.

3) 가격결정에 있어서 고려할 요인들

(1) 가격결정에 영향을 미치는 내부요인

① 마케팅 목표

가격을 결정하기 전에 기업은 제품전략을 선택해야 한다. 목표가 되는 시장을 선택하여 포지셔닝 한다면 가격을 포함한 마케팅 믹스 전략은 보다 정확한 것이 된다.

포시즌 호텔은 고급호텔로서 스스로 포지셔닝하고 다른 호텔보다 값비싼 가격을 결정하게 된다.

반대로 중저가 호텔은 제한된 서비스로 인하여 근검절약형 소비자에게 포지셔닝하게 된다. 따라서 포지셔닝에 필요한 것은 낮은 가격이 되는 것이다.

기업의 목표가 명확하면 할수록 가격결정은 쉽게 이루어질 수 있다.

② 마케팅 믹스전략

가격은 일관되고 효과적인 마케팅 프로그램을 만들기 위하여 제품설계와 유통, 촉진의 의사결정과 원만하게 조정되어야 한다. 다른 마케팅 믹스 변수에 대한 의사결정은 가격에도 영향을 미친다. 기업의 촉진믹스도 가격에 영향을 미치게 되는데, 촉진내용을 고려하지 않고 가격설정을 하게 되면 수입과 비용의 관계에 문제가 발생하게 된다.

③ 비용

비용은 기업이 제품에 부과할 수 있는 가격의 최저점이 된다.

대부분의 기업들은 각각의 업계에 있어서 저 비용의 생산자가 되기를 원한다. 저 비용의 기업은 가격을 낮게 설정할 수 있으며 결과적으로 커다란 시장 점유율을 확보할 수 있다.

④ 조직 내 고려사항

기업은 여러 가지 방법에 의해서 가격을 결정하게 된다.

규모가 작은 기업에서는 경영층이 결정하는 경우가 많으며, 대기업에서는 회사경영지침(guide line)에 의해서 사업부나 지역경영 책임자, 단위경영 책임자에 의해서 결정되는 경우가 많다.

호텔에서는 다음해의 월 평균 객실단가와 투숙율을 포함한 마케팅 계획이 수립되고 지역 또는 본사 경영진이 승인한다.

(2) 가격결정에 미치는 외부요인

① 시장과 수요

가격의 하한선은 비용에 의하여 결정이 되어 지지만 상한선은 시장과 수요에 의하여 결정된다. 소비자와 같은 중간 구매자는 제품의 편익과 가격 사이의 균형을 잡게 된다.

② 크로스 셀링 과 업셀링

효과적인 수익관리(revenue management)의 기본적인 전술은 크로스 셀링(cross selling) 이다. 호텔에서는 고객이 구매하는 품목과 연관된 상품을 함께 판매하는 것으로 객실을 구매하는 고객에게 식음료(F&B)와 휘트니스 등의 부수 서비스 등을 함께 구매할 수 있도록 유도하는 것을 크로스 셀링이라 할 수 있다.

업셀링(up selling)은 효과적인 수익관리의 일부로 되어있다.

낮은 가격의 제품이나 서비스를 판매하는 것이 아니라 가능하다면 평균보다 값비싼 것을 판매하도록 고객을 유도하는 것이다.

③ 가격과 가치에 대한 소비자의 지각

제품의 가격이 적절한 가를 결정하는 것은 결국 소비자이다.

소비자의 제품 선택 이유를 파악하여 소비자가 지각한 제품가치에 맞는 가격설정을 해야 한다. 좋은 가격설정은 소비자의 욕구와 소비자 가격에 대한 지각을 분석하는 것에서 시작된다.

호텔경영론

Introduction to Hotel Management

Chapter 09

호텔기업의 인적자원 관리

01

호텔 인적자원관리 (Human Resources Management)

1. 호텔 인적자원관리의 개념

인사관리란 인간을 대상으로 한 관리이며 인간을 관리한다는 것은 인간의 개성존중과 능력개발, 그리고 종사원의 인간적 만족이라는 점에서 여타의 관리제도와는 다른 특징이 있다.

인사관리에 관한 정의를 살펴보면, 요더(D, Yoder)는 남녀 종업원들로 하여금 그들의 직장에 대하여 최대의 공헌을 할 수 있도록 하면서, 최대의 만족을 할 수 있도록 도와주고 지도하는 기능이나 활동이라 정의하였다.

피고스와 마이어스(P. Pigors and C. M. Myers)는 종사원 각자의 능력을 최대한으로 발휘시켜 종사원이 그 직무에서 최대의 만족을 얻고, 작업집단의 일원으로서도 만족을 얻도록 지원하는 것이라고 정의하고 있다.

기업을 경영하게 되는 요소로는 사람, 능력, 자금 그리고 정보의 4가지 요소가 있다. 그 중 능력, 자금, 정보는 어느 기업에서나 정도의 차이 일뿐 기업의 성공과 실패에는 그다지 많은 영향을 미치지 않는다. 하지만 인적자원은 어느 기업에나 있지만 차이는 천차만별이다. 인적자원의 능력과 가능성은 무한대로 늘어날 수도 있고 아무런 능력을 발휘하지 못할 수도 있다. 따라서 인적자원을 어떻게 관리하느냐에 따라 기업의 승패가 좌우된다. 모든 조직은 고유의 목적을 가지고 그 목적을 달성하기 위해서는 여러 가지 자원이 투입되어야 한다.

호텔기업의 자원은 크게 인적자원과 물적 자원으로 나누게 된다.

호텔기업의 목적을 효과적이고 효율적으로 달성하기 위해서는 인적자원의 관리가 무엇보다 중요하다. 인적자원은 그 자체가 목적을 달성하기 위한 수단인 동시에 조직의 목적이기도 하다.

세계적인 기업에서는 각자의 기업에 적합한 인재를 키우기 위해 또는 선발하기 위해 많은 투자와 노력을 아끼지 않고 있다. 기업에 적합한 인재를 선발하거나 양성을 해서 적재적소에 배치하는 것은 매우 중요하다. 기업을 움직이는 것은 능력, 자금, 정보가 아니라 사람이 모든 것을 경영하기 때문이다.

종합적인 의미에서의 인적자원관리는 기업의 목적을 달성하기 위해 장기적인 전망으로 인재를 양성하거나 선발하고, 개개인의 능력과 계발을 육성시켜서 조직 구성원간의 원만한 인간관계를 유지하도록 하여 기업의 목표를 달성하기 위해 공동으로 협력해 나갈 수 있도록 하는 시스템이다.

현대적 의미에 있어서 인적자원관리(HRM)는 조직 구성원들이 내·외부 환경 변화에 자발적으로 대응하면서 조직의 목적달성에 적극적으로 기여하게 하여 조직의 발전과 함께 개인의 만족과 발전을 동시에 달성하게 하는 체계라고 할 수 있다. 호텔산업은 다른 산업에 비해 인적 의존도가 매우 높기 때문에 개개인의 서비스에 따라 호텔기업의 이익과 이미지가 결정되어지게 된다.

호텔의 인적자원관리 시스템은 항상 탄력적이고 효율적으로 하는 것이 중요하다. 무엇보다 호텔의 인사시스템은 인적 의존도가 높은 특징을 가지고 있으므로 기업의 경영이념에 맞춰서 운영해 나가는 것이 최우선 과제라 할 수 있다.

현대적인 호텔의 인적자원관리는 직원의 능력을 최대한 개발하고 업무에 관련된 직무는 물론 광범위한 역량까지도 유지되고 향상되도록 해야 할 뿐만 아니라 상대방을 배려하고 이해해주는 것까지 포괄적인 역할을 하고 있다.

호텔의 인사정책은 글로벌화에 따른 변화에 맞추어서 인사정책 또한 이러한 범주 속에서 채용부터 퇴직까지 입사기준, 근로형태, 교육훈련, 복리후생 등 새로운 변모를 갖추어야 한다.

호텔기업의 목표 달성을 위하여 필요한 인적자원을 선발하고 경쟁력 있는 인적자원을 지속적으로 개발하여, 개인의 능력과 업무 수행에 적합한 직무를 제공함으로써 종사원 개인의 능력 향상뿐만 아니라 기업의 이익을 극대화 시키는데 의의가 있다.

호텔의 인적자원관리는,

첫째, 호텔 기업 구성원의 생산성 및 경쟁력 향상을 통하여 목표달성에 공헌하게 된다.

둘째, 조직 내의 이해집단(stake holders)간의 의사조정을 통하여 기업과 구성원의 상호이익을 추구하게 된다.

셋째, 구성원들의 개성 및 인격을 존중함으로써 인간성 회복에 공헌하게 된다.

넷째, 성과 또는 능력위주의 관리로 구성원의 창조적 능력과 혁신적인 사고의 개발을 목표로 한다.

호텔기업의 인적자원관리는 호텔경영의 목적을 성공적으로 달성하기 위해서 기업 활동의 원동력이 되는 인간의 역량을 장기적인 전망에 의해 확보하고, 종사원 개개인의 인격을 존중하여 그들의 역량을 육성·발전시킨다. 또한 종사원 스스로가 기업에 대한 자부심과 만족을 얻을 수 있도록 하여 기업과 개인이 상생할 수 있도록 하는 경영관리 시스템이어야 한다.

2. 인적자원관리의 의의

호텔경영에 있어서의 인사관리는 다른 기업의 경우와는 달리 인적의존도가 높기 때문에 경영활동 중에서 차지하고 있는 비중이 크다고 하겠다. 호텔 경영에 있어서 인적자원관리가 중요한 분야로 등장하게 된 것은 조직규모의 확대라고 할 수 있다.

호텔의 성공적인 운영은 인적자원관리를 통해서 종업원의 복지를 증진시키고, 안정적인 직장을 보장해 줌으로써 종사원이 고객 만족을 위해 적극적인 활동을 할 수 있게 하는 것이 최우선 과제라고 할 수 있다.

현대 호텔의 규모는 갈수록 대형화가 되고 있으나 인적 의존도가 높은 서비스의 수준은 크게 향상되고 있지 않다. 왜냐하면, 경제 불황과 호텔 경영자의 인건비 부담을 줄이기 위해서 정규직원을 최소화하고 비정규직원과 파트타이머를 활용하는 경우가 늘어나고 있기 때문이다. 이는 장기적인 관점에서 보면 고객만족과 고객 관계 관리의 측면에서 결코 질적인 서비스를 제공할 수 없다는 결론이다.

현대 사회에서는 서비스가 생활의 일부분으로 점점 비중이 높아져 가고 있으며, 일반적으로 경영자는 고객지향적인 의식과 체제를 확립해야 하고 서비스에 있어서 유형의 상품과 동일하게 제공되어야만 그 가치를 인식할 수 있다.

경쟁적인 기업의 환경에서 물적 서비스 경우는 모방이 가능하겠지만, 인적서비스 경우는 종사원의 기본적인 인성이 바탕이 되어야 한다.

종사원의 기본적인 인성은 지속적인 교육과 훈련으로는 한계가 있기 때문에 인적자원을 선발할 때 이를 적극적으로 검증하는 것이 중요하다.

3. 호텔 인적자원관리의 기능

호텔 인적자원관리의 기능은 호텔 내의 대인적 관계를 기업 목적에 맞도록 합리적으로 구성하고 체계화하여 원활하게 운영하는 것이다. 인적자원관리 부서의 기능은 호텔산업 전반에 걸쳐 여러 가지 방법으로 다루어지고 있으며 호텔 규모에 따라 많은 차이를 보이고 있다.

호텔 인적자원관리는 경영에 있어서 성공을 좌우하는 아주 중요한 역할을 하므로 제대로 된 인력을 뽑아서, 적재적소에 배치하여 최대의 효과를 낼 수 있도록 하는 것이다. 호텔 인적자원관리의 주요 기능은 다음과 같다.

1) 기획(planning)

기획은 계획을 실현하기 위한 일련의 활동으로 조직의 장기적인 목적을 설정하게 된다. 호텔의 인사부서는 운영계획의 모든 단계에서 기획에 맞추어 종사원들과 관련된 내용을 수행한다.

2) 조직(organizing)

조직은 권한(authority)의 흐름과 종사원들 간의 전달체계를 구축한다.

인적자원관리 부서는 이러한 흐름을 유지하게 해주며 조직은 직무의 수와 목적을 성취하는데 필요한 업무를 결정한다.

3) 조정(coordinating)

조정은 그 조직의 목표(objectives)를 충족시키기 위해 개인 및 그룹의 목적을 일치시켜 준다. 인적자원관리부서는 매니저로 하여금 조직목적을 달성하는데 있어서 필요한 종사원의 유형과 인원수를 조정할 수 있도록 도와준다.

4) 감독(directing)

감독에는 여러 가지 활동이 포함되는데, 이는 동기화, 훈련, 감독, 평가, 징계 등 인사관리 부서는 이러한 업무의 전부 또는 일부를 담당하고 처리한다.

5) 통제(controlling)

통제는 그 절차가 조직의 목표를 달성하는데 크게 도움을 주게 되며 다음은 인적자원관리부서의 주요한 기능이 된다. 이에는 업무수행의 표준, 업무수행의 평가 및 교정 작업의 필요성 여부를 결정하기 위해 업무수행의 표준과 실제 수행 간의 비교가 필요하다.

6) 평가(evaluating)

평가는 기획과정에서 설정된 호텔의 목적(goals)이 충족되었는지의 여부를 결정한다. 종사원들의 직속 상사는 그들을 평가하고 인사부서는 평가표준(evaluation criteria)을 개발하여 평가기록을 관리한다.

02 호텔 인적자원의 채용관리

채용관리는 인적자원관리의 기점이다. 기업 활동에 필요한 직무에 적합한 자격요건을 갖춘 사람을 계획적으로 수급하는 채용은 호텔기업의 본질이 전적으로 인적 서비스에 의존한다는 것이다. 호텔 종사원의 모집에서부터 선발, 배치, 전환, 이직에 이르는 일련의 관리활동을 말한다.

종사원의 모집은 광고를 통해서 지원 신청서를 받은 후 지원자 중에서 호텔조직에서 필요로 하는 직무에 가장 적합한 자질을 갖추었다고 판단되는 인력을 선별하는 것이다. 많은 지원자들 중에서 우수한 인력을 뽑기 위해서는 여러 가지 단계를 거쳐서 평가하고 면접을 통해서 최종적으로 고용할 인재를 결정하는 과정이다.

호텔에서의 인적자원은 고객과의 접점에서 중요한 업무를 수행하며 고객만족에 직접적인 영향을 미치게 되는 요소로서 채용에서부터 신중하게 검토해야 할 부분이다. 채용계획은 수요예측과 공급분석 및 수요와 공급의 균형이 이루어져야 하며 경제상황과 변수들을 고려하여 계획을 수립하여야 한다.

채용관리의 기본 업무를 수행하기 위해서는 직무의 특성에 따라 요구되는 능력을 파악하고 필요한 인원을 산정해야 한다.

채용관리의 범위는 다음과 같다.

- 전체적으로 필요한 종사원의 인원 수 파악
- 부문별 직무에 부족한 종사원의 인원 수 파악
- 담당업무에 요구되는 명확한 능력 과 수준 파악
- 필요한 종사원의 선발에 따른 일정기준 등

Case Study

"직원 뽑을땐 5단계 면접… 결국 사람이 답"

럭셔리 호텔의 대명사 '포시즌스 호텔&리조트'를 설립한 이저도어 샤프 회장은 숙박업의 본질을 꿰뚫는 직관을 발휘해 고객 서비스 개선에 힘써 왔다. 샤프 회장은 "각 시장의 특성에 맞는 고객 친화적 서비스를 선도적으로 도입해 차별화에 성공했다"고 말했다.

현재 41개국에서 101개의 호텔 및 리조트를 거느리고 있는 '포시즌스 호텔&리조트'는 럭셔리 호텔 브랜드의 대명사로 통한다. 지금은 거의 모든 호텔이 도입해 호텔 업계의 표준이 된 호텔 내 피트니스센터 도입, 24시간 룸서비스, 다림질 서비스 등이 모두 이 호텔 브랜드가 처음으로 도입한 것이다. 미국의 경제 전문 매체 포브스가 선정하는 '일하고 싶은 기업'리스트에 16년 연속 이름을 올렸고 고객 서비스로도 정평이 난 덕에 서비스 마케팅 관련 학계 및 럭셔리 업계가 주목하는 브랜드 중 하나로도 꼽힌다.

1960년 캐나다 토론토 중심부의 도심 슬럼인 자비스 가에 문을 연 첫 호텔을 필두로 호텔 업계의 서비스 혁신을 주도해 온 포시즌스 창업자 이저도어 샤프 포시즌스 호텔&리조트 회장(86)의 방한 인터뷰가 DBR(동아비즈니스리뷰) 219호(2017년 2월 2호)에 실렸다. 샤프 회장은 "직원과 고객, 즉 사람을 비즈니스의 중심에 둔 것이 브랜드 성공의 비결"이라고 말했다.

한국은 무려 20년 만에 방문한 것으로 안다. 이렇게 오랜만에 한국을 찾게 된 이유는 무엇인가.

"20년 전에 새로운 사업 기회를 찾기 위해 한국을 찾았고, 여러 업체를 만났다. 하지만 성공적이지 못했다. 새로운 도시에 진출할 때 제일 중요하게 생각하는 것은 진출 시기가 아닌 제대로 된 상품을 갖출 수 있는지 여부다. 일찍이 광화문을 눈여겨봤지만 파트너나 장소 모두 마땅치 않았다. 뒤늦게 좋은 파트너를 만나 전격적으로 호텔을 세우게 된 것이다. 호텔 사업에서 가장 중요한 요소 중 하나는 위치다. 최적의 조건을 찾기 위해선 인내심이 필요하다는 사실을 과거 다양한 경험을 통해 뼈저리게 느꼈다. 비즈니스를 할 땐 빠른 결정도 중요하지만 '기다림'도 못지않게 중요하다."

직원 교육 역시 훌륭한 서비스를 유지하기 위한 비결인가.

"물론 교육이 도움이 될 수는 있다. 하지만 가장 큰 비결은 '제대로 된 인재'를 엄선하는 능력이다. 한마디로 우리는 교육이 아닌 채용 프로그램이 좋은 기업이다. 따라서 직원을 채용할 때 성격과 태도를 가장 많이 본다. 누구에게든 훌륭한 웨이터가 되는 '기술'을 가르칠 순 있지만 타고난 '태도'를 가르칠 수는 없다. 이러한 태도를 갖춘 인재를 뽑기 위해 우리는 말단 직원에서 총지배인에 이르기까지 누구든 다섯 단계의 인터뷰를 거쳐 채용되도록 한다. 결국 사람이 답이다."

처음부터 고객 서비스를 핵심 가치로 생각한 이유는 무엇인가.

"캐나다라는 호텔 산업의 변방 국가에서 맨손으로 사업을 시작하다 보니 주요 시장에 진출할 때마다 이미 뿌리를 내리고 있던 거대한 경쟁자들과 정면 승부를 펼칠 수밖에 없었다. 럭셔리 호텔이지만 대체로 규모도 더 작고 후발 주자였던 브랜드로서 이들과 차별화하는 방법은 고객들이 '제2의 집'이라고 느낄 만한 서비스였다. 지금은 웬만한 5성급 호텔들은 모두 갖추고 있는 컨시어지 서비스를 미국에 도입한 것도 포시즌스가 최초였는데 이런 특화된 서비스가 오피니언 리더와 부유층의 마음을 사로잡은 것 같다. 미국의 '워싱턴 포시즌스'는 런던에서 이미 운영 중이던 컨시어지 서비스를 도입한 첫 사례였는데 이를 위해 경험이 풍부한 매니저를 고용해 컨시어지 데스크에 앉혔다. 그는 로비의 프런트데스크 주변에 앉아 단골손님을 먼저 알아보고 인사를 했고, 구하기 힘든 공연이나 스포츠 관람 티켓도 구해 줬다. 컨시어지 서비스는 이 호텔이 초창기부터 큰 성공을 거둘 수 있게 해준 중요한 요인이 됐다."

호텔업은 최근 한국에서도 이슈가 된 감정노동 수위가 높은 영역이다. 직원들의 감정노동을 어떻게 관리하고 있나.

"나는 모든 인간은 자신이 받은 만큼 상대방에게도 똑같은 친절과 호의를 베푼다고 믿는다. 회사 내에서도 상급자가 부하 직원을 함부로 대해 감정노동 수위를 높이는 경우가 많은데 특히 호텔리어가 이런 스트레스를 상사 또는 동료를 통해 받게 된다면 고객들에게도 웃는 얼굴을 보이기가 쉽지 않을 것이다. 매니저들에게는 혹시 부하 직원을 꾸짖을 상황이 생기더라도 '칭찬은 모두 앞에서, 비난은 개인적으로'란 미덕을 지키기 위해 노력할 것을 강조한다."

당신은 호텔 업계의 표준을 만든 혁신가로도 유명하다. 혁신의 원동력은 무엇인가.

"혁신에서 가장 중요한 것은 그 대상을 찾는 일, 즉 '누구를 위한 혁신인가'를 고민하는 것이다. 호텔 운영에서 가장 중요한 이해 당사자는 고객이라고 생각했다. 고객들이 사무실과 집을 떠난 제3의 공간에서 어떤 경험을 원할까를 끊임없이 고민했다. 혁신이 꼭 대단한 발명일 필요는 없다. 1960년대, 내가 호텔 사업을 처음 시작할 때는 침대를 차별화 요소로 내세우는 호텔이 많지 않았다. 하지만 나는 '세계에서 가장 편한 침대'를 찾기 위해 애썼다. 이제 포시즌스 하면 편안한 침대를 떠올릴 정도로 우리 호텔의 대표 서비스가 됐는데 고객이 기대하는 바를 간파한 결과가 아니었을까 자부한다. 또 이것이 럭셔리의 본질이기도 하다. 그저 화려하고 비싼 것이 아닌, 나를 가장 잘 이해하고 내 불편을 해결해 주는 것이 사람들이 기대하는 '사치'아닐까."

최근 포시즌스 본사에 수면 습관을 연구하기 위한 리서치 센터를 설립했다.

"여러 국가에서 포시즌스 브랜드의 호텔을 운영하다 보니 고객들에게 최고의 편안함을 제공하는 브랜드의 핵심 가치가 잘 지켜지는지 점검해 보고 싶었다. 침대에서부터 베개, 새로 들인 커피 머신, 직원들이 입게 될 유니폼을 비롯해 호텔 내에서 고객들이 접하게 되는 다양한 요소들을 실험하고 전 세계 직원들이 실제 체험한 뒤 의견을 나눌 수 있는 일종의 연구개발 공간이 필요하다고 판단했다. 새로운 혁신을 위한 실험 공간이라고 생각하면 될 듯하다."

많은 호텔리어들이 당신을 멘토로 삼고 싶다고 꼽는다. 당신의 멘토는 누구였나.

"나는 유대인 난민 출신인 가난한 이민자 가정에서 태어났다. 핍박을 피해 캐나다에서 살 수 있게 된 것 자체가 '선물'이었다. 강인한 생활력과 정신력을 가진 부모님에게서 많은 교훈을 얻을 수 있었다. 부모님은 한 번도 "1등을 하라"는 말을 하지 않았다. 내가 하고 싶어 하는 것들을 말없이 지지해 줬고, 작은 일도 스스로 결정하도록 했다. 이를 통해 나는 내가 스스로 고심한 결정이 믿을 만할 것이라는 자신감을 갖게 됐다. 그리고 '사람들이 당신을 대해 주길 원하는 방식으로 직원들을 대하라'는 것을 조직 내 '골든 룰'로 삼게 된 것은 쉽게 만들어진 캐치프레이즈가 아니다. 부모님이 주신 평생의 가르침이 반영된 결과다."

자료: 동아일보 2017.02.27.

1. 채용계획

호텔 종사원의 채용계획은 질적·양적으로 필요한 인원을 선발하는 것으로 소수정예주의를 추구하는 것이 원칙이다. 최소의 투입으로 최대의 만족을 얻는 것이 채용에 있어서 최선의 방법이다.

채용계획에 있어서 갖추어야 할 요건은 다음과 같다.

- 장기적 인력수급 상황을 분석하여 필요로 하는 노동력을 질과 양의 측면을 고려하여 신중하게 계획하고 선발하여야 한다.
- 필요하지 않은 인력을 채용하지 않는 방법을 모색(외부의 인력파견 또는 기계화나 업무의 간소화를 통한 인력감축 효과) 해야 한다.
- 정기 채용계획과 부정기 채용계획 및 신입자와 경력자의 채용계획을 장·단기적으로 세운다.
- 신규채용이나 중도채용과 관련한 인건비의 지출과 관련된 계획을 세운다.

신규 채용의 계획도 중요하지만 현재 종사하고 있는 인력의 관리는 더욱 중요하다. 종사원의 복지혜택과 직무만족, 적성 등의 불만으로 조기 퇴직할 우려가 있으므로 이와 관련해서 미리 예방할 수 있는 조치 또한 필요하다.

2. 채용 방법

합리적인 채용이 이루어지기 위해서는 필요한 인원과 능력에 맞는 인력 수급을 합리적으로 결정하여야 한다. 합리적인 결정을 하기 위해서는 종사원의 직무분석, 시간과 동작연구에 의한 표준작업량 등을 기초로 하여 정확한 직무분석이 이루어져야 한다. 호텔기업에서 필요한 인력을 채용하는 방법에는 호텔의 직원이 볼 수 있는 게시판이나 공문형식으로 해서 사내채용을 하는 경우와 대중매체를 통한 외부채용의 형태가 있다. 대기업인 경우에는 그룹공채나 계열사별 공채로 선발하여 배치하는 경우가 있다.

1) 사내채용

사내채용의 경우 신규사원 채용과 전직, 직무순환, 재고용의 인력이 필요한 경우이다. 신규인원 채용의 형태에는 소수의 인원 보충이나 직원의 추천 그리고 비정규직 인원을 정규직으로 전환하는 경우에 사내채용을 실시한다. 그리고 정규 직원의 전직, 승진 등으로 인하여 인력이 필요한 자리에 충원하는 형태가 있다.

내부 승진(promotion)을 통한 장점은 조직의 구성원으로서 조직의 목표 및 경영방침, 분위기 등을 이미 잘 알고 있으므로 직무에 빨리 적응할 수 있으며 직원들 간의 업무협조를 쉽게 이끌어낼 수 있다. 또한 다른 직원들의 사기를 높일 수 있는 계기가 됨으로 인해서 맡은 업무를 더욱 성실히 수행할 수 있게 된다.

단점으로는 승진에서 누락된 대상자는 업무의 효율성을 떨어뜨릴 수 있게 되며, 승진과 관련된 경쟁으로 인해 조직의 분위기가 좋지 않게 될 수 있다.

내부승진에 관한 것으로는 전직, 직무순환, 그리고 재고용으로 구분된다.

- 전직(transfer)은 내부 직원을 대상으로 하여 적임자를 선택하는 방법이다.
- 직무순환(rotation)은 다른 업무에 종사하던 직원에게 자리를 옮겨 인원이 필요한 업무를 맡기는 것으로 경험을 확대할 수 있는 것으로 능력개발에 도움이 된다.
- 재고용(rehire)은 퇴직 당시 근무 성적이 우수했던 직원을 재고용함으로써 업무 적응 능력을 높여 업무의 공백으로 인한 손실을 없애고자 하는 방법이다.

2) 사외채용

사내에 적합한 인적 자원이 없거나 대규모의 인력이 필요할 경우 사외채용을 실시하게 된다. 사외채용 공고는 자사의 홈페이지, 취업알선기관, 업체교육기관, 관련학과 대학, 신문, 잡지, TV 등에 의한 광고 등으로 모집하게 된다.

호텔마다 채용하는 과정은 기업의 특성에 따라 자사에 적합한 선발과정과 직무를 잘 수행할 수 있는 평가방법을 동원하여 실시하게 된다.

사외채용의 일반적인 방법으로는 다음 순서로 선발하고 있다.

서류전형(입사지원서, 자기소개서 등) → 직무적성검사 → 어학시험 → 면접(1차, 2차) → 신체검사 → 채용

대기업의 경우에는 그룹공채를 실시하여 고급 인력을 수급하기 위하여 더욱 강화된 선발과정으로 실시하게 되며, 각 계열사에 적절한 인력을 분배하여 고급 인력을 공급하는 형태를 가지고 있다.

표 9-1 사내채용과 사외 채용의 장·단점 비교

	사내 채용	사외 채용
장 점	• 비용 절약 • 시간 절약 • 정확한 능력 평가 • 승진자의 사기 앙양 • 승진 대상자의 사기 진작 • 능력개발 강화	• 새로운 정보 입수 • 사내 분위기의 활성화 • 새로운 관점
단 점	• 승진과 관련한 과당경쟁 • 모집범위의 제한 • 일률적인 조직 분위기 • 승진 누락자의 사기 저하	• 내부인력의 사기 저하 • 부적격자 선발의 위험 • 내부 직원과의 불화

03

직무 관리

1. 직무관리의 개념

직무관리는 직무를 체계적으로 정비하고 그에 적합한 인적자원을 모집, 선발, 배치하며, 각자의 직무에 상응하는 대우를 받게 하고 그들이 보람을 가지고 일할 수 있도록 직무를 분석·평가·설계하는 것을 의미한다.

호텔의 규모가 대형화되고 복잡해지게 되면서 많은 직무가 생기게 되었다. 특히 호텔기업은 인적의존도가 매우 높기 때문에 조직의 각 구성원들에게 일정한 직무를 부여하고, 그 직무들이 호텔 전체의 목적을 달성할 수 있도록 적절하게 조정, 통합하는 것이 중요하다.

호텔 인사담당자는 인적자원 각자의 직무에 적합한지를 체계적으로 분석하고 평가하고 있어야 되며 이를 활용하여 적재적소에 배치하는 것이 중요하다. 이를 위해서는 먼저 종사원 개개인의 직무분석(job analysis)이 정확하게 이루어져야 하며, 직무분석의 결과를 잘 활용하기 위해서 직무기술서(job description)와 직무명세서(job specification)라는 두 가지 양식을 기록하게 된다.

직무분석의 결과를 토대로 하여 각자의 직무가 그 조직 내에서 가지는 상대적 가치를 과학적으로 분석, 평가하기 위한 직무평가(job evaluation)의 과정이 필요하다. 인적자원의 본질은 직무의 관리, 그 중에서도 직무분석으로부터 출발해야 한다.

직무관리는 직무를 통해 유효한 성과를 산출하려는 제반 인적자원 관리활동의 기초가 되므로 직무관리는 조직 경영환경의 변화에 맞추어 수행되어야 한다.

2. 직무분석(Job analysis)

직무분석은 종사원의 채용, 배치, 이동, 승진, 승급 등 인사관리 활동의 효율적 수행에 필요한 직무의 정보자료를 수집하는 과정이라고 할 수 있다.

직무분석은 종사원이 맡고 있는 직무의 내용과 직무를 수행하는데 있어서 필요한 요건에 관한 정보자료를 수집하고 분석하는 과정이다.

직무분석을 하는 목적은

첫째, 종사원의 채용, 배치, 이동, 승진 등의 주요 기준을 제시하는데 적용된다.

둘째, 종사원의 교육훈련과 능력을 개발하여 업무를 수행하는데 있어서 효율적으로 활용하려는데 있다.

셋째, 각 개인 종사원의 직무를 정확하고 종합적으로 평가한 다음 등급을 분류하여 인사고과의 기초자료로 활용한다.

넷째, 직무평가의 결과는 승진의 결정적인 자료로 이용하고, 성과급과 상여급 산정 그리고 연봉을 협상하는데 결정적인 역할을 하게 된다.

다섯째, 직무분석 자료를 중심으로 업무개선을 할 수 있으며, 업무의 적정배분을 통하여 업무분담의 적정화를 하는 역할을 한다.

1) 직무기술서와 직무명세서

(1) 직무 기술서(Job description)

직무 기술서는 직무분석의 결과에 의하여 그 직무의 내용, 성격, 수행방법 및 직무에 기대되는 결과 등을 간략하게 정리해 놓은 서식으로 직무해설서라고도 한다. 이것은 직무의 능률적인 수행을 위하여 직무분석의 결과, 그 개선점을 고치고 정리한 후 그 요점을 기술한 문서를 말한다.

직무기술서는 종사원이 맡고 있는 업무를 분석하기 위한 것이며 그 업무를 맡고 있는 종사원을 평가하고자 하는 것은 아니다.

(2) 직무명세서(Job specification)

직무명세서는 특정한 직무를 만족스럽게 수행하는데 필요한 작업자의 지식, 기능, 능력 및 기타 특성을 기술해 놓은 문서를 말한다.

직무명세서는 그 직무 자체의 내용을 파악하는데 초점을 둔 것이 아니라 직무를 수행하는 사람의 인적 요건에 초점을 맞춘 것이다.

2) 직무평가(Job evaluation)

직무평가는 기업이나 기타 조직에 있어서 각 직무가 지니고 있는 상대적 가치를 체계적으로 평가하고 결정하는 과정이다.

직무평가는 직무기술서 또는 직무명세서를 기초로 하여 작성되어진다.

직무평가제도는 호텔 내의 임금체계와 형태를 확립하고 인적자원관리 전반의 합리화를 기하는데 그 목적이 있다.

직무평가는 다음과 같은 특징이 있다.

첫째, 동일한 노동시장에서 유사 기업과 비교하여 사내 임금체계를 합리화하는데 있다.

둘째, 임금조건의 불공평성, 불규칙성을 제거함으로써 종사원들의 불평을 최소화하는데 목적이 있다.

셋째, 임금관리를 단순화하는데 있다.

넷째, 각 직무에 적합한 종사원을 적절하게 배치하는데 있다.

다섯째, 조직 내의 인사이동과 승진 등을 결정하는 기준으로 사용하게 된다.

직무평가의 기본 요소로는,

- 숙련요소 -교육, 지식, 경험, 판단력 등
- 노력요소 -육체적 노력, 창의성, 기타 정신적 긴장 등
- 책임요소 -감독책임, 설비책임, 원재료 책임 등
- 작업조건 -작업환경 등

3) 직무설계

직무설계는 조직의 효율적 업무 수행을 위해 각 직무의 구체적 내용, 직무수행 방법, 조직 내 다른 직무들과의 연계성 등을 설계하는 것을 말한다.

직무설계의 목적은 기업조직에 속한 모든 계층의 구성원들에게 직무에 대한 의미와 만족을 부여하여 직원의 동기부여 및 사기진작과 조직 전체의 생산성 향상을 도모하는데 있다.

3. 인사고과 관리

인적자원의 계획은 확보하고 있는 인력을 효율적으로 운영, 관리하기 위한 노력이 필요하다. 이를 위해서 인사고과제도를 통한 자사에 적합한 체계적인 평가제도를 정립시켜서 적절한 인재를 적재적소에 배치할 수 있도록 하여 직무만족을 느껴 애사심을 가질 수 있도록 해야 한다.

인사고과는 종사원의 직무수행 성과를 측정하는 제도로서 종사원의 실천능력, 업적, 성격, 적성, 장래성 등을 평가하는 것을 의미한다.

1) 인사고과

인사고과는 직원의 태도, 성격, 적성 등을 판정하여 직원의 직무수행 성과를 측정하고 능력을 개발하는 제도이다. 또한 종사원 개개인의 업무능력과 수행정도를 객관적으로 평가하여, 그에 적합한 업무를 수행할 수 있도록 적절하게 배치하는 것이 중요하다.

인사고과의 의의는 다음과 같다.

첫째, 인사고과는 조직 내의 종사원을 대상으로 평가하는 것이다.

둘째, 인사고과는 사람과 사람을 대상으로 하는 것이 아니고 사람과 직무와의 비교를 원칙으로 한다.

셋째, 인사고과는 상대적 평가를 원칙으로 이루어진다.

넷째, 인사고과는 객관성을 높여 투명한 평가로 이루어져야 한다.

2) 인사고과의 목적

인사고과의 목적은 기업 경영에 있어서 종사원의 가치를 객관적이고 정확하게 측정하여 합리적인 인적자원관리의 모든 결정에 기초를 부여하게 된다.

그 결과로 종사원의 노동력을 향상시키고 동기유발을 형성케 하는데 있다.

인사고과는 종사원의 상벌결정에 중요한 자료로 활용되고, 종사원의 성격과 능력에 따라 적합한 직무내용과 환경을 모색하는 계기를 만들어 주게 된다.

인사고과의 궁극적인 목적은 조직구성원의 능력과 업무의 성과를 더욱 향상시킬 수 있도록 하는 것이다. 일반적인 인사고과의 목적은 다음과 같다.

(1) 인적자원의 계획 수립

종사원이 직무를 수행하는데 있어서 필요한 기술과 자격을 결정하는데 중요한 역할을 하고 있다. 인적자료에 대한 정보를 제공하여 합리적인 인적자원계획을 수립하기 위해서 인사고과가 필요하다.

(2) 직무배치

인사고과는 종사원의 업무능력과 적성에 맞는 직무를 수행하는데 있어서 중요한 역할을 한다. 인사고과를 통하여 종사원 개개인의 업무능력을 향상시키고 업무에 맞는 직무에 배치하기 위한 자료로서 활용하게 된다.

(3) 인력개발

인사고과는 종사원의 능력을 정확히 파악하여 인력개발 과 경력개발을 함양시키는데 필수적인 자료로 활용하게 된다. 종사원 개개인의 강점과 약점을 평가하고 이를 지속적으로 강화하고 보강할 수 있도록 한다. 이를 참고로 하여 교육훈련과 실무경험을 쌓아서 자기계발을 할 수 있도록 한다.

(4) 조직개발 과 근로의욕 증진

인사고과를 통하여 기업과 종사원간 직무의 조건적 결함을 찾아내고 이를 개선할 수 있는 계기를 마련하게 된다. 이와 동시에 공정한 평가로 인한 결과로 공정한 보상이 이루어지게 됨으로서 직무를 수행하는데 있어 근로의욕이 향상된다.

4. 인사이동관리

1) 인사이동의 의의

인사이동관리는 종사원이 호텔기업에 고용되어 특정한 직무에 배치된 후, 그의 능력이나 직무내용의 변화 또는 기업운영상의 다양한 변화여건에 따라 수직적, 수평적 변화를 가져오게 되는 절차상의 의미이다.

호텔에서의 인사이동은 인력과 직무 사이에 적합성의 결여 즉 양자간에 부적합성이 발생하였을 때 지체 없이 이루어져야 한다.

기업의 적합한 절차에 의해서 선발된 인적자원은 합리적인 방법에 의하여 적재적소에 배치하는 것이 효율적이다. 하지만 많은 기업들은 합리적으로 채용한 인재를 배치와 이동에 있어서 인사의 결과와는 상관없이 불합리한 방법으로 배치나 이동을 하는 경향이 있다.

배치(placement)는 인적자격과 직무요건을 적합하게 하는 것으로 개인이 가지고 있는 능력과 직무요건에 맞는 이동 또는 배치하는 것을 말한다.

배치전환(transfer)은 현재 담당하고 있는 직무가 급여수준이나 지위, 위신, 소요기능, 책임 면에서 크게 차이가 없는 다른 직무로 이동하는 수평적인 이동을 말한다. 아무리 합리적인 채용방법과 적재적소에 배치한 종사원도 일정기간이 지나면 권태나 능력의 변화가 일어나는 경우가 있다. 따라서 정기적으로 종사원의 능력, 근무태도, 업적 등을 재평가하여 승진, 강등, 전보 등의 전환이 필요하다.

2) 인사이동의 목적

종사원의 배치와 이동을 하기 전에 개개인의 직무내용을 명확히 하여 개인의 능력, 특성, 업적 등을 과학적으로 평가하여 이루어져야 한다. 유능한 소질을 가진 인재를 육성하게 되면 기업의 생산성 향상과 기업에 대한 공헌도를 높이게 된다. 이는 본인에게도 일에 대한 보람이나 자부심을 가질 수 있어 맡은 일에 대한 책임감을 가지고 보다 효율적인 성과를 얻을 수 있다.

인사 시스템에 대한 불공정성과 신뢰성, 능력에 대한 요소들이 반영되지 못하게 되면 종사원의 사기가 떨어져 불평, 불만으로 이어지게 된다. 이는 우수 인재들이 외부로 빠져나가게 되는 것을 초래하여 기업에 있어서 엄청난 손해를 끼칠 수 있다. 인사이동의 목적은 다음과 같다.

(1) 적재적소 배치

종사원의 업무배치가 적성이나 능력, 직무요건에 부합하도록 이루어지지 못하였을 경우 근무평점이나 능력평가 등에 의하여 적재적소의 배치를 실시해야 한다.

(2) 직무전환을 통한 효과적인 인재육성

호텔 기업이 필요로 하는 인재는 실무경험을 통하여 육성해야 하며, 여러 가지 직무내용을 파악하여 직무의 능력을 다기능화 할 수 있도록 해야 한다.

(3) 조직 활동의 활력소 역할 과 근로의욕 향상

인사관리의 정체와 동일한 직무를 오랫동안 수행할 경우 능력의 퇴보나 활력을 잃어 원활한 업무를 수행할 수 없는 경우가 많다. 이런 경우에는 새로운 업무를 맡기거나 타 업장으로의 이동을 하게 됨으로 인해서, 직장 내 활력소를 불러일으키고 새로운 업무에 적응하기 위한 근로의욕이 증진하게 된다.

(4) 공평한 처우개선

종사원의 능력과 업무 향상에 대한 보상으로 승진이나 승격을 하게 함으로서, 업무에 대한 전문적인 지식의 향상과 업무 신장을 할 수 있도록 하는 것이다.

인사이동의 목적은 우수한 인재를 양성하여 직급에 맞는 적격자를 지속적으로 공급할 수 있도록 하여 인적 능력을 효율적으로 활용하는데 있다. 또한 인사이동은 종사원의 승진욕구를 자극하여 사기를 높여 주는데 중요한 역할을 하며 동일직위의 정착화를 배제하고 종사원의 근무의욕을 고취시키는데 결정적인 역할을 한다.

04

교육훈련 관리

호텔기업들은 양질의 인재양성으로 최고의 서비스를 제공하기 위해 전략을 모색하고 다양한 프로그램과 교육훈련으로 인재양성의 기반을 구축하고 있다. 세계 유명호텔들의 경쟁이 심화되면서 호텔 경쟁력을 강화하여, 브랜드 명성을 높이고 성과목표를 달성하기 위해 노력하고 있다.

이를 위해서는 무엇보다 인적 서비스의 품질이 중요하다는 것은 의심할 여지가 없다.

1. 교육훈련의 개요

호텔기업의 특징은 다른 산업에 비하여 인적 서비스의 제공이 핵심적인 상품이다. 호텔기업에서 생산성과 경쟁력을 높이기 위해서는 전문성이 있는 인적자원 확보뿐만 아니라 호텔기업의 교육을 통한 기업에 적합한 인적자원 개발이 필수적이다.

종사원 교육훈련의 궁극적인 목적은 종사원의 지식, 기능 태도를 향상시키게 됨으로서 기업을 발전, 유지시키는데 있다. 이는 업무의 능률을 향상시키고 그것을 계속적으로 발휘할 수 있도록 인재를 육성하는 것이다.

호텔기업에서의 교육훈련은 종사원으로 하여금 그들의 서비스 정신자세를 확립시키고 서비스 기능, 기술 습득 등을 향상시켜 호텔의 지속적인 유지 및 발전을 도모하고자 하는 것이다. 종사원들의 자기계발 욕구를 만족시켜 자기발전의 기회를 스스로 발전시킬 수 있도록 하는 것이다. 교육훈련의 목적은 그 대상과 내용에 따라 달라질 수 있다.

기업 내에서 이루어지는 교육훈련의 공통적인 목적은 다음과 같다.

- 종사원의 만족도 증진
- 퇴직에 따른 비용 절감
- 업무수행에 필요한 지식과 기술수준 보급
- 교육에 따른 업무 효율성 증진
- 개발과 승진 기회 부여
- 직무만족

교육훈련의 효과에 대하여 피고스와 마이어(P. Pigors & C. A. Myers)교수는 다음과 같이 지적하고 있다.

- 입사교육 훈련으로 신규 정사원은 기업의 내용, 그 방침과 규정을 파악함으로써 친근감과 안심감을 가질 수 있다.
- 신입종사원은 직무에 대한 지도를 받아 질과 양 모두 표준에 달하게 하고 임금의 증가를 도모할 수 있다.
- 재해 및 기계설비 소모 등의 감소에 유효하다.
- 종사원의 불만과 결근, 이동을 방지할 수 있다.
- 내부 이동시에 대비하여 다기능, 승진에 대비한 능력향상을 도모할 수 있다.
- 새로 도입된 신기술에 대해 종사원의 적응을 원활히 한다.

호텔 내 교육훈련은,

첫째, 종사원에게 지식과 기능을 전달하여 역량 있는 인재를 육성하여 기업의 기술축적과 종사원 능력을 향상시키기 위한 것이다.

둘째, 종사원의 발전을 위한 동기를 유발하여 자아실현을 추구하기 위한 것이다.

셋째, 교육훈련을 통하여 종사원의 직무만족과 사기를 높여서 업무의 효율성을 향상시킬 수 있다.

2. 호텔기업의 교육훈련

호텔기업의 교육훈련이 직무를 수행하는데 있어 만족에 기여하는 정도가 클수록 교육훈련의 유효성은 더욱 증가하게 된다. 또한 서비스 교육훈련이 실제

수행하는 업무내용에 직접적으로 도움이 되거나, 개인의 성장이나 발전 등에 도움이 되었을 때는 교육훈련의 효과는 더욱 증가하게 된다.

이에 대한 교육내용으로는 서비스 기본교육, 고객관계교육, 직무역량교육 그리고 개인비전에 대해 알아보도록 한다.

1) 서비스 기본 교육

호텔서비스는 고객과의 접점에 있는 종사원을 대상으로 정기적, 부정기적으로 서비스 교육을 실시해야 한다. 호텔을 이용하는 고객은 호텔의 시설, 인테리어 분위기 등의 요소도 중요하다고 생각하지만, 직접적으로 서비스를 제공하는 종사원의 친절, 미소, 서비스 등에 의해 서비스의 좋고, 나쁨을 결정하는 경우가 대부분이다. 따라서 종사원 개개인의 용모, 인사, 자세, 미소 등과 같은 고객응대에 필요한 서비스 기본 교육은 모든 종사원에게 습관적으로 표출할 수 있도록 하는 것이다. 서비스 교육만으로도 호텔기업의 이미지 향상과 종사원의 직무만족, 그리고 고객의 만족도는 향상된다.

2) 고객관계 교육

호텔기업과 고객과의 관계 관리는 중요하다. 하지만 종사원과 고객과의 관계는 이보다 더욱 중요하다. 왜냐하면, 고객은 종사원과의 교감과 의사소통 그리고 친절에 따라 호텔에 충성도 향상과 재 구매를 촉진하면서 잠재고객과 구전에 직접적인 영향을 미치기 때문이다. 따라서 종사원과 고객과의 긍정적인 유대관계를 형성하여 고객의 로열티를 높이게 된다.

종사원에게 고객과의 상황별 커뮤니케이션 스킬 교육을 통해 고객과의 유대감을 형성하고 고객의 취향과 정보를 수집하여 서비스함으로써 고객만족도를 높이게 된다. 고객관계 교육과 훈련으로는 커뮤니케이션 스킬, 고객관리, 고객불평관리 등이 있다.

3) 직무역량 교육

종사원들이 맡고 있는 직무에 충실할 수 있고 원활하게 수행할 수 있도록 교육하여야 한다. 개인별 직무역량을 상세하게 파악하여야 하며, 업무를 원활하게 수행하는 종사원에게는 보다 높은 업무를 부여하여 역량을 향상시켜 주어야 한다.

반면에 역량이 부족한 종사원에게는 부족한 역량이 적절한 수준에 도달할 때까지 지속적으로 교육을 실시하여야 한다.

직무역량에 필요한 교육과 훈련으로는 직무매뉴얼 교육, up-selling, cross-selling교육, 서비스 우수(실패)사례교육, Role play로 통한 서비스교육 그리고 업무에 필요한 외국어 교육 등이 있다.

4) 개인비전 교육

고객에게 서비스를 제공하는 호텔리어는 기계의 부속품이 아니다. 개인의 감정과 꿈, 비전 등을 가지고 있는 감정적인 사람이다. 따라서 호텔리어를 대상으로 한 기업의 철학, 경영정책, 기업의 비전 등을 설명하고 기업에 대한 종사원의 가치, 중요성 등을 명확하게 인식시켜야 한다.

호텔리어 개인의 비전과 자아실현을 달성할 수 있도록 기업이 적극적으로 지원하고 교육을 실시하여야 한다. 기업에 대한 확신과 개인에 대한 명확한 목표를 가지고 있으면 기업에 대한 충성도와 대고객 서비스에 전념을 다할 수 있을 것이다.

3. 교육훈련의 유형

1) 계층별 교육훈련

계층별 교육훈련으로는 일반근로자, 관리자, 감독자, 경영자 등으로 구분하여 직무계층의 수행에 따라 필요한 기술, 지식, 태도, 행동의 향상 및 개선을 위하여 실시하는 교육훈련이다.

서비스직 종사원에 대한 교육훈련은 현장실습에 필요한 지식, 친절교육, 고객응대스킬 등에 중점을 두어야 한다. 상위층으로 갈수록 리더십, 의사결정, 관리감독, 자기계발 능력에 집중하여 실시해야 한다.

신입사원 교육훈련은 입직훈련, 기초훈련, 실무교육 등으로 실시하여 기존사원은 업무능력을 높일 수 있는 교육훈련과 직무수행능력 향상 교육 그리고 서비스 교육등을 실시하게 된다.

2) 직능별 교육훈련

기업이 수행하는 직무기능을 중심으로 실시하는 교육훈련으로서 생산, 인적자원, 마케팅. 회계, 재무등과 같은 직능분야의 직무수행에 필요한 내용을 습득할 수 있는 교육훈련이다.

직능별 교육훈련으로는 직무직능에 따라 OJT, Off JT 으로 나누고 있다.

(1) 직장 내 훈련(OJT)

OJT(On the Job Training)는 직장내에서 훈련하는 방법으로 상사나 동료와 함께 실제로 업무를 하면서 배우는 것이다. 다시 말하면, 상사나 동료와 함께 일을 하면서 시키는 일을 수행하면서 배워나가는 것이다. OJT의 장점은 교육훈련의 비용이 적게 들고 짧은 시간 내에 빨리 배울 수 있다. 단점으로는 상사나 동료로부터 배우기 때문에 그들의 능력에 따라 배울 수 있는 능력의 한계가 정해져 있다.

(2) 직장 외 훈련(Off JT)

Off JT(Off Job Training)는 외부전문 교육기관에 의뢰하여 이루어지는 교육훈련으로서 강연회, 강습회 또는 실무교육 등을 실시하게 된다.

직장의 훈련은 신입사원뿐만 아니라 기존의 직원들을 대상으로 하여 정기적 또는 부정기적으로 실시하여 새로운 지식과 능력 그리고 외부환경의 트렌드를 파악할 수 있는 계기를 가질 수 있다.

05

복리 후생 관리

1. 복리 후생

복리후생(employee benefit and service programs)은 호텔기업이 그 직원들과 가족의 생활수준을 향상시키기 위하여 마련한 임금 이외의 간접적인 보상으로 기업이 종사원과 그 가족에게 제공하는 직접적인 보상인 임금 이외의 모든 보상과 서비스를 말한다. 복리후생제도는 호텔이 자체의 부담과 책임 하에서 마련하는 급부로서 직원의 확보, 유지를 원활하게하기 위한 것뿐만 아니라 경영공동체 형성의 기반으로서도 필요하다.

급부(benefit)는 건강 및 사고 관련 시 종사원의 보호와 장래 어느날의 상황 즉 퇴직, 고용종료, 또는 어떤 객관적 기준의 달성 시 종사원에게 소득을 제공해주는 퇴직소득, 고용보험, 의료보험 등의 기타 보상 요소들을 말한다.

종사원의 서비스는 어떤 종류의 종사원 수요를 충족시켜줌으로서 종사원 복지에 기여하는 유급휴가, 무급휴가, 주택지원, 의료서비스 등의 요소들로 종사원들로 하여금 보다 나은 생활양식을 향유하거나 혹은 고용비용을 최소화하면서 사회적이거나 개인적인 책무를 달성할 수 있도록 해준다.

종사원의 복지를 증진시킨다는 것은 오늘날 기업의 사회적 책임이기도 하다.

종사원의 복리후생은 생활보장적, 은혜(恩惠)적 시책의 성격을 지니고 있으며, 종사원에게 많은 혜택을 부여함으로서 경제적, 문화적 생활향상을 도모하여 고객만족에 최선을 다할 수 있게 하는 것을 목적으로 한다.

호텔기업은 복리후생의 목적을 달성하기 위해 종사원 근로조건의 개선으로 경제생활의 안정, 생활수준의 향상 등 종사원의 복지를 제공하는 것이다.

복리후생이 직원과 사용자에게 주는 이익은 다음과 같다.

표 9-2 복리후생이 주는 이익

직원에 대한 이익	사용자에 대한 이익
• 근로의욕과 사기가 높아진다. • 안정감이 향상된다. • 불만의 원인이 감소된다. • 경영자와의 관계가 개선된다. • 고용이 안정되고, 수입이 증가된다. • 건설적으로 참가하는 기회 등이 늘어난다. • 호텔의 방침 및 목표에 대한 이해가 증진된다.	• 생산성 향상과 원가절감이 이루어진다. • 팀워크가 높아진다. • 결근, 지각, 사고, 이직이 감소된다. • 인간관계가 개선된다. • 채용, 훈련비용이 절감된다. • 직원과 건설적으로 일할 기회가 많아진다. • 호텔의 방침, 목표를 알릴 기회가 많아진다. • 호텔을 홍보할 기회가 늘어난다.

자료: 이순구, 서원석, 2010: p. 215.

1) 복리후생 관리의 목적

호텔 기업의 치열한 시장경쟁속에서 생존하기 위해 종사원의 복지를 시행하고 있으며 그로 인하여 호텔 기업의 이윤을 창출하기 위한 것은 당연한 것이다.

오늘날 호텔기업 복지의 목적은 종사원의 종합적 복지의 확립이 되는 것으로 파악하고 그것에 의해 종사원의 근로 의욕을 고취시키고자 하는 것이다.

노동조합은 호텔기업의 복지가 강화되면 본인의 조직기반과 단체교섭에 전념할 수 있게 되며, 종사원은 고객만족의 극대화를 하기 위해 최선의 노력을 다하게 될 것이다.

복리후생의 증진은 호텔과 노사 간의 상호이익을 가져오게 된다. 이에 따라 호텔의 생산성이 제고되며 종사원의 생활을 향상시키는데 지름길이 된다.

2. 복리후생의 기능

복리후생은 종사원에게 다음과 같은 다양한 기능을 하고 있으며, 이는 결국 기업에게도 좋은 영향을 미치게 된다는 것이다.

(1) 생활안정의 기능

호텔 기업이 직원에게 보상을 하는 목적으로는 근로의욕을 증진하고 생활 안정을 도모하여 맡은 업무를 성실히 수행할 수 있도록 하기 위함이다.

종사원의 임금이 직접적인 기능을 한다고 하면 복리후생은 간접적이고 부가적인 보완기능을 한다. 기업이 종사원과 그 가족의 최저생활을 할 수 있도록 보장해주고 각종 사회복지 서비스를 최대한 제공해줌으로서 그 기업이 사회적, 윤리적 책임을 다하는 유익한 기업으로서의 이미지와 공중관계를 개선시킬 수 있다.

(2) 노동력 유지의 기능

직원들의 이직률이 많은 주요한 이유는 생활의 불안정과 안정적인 직장을 원하는 사람들이 대부분이다. 복리후생을 강화하고 안정적인 직장 분위기를 유지할 수 있게 함으로써 노동력을 유지함과 동시에 우수인재를 지속적으로 확보할 수 있게 된다.

(3) 인간관계의 기능

임금은 직급과 개인적인 비교를 통하여 차등지급의 형태를 취하고 있는 개인적인 노력에 의한 것이지만, 복리후생은 단체지급의 성격과 동일한 혜택을 제공하기 때문에 직원 모두가 평등한 대우를 받는다는 인식을 가지게 된다.

(4) 협조적 노사관계조성의 기능

복리후생은 직원을 배려하는 차원에서 지급하는 것이므로 직원의 업무향상은 물론이고 노사관계에서도 원활한 협조로 이루어질 수 있다. 미국의 기업들을 대상으로 한 조사에서, 복리후생제도를 도입한 목적으로 우수한 종사원의 유인, 이직률 감소, 종사원 동기부여, 그리고 노조결성방지의 효과를 위해서 라고 하였다.

우리나라의 경우 1996년에 한국경영자 총협회에서 조사한 결과는 국내 기업들의 복리후생제도의 목적으로 '생산성 향상'이 51.1%로 가장 높았으며, 노사관계 안정이 29.9%, 고용안정과 인력난 해소가 16.3% 등으로 조사되었다. 이러한 결과는 미국 기업들과는 대조적으로 우리나라의 많은 기업들이 복리후생제도의 도입을 생산성향상과 연계시키고 있음을 알 수 있다.

3. 복리후생의 유형

복리후생의 유형은 그 시행주체와 법적 강제성 여부에 따라 다양하게 분류할 수 있다. 기업의 복리후생은 일반적으로 법적 복리후생과 법정 외 복리후생으로 분류한다.

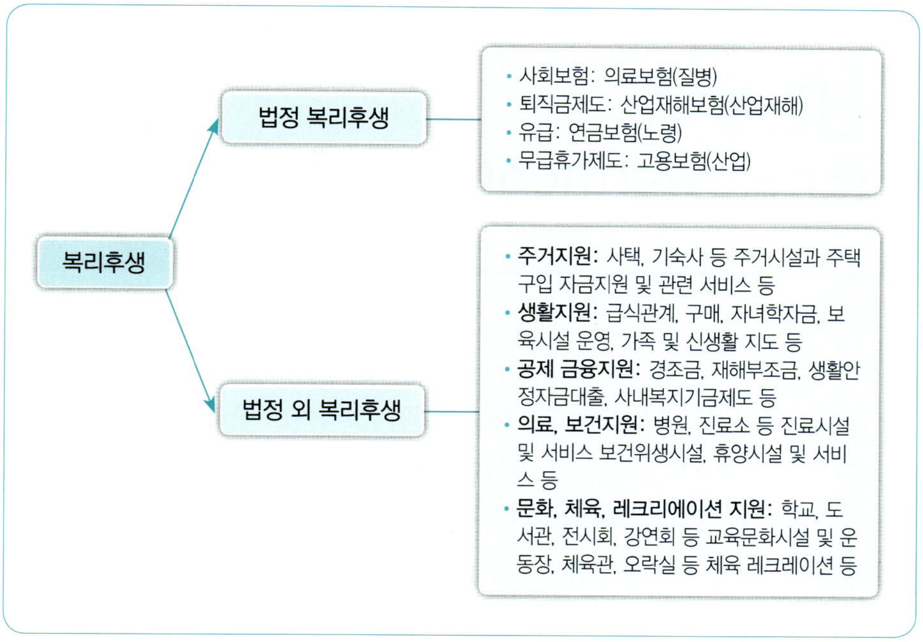

그림 9-1 복리 후생의 유형

1) 법정 복리후생

법정 복리후생은 국가의 사회보장정책의 일환으로 기업에 벌률로서의 실시를 강제함으로써 의무화된 복리후생을 말한다. 기본적으로 종사원들의 안정 및 욕구를 충족시키는데 초점을 두고, 직장이나 일상생활에서 당면하는 사회, 문화적 생활을 유지할 수 있도록 하는데 그 목적이 있다.

우리나라에서는 사회보험제도로 의료보험, 산업재해보상 보험, 연금보험, 고용보험 등이 실시되고 있으며, 퇴직금제도와 유급휴일, 휴가제도도 법정복리 후생제도로 시행되고 있다.

2) 법정 외 복리후생

법정 외 복리후생은 국가의 법률에 의하지 않고 기업이 자발적으로 실시하는 복리후생이다. 법정 복리후생이 국가의 사회보장차원에서 법률에 의해 강제적, 의무적으로 주어져서 기업 간에 큰 차이가 없는 반면, 법정 외 복리후생은 기업의 특성과 여건 등에 따라 기업이 자발적이고 추가적으로 실시하는 것이므로 기업마다 그 내용과 정도가 다양하다.

06

권한부여 (Empowerment)

임파워먼트란 실무자들의 업무수행 능력을 제고시키고 관리자들이 지니고 있는 권한을 실무자에게 권한을 이양하여 그들의 책임 범위를 확대함으로써, 종사원들이 보유하고 있는 잠재능력 및 창의력을 최대한 발휘하도록 하는 방법이다.

종사원들에게 권한을 위임함으로 인해서 자신이 하는 일에 대한 자부심을 가지게 되고, 고객의 불평이 발생하였을 경우 자신의 능력 내에서 즉각적으로 해결하게 되었을 때 불평한 고객이 충성고객으로 전환할 수 있는 영향을 미칠 수 있다.

1. 임파워먼트의 개념

1980년대 이후 경기침체에 따른 기업의 생존전략으로 조직구성원들을 더욱 일에 몰입시키며, 변화와 성과를 추구하여 기업의 혁신과 도약을 도모하는 수단으로 사용하였다.

임파워먼트의 정의는 Conger & Kanungo(1988)는 조직구성원을 무기력하게 만드는 여건을 파악하여 공식적 또는 비공식적 방법에 의해 제반 여건을 개선시킴으로서 조직구성원들에게 자기 효능감(self-efficacy)을 고양시켜주는 과정이라고 하였다. 대부분의 기업들 사이에서는 단순히 권한이양을 지칭하는 용어로 이해하거나, 자율경영 등을 지칭하는 용어로만 오인하는 경우가 빈번하게 이루어지고 있는 경향이다.

임파워먼트는 권한 위임만을 의미하는 것이 아니고 기업의 혁신과 성과 제고의 주요수단으로 여겨지고 있다. 임파워먼트의 개념은 구성원의 동기부여를 위해 새로운 차원의 접근과 변화의 필요성이 부각됨에 따라 제기되며, 내용, 목표, 방법에 따라 다양하게 해석된다.

임파워먼트는 대상 수준에 따라 개인, 집단, 조직 등으로 다양하게 분류하고 있다.

조직 내 파워(권한과 영향력)는 크기가 정해져 있고 위에서 아래로만 흐른다는 기존의 가정을 벗어나 구성원의 상호작용을 통해 확장될 수 있다는 가정이 힘을 얻기 시작하였다. 특히 급변하는 경영환경에 능동적으로 대응하기 위해서는 조직을 유연하게 운영해야 하고, 이를 위해 구성원들이 자율적으로 일할 수 있어야 한다는 주장이 설득력을 발휘하고 있다.

효과적인 임파워먼트를 위해서는 대상자별 역량의 고려와 무력감을 제거하는 것이 필수적이다. 개인의 무력감을 촉진하는 요인이 곧 임파워먼트를 방해하는 핵심 요인이므로, 조직적인 차원에서 무력감을 조장하는 구조적인 상황과 요인 제거가 필수적이다. 따라서 조직적인 고려와 함께 구성원 개개인의 역량향상을 위해 다양한 학습 기회와 수단을 제공해야 하고, 자발적인 학습이 가능한 과업 여건의 구축이 필요하다.

2. 임파워먼트의 효과

권한위임은 한 사람이 다른 사람에게 권한을 주는 것이 아니다. 그 보다는 영향력의 창조적 분개라고 할 수 있다. 그 본질은 상호간에 영향을 미침으로써 서로의 능력을 키우고 더 많은 권한을 누릴 수 있게 한다는 것이다.

권한은 한정되어 있어서 한 사람이 다른 사람에게 주면 줄어드는 제로섬(zero-sum) 게임이 아니라, 무한정 늘어나는 플러스 섬(plus-sum)이 된다. 따라서 권한위임은 다른 사람에게 정보와 지식을 주는 것이고 지원하는 것이며 가치 있게 여기는 것이 된다. 동시에 다른 사람들이 자신에게 동일하게 행동하는 것을 받아들이는 것이다.

이러한 결과로 인하여 상호간에 정보, 지식 그리고 감정의 공유가 발생한다.

권한을 가진 사람은 권한위임을 하게 됨으로 인해서 자신의 영향력이 감소하는 것이 아니라 상호간의 영향력이 오히려 증가하게 되는 것이다.

권한위임을 실현하는 조직의 장점은 다음과 같다.

첫째, 구성원의 보유능력을 최대한 발휘하게 하고 그들의 직무 몰입을 극대화 할 수 있게 한다. 당면하고 있는 특정상황을 헤쳐 나가기 위해 필요한 역량이 무엇인지를 정확히 알고 있는 권한위임 조직은 이를 가장 잘 해결할 수 있는 사람을 발견하는데 탁월하다.

둘째, 업무 수행상의 문제점과 그 해결방안을 가장 잘 알고 있는 실무자들이 고객들에게 적절한 대응을 하게 됨으로써 품질과 서비스 수준을 제고할 수 있게 한다.

셋째, 지시, 점검, 감독, 감시 등 필요한 노력과 비용이 줄어들어 비용이 절감된다.

3. 임파워먼트 조직을 만드는 방법

권한위임을 원활하게 제공하기 위해서는 종사원의 역량이 필수적이다. 따라서 권한위임을 제공받는 종사원의 역량이 뒷받침되는 것이 우선되어야 한다.

임파워먼트를 제공하는 방법에는 정보제공, 리더, 코칭, 봉사, 동기부여가 있으며 내용은 다음과 같다.

첫째, 정보를 제공하는 것이다.

정보를 제공하기 위해서는 리더 자신이 먼저 업무수행과 성과 달성에 필요한 정보를 가지고 있어야 한다. 뿐만 아니라 정보를 지식과 지혜로 확장시켜 나가야 한다. 이런 과정은 모든 사람의 역량을 개발시키게 된다. 이는 이룩하고자 하는 성과의 질을 향상 시킨다.

둘째, 리더의 역할이 상황에 따라 여러 사람에게 옮겨 다니도록 하는 것이다.

지식 정보사회에서는 수직적이고 다 단계의 계층화된 조직보다는 수평적 조직구조가 되어야 한다. 커뮤니케이션 라인은 모든 사람에게 연결되고 모든 방향으로 움직여야 된다.

리더의 역할은 자원제공과 문제해결을 위해 경청이나 직관력을 제시하는 것이다. 또한 시의 적절한 질문들을 던지고 결과를 유추하는 것이다.

리더는 조직을 리드하기 보다는 일하기 쉬운 환경을 조성해 주는 것이 최고 리더의 역할이다.

셋째, 인적자원의 중요성을 알고 그들에게 투자하고 보호하는 것이다.

직원들이 상사들로 부터 존중받고 있다는 것을 느끼게 해야 한다. 이를 실천하는 방법은 코칭과 멘토링이다. 코칭과 멘토링은 리더 자신이 알고 있는 것, 가치를 부가할 수 있는 것 그리고 그것을 알아내는 방법, 조직에서 정보에 접근하는 방법 등을 알려주는 것이다. 나아가 코칭과 멘토링은 대화하는 것이다.

넷째, 봉사하는 단계이다.

그린 리프가 말한 서번트 리더십을 실천하는 조직을 만드는 것을 의미한다. 이것은 조직의 피라미드 맨 꼭대기에 누가 있는지를 제대로 아는 것부터 시작 한다. 권한위임 조직에서는 고객이 맨 꼭대기에 있고 다음으로 직원이며 경영층은 맨 밑에 위치하게 된다.

다섯째, 동기부여 단계이다.

동기부여는 관리자가 다른 사람들을 동기부여 한다는 의미가 아니다. 오직 자기 스스로가 해야 한다. 관리자는 단지 다른 사람들이 스스로 동기부여를 할 수 있도록 촉진해 주는 역할을 할 뿐이다. 무엇보다 권한위임 조직이 되기 위해서는 개인비전을 소중하게 여겨야 한다. 그리고 개인비전을 회사 비전과 연계시켜 줌으로써 회사의 비전과 자신의 관계가 있는 것임을 알려 주어야 한다. 비전 달성을 위해 직원들에게 학습하고 성장할 기회를 주어야 하고 책임감을 주어서 자신이 가지고 있는 역량을 최대한 발휘할 수 있도록 도와주어야 한다.

07

내부 마케팅

1. 내부 마케팅의 개념(Internal Marketing)

내부 마케팅은 고객에게 긍정적인 기업이미지를 홍보해서 충성도를 높이는 것과 마찬가지로 종사원들에게도 자신이 소속된 호텔에 자부심을 가지고 자신이 제공하는 서비스의 가치에 대한 확신을 갖게 하는 것이다.

서비스 매니지먼트 그룹(service management group)의 리처드 노만(Richard Normann)은 "결정적 순간(moment of truth)"이라는 용어를 만들었으며, 후에 스칸디나비아 항공의 얀 칼슨(Jan Carlzon)이 이를 보급시켰다.

결정적 순간은 스페인의 투우 경기에서 투우사와 소와의 대치하는 순간에서 착안하여, 흥분한 소의 급소에 투우사가 창을 정확하게 맞추지 못하게 되면 치명적인 순간에 직면하게 되는 것과 같게 된다. 이를 서비스에 적용하게 되면, 종사원과 고객이 만나는 순간은 결정적 순간과 일치한다는 것이다. 종사원과 고객이 만나서 종사원의 실수나 부주의로 인한 것이나, 고객으로부터 예기치 않았던 요구가 고객을 만족하게 하지 못했을 경우를 말한다.

내부 마케팅은 고객과의 인적 접촉이 많고 종사원의 친절과 서비스 정신이 상품의 한 부분의 역할을 하기 때문에 서비스 산업에서는 매우 중요한 요소라고 할 수 있다. 경영자의 내부적 마케팅 경영능력과 의지에 따라 종사원의 직무동기를 높이고 그들의 능력을 최대로 발휘하게 하여 고객만족에 기여하도록 하는 것이다.

호텔산업의 내부 마케팅은 종사원을 호텔 서비스의 1차적인 고객으로 간주하고, 그들에게 고객 지향적 접근방식으로 다가가 서비스 마인드를 갖도록 하는 데 핵심을 두어야 한다.

2. 내부 마케팅의 목표

기업의 경영자는 종사원들이 높은 수준의 서비스를 제공할 능력이 있으며, 또 그렇게 하려고 하는 의지가 있는지 확인하는 장치와 제도를 확립해야 한다.

내부 마케팅은 조직 내의 모든 직원들이 기업의 본질을 경험하고, 고객의 의식을 뒷받침하는 환경 하에서 다양한 활동을 이해하는지를 확인 해준다.

내부마케팅의 목적은 종사원으로 하여금 고객에게 만족스러운 제품을 제공할 수 있도록 하는데 있으며 기업의 종사원들을 내부적으로 겨냥한 마케팅이라 할 수 있다.

내부 마케팅은 다음과 같은 단계를 수반하는 하나의 과정이다.

- 서비스 문화의 확립
- 인적자원 관리에 대한 마케팅적 접근법의 개발
- 직원에 대한 마케팅 정보의 유포

1) 서비스 문화의 확립(Establishment of a service culture)

내부 마케팅 프로그램은 경영층의 강력한 실행의지를 필요로 하며, 좋은 서비스 프로그램은 단순히 직원과 함께 일하는 것 이상의 것이다 라고 할 수 있다.

경영자는 직원이 고객에 대하여 호의적인 태도를 가지기를 기대한다면, 경영자 역시 고객과 직원에게 호의적인 태도를 가져야 한다. 경영자는 서비스 문화(service culture) 즉 정책, 절차, 보수체계, 행동을 통하여 고객서비스를 뒷받침하는 문화를 개발해야 한다.

조직문화(organizational culture)는 조직원에게 의미를 부여하고 서로 공유하는 가치와 믿음의 유형을 말하며, 조직 내에서의 행동에 대한 규범을 제공한다.

강력한 문화는 다음의 두 가지 방법을 통하여 조직을 도와준다.

첫째, 조직의 문화는 행동을 지배한다.

문화는 서비스 조직에 매우 중요하다. 그 이유는 모든 고객이 서로 다르고 그들의 경험 또한 다양하기 때문이다. 종사원들은 고객의 서로 다른 욕구와 기대를 확실히 충족시키기 위해서 경험을 창출하고 전달하는 과정에서 어느 정도의 분별이 필요하다.

둘째, 강한 문화는 종사원에게 목적의식을 부여하고 그 기업에 대하여 좋은 감정을 갖게 한다.

조직 문화는 하나의 조직을 결속시키는 접착제와 같은 역할을 한다. 조직이 강력한 문화를 가질 때 그 조직과 직원은 혼연일체가 되어 행동한다. 강한 서비스 문화는 직원을 고객 지향적으로 행동하도록 영향을 미치게 하는 것이다.

하얏트(Hyatt)호텔을 포함한 일부 호텔기업에서는 경영자가 고객접객 직원 옆에서 같이 고객에게 서비스를 제공하는 시간을 갖는다. 이러한 행동은 경영층이 현장업무에 대한 감각을 잃지 않으려는 것과 직원과 고객 모두를 소중하게 생각하고 있다는 것을 직원에게 직접 보여주는 것의 좋은 사례가 될 수 있다.

2) 인적자원 관리에 있어서의 마케팅적 접근법 개발

경영자는 고객의 욕구를 조사하는 것처럼 종사원의 욕구에 대해서도 연구 조사하여 그것에 대한 이해의 폭을 넓혀야 한다.

종사원을 위한 마케팅 믹스는 직무, 급여, 복지, 근무자의 위치, 교통, 주차장, 근무시간, 신망과 인지되는 승진의 기회와 같은 무형의 보수 등을 말한다. 기업은 직급이나 보상 제도를 개발하는 마케팅적인 접근을 이용하는 것은 우수한 종사원을 유치하고 유지하는데 큰 도움이 된다. 이직율의 감소는 기업의 많은 비용을 감소시키는 효과를 가져 온다.

3) 직원에 대한 마케팅 정보의 유포

고객과의 가장 효과적인 커뮤니케이션 방법은 종사원을 통해서 하게 된다. 경영층의 행동은 조직과 그 조직원들의 커뮤니케이션을 하는 하나의 방법이다.

모든 직위의 관리직은 종사원이 그들의 행동을 모범으로 보고 있다는 것을 인식해야 한다. 호텔은 상품지식을 직원에게 학습시키기 위해 최신기술과 교육훈련을 활용할 수 있다. 최신기술로는 데이터베이스의 개발이 있는데 호텔의 상품과 서비스에 대한 정보를 쉽게 입수할 수 있어야 하고 교육을 받아야 한다.

직원들에게 회사의 상품을 이용해 볼 수 있도록 하여 고객의 불편해소를 제거하고 경험담으로 좋은 서비스를 제공할 수 있도록 한다.

호텔경영론

Introduction to Hotel Management

Chapter 10

고객만족 경영

01

고객만족

1. 고객만족의 개념

만족은 '성취하거나 무엇을 채우는 것'이라 할 수 있으며 '원하는 것이 찰 만큼 가득차서 다리가 휘청거릴 정도로 넘치는 것'을 우리는 만족이라 한다.

고객만족은 고객이 바라고 원하는 것을 채우는 것이다. 즉 '고객의 욕구와 기대에 최대한 부응한 결과 고객이 그 제품과 서비스를 다시 구입하고 아울러 고객의 신뢰감이 연속되는 상태'라고 할 수 있다.

고객만족은 너무도 당연한 기업의 원칙이며 실천에 옮기지 않으면 고객의 신뢰와 지지를 얻지 못하게 된다. 즉 고객에게 만족을 파는 것이 기업 최고 목적이 되고 살아남을 수 있는 절대적인 조건이다.

고객만족은 서비스의 직접적인 성과로 고객이탈의 최소화를 통해 수익성을 높이며 고객의 긍정적인 구전효과를 발생시킬 수 있다. 마케팅의 핵심은 자사의 제품이나 서비스를 경쟁사 보다 뛰어나고 차별화를 꾀하는 것이다.

고객만족경영이란 기업이 제공하는 상품이나 서비스에 대한 고객의 만족 수준을 높이기 위해 고객들의 만족수준을 조사하여 이를 바탕으로 불만족 요인을 찾아내어 신속하게 개선하여 고객의 만족을 한층 높이는 경영활동을 말한다. 즉 고객이 기대하는 수준 이상의 가치 실현을 목표로 하는 것이다.

고객만족의 중요성은 기업이 바라는 궁극적인 목적이 고객만족에 있고 고객만족은 기업이 바라는 성과들과 밀접하게 관련되어 있다. 고객 만족도가 높은 기업이 얻을 수 있는 주요혜택으로 기존고객의 충성도 향상, 가격민감도의 감소, 기존고객의 이탈방지, 마케팅 실패비용 감소, 고객창출비용 감소, 기업명성도 향상의 효과를 가져 오게 된다.

고객만족지향의 경영이 중요한 이유는 다음과 같다.

- 호텔시장의 경쟁이 심화되면서 고객을 만족시키지 못하면 경쟁에서 뒤떨어지게 된다.
- 고객의 욕구가 높아지고 경쟁이 많아지게 되면서, 고객 선택의 폭이 넓어지고 고객의 빈번한 상표전환이 이루어지고 있다.
- 품질과 서비스에 대한 고객들의 기대수준이 높아지면서 이에 대한 전략적 대응을 하지 않으면, 고객을 만족시키기 어렵고 충성고객의 확보 및 유지가 어렵게 된다.
- 고객들의 선택폭이 넓어지면서 특정기업이나 상표를 꾸준히 구매하지 않고 선택의 다양성을 추구하는 경향이 높아지고 있다. 지속적인 고객 관계 관리를 유지하여 고정적인 고객을 유지하는 것이 중요하다.

2. 고객만족의 필요성과 효과

1) 고객만족의 필요성

기업에 있어서의 고객은 필수요소이며 경쟁이 치열한 상황에서 고객을 유지하기 위해서는 고객만족을 이끌어 낼 수 있어야 된다. 경쟁기업과 똑같은 서비스와 상품을 제공하게 되면 고객은 다른 브랜드로 이동할 수 밖에 없는 조건이 된다.

고객을 만족시키기 위해서는 경쟁기업에서 제공하지 못하는 서비스와 상품을 개발하고 제공해야 한다.

호텔 브랜드의 선택은 고객의 마음에 의해서 좌우되기 때문에, 고객의 마음을 지속적으로 유지하기 위해서는 마케팅 측면에서 고객만족을 유도할 수 있는 대책을 강구해야 한다.

(1) 재 구매 및 구전효과의 중요성

고객이 만족한 경우에 자신이 구매한 상품과 서비스를 재 구매 할뿐만 아니라 주위 사람들에게 적극적인 추천을 하게 된다. 기업에 대한 브랜드 충성도와 관심이 높아져 귀중한 아이디어와 정보를 기업에게 제공하게 된다.

서비스 산업에서는 고객의 재 구매와 구전의 영향이 중요한 역할을 한다고 할 수 있다. 장기적인 관점에서 호텔기업을 경영 하는데 있어서 고객지향적인 입장에서 고객이 지불한 대가에 충분한 보상을 해주는 고객만족경영이 이루어져야 한다.

(2) 고객욕구의 다양화

고객의 부가가치가 높아지고 국제화와 더불어 고객의 욕구는 더욱 다양해지고 있다. 고객욕구의 다양화는 다음과 같이 구분할 수 있다.

첫째, 소비의 다각화이다.

고객의 욕구는 하나의 브랜드와 서비스에 만족하지 않고, 다양한 경험을 통하여 만족한 브랜드와 서비스를 구매하려고 한다.

둘째, 소비의 개성화이다.

일률적인 소비가 아닌 다른 사람들과 차별화된 소비를 하고자 하며, 남과는 구별된 자신만의 개성을 추구하려고 한다.

셋째, 소비의 주기가 짧아진다.

특정 브랜드에 대한 충성도가 약해지고 다양한 브랜드를 많이 경험해 보기를 원하기 때문에, 상품과 서비스에 대한 브랜드 선택의 주기가 짧아지고 있다.

고객욕구 다양화 추세와 더불어 고객의 서비스에 대한 기대수준과 요구는 더욱 높아지고 있다.

호텔 기업은 고객의 욕구를 정확히 파악하고 그들에게 신뢰와 믿음을 줄 수 있는 서비스를 제공하는 것이 고객만족경영을 할 수 있게 되는 것이다.

2) 고객만족의 효과

(1) 재 구매 고객의 창출

기존 고객을 유지하는 것이 충성도와 재 구매 비율이 훨씬 높은 것으로 조사되어 지고 있다.

만족한 고객은 제품과 서비스에 대해 장기적인 관계를 갖고 기업의 평생고객으로 유지된다. 기업은 고객만족 경영을 통하여 상표충성도를 높이고 단골고객을 확보하는 것이 기업 경영의 최우선 과제라 할 수 있다.

(2) 비용절감

신규고객을 확보하는 것보다 기존 고객이 만족하여 재 구매를 하게 되면 판촉비, 광고비를 크게 절감하게 된다. 또한 고객의 욕구와 기대치를 예측하여 불필요한 지출을 감소시킬 수 있는 장점이 있다. 이미 만족한 고객은 가격에 민감하지 않으므로 기업 측에 더 많은 이익을 창출할 수 있게 된다.

(3) 광고효과

제품과 서비스에 만족한 고객의 구전에 의하여 제품과 서비스의 광고효과를 극대화시켜 준다. 특히 호텔 서비스의 경우 고객들 간에 이루어지는 호의적인 커뮤니케이션은 가장 정확하고 직접적인 홍보효과로 나타나고 있다.

3. 고객만족 실천전략

1) 고객니즈의 파악

고객의 욕구와 필요를 정기적으로 파악하여 이를 적극적으로 호텔기업경영에 반영함으로써 고객의 만족을 이끌 수 있도록 해야 한다. 고객의 니즈를 중요한 서비스 기회로 전환시켜 새로운 고객만족의 포인트를 개발하는 것이 중요하다.

2) 내부고객만족

고객을 만족시키기 위해서는 우선 내부고객을 만족시키는 것이 최우선 과제이다. 최일선에서 고객과의 접촉하는 사람은 종사원이다. 종사원이 만족하지 못하면 고객은 절대로 만족하지 못한다.

호텔기업경영자는 내부고객을 만족시키기 위해 적극적인 노력을 해야 한다.

3) 서비스지원 시스템의 구축

고객의 편의와 정확한 정보를 지속적으로 유지하기 위해서는 최첨단 서비스 시스템을 구축해야 한다. 앞으로의 고객만족을 이끌어 내기 위해서는 서비스 개발과 시스템 지원은 필수불가결한 요소가 되었다.

4) 고객정보 관리체제의 구축

고객에게 맞춤 서비스를 제공하고 고객과의 장기적인 관계를 형성, 유지하기 위해서는 체계적인 고객정보관리가 이루어져야 한다.

5) 고객믹스관리

호텔고객은 자신과 사회적 지위 그리고 호텔이용목적이 유사한 고객들과 호텔 공간 및 서비스를 공유하기를 원한다. 기업의 중역들을 주요대상으로 하는 호텔은 단체관광객의 이용을 제한하게 됨으로써 VIP 와 비즈니스 고객들에게 최고의 서비스 만족도를 높일 수 있게 된다.

6) 고객만족경영 시스템의 구축

기업은 고객만족경영을 성공적으로 실시함으로써 고객뿐만 아니라 사회의 인정을 받는 기업으로 성장해야 한다. 따라서 고객만족경영을 도입하여 고객지향적인 새로운 경영 시스템을 구축해야 한다.

기업적인 차원에서 최고경영자의 의지가 분명히 제시되어야 하며 이에 따라 모든 직원이 고객만족을 위한 정보와 교육을 공유하는 기업문화를 개선시켜 나가야 한다.

02

고객의 불평, 불만 관리

1. 고객 불평의 중요성

고객에 대한 서비스 실패를 하지 않는 것이 매우 중요하다. 하지만 호텔 기업과 종사원의 의지와는 상관없이 고객에 의한 불평과 불만이 생길 수 있다.

고객의 불평과 불만이 발생하였을 경우 이를 신중하고 신속하게 해결하는 것이 무엇보다 중요하다. 불평, 불만을 하는 고객을 효과적으로 관리하는 것은 서비스 기업의 수익성에 중대한 영향을 미치게 된다.

불평을 가지고 있는 대부분의 고객들 중에서 서비스에 불만을 가진 고객들은 어떠한 방식으로 불만을 토로해야 할지, 어떻게 누구에게 해야 할지를 모르는 경우가 대부분이다. 또한 이러한 불만을 제기하였을 경우, 고객 자신에게 얻어지는 것이 없다고 생각하는 대부분의 고객들은 이의 제기를 하지 않고 다른 브랜드로 전환하는 경우가 많이 발생한다.

고객 불평의 중요한 점은 다음과 같다.

첫째, 불평의 문제점을 일찍 파악하여 신속한 해결점을 찾을 수 있다.

상품이나 서비스에 대한 고객의 불평을 조기에 발견하게 되어 더 이상의 불평이 생기지 않도록 수정할 수 있다. 고객 불평으로부터 얻어지는 모든 정보는 수정이 필요한 정확하고 최신의 정보가 된다.

둘째, 부정적인 구전효과를 최소화한다.

불만족한 고객이 많을수록 부정적인 구전은 더 많아지기 마련이다. 서비스에 불만족한 고객을 신속하게 처리함으로써 불평고객을 충성고객으로 전환할 수 있도록 해야 한다.

셋째, 불평하는 고객은 침묵하는 고객보다 낫다.

불평하는 고객의 심리는 그 기업에 대해 그만큼 많은 관심을 가지고 있다는 것이며, 계속해서 이용하고 싶은 욕구를 가지고 있다는 것이다. 불평 고객의 내용만 잘 들어 주는 것만으로도 고객의 만족도는 더 높아지게 될 것이다.

반대로 침묵하는 고객은 그 기업에 대해서 관심이 없으며 앞으로 더 이상 이용하지 않겠다는 마음을 가지고 침묵하는 고객이다.

불평고객의 소리를 청취하는 것은 물론이거니와 침묵하는 고객이 불평할 수 있도록 하는 기업이 성공할 수 있다.

불만족한 고객의 유형은 다음과 같다.

① **침묵하는 고객의 유형**: 피해를 당하고 그대로 침묵하면서 수용하는 고객을 말한다. 침묵하는 고객은 그 브랜드에 대한 부정적인 태도와 시각을 가지고 있으면서 또 다른 불만을 찾아내기 위해 노력하게 된다.

② **타 브랜드 전환고객의 유형**: 불만족한 고객은 아무런 말과 행동을 하지 않고 다른 브랜드로 옮기는 고객이다. 이런 고객의 유형은 기업입장에서는 아무런 이유도 모른 채 고객을 잃게 되는 것이다. 이런 고객의 유형이 주위의 잠재고객에게 부정적인 구전을 적극적으로 유포하는 고객이 대부분인 경우가 많다.

제3의 기관에 불만을 제기하는 고객의 유형으로 소송이나 감사를 야기할 목적으로 하는 고객이다. 이는 언론에까지 알려지게 되면 부정적인 이미지를 급속하게 전파하는 최악의 경우에 이르게 한다.

③ **불만을 토로하는 고객의 유형**: 기업에 직접적으로 불평과 불만을 털어놓는 고객의 유형이다. 이러한 유형의 고객은 유일하게 기업에 긍정적인 마음을 가지고 기업을 진정으로 생각하고 잘 되기를 바라는 유형이다. 이런 고객의 불평과 불만을 신속하게 해결해 주게 되면 진실된 충성고객으로 전환되게 되며 좋은 구전을 전파하여 잠재고객을 많이 유치할 수 있게 된다.

불만족한 고객을 그대로 보내게 되면 그 후폭풍은 나중에 감당하지 못할 정도로 확산된다. 불만고객이 직접 기업에 불평할 수 있도록 적극적으로 유도하는 것이 중요하다.

기본적인 방법으로 고객이 손쉽게 이용하기 편한 방법으로는

- 수신자 부담 전화서비스
- 인터넷 홈페이지 불평사항 건의함(무기명)
- 고객초청 간담회 등의 방법으로 고객의 정보가 보호되고 편리한 방법을 선택해야 한다.

통계에 따르면 불만족한 고객의 90~95%가 불평을 기업에 직접 토로하지 않는다고 한다. 기업은 고객의 불평과 불만이 없다고 해서 그 고객이 만족했다고 생각하는 착각을 하는 것은 최악의 경우를 초래할 수 있다는 것을 명심해야 한다.

고객의 불평과 불만을 해결해 주지는 못하더라도 들어주는 것만으로도 고객의 이탈을 크게 줄여주는 효과를 볼 수 있으며 이는 전략적으로 시사하는 바가 크다.

2. 고객의 불평·불만 관리효과

호텔기업에서는 최고의 제품과 서비스를 고객에게 제공하더라도 고객의 입장에서는 얼마든지 불평과 불만을 가질 수 있다. 서비스에 대한 평가는 고객의 주관이나 기분에 따라 달라지는 경우가 많기 때문에 서비스의 만족은 결코 쉽지는 않다. 고객으로 하여금 불평과 불만이 발생하였을 경우 종사원들은 항상 고객의 입장에서 원인과 과정을 정확하게 파악하여 해결방안을 제시해야 한다. 그리고 공정하고 신속하게 처리하여 고객이 만족하여 돌아갈 수 있도록 하는 것이 중요하다. 효과적인 불평해결을 위해서는 최전선의 서비스 직원들에게 권한을 위임해야 한다. 종사원이 고객의 욕구를 인지하고 보살피고 배려하는데 필요한 권한과 책임과 인센티브를 부여해야 한다. 권한을 위임받은 종사원은 고객의 문제에 빠르고 효과적으로 행동하기 때문에 고객을 잃게 되는 일은 일어나지 않는다.

잘 훈련된 종사원은 현장에서 고객을 기쁘게 하기 위해 무슨 일이든 할 수 있는 권한을 부여받는다. 또한 고객이 가지고 있는 문제의 원인을 찾는데 관리자들을 도와주고 고객들의 편안함과 전반적인 호텔 서비스를 증진하기 위해 정보를 제공한다.

고객의 불평을 해결하는 것은 고객 유지에 있어서도 매우 중요하다. 중대한 불

평을 하는 고객의 91%는 다시 구매하지 않으나, 그 불평이 신속히 해결되면 불평을 한 고객 중 82%는 다시 구매한다는 것으로 알려지고 있다. 불평해결은 고객 유실률을 91%에서 18%로 감소시키는 효과를 가지고 있다. 불평해결에 있어서 두 가지 중요한 요건이 있는데, 한 가지는 불평을 해결하는데 있어서 가능한 한 신속하게 처리해야 한다. 즉 해결에 있어서 시간이 걸리면 걸릴수록 고객의 유실률은 높아지게 된다. 또 다른 한 가지는 고객의 불평을 찾아내는 것이다.

1) 고객 불평

(1) 고객의 불평, 불만 요인

- 음식에 불순물이 들어 있거나 음식 맛이 이상할 때
- 주문한 음식이 메뉴의 내용과 상이할 때
- 뜨거운 음식과 차가운 음식이 제대로 제공되지 않을 때
- 주문한 음식이 늦게 나올 때
- 서비스 맨의 복장이나 고객응대 방법이 적절하지 못할 때
- 고객에 대한 배려가 부족할 때
- 고객의 독단적인 해석
- 고객의 고의성

(2) 불만고객의 행동 유형

- 불만고객의 90~95%의 고객은 불만사항을 말하지 않고 가버린다.
- 서비스에 불만을 가진 고객의 90%이상은 두 번 다시 오지 않는다.
- 불만고객 중 13%는 주위 사람들 20명 이상에게 이야기 한다.
- 불만사항을 신속하게 처리받은 고객의 90%이상은 고정고객이 된다.

(3) 고객 불평, 불만 처리 요령

- 진지한 표정으로 진심어린 어조로서 유감의 뜻을 전한다.
- 다른 고객과 분리된 다른 장소로 옮겨서 고객을 안정시킨다.
- 고객의 불만내용을 인내심을 갖고 공감하는 표정으로 끝까지 경청하면서, 불평 사항과 지적사항을 메모하는 등의 적극적인 자세를 갖춘다.
- 경청하는 동안 원인을 파악, 분석한다.

- 고객 불평의 원인이 밝혀지면 솔직하게 사과한다.
- 경청하는 동안 고객의 오해나 착각에서 오는 부당한 것이라고 생각되더라도 대화 중간에 따지거나 고객의 잘못을 밝히려고 애쓰지 않는다.
- 고객이 요구하는 바가 무엇인지 최대한 신속하게 판단하여 가급적이면 고객의 뜻을 반영하여 처리해준다.
- 감사의 인사를 꼭 한다.
- 다음날 전화로서 안부를 묻고 사과의 말을 한번 더 전한다.

이런 과정을 거치게 되면서 고객은 오히려 미안한 마음을 가지게 되고, 충성고객으로 전환될 뿐만 아니라 주위의 사람들에게 진심어린 구전을 전파하는 효과를 거둘 수 있다.

(4) 고객을 만족시키는 요인

- 고객을 대할 때는 항상 밝고 명랑하게 응대한다.
- 고객의 이름이나 직함을 호칭한다.
- 최대한 정중한 말투와 언어를 사용한다.
- 고객의 기대를 충족시키다.
- 고객의 노력을 감소시킨다.
- 고객의 인식에 초점을 맞춘다.
- 고객은 기다리는 것을 싫어한다.
- 고객이 재현하고 싶어 하는 추억을 만들어 준다.
- 진심으로 고객에게 감사의 마음을 표현한다.

불평고객을 관리함으로써 다음과 같은 효과를 얻을 수 있다.

2) 문제점의 조기 파악

고객의 불평을 조기에 파악하여 상품과 서비스의 결함을 최대한 줄일 수 있으며 그 문제가 확산되기 전에 신속하게 해결하게 되어 고객을 만족시키게 된다.

3) 부정적인 구전효과의 최소화

불만족한 고객은 주위의 사람들에게 자신의 불만족한 경험에 대해 급속하게 전파하게 된다. 고객의 부정적인 구전을 최소화하기 위해서는 불만족 고객이 직접 기업에게 불평하도록 유도해야 한다.

일반적으로 구전효과는 두 가지의 부정성 경향이 있다.

첫째, 사람들은 무엇인가를 전하는 입장이되면 좋은 경험보다는 나쁜 경험에 대해 더 많은 이야기를 하는 경향이 있다.

둘째, 듣는 입장에 있는 사람도 좋은 이야기보다는 나쁜 이야기에 대해 더 솔깃해하는 경향이 있다. 즉 어떤 서비스에 대해 좋은 이야기를 10번 들었더라도 나쁜 이야기를 한번이라도 들으면 그것이 그 서비스의 평가에 결정적인 부정적 영향을 미치게 되는 것이다.

4) 유용한 정보제공

불평을 가진 고객이 기업에 제기함으로써 고객의 미 충족욕구를 파악할 수 있으며, 제품이나 서비스의 부족한 부분을 짧은 시간에 파악하여 개선할 수 있게 된다. 고객의 불평을 토대로 하여 새로운 상품과 서비스를 개발할 수 있다.

〈사례〉 컴플레인 마케팅 활발

최근 대기업 임원이 서비스에 불만을 제기하면서 기내 승무원을 폭행해 물의를 빚은 이른바 '라면상무 사건'이 있었다. 기업입장에서는 이런 사람이 오히려 고마운 사람일 수 있다. 왜냐하면 서비스 어느 부분이 부족한지 현장에서 바로 알려주는 사람이기도 하고, 문제를 잘 해결하면 이들이 단골손님이 될 확률도 높기 때문이다.
서비스 업계 관계자는 "기업 입장에선 불만을 바로 말하지 않고 친한 사람들에게 소문을 내 평판을 떨어뜨리는 고객들이 더 힘들다"며 " '정중한 라면 상무'가 기업에 더 고마운 고객"이라고 했다.
실제로 최근 호텔이나 백화점 등 서비스 업계에서는 고객불만을 데이터화해서 문제를 해결하고, 마케팅에도 활용하는 사례가 늘고 있다. 이른바 '컴플레인 마케팅(Complaint Marketing)'이다.

◈ 컴플레인을 체계화, 마케팅에 활용

컴플레인 마케팅은 호텔업계에서 적극 활용하고 있다. 고객 대면 기간이 길고,

집을 대신하는 공간이다 보니 사소한 불만이 많이 생길 수 밖에 없기 때문이다. 호텔 업계는 컴플레인 자료들을 체계적으로 보관해 문제가 재발하지 않도록 적극적인 전략을 쓰고 있다.

그랜드 인터컨티넨탈 서울 파르나스 를 운영하는 글로벌 호텔 그룹 'IHG'는 전 세계 4540개 호텔에서 발생하는 불만 사항을 모두 하나로 통합 관리하는 '인트라넷'을 운영하고 있다. IHG의 인트라넷에 따르면, 고객들이 많이 제기하는 불만은 ▲ 예약이 완료되지 않은 경우 ▲ 욕조가 더러운 경우 ▲ TV 리모컨이 작동하지 않은 경우 ▲ 직원이 모닝콜을 하지 않은 경우 ▲ 사용하지 않은 금액이 청구된 경우 등이라고 한다. IHG 계열 호텔들은 이런 불만 내용들에 대해서 '재점검 시스템'을 운영해 더 이상 발생하지 않도록 하고 있고, 별도의 컴플레인 총괄부서도 두고 있다.

그랜드 하얏트 서울은 '글리치(Glitch)'라는 시스템을 사용해 전 직원이 고객들의 컴플레인을 등록하도록 하고있다. 취합된 불만사항은 당직 지배인에게 보고되고 , 관련부서에 전달된다. 호텔 관계자는 "각 부서에서는 전달된 컴플레인을 분석해 같은 종류의 문제가 발생하지 않도록 서비스 개발과 직원교육을 하고 경우에 따라선 시설 보수도 한다"고 말했다.

JW 메리어트 호텔 서울에서는 각 부서팀장들이 컴플레인을 미리 막기 위한 재발 방지 회의를 한다. 또 예약 시스템 상에 고객이 요청한 문의, 불편사항, 요구내용 등을 고객개발노트에 기록, 같은 내용으로 불만이 생기지 않도록 대비한다.
서울 웨스틴 조선호텔에서는 체계적인 'VOC(Voice of Customers:고객의 소리)연구소'를 운영하고 있다. 연구소장 1명과 연구원 9명으로 구성된 연구소에선 부서 불만 접수 내용이나 각 부서 담당 연구내용을 바탕으로 마케팅에 활용할 방법을 연구한다.

◈ 경쟁력 키우는 수단으로도 활용

경쟁이 심한 서비스 업계에서는 고객불만사항을 경쟁력을 키우기 위한 수단으로 활용하고 있다. 고객 불만 사항을 어떻게 마케팅에 반영하느냐에 따라 서비스의 차이가 결정되기 때문이다. 국내 주요 서비스 기업들은 공개 'VOC 게시판'등을 운영, 불만 사항을 해결하는데 적극적이다.

자료: 조선일보 2013년 5월 20일자

3. 고객 유형별 불평의 특징 및 처방

(1) 전문가 형 불평 고객

전문가 형 고객의 특징은 자신을 과시하는 타입의 고객으로 모든 것을 다 알고 있으며 전문가처럼 말하고 행동한다. 권위적인 말과 행동으로 상대에게 설득되지 않으며 자기 확신에 대한 고집을 상대의 판단에 영향을 미치려고 한다.

언어예절을 깍듯이 지키며 겸손한 듯한 행동을 하지만, 내면에는 강한 우월감을 갖고 있으므로 거만한 인상을 준다.

이에 대한 처방법으로 우선 고객의 말에 동조하면서 칭찬과 감탄의 말로 상대를 인정하고 높여 주면서 친밀감을 조성한다. 말의 실수를 하지 않도록 주의하고 상대의 자존심을 건드리는 것을 피한다. 고객의 무리한 요구사항에 대처할 수 있는 사실을 언급한다.

(2) 결단력 없이 우유부단한 불평 고객

우유부단한 불평 고객의 특징은 즐겁고 협조적인 성격이나 다른 사람이 자신을 위해 의사결정을 내려 주기를 원한다. 대부분 보상을 얼마나 받아야 할지 또는 요구하는 보상이 기준 이상을 바라는 경우가 많다. 이에 대한 처방법으로는 피해 보상 기준에 근거하여 적절한 보상 내용을 설명하고 타협할 수 있도록 한다. 사후조치를 철저히 하여 신뢰를 두텁게 하는 것이 중요하다.

(3) 빈정거리는 불평 고객

빈정거리는 고객의 특징은 열등감이나 허영심이 강하고 자부심이 강한 사람이다. 불평자체에 대하여 중점을 두어 말하지 않고 상대방의 대화중에 실수하는 말이나 토를 달아서 일을 크게 만들려는 고객이다.

이러한 유형의 고객은 자존심을 존중해 주면서 응대하고 고객의 빈정거림을 적당히 인정하고 기분을 좋게 해준다. 고객의 마음이 조금 안정되어지면 치켜 주면서 타협의 의지를 보여 주도록 한다.

(4) 고객이 큰 소리로 말할 때

우선 고객의 화를 잠시라도 안정시키기 위해서 다른 장소로 옮기는 것이 중요하다. 고객 불평의 원인이 무엇인지 알기 위해서 처음부터 끝까지 이야기하도록 하고, 열심히 경청하면서 맞장구를 치게 되면 어느 정도 안정이 된다.

이런 고객의 유형은 성실하게 경청하고 잘못된 사항을 시정하겠다고 시인하고 죄송한 표현을 하게 되면 해결되는 경우가 많다.

(5) 과장하거나 가정하여 말하는 불평 고객

주로 콤플렉스를 가지고 있는 경우이다. 정면으로 부정하거나 확인하려 하지 말고 우회화법으로 대화를 진행한다. 고객이 하는 말을 수첩에 꼼꼼히 적으면서 정확하게 확인하는 과정을 거치도록 한다.

(6) 무리한 요구를 서슴없이 하는 불평 고객

사소한 컴플레인에도 불구하고 상식에 어긋난 보상을 바라는 고객이다.

싸움을 크게 만들어서 더 큰 보상을 바라는 경우가 많기 때문에 차분하게 대처하는 것이 중요하다.

(7) 깐깐한 불평 고객

별로 말이 많지 않고 예의는 밝아서 직원에게 깍듯이 대해 주는 반면 직원의 잘못을 꼭 짚고 넘어간다. 이에 대한 처방으로 정중하고 더욱 친절하게 응대해야 한다. 잘못을 지적한다고 해서 그에 대해 맞서게 되면 논쟁이 되기 쉽다.

이런 고객은 지적에 대해 감사 하다 라는 말과 함께 정중하게 인사하고 마무리하는 것이 중요하다.

호텔경영론

Introduction to Hotel Management

Chapter 11

호텔 경영 마케팅

01

호텔 마케팅의 이해

1. 마케팅의 개념

미국 마케팅협회(AMA)는 "마케팅은 개인이나 조직의 목표를 충족시켜 주는 교환을 창조하기 위해 아이디어· 제품· 서비스의 창안과 가격 ,결정· 촉진· 유통을 계획하고 실행하는 과정"(Marketing is the process of planning and executing the conception, pricing, promotion, and distribution of ideas, goods, and services to create exchange that satisfy individual and organizational objectives)이라고 정의하고 있다.

코틀러(Philip Kotler)는 "교환과정을 통하여 욕구와 필요를 충족시키려는 인간 활동"으로 정의하고 있다. 쌍방의 만족을 극대화하려는 생산자와 구매자 사이의 교환을 강조하고 있으며, 교환의 개념을 도입하여 광범위한 인간 활동을 포괄하여 마케팅의 주체도 기업에 국한시키지 않는다는 점이 특징이다.

과거에는 기업들이 자신들 위주의 경영사고 방식을 고수하면서, 고객을 먼저 이해하기 보다는 기업위주의 상품, 서비스를 개발하여 일방적으로 공급하여 왔다. 하지만 지금에 와서는 기업간의 무한경쟁과 급속한 변화가 시작되면서 현실에서 생존하기 위해서 호텔들은 수요자 중심의 사고방식으로 기업을 운영하는 방식으로 변하고 있다.

마케팅은 생산자와 소비자 상호간의 효익적인 만남을 위한 활동 또는 과정이다. 생산자는 소비자의 욕구와 필요를 충족시킬 수 있는 제품, 가격, 유통, 촉진 활동을 계획 및 수행하고 소비자는 생산자에게 제품의 구매 와 소비를 통해 경제적 대가와 만족을 제공하는 상호 호의적인 만남을 위한 활동 또는 과정이라 할 수 있다.

현재는 글로벌 경쟁과 치열한 기업 간의 무한경쟁으로 고객들의 선택폭이 넓어지게 되면서, 시대적인 환경의 변화와 고객의 욕구에 맞는 상품의 제공을 위해서 고객의 욕구파악과 대응전략이 필요하다.

호텔 기업들이 치열한 경쟁에서 생존하기 위해 고객의 마음을 끌기 위한 마케팅 경쟁이 가속화 되고 있다.

고객의 선택을 받게 되는 호텔을 경영하기 위해서는 다음과 같은 전략이 필요하다.

첫째, 호텔 기업은 항상 고객의 욕구(needs)를 파악하여 고객이 원하는 것을 미리알고 경쟁사보다 빨리 공급할 수 있어야 한다.

둘째, 고객의 욕구를 채워주고 능가할 수 있는 상품과 서비스를 개발하여 제공하고 항상 고객의 기대를 넘어서야 한다.

셋째, 고객과의 관계관리를 철저하게 수행하여 충성고객으로 전환시켜야 한다.

넷째, 고객의 마음속 깊이 포지셔닝(positioning)될 수 있도록 마케팅 활동을 성실하게 수행해야 한다.

다섯째, 경영자는 적극적인 투자 마인드를 가지고 시장의 변화에 미리 대비할 수 있어야 한다.

호텔기업들은 수요자의 증가로 인하여 공급자 중심의 경영에서 탈피하여 철저하게 수요자 중심의 경영으로 시장정보를 수집하고, 고객의 욕구에 부응하는 시설개선과 경영정책을 접목시켜야 한다.

기업의 일차적 목적은 이윤추구가 아니라 고객을 창조하는데 힘을 쏟아야 한다.

고객을 창조하게 된다면 이익과 성장은 두말할 필요가 없을 것이다.

호텔기업에서의 마케팅은 고객을 만족시킴으로서 충성고객을 확보하고 호텔기업의 궁극적인 목적을 달성하는 것이다. 즉 고객은 호텔의 환대 서비스를 바탕으로 하여 객실, 식음료, 부대시설 등의 상품을 구매함에 있어서 일정한 금액을 지불하게 되고 지불된 금액 이상으로 큰 만족감과 가치를 얻으려고 한다.

호텔기업은 고객이 원하는 필요와 욕구를 세밀하게 분석하여 기업경영에 반영함으로써 경쟁기업보다 차별화된 전략을 제시하게 되는데 이러한 과정을 마케팅 활동이라고 한다.

호텔 마케팅의 발전과정으로는 과거의 단순한 판매방법에서 이제는 새로운 판매방법으로 접근하게 되었으며, 치열한 경쟁속에서 호텔 기업들은 나름대로의 자생력을 키우게 되면서 경쟁은 더욱 심화되는 현상이 되었다.

시대가 변화되어 가면서 호텔기업의 경영기법에도 많은 변화가 일어나면서 다음과 같은 여러 단계에 의해서 발전하게 되었다. 이는 운영위주의 경영, 상품·서비스위주의 경영, 판매위주의 경영, 고객위주의 경영으로 변화하였다.

첫째, 운영위주의 경영은 고객의 최우선 관심사를 저렴한 가격으로 생각하게 되었다. 생산을 하는데 있어서 이에 따르는 비용을 절감하고 생산과정을 단축 시킴으로써 고객에게 상품과 서비스를 신속하게 제공하는데 노력을 집중한다.

둘째, 상품·서비스 위주의 경영은 고객의 근본적인 욕구가 무엇인가를 알려고 하기 보다는 상품·서비스 그 자체에 집착하는 경향이 있어서 '마케팅 근시안적(marketing myopia)' 오류를 범하기 쉽다.

셋째, 판매위주의 경영은 제반 판매활동과 촉진도구를 사용하여 어떻게든 고객들이 더 많은 양의 상품과 서비스를 구매하도록 설득하려고 하는 것이다.

즉 기업은 고객의 욕구와 필요는 무시한 채, 기업의 입장에서 생산, 판매하고자 하는 상품과 서비스를 개발하고 생산하는 것이다.

판매자 위주의 경영을 하는 기업은 단기적인 이익을 위해 광고와 홍보를 하게 되며, 사후 고객만족에 대해 책임지지 않는다. 이러한 전략은 매우 근시안적이고 단기적인 시장접근방법이라 할 수 있다.

넷째, 고객위주의 경영은 고객이 기업생존의 열쇠를 가지고 있다는 사실을 인식하고, 경쟁사들보다 더욱 효과적으로 시장의 필요와 욕구를 충족시키려 하는 시장 지향적인 경향을 나타내고 있다.

최근 호텔들의 경우에는 고객의 만족 정도에 따라 시장점유율과 판매수익을 결정하는 평가수단으로 인식됨에 따라 판매경쟁보다는 고객만족경영이 최우선이라는 것을 강조하고 있다.

호텔기업의 성공요인 중에서 공통적인 특징은 모든 마케팅 활동이 고객에게 초점을 맞추고 있다는 점이다. 호텔 관리자들은 적절한 통제 및 유연성을 통하여 일선 종사원들에게 계획된 방향 또는 지침 등을 제공함으로써 고객의 기대에 부응하고 상호 마케팅 기회의 이점을 최대로 살릴 수 있는 고객 지향적 사고를 조직 전체에 확산 시켜야 한다.

호텔 마케팅은 호텔기업이 치열한 경쟁 속에서 생존하고 성장 목표를 달성하기 위해서 고객지향적인 상품개발과 서비스를 계획하고 실행하는데 모든 활동을 집중하는 것이 중요하다.

2. 호텔 마케팅 유형

1) 통합마케팅(Integrated Marketing)

이전의 일방적인 커뮤니케이션에는 고객과의 소통이 되지 않아 명확하고 일관성 있는 커뮤니케이션이 이루어지지 않았다.

호텔기업은 고객과의 쌍방향 커뮤니케이션을 수행할 수 있도록 해야 하며 호텔 마케팅의 모든 마케팅 활동이 고객에게 일관성 있는 이미지를 제공하기 위해 통합되는 마케팅 활동을 의미한다.

성공적인 통합 마케팅을 수행하기 위해서는 데이터베이스에 기초한 소비자의 이해와 다양한 커뮤니케이션 도구의 통합, 메시지의 일관성과 통일성 유지, 전략 수행 후 평가를 위한 순환적 피드백 시스템이 선행적으로 수행되어야 한다.

2) 내부마케팅(Internal Marketing)

내부 마케팅은 내부고객(서비스 종사원)을 대상으로 업무수행의 효율성을 높이고 자부심을 가질 수 있도록 한다는 개념이다. 다시 말하면 내부고객을 만족시키게 되면 내부고객은 외부고객(고객)들에게 양질의 서비스를 제공할 수 있다는 것이다. 내부마케팅은 최고경영자의 의지와 지속적이고 적극적인 지원에 따라 좌우되며, 서비스 종사원의 동기부여와 서비스 프로세스 관리, 역량강화 차원에서 중요한 부분으로 인식되고 있다.

3) 데이터베이스 마케팅(Data Base Marketing)

고객의 정보를 컴퓨터 시스템의 데이터베이스(DB)로 구축하고, 고객과의 일대일 접촉을 통해 개별고객과 호텔기업간의 장기적인 관계를 유지하고자 하는 마케팅 전략이다. 데이터베이스 마케팅을 실시함으로 인해서 고객의 이탈을 최소화하고 충성고객의 확보로 지속적인 반복구매를 촉진시키고 있으며 호텔기업의 이익을 극대화하고자 하는 마케팅 전략이다.

4) 텔레마케팅(Telemaketing)

텔레마케팅은 전기통신(telecommunication)과 마케팅(marketing)의 합성어로 마케팅커뮤니케이션 믹스를 최적화하기 위한 시스템을 의미한다.

텔레커뮤니케이션의 기술과 종사원의 전문적인 서비스로 판매, 이익, 고객서비스 그리고 생산성을 향상시키는 마케팅 전략이다.

5) 고객관계마케팅(CRM: Customer Relationship Marketing)

CRM은 고객 중심의 접근과 고객가치를 중심으로 고객의 중요성을 깨닫고 모든 정보의 방향과 프로세스 그리고 마인드(mind-set)를 오직 고객의 역량을 키우는데 집중하게 된다.

기업은 신뢰관계의 축적으로 고객과 깊은 의사소통을 하게 되고 기업과 고객간의 의견이 반영된 제품과 서비스를 제공하게 된다. 하지만 현재의 많은 기업들은 기존 고객보다는 신규고객에게 집중하게 되는 경우가 많다.

기존 고객과의 관계를 잘 유지하면 할수록 기업의 신뢰와 성과에 많은 영향을 주게 된다.

3. 호텔 마케팅 관리 사례

호텔 마케팅(hotel marketing)은 고객의 다양하고도 개별화된 욕구와 필요에 따라 호텔기업의 유형적인 상품(객실, 식음료, 부대시설 등)과 무형적인 서비스 상품으로 구성된다. 이들 상품의 판매를 촉진함과 동시에 고객에게 편안하고 질적인 서비스를 제공하기 위한 호텔기업의 경영활동 일부라고 정의할 수 있다.

1) 명품 마케팅

최근 호텔에는 대형화와 고급화가 대세로 확산되고 있다.

호텔의 객실 내부 및 각종 부대시설을 화려하고 고급스럽게 하기 위해 세계적 호텔 리노베이션 기업에 의해 인테리어가 이루어지고 유명작가들의 작품들로 장식되고 있다.

최고급 서비스를 함께 제공하는 것은 명품 호텔이 되기 위한 필수적인 마케팅 전략이다. 명품 마케팅은 고객 스스로 호텔 서비스에 감동하고 감사하게 만드는 전략이다. 고객이 서비스를 요청하기 전에 사전 서비스(before service)를 수행하게 되면 고객만족뿐만 아니라 재방문이나 긍정적인 구전을 전달하게 된다.

2) 문화마케팅

문화마케팅의 문화는 소비자들의 코드와 콘텐츠 이며, 마케팅은 그런 소비자들이 원하는 것을 읽어내는 기업과 소비자의 의미작용에 따라 발생하는 커뮤니케이션 이다. 문화마케팅은 대중들의 관심을 쉽게 끌어들이기 위한 이벤트를 활용한 기업체에서의 공연, 연극 등의 후원을 통해 브랜드 이미지를 높이고 고객을 끌어들이려는 전략이다.

기업의 문화마케팅은 문화예술의 감성코드를 활용한 대중과의 전략 커뮤니케이션 이다. 호텔기업들은 호텔내에 문화를 접목한 새로운 개념의 아트페어(art fair)를 열어서 전시와 공연 등을 결합한 문화와 예술상품을 제시하기도 한다.

특급호텔의 최고급 객실에서 유명작가의 작품을 감상하면서 즐거운 휴식을 가지기도 한다. 기업의 문화마케팅은 고객의 문화, 예술적 코드를 충족시킬 수 있는 문화예술 활동을 통해 보다 향상된 고객의 만족을 유도하는 마케팅 전략이다.

3) 스타 마케팅

대중적인 인지도가 높은 스타들을 기용해서 기업의 이미지를 높이고자 하는 마케팅이다. 미국의 경우 프로골프대회인 PGA에서 출전 선수들이 스폰서를 맡고 있는 기업의 로고가 새겨진 의류와 모자 그리고 신발 등을 착용하고 경기를 한다. 부산 롯데 호텔은 부산 출신의 메이저 리그 야구선수인 추신수 룸을 제작해서 야구팬들의 많은 인기를 누리고 있다. 추신수 룸에는 추신수 선수가 직접 사용한 야구 글러브, 신발, 유니폼, 야구공 등을 전시하고 게임기를 통해서 객실에서 야구게임까지 즐길 수 있도록 하고 있다. 투숙한 고객에게는 추신수 선수의 사인볼을 제공하기도 한다.

4) 구전 마케팅

특정 기업과 제품 그리고 서비스에 대해 경험을 한 소비자가 호의적인 감정을 가지고 있는 다른 소비자들에게 구매를 촉진할 수 있는 긍정적인 이미지 전달이나 구매해 볼 것을 권유하는 것으로 입소문(word of mouth)을 내는 것을 말한다.

이를 구전 마케팅 또는 입소문 마케팅이라고도 한다.

최근에는 SNS(social network service)를 통해서 직접 만나지 않아도 온라인상에서 얼마든지 구전 마케팅을 실시할 수 있다. 하지만 기업의 구전 마케팅의 대상은 주로 오프라인상의 주부나 동호회 등을 주요타깃으로 이루어지고 있다.

5) 제휴 마케팅

제휴 마케팅은 양자 또는 3자 이상이 자신이 가지고 있는 장점을 상호 공유하는 전략을 의미한다. 이는 서로의 단점을 보완하고 궁극적으로는 상품의 판매나 회원의 안정적인 확보를 계획하기 위한 목적으로 활용되는 전략이다.

다양한 방법을 통해 제휴(affiliation)관계를 형성하여 공동의 마케팅을 전개하고 제휴를 통해 발생하는 수익과 가치를 공유하는 비즈니스 모델이다.

6) 그린 마케팅

환경의 급속한 변화로 인하여 세계 각국이 환경문제에 많은 관심을 가지고 있다. 이러한 경향으로 호텔기업도 환경을 생각하기 시작하여 그린 마케팅을 실시하고 있다. 그린마케팅은 인간과 자연의 상호공존을 위해 기업이 객체인 자연과 인간을 위해 자발적으로 가치를 창출하는데 의의가 있다.

호텔의 그린 마케팅은 호텔내에서 1회용품 사용 줄이기, 음식물 쓰레기의 최소화, 객실린넨 세탁의 최소화 등 종사원과 고객의 적극적인 협조로 환경을 보호할 수 있다. 제주 신라호텔은 저 방류, 저 배출, 저 소비와 무재해, 무공해, 무질병을 목표로 하여 그린 마케팅을 실현하고 있다.

7) PPL(Product Placement) 마케팅

간접광고라고도 불리는 PPL은 영화나 드라마 주인공이 해당 제품을 사용하거나, 배경에 노출되도록 하여 관객이나 시청자들이 광고라는 인식을 하지 못하도록 하는 것이다. 유명한 배우들이 사용하는 제품 등을 자연스럽게 노출시킴으로서 인하여 소비자들의 제품소비를 촉진하고자 하는 것이다.

국내의 많은 호텔들은 PPL 마케팅을 적극 활용하여 영화, 드라마에 노출되도록 하여 소비자들의 구매를 촉진하는 사례가 많이 늘어나고 있는 추세이다.

서울 플라자 호텔은 '겨울연가'를 통하여 일본 관광객을 대상으로 배용준이 극중 묵었던 스위트 룸을 패키지 상품을 개발하였다.

롯데호텔은 드라마 '올인' 과 '천국의 계단' 그리고 강원도 평창 알펜시아 리조트는 영화 '국가대표'에 PPL 마케팅을 실시하여 많은 홍보 효과를 누렸다.

8) 프리미엄 마케팅

PCRM(Premium Customer Relation Marketing)은 기존 마케팅보다 더 명확하게 프리미엄 고객에게 초점을 맞춰서 그들이 접할 수 있는 모든 접점에 대한 정교한 마케팅 활동이다.

핵심 타깃인 프리미엄 고객을 대상으로 그들이 접하는 브랜드의 전 접점에서부터 정교하고 지속적으로 관리해 나가는 것이 중요하다. PCRM은 프리미엄 고객의 구매상황에 맞춰서 브랜드에 대한 경험과 관계를 강화하는 것이다.

02

호텔 마케팅 특징과 경영기법

1. 호텔마케팅의 특징

1) 서비스 품질의 일관성 유지

호텔 서비스는 고객과 종사원의 접촉으로 이루어지게 되며 종사원에 의해 서비스 품질이 결정된다. 호텔기업에 있어서의 종사원은 최고의 상품과 일치하는 개념으로 인지되고 있다. 종사원의 일관된 서비스 수준은 충성고객으로 유지하는데 필요한 가장 핵심적인 요인 중의 하나이다. 지속적인 종사원의 서비스 교육과 훈련은 일정한 수준의 서비스를 유지할 수 있으며 고객은 호텔에 대해 신뢰성을 확보할 수 있다.

2) 서비스의 유형화

호텔의 서비스는 직접 구매하기 이전에는 경험할 수 없는 무형성이 강한 상품이다. 무형성은 고객들이 직접 눈으로 볼 수 없으며 손으로 만져볼 수 있는 기회가 없기 때문에 개개인의 추상적이고 주관적인 판단에 의해 좌우되는 경우가 많다. 따라서 고객들은 이러한 불확실성을 감소시키기 위해서 무형서비스의 질을 말해주는 유형적 단서(tangible clues)를 찾기 위해 많은 정보를 수집하고 있다. 호텔의 무형 서비스를 구체화하기 위해서 객관적인 물리적 증거(physical evidence)로서 유형적으로 표현해 주어야 한다.

3) 인적자원 중심

호텔산업에 있어서 인적자원 자체가 호텔 상품의 하나이기 때문에 고객 서비스에 있어서 결정적인 요소가 된다. 호텔의 서비스는 결과물도 중요하지만 서비스의 과정에 있어서 어떻게 전달하는지도 중요하다.

호텔 종사원을 선발할 때 서비스 마인드와 능력을 갖춘 종사원을 선발하여 지속적인 교육을 실시하여 적재적소에 배치하는 것이 중요하다.

종사원의 만족은 고객의 만족으로 이어지게 된다. 종사원의 장기적인 근무는 고객에게 일관된 서비스를 제공하게 되며, 고객의 성향에 맞는 서비스를 제공하게 되므로 충성고객에게 더 높은 만족감을 주게 된다. 호텔기업에서의 종사원은 가장 중요한 자산이라 해도 과언이 아닐 것이다.

2. 호텔마케팅 발전과정

1) 생산 지향적 개념(Production oriented marketing)

생산 지향적 마케팅은 1900년대 에서 1930년대 초반까지의 마케팅 개념이다. 소비자들이 구매할 수 있는 제품을 합리적인 가격으로 공급한다는 개념으로 기업의 측면에서 생산성의 증가 및 능률 증대에 모든 노력을 기울이는 개념이다. 판매는 적극적인 기업의 활동이 없어도 이루어지게 되며 정해진 가격으로 제품을 유통시키게 되는 마케팅 개념이다.

2) 제품 지향적 개념(Product oriented marketing)

제품 지향적 마케팅은 소비자들이 동일한 가격대의 제품 중 최고의 품질이나 효용을 가진 제품을 선호한다. 소비자들은 가장 우수한 품질이나 편익을 제공하는 제품을 선호한다는 전제하에 기업의 측면에서 제품의 품질과 성능향상에 중점을 두게 되는 마케팅 개념이다.

3) 판매 지향적 개념(Selling oriented marketing)

판매 지향적 마케팅은 기업의 제품이 초과공급으로 인해 생긴 재고누적을 처분하고 지속적으로 생산제품을 판매로 연계하기 위해서는 소비자로 하여금 자사의 제품을 구매하도록 설득해야 한다. 이를 위해서는 이용가능한 모든 효과적인 판매활동을 추구하게 되는 마케팅 개념이다.

4) 마케팅 지향적 개념(Marketing oriented marketing)

마케팅 지향적 마케팅은 소비자의 욕구와 필요를 파악하여 경쟁기업 보다 효율적이고 효과적인 방법으로 이를 충족시킬 수 있는 제품이나 서비스를 제공한다. 즉 소비자의 욕구를 파악하여 효과적으로 고객을 만족시킬 수 있는 제품이나 아이디어를 제공하는 기업의 활동적인 마케팅 개념이다.

5) 사회 지향적 개념(Society oriented marketing)

사회 지향적 마케팅에 대해 코틀러(Kotler)는 "기업의 과업은 목표시장의 기본적 욕구와 2차적 욕구 및 이익을 파악·결정하고 소비자와 사회의 복리가 유지·향상되는 방식으로 경쟁기업보다 더 효율적으로 만족을 제공하여야 한다"라고 정의하였다.

사회 지향적 마케팅은 기업의 이익과 고객의 이익은 물론 사회전반적인 이익까지도 고려한 마케팅을 지향하는 마케팅 개념이다.

3. 호텔 마케팅 경영기법

1) 틈새 마케팅(Niche Marketing)

거대한 마케팅 시장을 대상으로 하는 것이 아니고 특정한 일부고객을 지목하여 다양성의 측면에서 특정고객의 욕구 충족이나 개성에 맞는 상품과 서비스를 개발하여 마케팅 하는 기법이다.

틈새 마케팅은 다른 사람과의 차별화를 가지고자 하는 고객이나 까다로운 고객의 욕구를 충족시키기 위한 마케팅의 노력을 집중 전개하는 마케팅이다.

2) 세분화 마케팅(Segmentation Marketing)

전체의 시장을 동일한 특성별로 세분화하고 그 세분화된 특정시장에 적합한 제품이나 서비스를 제공하려는 마케팅이다. 특정 기준에 의거하여 특정시장을 세분화하고, 선택과 집중의 원리를 적용하여 목표시장(target market)을 설정하고 세분화 시장에 모든 마케팅의 노력을 집중하는 전략이다.

3) 매스 마케팅(Mass Marketing)

모든 일반 대중을 대상으로 하여 마케팅을 전개하는 기법이다.

기업에서 상품이나 서비스 제공에 있어서 경쟁사나 소비자보다 더 큰 경쟁력을 가지고 있을 때 불특정 다수를 대상으로 마케팅을 전개하는 기법이다.

마케팅 개념의 발전과정에서 생산, 제품, 판매 지향적 시대의 대표적인 마케팅 방법이다.

4) 다이렉트 마케팅(Direct Marketing)

IT 기술의 발달로 고객과의 쌍방향 커뮤니케이션이 가능해지면서 일대일 마케팅이 활발해지고 있다. 다이렉트 마케팅의 장점은 개개인의 고객에게 신속한 답변을 줄 수 있게 되어 고객과의 신뢰를 쌓을 수 있으며 재 구매율을 높일 수 있는 기법이다.

5) 관계마케팅(Relationship Marketing)

고객과의 지속적인 관계를 유지하여 장기적인 관점에서 충성 고객 창출을 가능하게 하는 마케팅 기반이 구축된다. 고객과의 지속적인 관리와 연락을 유지하여 상호 협조적인 관점에서 마케팅을 전개한다. 이를 통해서 기업과 고객의 상호이익을 추구하는 개념이다.

관계마케팅은 데이터베이스 마케팅(data base marketing)을 기반으로 하며 최근에는 CRM(customer relationship marketing)이나 e-CRM 등으로 재정립되어 폭넓게 활용되고 있다.

6) VVIP 마케팅

신라호텔은 VVIP고객에 대한 서비스가 가장 적극적이다.

최고급 리무진으로 특별 의전 VIP멤버십 카드를 국내 처음으로 도입한 신라호텔은 현재 초우량 고객인 '피트니스 클럽'회원에게 무료로 대여하고 있다.

Case Study

비즈니스 환경 변화 속에서 생존을 위한 호텔업계의 도전혁신 4가지

혁신1 가상현실 등 첨단 기술 접목

첫째는 첨단 정보통신기술(ICT) 접목이다.

7~8년 전만 해도 특급 호텔 객실에서 인터넷을 사용하기 위해서는 별도의 요금을 내야 하는 경우가 많았다. 요즘은 통신 보안이 상대적으로 엄격한 중국 주요 도시 호텔에서도 무료 와이파이(무선랜) 서비스는 기본이다. 스마트폰 앱을 통한 예약 서비스와 VIP 회원 관리, 페이스북과 트위터 등 SNS(소셜네트워킹서비스) 홍보·마케팅도 이미 호텔업계의 중요한 업무가 된 지 오래다. 투숙객을 위해 객실마다 무료로 사용할 수 있는 태블릿 PC를 비치하는 곳도 늘었다.

> **Keyword**
>
> **증강현실(augmented reality)** 현실의 이미지나 배경에 3차원 가상 이미지를 겹쳐서 하나의 영상으로 보여주는 기술이다. 혼합현실(mixed reality)이라고도 한다. 1990년대 후반부터 미국·일본을 중심으로 연구 개발이 진행되고 있다.

하지만 고객 대부분이 스마트 기기를 갖고 다니고 있어 태블릿 PC의 활용도는 떨어질 수밖에 없다. 이 때문에 객실 TV나 LED 터치스크린이 내장된 거울(스마트 미러)을 제공해 고객의 스마트 기기와 연동해 사용할 수 있도록 하는 호텔이 늘고 있다.

호텔의 스마트폰 앱을 통해 예약부터 객실 출입까지 스마트폰 하나로 해결할 수 있는 서비스도 2014년 처음 등장한 후 현재 세계 160여개 호텔에서 활용되고 있다. 초기 단계지만 가상현실(VR)과 증강현실(AR), 인공지능(AI), 로봇공학 등 첨단 기술도 호텔 서비스의 일부로 자리잡아 가고 있다. 특히 가상현실과 증강현실은 고객이 입체영상을 보면서 객실을 실제로 사용하는 듯한 체험을 할 수 있어 미래 호텔 마케팅에 도움이 될 전망이다. 빅데이터 기반의 인공지능(AI)을 탑재한 로봇 호텔리어도 힐튼과 어로프트 등 몇몇 호텔들이 시험 운영 중이다. 초기에는 로봇 호텔리어가 있다는 것만으로도 고객을 끌어모으는 데 도움이 될 수 있지만, 따뜻하고 인간적인 서비스를 기대하는 고객들이 어떻게 받아들일지는 미지수다.

혁신2 디자인 차별화

둘째는 디자인을 통한 차별화다.
두바이를 상징하는 돛단배 모양의 버즈 알 아랍 호텔과 거대한 성화봉 형태로 세워진 카타르 도하의 토치 호텔, 항공기를 개조한 파나마 숲 속의 호텔 등 독특한 외관의 호텔들은 예전에도 있었다. 글로벌 금융위기 이후 명품 업체들이 호텔업에 진출하면서 호텔 디자인은 이전과 크게 달라지고 있다. 패션 브랜드 '루이뷔통'과 주류 브랜드 '모엣샹동'으로 럭셔리 산업에서 독보적인 영역을 구축한 LVMH는 2013년 몰디브에 '슈발 블랑' 리조트를 오픈했다. 투숙객들은 루이뷔통과 디오르 제품을 쇼핑하고, 지방시 스파도 체험할 수 있다. 모두 LVMH가 보유한 명품 브랜드다. LVMH는 몰디브에 이어 이집트와 오만에도 고급 리조트를 건설 중이다.

Keyword

부티크 호텔(boutique hoter) 규모는 작지만 독특하고 개성 있는 건축 디자인과 인테리어, 운영 콘셉트, 서비스 등으로 대형 호텔과 차별화를 이룬 호텔을 말한다. 디자이너스 호텔(designer's hotel) 또는 콘셉트 호텔(concept hotel)로도 불린다.

고급 호텔 리조트 개발과 운영에 뛰어드는 명품업체들
브랜드 자체만으로 기존 호텔과 차별화 가능하며
높은 구매력을 갖춘 소비자와 접점을 넓힐 수 있기 때문

이탈리아의 명품업체 조르지오 아르마니는 2010년 두바이에 '아르마니 호텔'을 오픈했다. 인테리어 디자인은 조르지오 아르마니 회장이 직접 총괄했고, 객실 가구도 '아르마니 카사' 제품들로 채웠다. 이듬해에는 이탈리아 밀라노에도 아르마니 호텔이 문을 열었다. 아르마니가 호텔 사업에 뛰어든 데엔 이탈리아의 강력한 라이벌 '베르사체'가 중요한 계기를 제공했다. 창업자 지아니 베르사체는 1997년 사망하기 직전 호주의 부동산개발업체 선랜드

그룹과 손잡고 명품업체 중 가장 먼저 호텔·리조트 사업에 나섰다. 그 결과가 2000년 호주 골드코스트에 문을 연 '베르사체 궁전'이라는 뜻의 '팔라초 베르사체'다. 200여개의 객실과 90척의 요트를 정박할 수 있는 시설을 갖추고 있다.

샤넬은 마카오의 카지노 기업 SJM홀딩스와 손잡고 호텔 디자인 사업에 뛰어들었다. 샤넬의 수석 디자이너 카를 라거펠트가 직접 디자인한 20층짜리 호텔이 2017년 개장을 목표로 현재 건설 중이다.

경기불황으로 매출이 줄고 있는 명품업체들이 고급 호텔·리조트 개발과 운영에 뛰어든 것은 브랜드 자체만으로 기존 호텔과 차별화를 꾀할 수 있는 것은 물론 쇼룸 등 한정된 전시 공간을 넘어 구매력을 갖춘 소비자들과 접점을 넓히기 위한 노력으로 이해할 수 있다. 국내에선 천편일률적인 모습이던 비즈니스호텔과 관광호텔들이 '부티크 호텔'로 바뀌면서 디자인 차별화에 나서고 있다.

혁신3 '특별한 경험' 제공

셋째는 독특한 경험이다.

호텔과 다른 개성 넘치는 주거공간을 숙소로 등록해 홍보한 것이 에어비앤비 성공의 중요한 요인이었던 만큼 다른 곳에서 느낄 수 없는 차별화된 경험을 제공하는 것은 호텔업계의 중요한 과제가 됐다.

해외 여행전문 포털에서 '독특한 호텔(uni-que hotels)'을 검색하면 온갖 종류의 기상천외한 호텔 정보가 쏟아진다. 기린과 함께 아침식사를 할 수 있는 호텔도 있고 해수면 5m 아래의 수중 레스토랑에서 바닷속 멋진 풍경을 즐기며 '산해진미'를 즐길 수 있는 리조트도 있다.

하얏트 호텔 & 리조트가 2016년 3월 '언바운드 컬렉션 바이 하얏트(The Unbound Collection by Hyatt)'라는 새로운 브랜드를 론칭한 것도 새로운 숙소와 서비스를 찾는 소비자 변화와 밀접한 관련이 있다. 메리어트와 힐튼 등 경쟁사와 비교하면 인수합병(M&A)을 통한 사세 확장에 소극적이었던 하얏트지만 관련 브랜드 론칭을 위해 독립적으로 운영되는 특색 있는 호텔들을 인수했다.

카리나 코렌겔 하얏트 아시아·태평양지역 브랜드 & 전략 담당 수석 부사장은 "SNS의 발달로 호텔산업에서도 독특하고 만족스러운 경험을 제공해 공유하도록 하는 것이 어느 때보다 중요해졌다"면서 "나무 위에 지은 호텔(tree-top hotel)이나 유령이 나온다는 소문이 있는 호텔 등 독특한 이야깃거리가 있는 호텔들을 한데 묶어 차별화된 경험을 제공할 것"이라고 설명했다. 실제로 드리스킬 호텔에서는 유령을 보았다는 목격담이 종종 있었다. 이름 그대로 브랜드의 '경계를 없앤(unbound)' 것이 브랜드의 특징인 셈이다.

혁신4 인수합병으로 대형화

마지막으로 최근 두드러진 브랜드 간 인수합병과 명칭 변경 등 '새판 짜기' 움직임도 빼놓을 수 없다.

메리어트 인터내셔널(이하 메리어트)은 2016년 9월 스타우드 호텔 & 리조트를 인수했다. 이에 따라 메리어트는 전 세계 110여개국에 5700개 이상의 호텔을 보유하게 됐다. 보유한 객실수만 해도 110만개에 이른다. 국내의 메리어트 계열 호텔도 JW 메리어트·리츠칼튼·코트야드·메리어트 이그제큐티브 아파트먼트·웨스틴·W·쉐라톤 등을 포함해 모두 16개로 인수합병 전 8개에서 두 배 늘었다.

국내에서는 SK그룹 계열 호텔인 워커힐호텔이 글로벌 호텔 브랜드 '쉐라톤'과 결별을 선언했다. 1978년 호텔 본관 증축 때 미국 쉐라톤인터내셔널과 제휴를 맺으면서 쉐라톤 간판을 내건 지 39년 만이다. SK네트웍스는 2016년까지 계약된 쉐라톤 호텔 프랜차이즈 브랜드를 끝으로 독자적인 워커힐 브랜드로 영업에 나서기로 했다. 특히 1200억원을 들여 2018년 말 완공 예정인 연면적 3만㎡의 워커힐 리조트 스파를 기반으로 세계적인 도심형 리조트로 성장시킨다는 구상이다. 중화권 자본의 서구 랜드마크 호텔 인수도 주목할 만한 현상이다. 중국 안방(　　)보험은 2014년 뉴욕 맨해튼의 랜드마크로 꼽히는 월도프 아스토리아 호텔을 약 20억달러에 인수했다. 안방보험은 10억달러 이상의 비용을 들여 이 호텔을 고급 콘도로 탈바꿈시키기로 한 바 있다. 안방보험은 지난해 3월 스트래티직 호텔 앤드 리조트 산하 미국 고급호텔 16곳을 사모펀드(PEF) 블랙스톤으로부터 65억달러(약 7조원)에 매입하기로 했다고 발표했다. 최근 3년간 안방보험이 블랙스톤으로부터 인수한 호텔과 업무용 건물의 총가격은 최소 160억달러(약 18조원)에 달하는 것으로 알려졌다. 홍콩의 부동산업체 위타이는 2016년 7월 4230만파운드(약 633억원)에 영국 런던 리버풀 스트리트 소재 트래블로지 호텔 인수를 발표했다. 호텔은 6층짜리 건물로 142개의 객실을 보유하고 있다. 당시 브렉시트(영국의 유럽연합 탈퇴) 이후 중국 업체의 첫 영국 부동산 인수 사례로 주목받기도 했다. 자본력을 바탕으로 글로벌 시장에서 몸집을 불리고 있는 중국 자본의 서구 호텔 인수가 미래 호텔업계의 서비스와 시설에 어떤 영향을 미칠지도 지켜봐야 할 대목이다.

자료: 조선일보 2017.1.23

03

호텔 마케팅 믹스 전략

1. 호텔 마케팅 믹스의 개념

마케팅 믹스(marketing mix)는 마케팅 전략을 계획하고 실시하며 마케팅 목표를 수행하는데 있어 기업의 통제가 가능한 모든 변수를 말한다. 즉 호텔의 마케팅 목표를 달성하기 위해서 일정한 환경적 조건을 전제로 하여 전략적 의사 결정을 거쳐 선정한 모든 마케팅 수단의 요소나 최적의 상태를 의미한다.

기업은 시장 환경의 변화를 분석하여 시장기회를 포착해야 한다.

고객의 욕구가 변하고 다양화 될수록 시장의 기회는 많아지기도 하지만 그 변화가 기업에게는 위협으로 다가오기도 한다. 결국 기업은 기회든 위기든 시장의 환경을 분석하고 이를 자사의 약점과 강점에 결합해서 경쟁사와의 경쟁우위를 보여주어야 한다.

마케팅 믹스전략은 제품, 가격, 유통, 촉진의 마케팅 요소들이 상호 보완적이면서 일관성을 가지게 하여 시너지 효과를 얻을 수 있도록 효율적으로 결합하여 최대의 효과를 낼 수 있도록 하는 것이다.

호텔 기업의 입장에서 새로운 마케팅 개념을 실현시키는 활동으로 기업의 장기적 성장을 추구하기 위한 마케팅의 계획, 조직, 통제, 조정 등의 경영활동을 전개하고 있다. 마케팅 믹스의 최적화를 실현시키기 위해서 제품(product), 가격(price), 유통(place), 판촉(promotion)의 변수들을 시장 상황에 따라 합리적이고 소비자의 라이프스타일에 적합하게 적용할 수 있어야 한다.

마케팅 믹스는 소비자의 욕구가 다양해지고 치열한 경쟁 환경이 지속 되면서 기업은 시장 환경 변화에 적극적으로 대응해야 한다.

시장세분화에 의한 표적 시장이 결정되고 제품 콘셉트가 설정되면 4P 전략은 물론 각각의 마케팅 믹스의 하위 요소까지도 고려한 마케팅 믹스 전략을 세워야 한다.

2. 호텔마케팅 믹스 구성요소

호텔 마케팅믹스 구성요소에는 상품, 가격, 유통, 촉진, 사람, 물리적환경, 서비스 프로세스, 패키지의 8가지로 구성하고 있다.

1) 상품(Product)

마케팅 믹스 전략의 가장 기본이 되는 선결요건으로 좁은 의미에서는 소비자에게 팔려고 하는 상품을 말하고, 넓은 의미에서는 소비자의 욕구를 충족시킬 수 있는 유형, 무형의 모든 것을 말한다.

상품은 소비자의 욕구와 욕망을 만족시키기 위해서 기업이 판매하고자 하는 제품이나 서비스를 정확한 타겟 고객에 맞도록 선정하여 그를 대상으로 하여 결정하게 된다. 제품에는 단지 제품 자체뿐만 아니라 디자인, 포장, 서비스 등과 같은 요소들이 포함되어 있다. 기업은 표적시장의 욕구를 충족시킬 수 있는 제품을 만들고 차별화할 수 있는 특성을 가지고 있어야 한다.

호텔 상품은 물적 서비스인 객실, 식음료, 부대 업장 그리고 건물의 인테리어 등으로 구성되어 있으며, 무형의 상품인 인적 서비스는 종사원들의 직무에 대한 전문성과 숙련된 서비스인 유형과 무형의 상품으로 구성되어 있다.

(1) 서비스 상품의 수명주기

① **도입기**: 낮은 경쟁과 낮은 마진, 적자를 감수하고 집중적인 투자를 진행하면서 성장전략을 세워서 판매촉진에 최선을 다하는 시기이다.

② **성장기**: 급격히 경쟁이 증가하는 시기이다. 우선 경쟁기업과의 차별화로 인하여 우위전략을 개발하여 고객에게 브랜드 선호를 유도하고, 서비스 충성도를 재점검 하면서 서비스에 대한 만족감을 심어주어 반복 구매를 유도하여 최대의 수익을 증가시켜야 한다.

③ **성숙기**: 극심한 경쟁으로 인해 이 시기를 버티지 못하고 폐업하는 기업이 많아 지는 시기이다. 이 시기에는 영업비용을 최소화하고, 특정 세분시장에

집중하여 전문적인 마케팅이 구상되어야 한다. 보조 서비스를 추가로 시행하여 포괄적으로 여러 가지 혜택을 제공하고 고객의 지속적인 구매를 유도해야 한다.

④ **쇠퇴기**: 상품의 구매욕구가 감소하여 경쟁이 감소하거나 적은 현금흐름으로 인해 이윤이 감소하고 시장의 성장 속도가 감소하는 시기이다.

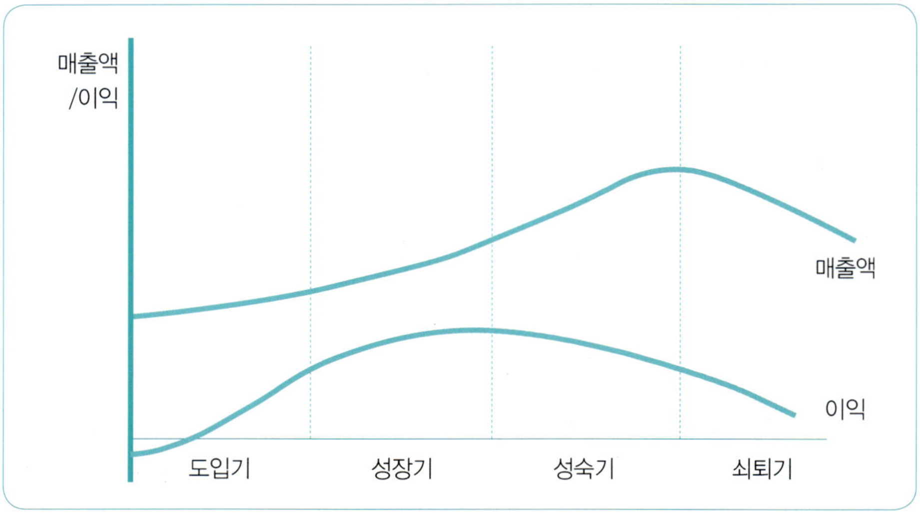

그림 11-1 서비스 상품의 라이프 사이클(PLC)

(2) 신상품 개발

신상품개발은 고객의 트렌드를 리드하게 되면서 고객의 재구매율을 높여 충성고객을 확보할 수 있게 된다. 끊임없이 신상품을 개발하면서 기업의 브랜드 이미지를 향상시킬 수 있다.

(3) 제품 차별화 전략

자사제품이 경쟁제품 보다 우수한 편익을 제공하고 소비자에게 독특하게 인식되도록 하는 전략을 말한다.

2) 가격(Price)

상품과 서비스의 효용 및 가치로서 소비자에게는 상품의 가치를 금액으로 표시한 것으로 상품과 화폐의 교환비율을 말한다. 가격은 여러 가지 환경을 고려해야 하는데 이러한 가격전략은 마케팅 믹스 속에서 종합적으로 판단되어야 한다. 서비스 제공자는 가격조작을 통해 수요량을 조절할 수 있으며, 가장 빨리 변화의 결과를 얻을 수 있으며 수반되는 비용이 없다.

가격은 호텔에서 제공하는 수많은 서비스 상품들이 경쟁기업에 준하여 적정한 가격으로 교환되기도 하며, 경제 환경이나 표적시장에 따라 다양한 가격으로 제공되기도 한다. 경우에 따라서는 호텔의 고가 상품을 일반 대중들에게 비수기 타개책이나 판촉차원에서 낮은 가격으로 판매함으로써 호텔에 대한 홍보나 비수기의 타개책으로 사용하기도 한다.

가격은 소비자의 수요나 심리적 요소에 따라 결정할 수 있다.

호텔에서의 가격은 고객이 호텔의 상품이나 서비스를 받고난 후 그에 대한 대가를 지불하는 것이다. 따라서 호텔기업에서의 가격은 상품이나 서비스 생산에 소요되는 인건비, 경비, 재료비 그리고 기업의 이익 등을 고려하여 가격을 결정하게 된다.

가격의 가치, 결정 그리고 원가우위전략에 대한 설명은 다음과 같다.

① **가격 가치**: 소비자가 서비스에서 얻고자 하는 것 전부를 의미한다.
② **가격 결정**: 가격의 상한선과 하한선을 결정하며 그 범위 안에서 경쟁을 한다.
③ **원가우위 전략**: 제품 단위당 적정 이윤을 유지하고 경쟁제품과의 가격 경쟁에서 유리한 위치를 잡으려는데 목적이 있다.

3) 유통(Place)

유통은 상품과 서비스가 생산자로부터 최종 소비자에게 전달되는 구조적인 과정을 의미한다. 가장 적절한 유통경로를 통해 제품의 수요에 맞는 판매처를 선정하여 제품 공급을 계획적으로 수행해야만 효과적인 판매를 할 수 있다. 즉 상품과 서비스가 생산자로부터 최종 소비자에게 전달되는 구조적인 과정을 의미하며, 호텔기업의 경우에는 일반기업의 유통경로와는 달리 소비자들이 여행사나 인터넷 등의 예약경로를 통하여 최종적인 소비를 하기 위해 호텔로 직접 찾아온다는 것이다.

호텔의 유통과정을 소비자가 직접 선택하게 되므로, 호텔의 접근성과 입지는 매우 중요한 요소로 작용하게 된다.

호텔기업은 여행사나 호텔예약전문회사 그리고 체인호텔의 예약망 등의 다양한 판매활동을 전개하는 것이 최적화된 유통의 경로를 확보할 수 있다.

호텔에 있어서의 유통은 제조업과 비교하여 많은 비용이 소요되지 않으며 최근에는 IT 기술의 발달로 인하여 언제 어디서나 손쉽게 상품이나 서비스를 구매하는 것이 쉬워지고 있다.

유통 경로는 자사제품의 특성, 시장의 규모 및 특성, 그리고 경쟁 환경 등을 종합적으로 고려해서 가장 효율적인 유통 구조를 구축해야 한다.

4) 촉진(Promotion)

촉진은 현재의 고객과 잠재 고객과의 마케팅 커뮤니케이션 활동을 전개하여 상품을 알리고 경쟁 상품과 비교하여 설득하고 소비자의 구매방향을 선회할 수 있는 마케팅 활동으로 대인판매(personal selling), 광고(advertising), 홍보와 선전(public relation and publicity), 판매촉진(sales promotion)등이 있다. 이들을 통틀어 마케팅 촉진 믹스라고 한다.

판매촉진은 제품과 서비스에 대한 정보를 소비자에게 상세하게 알려서 소비에 관한 관심을 자극하여 구매를 설득하려는 것이다. 단기적인 관점에서의 판촉은 구매 가능하거나 경쟁 호텔을 고려하고 있는 고객의 태도변화를 줄 수 있으며, 기존 고객과의 장기적인 유대관계를 통하여 구매결정을 할 수 있도록 유도하는 것이다.

판매촉진의 목적은 호텔의 표적시장 고객들에게 구매 욕구를 자극시킬 수 있는 정보를 제공하여 상품이나 서비스에 대한 인지와 이미지 형성을 새롭게 하여 최종적으로 구매행동을 유발시키는 것이다.

① **판촉의 중요성**: 판촉은 단기 매출에 즉각적 영향을 주며 서비스 브랜드간에 구분이 모호하여 브랜드 전환을 주어야 한다.

② **광고**: 정보제공을 목표로 한다. 가격, 제공 서비스 종류와 타 기업과의 차별화를 고객에게 설명하고 설득한다.

5) 사람(People)

기업에 있어서의 사람은 지속적인 고객 서비스의 융통성 있는 흐름을 위한 시스템 개발과 활용을 통해 고객에게 만족을 주는 마케팅 믹스의 요소이며, 종사원은 기업과 소비자를 연결하여 주는 중요한 매개체이다.

고객과의 약속을 잡은 기업이 종사원을 통하여 고객과의 약속을 지키고자 하는 기업 내부의 노력이며, 종사원은 기업과 소비자 간의 상호작용을 원활히 해주는 기름 역할을 하고 있다. 따라서 관리자들은 종사원들과의 갈등과 스트레스를 관리하고 적합한 인재를 골라 고용해야 하며 최고의 사원을 유지하도록 지속적인 교육과 훈련을 실시하여야 한다.

호텔의 서비스는 생산과 소비가 따로 분리되어져 있는 것이 아니어서 고객이 호텔에 직접 와서 주문을 함과 동시에 고객이 원하는 상품을 곧 바로 생산하게 된다. 상품의 생산과 동시에 종사원이 고객에게 곧바로 서비스를 제공함으로써 고객은 그 자리에서 소비를 진행하게 되는 것이다. 참가자인 고객은 호텔 서비스의 생산과정에 참여하는 것을 원칙으로 한다. 고객과 종사원이 상호작용하는 사이에 서비스의 질, 고객만족, 호텔 재방문 여부를 결정하는데 많은 영향을 미치게 된다.

호텔산업은 인적서비스 의존도가 높은 서비스 산업으로 인적 서비스가 차지하고 있는 비중이 크다. 특히 호텔산업은 서비스 특성상 고객과 종사원의 접점으로 서비스가 발생하기 때문에 종사원의 서비스는 호텔기업의 이미지를 향상시키는 결정적인 역할을 하고 있다.

마케팅 믹스 커뮤니케이션을 활용하면서 내부고객 시장을 세분화하여 보다 전문적인 종사원을 육성해야 한다. 종사원들 간의 정서적 노동을 관리하는 차원으로 부가서비스를 풍부하게 지원해야 한다.

6) 물리적 환경(Physical Environment)

호텔에 있어서의 물리적 환경은 호텔의 무형적인 상품을 유형적으로 표현해주는 호텔의 건물과 로고, 실내에서는 호텔 로비, 종사원 유니폼, 메뉴, 테이블, 의자 등 고객이 보고 느낄 수 있는 환경과 상품이 생산되고 소비되는 환경을 말한다. 호텔의 물리적인 시설을 통해 고객에게 상징적인 이미지를 연상하도록 하며, 호텔은 세련되고 우아한 분위기를 연출함과 동시에 호텔기업 각자가 가지고 있는 특징 있는 인테리어로 호텔 이미지를 알리게 된다. 호텔의 물리적 환경은 고객이 호텔을 이용함에 있어서 편리하고 쾌적한 분위기를 느끼게 하여 호텔에 대한 만족과 이미지를 향상시켜 잠재고객에게 좋은 구전을 전파할 수 있는 역할을 하도록 한다.

물리적 환경은 고객이 구매를 결정하는데 있어서 결정적인 영향을 줄 수 있다.

첫째, 물리적 환경은 고객들의 관심을 가질 수 있도록 하는 매개체가 될 수 있다.

둘째, 물리적 환경은 제품이나 서비스의 메시지를 전달할 수 있는 수단이 될 수 있다.

셋째, 물리적 환경은 마케팅 효과를 나타낼 수 있는 수단이 될 수 있다.

7) 서비스 프로세스(Process)

서비스 프로세스는 서비스가 전달되는 절차나 메카니즘 또는 활동의 흐름을 말한다. 서비스 참여자는 서비스가 생산되고 소비되는 곳에서 특정한 역할을 수행하는 모든 사람을 가리킨다. 여기에는 전체 종사원뿐만 아니라 서비스를 이용하는 고객 모두가 포함될 수 있다. 서비스 과정은 고객의 욕구를 파악하고 서비스의 표준화를 통해 고객의 기대에 최대한으로 부응할 수 있도록 하는 의미이다. 고객은 자신이 받는 서비스가 결과뿐만 아니라 과정 또한 중요하게 생각한다. 서비스 과정을 고객이 경험하고 만족한다는 것은 고객이 느끼는 서비스가 그들의 기대에 미치는 것을 의미하기도 하다.

호텔을 찾는 고객에게 이용상의 불편함이나 업무상의 관리를 통하여 고객이 조금이나마 불편함을 느끼지 못하도록 해야 한다. 서비스 프로세스는 지속적이면서 세심한 주의를 기울여서 고객 서비스의 흐름이 원활하게 진행될 수 있도록 시스템의 개발과 활용에 적극적인 노력을 기울여야 할 것이다.

MOT(Moment Of Truth)는 고객과 종사원이 접촉하는 순간을 말하며 서비스 품질에 대한 인식에 결정적인 역할을 한다. 고객이 경험하는 서비스 품질이나 만족도는 곱셈의 법칙이 적용되기도 한다. 곱셈의 법칙은 고객이 호텔에서 경험하게 되는 모든 서비스 중에서 한 가지라도 소홀히 하게 되면 서비스 실패가 된다. 즉 호텔 서비스 중 10가지 서비스에서 9가지는 100점이지만 1가지의 서비스가 0점을 받는다면 곱셈의 법칙에 의해서 0점이 된다는 원리이다.

8) 패키지(Package)

패키지는 전통적으로 제품을 하나로 묶어 주거나 유통 과정에서 제품을 보호한다는 기본적인 개념으로 이해되어 왔으나, 점차 시각적, 감성적, 정보 전달적, 취급 용이적 기능, 나아가 판매를 증진시키는 차별적 기능까지 확대되고 있다.

구매시점에서 패키지의 중요성을 짐작할 수 있으며 패키지 혁신은 경쟁에서 적어도 일시적인 우위를 점할 수 있다. 이러한 경향에 따라 패키지는 때때로 영구적인 매체뿐만 아니라 마지막 5초의 마케팅으로 불려 지기도 한다.

패키지의 혁신은 성숙기 단계에서 단기간의 판매 증대를 가져올 수 있다.

3. 호텔 마케팅 믹스 전략

마케팅 믹스는 상호 관련되고 상호 의존적인 마케팅활동들을 창조적으로 결합하는 노력의 결과로 통제 불가능한 환경에 적절히 대처하면서 기업이 통제 가능한 수단들의 조합을 의미한다.

1) Product(호텔 상품)

호텔의 상품은 물질적 상품과 비물질적 상품으로 나누어진다.

물질적 상품이란 객실, 식음료, 비즈니스 센터, 기타 부대시설을 말하고, 비물질적 상품은 서비스, 분위기, 아늑함, 즐거움, 다정함, 친절함 등을 말한다. 호텔의 상품은 유형적인 제품에다 무형의 인적 서비스를 추가하여 제공하는 상품으로 마케팅 믹스 요소 중에서 가장 기본이 되는 것이다. 대표적인 호텔상품은 객실과 식음료 그리고 부대시설이 포함된다.

일반적인 상품과는 달리 호텔상품은 차별화되어 있다.물질적 상품은 실체적이고 객관적이며 비교측정이 가능하고 가격과 상품의 관계가 아주 명백한 특성을 갖는다. 이에 반해 비물질적 상품은 추상적이며 주관적으로 가치를 평가하게 되고, 소극적으로 받아들여지기 쉬우며 고객이 사전에 확인할 방법이 없으며 그에 대한 이미지를 만들기까지는 오랜 시간이 소요되는 특성을 가지고 있다.

호텔의 상품은 객실·식음료 등과 같은 유형적인 상품과 인적 서비스로 이루어져서 하나의 상품으로 판매되며, 장소적·시간적·공간적 제한을 받게 되며 인적자원의 의존성으로 고정비가 높다.

2) Price(호텔 상품가격)

호텔마다 다양한 가격전략을 실시하고 있으며 서로 경쟁우위를 확보하기 위해서 상호 제휴를 통해 다양한 가격정책을 펼치고 있다. 호텔 상품에 대한 가격은 경영자의 경영정책에 따라 결정할 수 있다. 하지만 경쟁호텔과 고객의 욕구에 따라 무작정 높게 책정할 수 없으며 경쟁호텔과 비슷한 수준을 유지하는 것이 유리하다.

- 호텔객실 가격책정: 객실형태별, 객실위치별, 계절별, 고객별 등
- 식음료 가격책정: 업장별, 시간대별, 메뉴별 등
- 부대시설 가격책정: 이벤트별, 요일별 등

3) Place(호텔상품 유통)

호텔에 있어서의 유통전략은 장소, 즉 입지 전략으로 해석된다. 호텔 상품의 유통은 제조업체와 다른 유통 구조를 가지고 있다. 호텔 상품은 고정된 장소에서 이루어지기 때문에 입지조건과 유동인구가 많은 곳에 위치하고 있는 것이 유리하다.

호텔 상품을 홍보하여 고객들이 방문할 수 있는 경로는 다음과 같다.

첫째, 다국적 기업에 의한 위탁경영방식이나 프랜차이즈 방식을 이용하여 고객들에게 브랜드 이미지와 인지도를 높여 줌으로써 판매에 있어 유리한 점이 있다.

둘째, 여행사와 단체객 그리고 다양한 대규모 행사를 유치하게 됨으로 인해서 호텔 상품을 널리 알릴 수 있다.

4) Promotion(호텔상품 촉진)

촉진전략은 호텔기업이 고객들에게 상품과 서비스에 대한 전반적인 정보를 제공해 줌으로써 호텔상품을 판매하여 수익을 증대시키려는 전략으로 무형적인 특성을 고객들에게 유형적인 요소로 변경하여 알리는 데는 많은 시간과 투자가 필요하다. 촉진은 타겟으로 인지하고 있는 잠재고객에게 호텔의 상품을 알림으로써 구매 욕구를 자극시키고, 구매시기가 도래하였을 때 이미지 작용으로 인해 바로 구매가 이어지도록 하기 위한 정보를 제공해야 한다.

최선의 판촉활동은 호텔의 브랜드 이미지를 향상시키고 좋은 구전활동을 전파할 수 있도록 최고의 서비스를 제공하는 것이다. 또한 각종 홍보물 제작이나 비즈니스맨, 관광객이 많이 이용하는 방송 또는 잡지 등을 통해서 홍보하는 것

이 중요하다. 호텔의 촉진전략에는 구매자에 대한 개별편지발송(DM), 소식지(특별 이벤트나 혁신적인 계획 등), 사보의 발행, 그리고 광고 및 홍보 등이 있다.

4. 호텔기업의 고객관계마케팅

1) 고객관계마케팅의 개념

고객관계마케팅(CRM: Customer Relationship Management)은 특정 기업과 고객과의 관계를 맺어서 상호간의 이익을 교류할 목적으로 고객을 창출하는 것이다.

관계마케팅의 기법은 고객의 주변을 선회하면서 고객을 위한 가치를 산출해 내는데 있다. 고객과의 관계는 호텔과 같은 서비스 산업에서 매우 중요하게 인식되고 있는데, 새로운 고객을 창출하거나 경쟁호텔의 고객을 끌어오는 것보다는 충성고객의 충성도를 향상시켜 고객과의 관계를 유리하게 이끌어간다면 매출향상이나 홍보비용 면에서 훨씬 효율적이기 때문이다. 이렇게 고객과의 서비스 접점을 관리하여 그들과의 관계를 형성·유지·발전시킴으로써 굳건한 고객기반을 다지려는 노력을 고객관계 마케팅이라고 한다.

고객관계마케팅으로 고객과의 관계를 지속적으로 유지하는 것은 현재의 고객을 지속적으로 유지하고 장기적인 고객으로 만들 수 있도록 하는 것이다. 고객관리를 위해서는 인간적으로 긴밀하고 친근한 관계를 지속적으로 유지함과 동시에 고객이 필요로 하는 상품과 서비스를 제공하게 됨으로써 고객의 만족을 이끌어 내야 한다.

고객관계마케팅은 다음과 같은 경우에 특히 중요하다.

- 서비스에 대한 고객의 요구와 수요가 지속적이며 주기적으로 유지되고 있는 경우
- 동질의 서비스를 제공하는 경쟁기업이 많이 있는 경우
- 고객이 서비스 업체 선정의 선택권을 가지고 있는 경우
- 상품 및 서비스의 성격상 구전효과의 영향력이 큰 경우
- 고객의 충성도가 약하여 브랜드의 전환 확률이 높은 경우

호텔을 찾는 대부분의 고객들은 같은 브랜드를 지속적으로 이용하려는 경우

가 많으며, 실망감을 주거나 특별히 실수를 하지 않는 이상 경쟁호텔로 브랜드 전환을 하는 경우가 드물다.

2) 고객관계마케팅의 특징

고객관계마케팅은 고객과의 관계를 지속적으로 돈독히 하여 기업, 종사원 그리고 고객과의 관계를 강화하게 되므로 고객이 경쟁호텔로 쉽게 옮기지 못하도록 예방하는 역할을 한다. 이는 자사 호텔만의 고유한 차별화전략이라고 할 수 있다.

관계마케팅의 특징은 다음과 같다.

첫째, 상품·서비스의 질보다는 고객과의 관계의 질을 더욱 중시한다.
기존의 상품과 서비스만을 강조하여 고객을 유지하려는 관점에서 이제는 집중적이고 개별적으로 고객의 관리나 관계를 긴밀하게 유지하는 마케팅 중심으로 변화하고 있다.

둘째, 시장점유율 보다는 고객점유율을 중심으로 한다.
고객관계마케팅은 신규고객창출에 대한 노력보다는 기존고객의 재 구매를 유도함으로써 고객 1인당 이윤효과를 높이게 되는 것이다.

셋째, 광고·판촉 중심의 일방적 커뮤니케이션이 아닌 인적판매 중심의 소규모 전략이다.

3) 고객관계마케팅의 중요성

사회경제가 발전함으로 인해서 고객관계 마케팅은 서비스 마케팅의 장기적 관계를 중요시하는 분야로 연구, 발전되고 있다. 특히 시장을 형성하는 소비자들의 중요성이 증대됨에 따라 고객 지향적인 호텔 기업들은 조직 자체를 소비자의 필요와 욕구, 선호를 파악하고 만족시키는데 적합한 고객 중심적인 조직으로 발전하고 있다.

호텔기업이 서비스 품질 강화와 신뢰도 증대를 통하여 고객 불평불만 해소와 만족을 극대화하고, 이를 통하여 고객과의 관계를 밀접하게 구축함으로써 호텔의 경쟁우위를 점하는 전략을 고객관계마케팅이라 할 수 있다.

호텔기업에서 고객에게 다양한 복합 서비스 시설, 상품 및 인적 서비스를 포함하고 있으며, 고객유지와 그들에 대한 크로스 셀링(corss-selling)의 중요성에 대해 인식하고 있다.

4) 고객관계마케팅의 효익

CRM 실무 현장의 관점에서 고객을 분류하면 크게 3단계로 나눌 수 있다.

- 1단계: 자사의 제품이나 서비스를 구매하는 보편적인 의미의 고객이다.
- 2단계: 여기서 한발 더 나아가 기업이 고객 개개인의 신상과 구매내역, 취향을 파악할 경우 이를 '식별고객(identified customer)'이라고 부른다.
- 3단계: 기업의 수익에 공헌도가 높으며 지속적인 관계를 유지하고, 다른 사람에게 추천까지 하는 고객을 '핵심고객(core customer)'이라 한다.

기업이 CRM에 성공하려면

우선 핵심 고객을 파악해야 한다. 그리고 핵심 고객의 니즈를 파악하고 그들에게 그런 니즈보다 훨씬 더 큰 가치를 제공해야 한다.

- 자사에 적합한 핵심고객을 정의해야 한다.
- 그들의 니즈(needs)를 철저하게 파악해야 한다.
- 니즈보다 큰 가치를 제공할 수 있어야 한다.
- 온라인과 오프라인 채널을 통합해서 관리해야 한다.
- 고객과 기업이 서로 주고받는 가치가 공정한지 늘 확인해야 한다.
- 고객에게 발생할 수 있는 문제를 미리 예측하고 사전에 대처할 수 있어야 한다.
- 고객에 대한 프라이버시를 침해하지 않도록 해야 한다.

5) 호텔 CRM 경쟁우위 분석

(1) 웨스틴 조선호텔

- 객실 정보화 사업과 더불어 CRM 구축 시작
- 각 사업부별로 진행된 기존 고객 관계 관리를 통합하고 전사적인 통합 호텔 CRM 구축.

(2) 쉐라톤 워커힐 호텔

- 토탈 호텔 CRM 프로젝트 완료.
- 데이터 웨어 하우스, 캠페인 관리, one-to-one 서비스
- 고객 분석, 객실 분석, 연회 분석, 식음료 분석 4개 파트로 구성.

(3) 메리어트 호텔

① **고객접점강화:** 전 세계에 운영 중인 모든 자사 숙박시설의 예약사항을 통합함으로써, 메리어트 호텔은 고객들에게 자사 숙박시설의 변화된 사항과 예약취소 상황에 대한 정보가 실시간으로 고객들에게 전달하여 고객 서비스를 개선하고 고객만족도를 향상시킬 수 있었다.

② **고객 로열티 강화:** 전 세계 메리어트 호텔이 운영하는 숙박시설에 걸쳐 다양하게 분산되어 있던 시스템을 통합하여 예약, 판매, 이벤트 예약을 위한 정보제공.

③ **고객과의 상호작용 최적화:** one-to-one 마케팅 전략의 사용, 고객과 기업의 관계는 각각의 상호작용에 의해 고객의 요구 충족.

④ **고객 분석을 통한 잠재고객 활성화 및 고객 가치 증진.**

⑤ **IT 환경의 통합으로 고객관계강화:** 고객 정보 공유.

⑥ **고객 중심 기업문화 정착**

⑦ **고객 접점강화를 위해 project reach out 시스템 도입**

- 인구통계학적 고객 세분화 추출하는 시스템 도입.
- guest experience
- 메리어트 골드카드, 마르퀴스 휘트니스, 클래식 7 멤버십 운영

(4) 조선 호텔

① 2000년 9월 통합시스템 도입

- 조선호텔과 관련한 모든 시설 이용하면 어느 곳에서나 고객파일 공유가능.
- 빠르고 정확한 고객 성향 파악 가능.

② 고객정보를 CRM을 통해 입력

③ Chosun VIP Club 멤버십 카드

④ 기존 고객에게 소개자료 담은 DM 발송

⑤ 각종 웹사이트, 자동차, 잡지, 카드사, 고급 브랜드와 제휴.

(5) 호텔 신라

① 식음료, 객실, 면세점으로 나누어진 멤버십 운영.

② 객실 고객의 경우 4가지 등급으로 나누어 차별화된 혜택 제공 및 상품권 제공

③ 식음료 고객: Double Choice 멤버십 카드

④ 일정금액의 연회비로 인터컨티넨탈 호텔과 신라호텔 식음료 할인 혜택.

(6) 리츠칼튼 호텔

① 서비스 및 고객만족도 1위

② 객실 고객만을 대상으로 고객의 기호, 성향 등을 기록한 history 전 세계 공유

③ Special Attention Guest: 국내외 유명 연예인, 국제적인 회사의 간부 등 VIP로 선정하여 고객에게 적합한 서비스 제공.

(7) 롯데 호텔

① 고객별 집단을 만들어 집단별로 효과적인 관리: 객실고객을 4등급으로 나누어 혜택제공.

② TREVI Club 과 LGREEN Club 회원제

③ VIP고객: 휘트니스 클럽 회원과 Metropolitan Club 회원 관리

④ 5회 이상 투숙고객에게 여러 가지 특전과 고객성향 파악한 혜택제공

⑤ PRIBILEGE: 이용실적에 따른 포인트 누적, 객실요금 할인 등 다양한 혜택을 제공하는 고부가 가치의 호텔 보너스 프로그램.

04

호텔시장의 세분화 및 포지셔닝 전략

시장은 구매자로 구성되어 있고 구매자들은 하나 또는 그 이상의 관점에서 서로 다른 성향을 나타내고 있다. 그들은 욕구와 필요, 자원, 지리적 위치, 구매태도, 구매습관에 따라서 구매 형태가 다르다는 것을 알 수 있다.

이렇게 다양한 변수들은 모두 시장을 세분화 하는데 사용될 수 있다. 구매자들은 독특한 욕구와 필요가 있기 때문에 각 구매자들은 잠재적으로 분리된 시장이라고 할 수 있다.

마케팅은 STP로 구분하고 있으며 이는 시장세분화(segmentation), 표적화(targeting), 포지셔닝(positioning)으로 나타낸다.

STP전략은 고객의 욕구와 경쟁제품을 대상으로 하여 시장을 세분화 하고, 해당 호텔의 강점을 최대한 극대화하여 시장을 개발하는 표적 마케팅 방법이다.

1. 시장 세분화(Market Segmentation) 전략

시장세분화는 시장을 차별화시키는 것으로 동일한 제품도 상이한 시장에 따라 차별화될 수 있다는 것이다. 오늘날의 시장은 동질적인 소비자들로 구성되어 있는 것이 아니라 그들이 추구하는 욕구가 서로 다른 구매자들로 구성되어 있다.

전체시장을 공통적 특징을 지닌 잠재고객 그룹으로 나누는 과정을 시장세분화라 하고, 전체시장의 한 부분을 세분시장 또는 부분시장이라고 한다.

시장세분화의 목적은 개인의 욕구와 기회들이 비교적 동질성이 있는 충분히 크고 측정가능하며, 접근 가능한 군집들을 확인하기 위한 것이다.

시장 세분화는 공통된 특성을 공유하고 유사한 욕구와 욕망을 소유하는 사람들을 하나의 집단으로 분류하는 것이 중요하다.

1) 시장세분화의 조건

호텔기업의 시장 세분화는 여러 가지 이점의 제공과 자원을 낭비하지 않고 효율적으로 배분할 수 있다. 전체시장을 대상으로 하지 않고 세분시장을 대상으로 하는 만큼 시장수요의 변화에 보다 신속하게 대처할 수 있다.

효과적인 마케팅 전략을 전개하기 위해서는 마케팅 믹스를 효과적으로 활용하여야 하며, 가장 적절한 세분화 방법이 실시되어야 한다.

시장세분화는 다음과 같은 몇 가지 조건을 충족시켜야 한다.

(1) 측정가능성(Measurability)

해당 호텔기업이 대상으로 하는 전체시장을 각각의 세분시장별로 시장의 규모나 구매력을 정확히 측정, 비교될 수 있어야 한다. 세분시장의 인구와 구매력 등의 세분화 변수를 측정할 수 있어야 한다. 여러 구매자의 특성에 관하여 제2차 자료를 구해서라도 그 측정이 가능해야 한다. 이와 같이 측정값은 마케팅활동의 평가나 마케팅계획을 수립하는데 있어서 기준이 될 수 있다.

(2) 접근가능성(Accessibility)

호텔기업이 시장의 상황을 고려하여 고객만족을 통한 매출을 극대화하기 위하여 선정한 세분시장에 마케팅 노력을 집중해야 한다. 접근성은 세분시장에 쉽게 접근할 수 있고 그 시장에서 활동할 수 있는 정도를 말한다.

호텔기업은 세분시장에 접근할 수 있는 적절한 수단이 존재해야 하며 충분한 규모의 세분시장이 존재한다 해도 그 세분시장을 연결해 줄 매개체가 존재하지 않으면 안 된다.

예를들면 럭셔리 호텔이 있는 도시에 교통시설의 편리성이나 접근의 용이성이 되어 있지 않거나, 여행사의 적극적인 홍보와 판매의 노력이 충분하지 못한다면 럭셔리 호텔의 가치는 제 기능을 발휘하지 못하게 되는 것이다.

(3) 실질성(Substantiality)

실질성은 세분시장의 규모가 충분히 크고 이익이 발생할 가능성이 큰 정도를 말한다. 즉 해당 세분시장에 별개의 마케팅 믹스 전략을 적용할 수 있을 만큼 시장규모가 크거나, 영업을 통하여 충분한 수익성을 확보할 수 있을 정도로 규모를 가진 잠재시장을 의미한다. 그와 같은 잠재시장이 활성화되어 장기적이고 지속적으로 유지될 수 있는 시장이어야 한다.

어떤 세분시장을 표적으로 삼아서 이에 알맞은 마케팅 믹스를 제공하는 데에는 상당한 비용과 시간 그리고 노력이 따르게 된다. 표적시장은 개별적인 마케팅 노력에 따른 비용을 보상하고서도 기업에 이윤을 제공할 수 있는 충분한 규모를 가지고 있어야 한다.

(4) 행동가능성(Actionability)

세분시장에 마케팅 믹스전략을 구사하여 잠재고객을 유인하고 그 세분시장에 효과적인 마케팅 프로그램을 수립하고, 공격적으로 집행할 수 있는 마케팅 담당자의 능력이나 자질을 의미한다.

시장을 세분화하면 다음과 같은 장점이 있다.

첫째, 시장 기회를 쉽게 파악할 수 있다.

즉 세분시장의 욕구와 경쟁상품의 비교를 통하여 소비자의 욕구를 충족시킬 수 있는 기회를 빨리 파악하고 신속하게 대응할 수 있게 된다.

둘째, 마케팅 믹스를 세분시장의 욕구에 따라 효율적으로 조율할 수 있다.

세분시장의 욕구에 맞는 제품과 광고를 일관성 있게 진행할 수 있다.

경쟁사의 상품과 시장을 쉽게 장악할 수 있다.

셋째, 시장수요의 변화에 신속하게 적응할 수 있다.

소비자의 욕구가 비슷한 세분시장에 집중하여 시장의 수요를 빨리 파악하여 대처할 수 있게 된다.

넷째, 별도의 프로그램이나 노력을 투입한 만큼 규모가 크거나 수익성이 확보되어야 한다.

호텔의 시장세분화 전략은 호텔 고객의 편리성과 용이성을 제공하게 되며, 호텔의 입지, 부대시설의 다양화, 가격 그리고 세분화된 고객의 욕구를 충족시킬 수 있는 전략이다.

2) 시장 세분화의 변수

(1) 지리적 세분화(Geographic Segmentation)

지리적 변수에 의한 세분화는 세분 시장을 지역·도시·관할구 등 지리적 단위로 나누는 것을 뜻한다. 기업은 하나 또는 몇 개의 지리적 지역에서 영업활동을 하거나 모든 지역에서 영업 활동을 결정할 수 있다. 따라서 지리에 따른 욕구와 선호의 차이에 따라 세밀하게 추진하여야 한다.

스타우드 호텔 리조트는 그들의 데이터베이스에 있는 지역적 정보를 효과적으로 이용한다. 이러한 정보는 고도로 표적화된 촉진, 특별 패키지, 지역적인 음식 등을 개발하는데 이용한다.

(2) 인구통계학적 세분화(Demographic Segmentation)

인구통계학적 세분화는 연령, 성별, 교육수준, 소득, 종교, 인종, 국적 등으로 나누어지게 된다. 세분화의 기준에 따라 마케팅 방법 또한 다르게 설정되어야 한다. 인구 통계학적 변수는 소비자 집단을 구분하는 가장 널리 이용되는 기준이다. 소비자의 욕구, 선호, 사용빈도 등 인구 통계적 변수들과 높은 연관성을 갖기 때문에 인구 통계적 변수를 잘 활용하게 되면, 처음에 시장 세분화를 하는데 있어서 오류가 발생되었다 하더라도 표적시장의 규모에 의해 이를 효율적인 방법으로 유도하여 목적을 달성할 수 있게 된다.

(3) 행동변수에 따른 세분화(Behavioral Segmentation)

행동변수에 의한 시장 세분화는 상품에 대한 개인의 인지도, 태도, 상표 충성도, 구매목적, 구매이용 횟수, 추구 효익, 가격 민감성 등 상품 구매행동과 직접적인 관련이 있는 변수들에 의해 시장을 나누게 된다.

대다수의 마케팅 담당자는 행동변수가 세분시장을 구축하는데 있어서 가장 좋은 출발점이라 믿고 있다.

(4) 심리 묘사적 세분화(Psychographic Segmentation)

구매자들은 사회계급이나 라이프스타일, 개성의 특징에 기초하여 상이한 집단으로 구분된다. 동일한 인구통계학적 집단에 속하는 사람들이라도 매우 다른 심리 묘사적 특성을 나타낼 수 있다.

3) 효과적인 세분화 요건(Requirements for effective Segmentation)

시장세분화는 세분화 그 자체가 곧 목적이 될 수 없다. 시장이 세분화됨으로서 각 세분시장에 맞는 차별적 마케팅 믹스가 적용되어야 한다.

유용한 세분시장이 되기 위해서는 다음과 같은 특징을 가지고 있어야 한다.

① **측정가능성(Measurability)**: 세분시장의 규모와 구매력이 측정될 수 있는 정도

② **접근가능성(Accessibility)**: 세분시장에 효과적으로 도달하여 실행할 수 있는 정도

③ **실질성(Substantiability)**: 세분시장이 하나의 시장으로서 충분히 크거나 수익성이 있는 정도. 세분시장은 잘 마련된 마케팅 프로그램이 추구하는 가치가 있을 만큼 가능한 한 큰 동질집단이어야 한다.

④ **행동가능성(Actionability)**: 세분시장을 유인하고 그 세분시장에서 실행할 수 있도록 하는 효과적인 마케팅 프로그램을 구성할 수 있는 정도이어야 한다.

4) 시장세분화의 한계

관광시장에서 호텔, 레스토랑, 여행사, 항공사 등 소비자들의 욕구를 충족시키기 위해서 수요의 시장에 맞는 접근 방법이 소비자 성향에 따라 적절한 마케팅이 필요하다. 다시 말하면 시장 세분화를 통한 세분화된 마케팅 전략이 가장 효과적이라는 것이다. 시장세분화에 있어서의 한계는 다음과 같다.

(1) 고비용

시장세분화의 가장 큰 한계는 추가적인 비용이 들어간다는 것이다.

각 세분시장은 개별적인 관심과 서비스 그리고 가격이 제공되며 이는 광고와 판촉 그리고 각 세분시장이 선호하는 방향으로 이루어져야하기 때문이다.

(2) 시장을 세분화하는 가장 적절한 변수 설정의 어려움

관광시장을 세분화하는데 있어서 인구통계적인 변수를 고려해야 한다. 즉 지리적 위치, 여행목적, 인구, 교육정도, 연령, 라이프스타일 등 많은 변수가 존재한다.

따라서 정확한 타겟 마켓을 설정하여 그것에 맞는 시장을 세분화하는 전략이 필요하다.

(3) 세분화 범위설정의 어려움

시장의 세분화는 그 범위를 설정하는 것에 어려움이 따른다. 몇 개의 시장을 표적으로 해도 되는 것을 광범위한 시장을 표적으로 설정하게 되면 시간적, 물리적인 낭비를 초래하며 마케팅의 효력이 도달하지 못할 뿐만 아니라 그 가치를 찾기 힘들어지게 된다.

2. 타겟 마케팅 전략

1) 세분시장의 평가

시장 세분화가 끝나고 나면 표적시장을 설정하게 된다.

시장이 세분화되면 각각의 세분시장을 평가하고 각 세분시장의 규모, 경쟁자, 자사의 목표나 자원과의 적합성 등을 고려하여 세분시장을 분석한다. 분류된 여러 세분시장 중에서 서비스를 제공할 표적시장을 선별해 내는 것이다.

표적시장이란 기업이 서비스를 제공하려고 결정한 공통적인 욕구와 특성을 지닌 소비자 집단을 말한다. 표적시장 선정에서 고려해야 할 요소에는 세분시장의 규모, 수익성, 성장률, 경쟁의 강도, 경쟁사의 현 위치 및 변화방향, 자사의 수요충족능력 등이 있다.

세분시장의 규모와 성장 가능성이 크다면 일반적으로 매력적인 표적이라고 할 수 있다. 표적시장의 선택은 시장세분화 전략의 궁극적인 목표인 동시에 마케팅 과정에 있어서 필수조건이며 사업의 성패를 결정짓는 중요한 과제이다.

기업이 표적시장을 평가하기 위해서는 다음과 같은 3가지 요소를 고려해야 한다.

(1) 세분시장의 규모와 성장률

세분시장의 매출액과 성장률 그리고 기대수익률을 기초로 하여 적절한 규모와 성장률을 지닌 세분시장에 관심을 가져야 한다. 이는 타당성 조사를 비롯하여 소비자에 대한 세밀하고 철저한 조사를 통하여 예측하고 준비해야 한다.

향후 세분시장에 대한 마케팅 계획과 경쟁자에 대한 대비 또한 필요하다.

(2) 세분시장의 구조적 매력성

세분시장이 바람직한 규모이면서 성장성이 높다하더라도 그 시장에서의 장기적 경쟁력을 확보할 수 없다면 그 시장은 매력적이지 못하다.

포터(M. Porter)는 전체시장 또는 특정세분시장의 장기적인 매력성을 결정하는 요인을 다음과 같이 설명하고 있다.

① **기존 경쟁자의 위협**: 세분시장 내에 다수의 강력하고도 공격적인 경쟁자들이 있는 경우, 그리고 경쟁자의 시장사수 의지가 강할 때는 가격전쟁, 광고전쟁, 신제품 개발전쟁 등의 결과를 초래하게 될 것이다.

② **새로운 경쟁자의 위협**: 새로운 능력과 자원, 그리고 이익보다는 시장점유율을 목표로 진입하는 경쟁자가 있을 경우 시장은 비 매력적이 된다.

③ **대체재의 위협**: 현재 혹은 잠재적 대체제가 있는 경우, 특히 대체재산업의 기술발전과 경쟁능력이 증대되고 있다면 그 세분시장의 수요와 이익은 증대되기 어려울 것이다.

④ **구매자의 협상력 증가위협**: 도·소매업자 등 구매자의 가격 및 구매조건 협상력이 강한 세분시장은 비 매력적 이다.

⑤ **공급업자의 협상력 증가위협**: 원재료 공급업자 등의 가격 및 공급조건의 협상력이 강한 세분시장은 비 매력적 이다. 마케터는 이들 위협요인이 기업의 장기적인 수익성에 미치는 영향을 평가·검토함으로써 각 세분시장의 수익성을 측정할 수 있다.

(3) 기업의 목표와 자원

기업의 목표와 자원에 적합하지 않으면 그 세분시장을 선택할 수 없으며, 기업의 목표와 일치하더라도 그 세분시장에서 성공하는데 있어서 필요한 기술과 자원을 보유하고 있는지의 여부를 검토하여야 한다. 만일 필요한 강점을 보유하고 있더라도 특정세분시장에서의 경쟁에 이기기 위해서는 경쟁기업에 비해 보다 차별화된 우수한 기술과 자원을 동원해야 한다.

2) 표적시장의 마케팅 전략

기업은 각 세분시장을 평가한 후에 어떠한 세분 시장 또는 몇 개의 세분시장에 서비스를 제공할 것인가를 결정해야 한다. 이것이 표적시장을 설정하는데 가장 큰 문제점이다. 표적시장이란 기업이 서비스를 제공하려고 결정한 공통적인 욕구와 특성을 지닌 소비자 집단을 말한다.

적절한 표적시장 선정과 마케팅 전략 대안은 크게 세 가지로 구분하게 되는데, 이는 비 차별화 마케팅, 차별화 마케팅, 그리고 집중화 마케팅이다.

(1) 비 차별화 마케팅(Undifferentiated Marketing)

비 차별화 마케팅 전략은 하나의 표적시장을 설정하고 하나의 마케팅 믹스를 적용하는 전략이다. 즉 소비자들의 차이점에 염두를 두지 않고 가장 많은 수의 구매자들이 선호하는 제품과 마케팅 프로그램을 적용하여 실시하는 것이다.

기업의 좋은 이미지를 소비자에게 인식시켜 주기 위한 기본적 수단으로 대량유통과 대량광고를 실시한다.

비 차별화 마케팅은 제품의 표준화, 대규모 생산의 이익 등으로 규모의 경제로 인하여 마케팅 비용과 제품생산의 설비비용 등을 절감할 수 있다.

비 차별화 마케팅은 기업경영에 있어서 경제적인 면이 강한 것을 알 수 있다. 좁은 제품계열은 생산, 재고, 수송비를 절감시켜 주며, 비 차별적 광고 프로그램은 광고비를 절감시켜 준다. 세분시장을 무시함으로써 마케팅 조사비와 제품 개발비용을 낮출 수 있다. 한 가지의 상품만 생산하기 때문에 연구개발 및 생산관리비가 절약되며 촉진 프로그램도 표준화되어 있으므로 이 또한 비용이 절감된다.

비 차별화 마케팅의 단점으로서 고객의 욕구는 갈수록 다양해지게 되고 각각의 고객 개성 또한 다를 수밖에 없다. 따라서 한 가지 상품으로 모든 고객을 대상으로 하여 마케팅 하는 것은 기업경영에 있어서 고객의 선택을 받지 못하는 경우가 발생할 가능성이 높다. 다수의 소비자에 대한 극심한 경쟁을 초래하여 수익이 나빠지게 되며 소비자의 다양한 욕구를 만족시키는데 한계가 있다.

비 차별화 마케팅전략을 사용할 수 있는 경우는 고객의 욕구가 동질적이어서 시장 세분화가 필요 없는 분야로 국한된다.

(2) 차별화 마케팅(Differentiated Marketing)

차별화 마케팅 전략은 시장에서 서로 다른 욕구를 갖는 세분시장으로 파악하여 세분화하고 2개 이상의 세분시장을 목표로 하여 표적시장의 특성에 맞도록 각각 다른 마케팅믹스를 만드는 전략을 말한다.

몇 개의 표적시장을 정하고 세분화된 소비자가 선호하는 차별화된 마케팅 믹스를 적용하게 되어 다양한 고객의 욕구를 충족시킬 수 있다. 차별화된 마케팅은 소비하고자 하는 욕구가 비슷한 소비자들을 구분해 내고, 이들 중 매력적인 소비자집단을 선택해서 그들의 욕구가 가장 잘 부응할 수 있는 마케팅 믹스를 개발하는 전략이다.

아코르(Accor) 호텔은 차별화된 마케팅 전략에 의하여 세계 선두호텔 그룹들 중 하나가 되었다. 아코르 호텔은 12개의 다른 상표명으로 영업을 하고 있으며 여러 개의 브랜드로 여러 종류의 호텔들을 경영하고 있다.

아코르 브랜드에 포함된 호텔로는 세계 최고급 호텔인 소피텔(Sofitel), 3성 호텔(Novotel), 2성 호텔(Ibis), 한정서비스 제공 호텔(Formula One) 등이 있다.

스타우드(Starwood Hotels and Resort)는 Western Sheraton, Four Seasons, St. Regis, W Hotels 그리고 Luxury Collection 을 소유하고 있다.

차별화 마케팅을 하는 이유는 전체적인 판매액을 증가시키고 각 세분시장에서 우위를 확보하고자 하는 목표를 가지고 있다. 이는 결국 고객의 욕구에 부응함으로써 반복구매를 가능하게 한다.

차별화 마케팅은 일반적으로 비 차별화 마케팅 보다 많은 총매출액을 올릴 수 있다. 즉 다양한 소비자의 욕구에 맞추어서 여러 가지 상품을 다양한 가격으로 제공하고, 복수의 유통경로를 사용하며, 다양한 촉진을 실시하므로 차별화 마케팅은 보다 많은 소비자들을 고객으로 확보하게 된다. 이와 반대로 차별화 마케팅을 실시하기 위해서는 각각의 세분화된 고객의 유형에 맞는 마케팅을 수행해야 하기 때문에 많은 비용이 든다는 단점을 가지고 있다.

시장을 차별화함으로써 제품개발비용, 생산비, 관리비, 촉진비 등 여러 가지 비용의 증대를 가져오기 때문에 마케팅 전략을 구사할 때 비용증가에 대한 매출액의 증가를 고려해야 한다.

많은 호텔 체인들이 단기체재 숙박업에서 신뢰를 받는 브랜드를 '타임 쉐어(time share)'같은 다른 제품에 적용하는 전략을 추구하고 있다.

3) 집중화 마케팅(Concentrated Marketing)

집중화 마케팅 전략은 소수의 세분시장에서 전문화된 마케팅 믹스를 수행하는 전략이다. 차별화 마케팅이나 비 차별화 마케팅은 전체시장이 대상이지만 집중화 마케팅 전략은 자원이 한정되어 있는 특화된 시장에 경영자원을 집중한다.

하나의 세분시장을 목표로 선정하고 전문적인 마케팅 믹스로 고객의 욕구를 만족시켜 특정 세분시장에서 높은 시장점유율을 확보하고자 하는 마케팅 전략이다.

기업은 모든 마케팅의 노력을 하나의 표적시장에만 집중하게 되므로 표적 시장 내 고객의 욕구와 성격을 정밀하게 분석할 수 있을 뿐만 아니라 최적의 마케팅 믹스를 개발해 낼 수 있다. 하나의 세분시장만을 상대하므로 비용이 절감 되는 점도 중요한 장점이 된다.

집중화 마케팅의 단점은 정상적인 경우보다 높은 위험부담을 가지고 있다.

다른 전략과는 달리 모든 마케팅 노력을 한 세분시장에만 집중하고 모든 영업 성과를 그 시장에 의존하므로 만일 그 시장에 수요의 변화가 오거나 동일시장 내에 경쟁자가 진입하게 되면 기업은 엄청난 타격을 입게 된다. 이러한 이유로 인하여 다수의 기업들은 하나의 시장을 선택하여 집중마케팅을 하기 보다는 복수의 세분시장에 접근하는 것을 보다 선호하고 있다.

포시즌 호텔(Four Season Hotels)과 로즈우드 호텔(Rosewood Hotels)은 고가격의 호텔 객실시장에 중점을 두고 있다. 집중화 마케팅을 시행하는 기업은 세분시장에서 강력한 시장지위를 차지할 수 있다. 이는 세분시장의 기본적인 욕구를 잘 알고 있으며 특별한 명성을 얻고 있기 때문이다.

그림 11-2 표적시장 마케팅 전략

3. 포지셔닝 전략

1) 포지셔닝의 개념

포지셔닝은 제품이나 서비스를 상세한 마케팅 믹스에 대한 경쟁적 위치를 선정하는 과정을 말하며 진출하고자 하는 시장의 목표고객의 마음속에 위치를 잡는 것을 의미한다.

기업이 최고의 시장세분화와 최적의 서비스 차별화를 시행하더라도 시장에서 정확한 위치를 포착하지 못한다면 성공하기에는 무리가 따르게 된다. 세분시장이 설정되면 자사의 현재 및 잠재 경쟁자와 다른 상품과 서비스를 어떻게 공급할 것인가에 대한 목표를 명확하게 설정할 필요가 있다.

경영의 환경이 급속하게 변화되면서 고객들과의 커뮤니케이션 활동을 어떻게 수행할 것이며, 어떻게 더 효과적으로 마케팅 할 것인가에 대한 연구가 필요하다.

일반적으로 기업이 시장세분화전략을 펼칠 때, 전체시장들 중에서 자사에 적합한 표적시장을 선정하여 그 표적시장 내에서 다른 경쟁자들과 차별적인 우위를 점할 수 있도록 브랜드 포지셔닝을 하게 된다.

포지셔닝이란 자사의 제공물(offering) 및 이미지가 표적시장 소비자의 마음속에 차별화될 수 있는 위치를 차지하도록 계획하는 기업의 활동을 말한다. 포지셔닝은 상품이나 서비스에 대해 어떤 행동을 취하는 것이 아니라 잠재고객의 마음속에서 어떤 행동을 취 할 수 있도록 하는 것이다. 다시 말하면 소비자들이 일정한 속성을 기준으로 해서 경쟁기업과 비교해서 어떻게 인지하고 있는가를 의미하게 된다. 효과적인 포지셔닝은 제품이나 서비스의 자체적인 우월성 여부와는 무관하게 소비자들이 그 제품이나 서비스를 어떻게 인식하고 있느냐의 주관적인 가치에 의해서 이루어질 수 있다.

호텔 상품의 포지셔닝은 상품의 포지셔닝에 대한 잠재고객의 인식에 영향을 주기 위해서 경쟁상품과 관련된 단일상품의 포지션을 명백히 하려는 시도로 고객의 마음속에서 유리한 위치를 차지하기 위한 활동이다. 호텔의 상품이나 서비스는 표적시장의 욕구와 관련하여 포지션 되어야 하는 것이 당연하다. 호텔이 소비자의 욕구를 어떻게 충족시키느냐를 남에게 알림으로써 선택된 표적시장과 관련하여 호텔의 포지션을 확립하는데 도움이 되는 이미지를 창조하게 된다.

호텔기업으로서 시장에서 성공을 위한 기회를 증대시키기 위해서 기업은 상품과 서비스에 대한 유리한 위치를 차지하고 그것을 대중에게 확실히 전달하여야 한다. 그러기 위해서 일부 휴양지 리조트는 부유층을 위한 고급호텔로서 또는 어떤 호텔은 가족의 휴가 휴양지로서 포지셔닝 하고, 또 다른 호텔들은 경제적인 비즈니스맨들을 위한 저가격의 호텔로서 포지셔닝을 하고 있다.

호텔 포지셔닝은 계층의 욕구와 필요에 입각해서 실시해야 한다. 많은 수의 호텔이 상품계층과 관련하여 자사의 포지션을 설정하려 할 때 자사가 가지고 있는 특성을 강조하여 경쟁사와의 차별성을 나타낼 수 있도록 하여야 한다.

2) 포지셔닝의 이유

포지셔닝을 하는 이유는 소비자의 지각과정, 경쟁의 심화 그리고 많은 사람들에게 노출되는 상업적 광고 때문이다.

(1) 지각과정(Perceptual Process)

지각이란 인간의 뇌가 사람들이 주변에 대해 갖고 있는 나쁜 브랜드 이미지를 걸러내고 불필요한 정보를 버리기 위하여 이용한다. 고객들에게 불명확하고 혼란스러운 이미지를 전달하게 되는 경우 상업적 광고의 상당부분을 망각하게 된다는 것이다. 따라서 광고를 실시하는 경우 전달하려는 내용을 분명히 하고 간결하며 단순한 메시지를 인지할 수 있도록 해야 한다. 이는 포지셔닝의 필수요건이 되며 성공적으로 포지셔닝된 서비스를 제공하는 것이다.

(2) 경쟁의 심화(Intensified Competition)

포지셔닝은 경쟁사와 다른 독특한 서비스 이미지를 주입하기 위해 사용되는 방법이다. 이에 대한 예로서 에이비스(Avis)렌터카는 허츠(Hertz)가 렌터가 업계의 선도자임을 인정하면서, 업계의 2위임을 공식적으로 밝혔다. 에이비스 렌터카의 포지셔닝 전략은 "우리는 2등이지만 더욱 열심히 하겠습니다(We're number two, but we try harder)라는 광고 캠페인을 전개하여 소비자에게 더욱 나은 서비스를 제공하겠다는 이미지를 주입함으로써, 소비자의 선택에 있어서 믿음과 신뢰를 제공하게 되었다.

(3) 다량의 상업적 광고(Volume of commercial messages)

광고의 홍수에서 소비자들의 관심을 받기 위해서는 효과적인 포지셔닝이 필요하다. 광고는 다른 것들과 눈에 띄게 차별화되어야 하며 정확한 상품과 서비스의 핵심을 명확하게 전달할 수 있도록 해야 한다.

3) 포지셔닝의 필수요건

효과적인 포지셔닝의 필수요건은 다음과 같다.

- 표적시장의 고객욕구와 그들이 찾고 있는 이익에 대한 정보를 정확하게 수집하고 파악해야 한다.
- 자사기업의 경쟁적 강점 및 약점을 숙지한다.
- 경쟁자의 강점 및 약점을 파악하고 그에 대한 대비책을 강구해야 한다.
- 고객이 경쟁자와 관련하여 자사기업을 어떻게 인식하고 있는지에 대한 정보를 파악한다.

호텔 기업의 포지셔닝에 있어서의 SWOT(Strength, Weakness, Opportunity, Threat)분석은 상품을 생산·판매하기 위한 내부 환경과 외부환경을 조사하여 내부적인 강점과 약점을 파악하고, 외부적인 기회와 위협을 명확하게 파악하여 마케팅 효과의 기회를 최대화하는 것이 중요하다.

표 11-1 'S'호텔의 SWOT 분석

강점(Strength)	약 점(Weakness)
• 대기업에서 운영하는 호텔로 기업이미지가 좋으며 신뢰도가 높다. • 질 높은 서비스를 제공하며 세계적으로 유명한 사람들이 많이 숙박한다. • 고객이 요청하기 전에 사전 서비스를 제공한다. • 직원들의 친절한 서비스가 인상적이다.	• 번화가에서 조금 떨어져 있다. • 노후화된 건물외관으로 신생호텔과는 대조적이다. • 대규모 회의 시설이 부족하다. • 교통체증으로 인한 고객의 약속시간이 지연된다.
기 회(Opportunity)	**위 협(Threat)**
• 대대적인 새로운 내부시설로 새로운 이미지를 얻을 수 있다. • 대기업의 계열사로 국내·외 호텔분야에 대한 투자를 증가하고 있다. • 전통 호텔 신축으로 인한 한국적 이미지 부각.	• 신생 호텔의 증가로 경쟁업체가 증대된다. • 인건비가 총매출액에 비해 높다. • 이직률이 낮다.

05

호텔기업의 소비자 행동 마케팅

1. 소비자 행동의 개념

소비자 행동은 인간의 다양한 행동영역에 있어서 소비와 관련한 형태의 인간 행동을 의미하는 것으로, 인간이 소비생활을 함에 있어서 행하는 심리적, 물리적 행동 등을 포함하는 개념이다.

호텔산업이 세계화 되면서 경쟁이 치열해 지고 있다.

독일, 미국, 홍콩 등에 본사를 두고 있는 호텔기업들은 싱가포르나 일본 등의 시장에서 경쟁이 갈수록 심화되고 있다. 그 결과 고객 점유율을 높이기 위한 호텔들은 국제적인 경쟁으로 확산되고 있는 실정이다. 이런 상황에서 경쟁에서 살아남기 위해 고객이 무엇을 구매하기를 원하고, 고객은 어떠한 입지를 선호하며, 어떠한 시설을 중요하게 생각하는지 그리고 왜 구매하는지 등을 알기 위해 많은 시간과 노력을 투자하고 있다.

소비자 행동은 소비자가 일상에서 느끼는 정보의 노출, 주의, 지각 및 이해, 동의, 수용 및 저장의 과정을 거치면서 정보를 처리하게 된다.

심리적으로 욕구와 필요를 문제로 인식하는 단계에서 정보탐색, 대안평가, 구매의사결정 및 구매행동을 하기 위한 과정으로 의사를 결정하는 일련의 심리적 과정과 행동을 의미한다.

산업사회가 발달하면서 소비자들의 의식 수준향상과 자아실현에 대한 욕구를 충족시키기 위해 구매행동이 개성화되고 다양화 되고 있다. 또한 기업 간의 경쟁이 가속화되고 경쟁이 치열해 지면서 소비자들의 선택의 폭이 많아지게 되었다. 이에 호텔기업들은 소비자들의 선택을 받기 위해 많은 노력을 기울이고 있다. 호텔 기업이 경쟁우위를 확보하기 위해서는 상품과 서비스를 다양하고 개성적인 소비자의 욕구를 파악하여 선호하는 제품을 제공하는 것이 최우선 과제가 될 것이다.

2. 소비자 행동의 특성

소비자의 구매행동은 문화적, 사회적, 개인적 그리고 심리적 특성 등에 의해 영향을 받는다.

1) 문화적 요인(Cultural Factors)

문화적 요인은 소비자 행동에 있어서 광범위하면서도 가장 많은 영향력을 주게 되는 요소를 가지고 있다.

① **문화(culture)**는 개인의 욕구와 행동을 결정하는 가장 기본적인 요소이다. 문화는 개인이 특정사회에서 지속적으로 학습하는 기본적 가치관, 지각, 욕구 그리고 행동 등으로 구성된다. 관광산업에 있어서의 문화는 호텔, 외식, 여행업의 통합적인 부분으로서 음식, 여행 그리고 숙박 등에 커다란 영향을 미치게 되며, 그에 따라 다양하게 변화하고 그에 맞는 환경에 적응해야 한다.

② **하위문화(sub-culture)**는 공통된 인생경험이나 환경에 근거하여 가치체계를 공유하는 사람들의 집단이다. 하위문화는 국적, 종교, 인종 그리고 지리적 영역까지 포함하고 있다. 많은 하위문화는 중요한 세분시장을 형성하고 있으며 그들의 욕구와 특성에 맞는 제품과 마케팅 프로그램을 설계해야 한다.

③ **사회계층(social class)**은 비교적 영속적이고, 상하의 순위가 있는 사회구분을 말하는데, 그 사회구분의 구성원들은 유사한 가치관, 관심 그리고 행동을 공유하고 있다. 어떤 계층에 속해있는 사람들은 구매행동을 포함하여 동일한 행동을 취하는 경향이 있다. 특히 사회계층은 음식, 여행 그리고 레저활동과 같은 분야에서 뚜렷한 제품 및 상표 선호성을 보이고 있다.

2) 사회적 요인(Social Factors)

소비자 행동은 준거집단, 가족, 사회적 역할과 지위라는 사회적 요인에 의해서도 영향을 받는다.

① **준거집단(reference group)**은 개인이 태도와 행동을 형성할 때, 직접적 혹은 간접적으로 비교점이나 준거점을 제공하는 집단을 말한다.
대부분의 사람들은 소속은 되어 있지 않지만 소속되어 지고 싶은 집단 즉 소망집단(aspirational group)에 의해서도 영향을 받는다. 예를 들면, 신라호텔에 근무하고 싶어 하는 예비 호텔리어들은 실제로는 소속되어 있지는 않지만 팀의 일원으로서 일체감을 느끼게 되는 것이다.

준거집단은 다음과 같은 방법으로 소비자에게 영향을 미친다.
첫째, 준거집단은 개인을 새로운 행동과 라이프스타일에 노출시킨다.
둘째, 준거집단은 개인의 태도와 자아개념에 많은 영향을 미친다.
셋째, 준거집단은 개인의 제품, 상표 등의 선택에 영향을 미치게 된다.

② **가족(family)**의 구성원은 구매행동에 가장 많은 영향을 미치게 된다. 남편과 아내의 관여는 제품유형과 구매과정의 단계에 따라 매우 달라지게 된다.
구매역할도 라이프스타일이 발전하면서 바뀌고 있다.

③ **사회적 역할과 지위(roles and status)**
역할은 주위의 사람들로부터 무엇인가를 해 주기를 기대하는 활동을 말한다. 일반적인 역할로는 아들, 딸, 아내 혹은 남편, 경영자 혹은 근로자 등이 있다. 이러한 각각의 역할은 구매행동에 따라서도 영향을 받게 되는데, 고급 레스토랑과 패스트 푸드점에서의 식사 상황에서의 태도는 각각 다르게 나타나게 된다.
각 역할에는 사회가 그 역할에 부여하는 일반적인 존경의 정도를 반영하고 있는 지위(status)를 수반한다. 따라서 사람들은 사회에서의 신분을 반영하는 제품과 서비스를 선택하게 된다.

3) 개인적 요인(Personal Factors)

구매자의 의사결정은 연령과 라이프사이클의 단계, 직업, 경제적 상황, 라이프스타일, 개성 그리고 자아개념 등의 개인적 특성에 의하여 영향을 받는다.

① **연령과 라이프사이클의 단계**
사람들이 구매하는 제품과 서비스의 유형은 일생동안 지속적으로 변화하게 된다. 장거리와 단거리 여행의 목적지 그리고 야외 활동 등에 대한 선호

성은 연령과 밀접한 관계가 있다. 따라서 다양한 연령별 세분화 시장에 성공하기 위해서는 전문적이고 표적화된 전략이 필요하다.

구매행동은 가족 라이프사이클(family life cycle)단계에 의해서도 영향을 받는다. 즉 결혼하지 않은 청년이 있는 가정, 아이가 없는 결혼한 가족(DINKS), 아이가 있는 가족, 아이가 많은 가족 등 이에 적절한 라이프사이클에 맞는 표적시장을 설정하고 이에 적당한 제품과 마케팅 계획을 개발해야 한다.

② **직업**(occupation)에 따라 상품과 서비스를 구매하는데 많은 영향을 미치게 된다. 직업의 종류와 직위에 따라서 구매 횟수와 상품이나 서비스 질의 선택에 있어서 다른 양상을 가지게 된다.

③ **경제적 상황**(economic situation)도 제품의 선택과 구매의사결정에 크게 영향을 미치게 된다. 기업은 경기가 좋을 때에는 창출한 기회를 충분히 이용해야 하며 불경기를 대비하여 방어적 조치도 취해야 한다.

기업은 고객을 둘러싼 거시적 환경을 항상 파악하고 그에 대한 철저한 준비를 하는 것이 중요하다.

④ **라이프 스타일**(life style)은 동일한 하위문화, 사회계층 그리고 직업에 속하는 사람들도 다른 경우가 많다. 라이프 스타일은 행동, 관심 그리고 의견으로 표현되는 개인의 생활 유형이다.

⑤ **개성**(personality)**과 자아개념**(self-concept)**이다.**

개성은 환경에 대하여 상대적으로 지속적이며 일관성 있는 반응을 보이는 개인의 심리적 특성을 말한다. 개성은 어떤 제품이나 상표의 선택에 관한 소비자 행동을 분석하는데 유용하게 이용될 수 있다.

자아개념은 각자 복잡한 자아성을 가지고 있는 개인은 자기 이미지에 맞게 행동하는 경향이 있다.

4) 심리적 요인(Psychological Factors)

구매행동에 영향을 미치는 심리적 요인으로는 동기, 지각, 학습 그리고 신념과 태도가 있다.

① **동기**(motive): 동기는 어떤 특정시점에서 많은 욕구를 가지고 있다.

어떤 욕구는 배고픔, 갈증 그리고 불안감과 같은 생리적인 것이 있고, 다른 것은 인정, 존경, 혹은 소속감과 같은 심리적인 것이 있다. 욕구는 충분한 수준의 강도를 가질 수 있도록 활성화되면 동기가 된다.

② **지각(perception)**: 지각은 동기가 부여된 고객은 행동할 준비가 되어있다. 동일한 상황에서 동일한 동기를 가지고 있는 두 고객은 주변 조건에 대하여 어떻게 지각하고 있느냐에 따라 서로 다르게 행동할 수 있다.

③ **학습(learning)**: 학습은 경험으로부터 생기는 개인행동의 변화를 말한다. 대부분 인간의 행동은 학습되어 진다. 학습 이론가들에 의하면 학습은 동인(drives), 자극, 단서, 반응 그리고 강화 등의 상호작용을 통하여 이루어진다는 것이다.

호텔은 고객들이 자사의 시설과 서비스의 품질에 대하여 학습할 수 있도록 도와주어야 한다. 고급 호텔에서는 처음 이용하는 고객에게 호텔 투어를 실시하며 서비스의 내용을 알 수 있게 노력하고 있는 곳도 있다.

④ **신념과 태도(beliefs and attitudes)**

신념과 태도는 사람들의 행동과 학습을 통하여 신념과 태도를 형성하고 이것이 구매행동에 영향을 미친다. 신념은 어떤 사람이 무엇인가에 대해서 가지고 있는 기술적 사고를 말한다.

태도는 어떤 대상이나 아이디어에 대한 상대적으로 일관된 평가, 감정 그리고 선호경향을 말한다. 사람들은 태도에 의하여 사물을 좋아하고 싫어하는 심상이 생기게 되고 그에 따라서 대상을 받아들일 것인가, 거부할 것인가를 결정하게 된다.

3. 서비스 구매의사 결정과정

소비자의 구매의사 결정과정은 문제인식, 정보탐색, 대안의 평가, 구매결정 그리고 구매 후 행동의 단계로 구성되어 있다.

그림 11-3 서비스 구매자의 의사결정 과정

1) 문제인식(need recognition)

구매과정은 구매자가 어떤 문제나 욕구를 인식하는 것으로부터 출발한다.

구매자는 그의 실제 상태와 이상적 상태간의 차이를 느끼게 되며 욕구는 내부 자극에 의해 유발된다. 마케팅 관리자는 소비자가 인지하고 있는 문제인식을 유발시키는 요인이나 상황을 파악하고 있어야 한다.

소비자로 하여금 어떠한 형태의 문제가 특정제품을 구매하게 만들었는지, 무엇이 이러한 욕구를 야기 시켰는지 그리고 어떠한 문제나 욕구들이 특정제품을 선택하게 되었는지를 정확하게 파악하고 있어야 할 필요성이 있다.

2) 정보탐색(information search)

동기 유발된 소비자는 보다 많은 정보를 탐색할 수도 있고 탐색하지 않을 수도 있다. 소비자가 정보를 얼마나 많이 탐색하느냐는 동기의 강도, 초기 정보의 양, 정보수집의 용이성, 추가정보의 가치 그리고 탐색으로부터 얻는 만족감 등에 따라서 결정된다. 소비자들은 여러 가지의 정보원천을 통하여 정보를 수집할 수 있다.

정보의 원천적인 내용은 다음과 같다.

- **개인적 원천**(personal sources): 가족, 친구, 이웃, 친지 등으로 부터의 구전
- **상업적 원천**(commercial sources): 광고, 판매원, 딜러, 포장, 전시
- **공적 원천**(public sources): 레스토랑 리뷰, 여행부분의 기사, 소비자 평가조직

호텔, 외식, 여행상품에 있어서는 무형성이 강한 특성 때문에 고객이 서비스를 받기 전에는 그들이 무슨 서비스를 받을 것인지를 알지 못하기 때문에 개인적이고 공공의 정보원천은 광고보다 더 중요하다.

소비자들은 정보를 수집하여 이용 가능한 선택 대안과 제품의 특징에 대하여 인식과 지식을 증대시킨다.

3) 대안의 평가(Evaluation of alternatives)

소비자의 평가과정을 설명하는 데는 다음과 같은 기본적인 개념들이 있다.

첫째, 소비자들이 어떤 제품을 속성의 묶음(bundle of attributes)으로 보고 있다. 레스토랑의 경우 식사의 품질, 메뉴의 선택, 서비스의 질, 분위기, 위치

그리고 가격 등을 들 수 있다. 이러한 속성 중에서 자기와 관련되어 있다고 생각하는 속성들이 소비자에 따라 각각 다르다. 소비자들은 자신의 욕구와 관련된 속성에 가장 큰 주의를 기울이는 경향이 있다.

둘째, 소비자들은 각 속성에 따라 각기 다른 중요성을 부여하고 있다.

셋째, 소비자들은 각각의 상표들이 속성상 어떤 위치를 차지하고 있는가에 대해 개인적인 신념을 보유하는 경향이 있다.

넷째, 소비자는 각각의 속성에 대하여 효용기능(utility function)을 가지고 있다고 가정하고 있다. 효용기능은 소비자들이 서로 다른 속성의 서로 다른 수준에 대하여 총체적인 제품만족을 어느 정도 기대하고 있는가를 보여준다.

다섯째, 소비자들은 어떤 평가과정을 거쳐서 서로 다른 상표에 대하여 다른 태도를 형성한다.

4) 구매 결정(purchase decision)

소비자는 평가단계에서 선택군(choice set)에 있는 상표들의 순위를 매기고 구매의도를 형성한다. 구매 의도는 기대하지 않은 상황(unexpected situation)에 의해서도 영향을 받는다. 소비자는 기대되는 제품의 이점 등과 같은 요인을 기초로 하여 구매의도를 형성한다. 그러나 기대하지 않은 상황이 발생하게 되면 구매의도를 변화시킬 수도 있다.

5) 구매 후 행동(post purchase behavior)

소비자는 구매 이후에도 만족이나 불만족을 느끼고 구매 후 행동에 영향을 미치게 된다. 구매 후 만족과 불만족은 소비자의 기대와 지각된 제품성과간의 관련성에 의하여 결정된다. 제품을 구매하기 이전에 제품의 성과가 소비자가 기대한 만큼 달성하면 소비자는 만족하게 될 것이고, 기대에 미치지 못한다면 불만족 하게 될 것이다.

불만족한 소비자는 다음과 같은 몇 가지 행동을 하게 된다.

- 소비자들은 불만족한 제품에 대해 불평하면서 환불이나 교환을 요구한다.
- 소비자들이 만족을 얻을 수 있도록 지원해 주는 어떤 조직이나 기관에 불평을 제기하기도 한다.

- 소비자들은 제품의 구매를 중단할 수도 있으며, 가족이나 친구에게 그 제품에 대한 부정적인 구전을 전하기도 한다.

기업의 입장에서 소비자의 욕구와 구매과정을 이해하는 것은 마케팅을 성공시키기 위한 필수적인 조건이다.

06

호텔 인터넷 마케팅

1. 호텔 인터넷 홍보전략

호텔산업은 서비스를 기반으로 하는 생산과정을 가지고 있음으로서 서비스의 특성을 고려하여 홍보방안을 수립해야 한다. 호텔의 접근성을 향상시키기 위한 홍보 전략을 세우는 것은 호텔의 생산성을 높일 뿐만 아니라 수익률에 직·간접적으로 많은 영향을 미친다. 관광산업의 규모에 대한 성장과 인터넷 사용자의 증가는 호텔 산업 발전에 직접적인 영향이 커질 수밖에 없다.

1) 호텔 홍보의 정의

홍보는 호텔의 정책, 계획, 프로그램에 관한 정보를 제공할 특정한 목적으로 일반대중과 접촉하는 것과 관련된 모든 기업 활동이다. 이러한 정보는 그 호텔에 관하여 호의적으로 반영되어야하기 때문에 어떤 특정한 품목이나 서비스를 판매하기 위한 수단이 아니므로 PR은 광고와 다르다.

효율적인 홍보란 업계 내에서의 좋은 경쟁적 우위를 나타내는 것으로 볼 수 있다. 경쟁적 우위는 홍보업자들에게 의해 자주 조망되며 잘 갖추어진 홍보 프로그램은 업계에서 좋은 이미지를 제공할 수 있다.

2) 호텔 홍보의 목적

호텔 홍보를 보다 단순하고 일상적인 개념으로 표현하기 위해서는 호텔의 모든 홍보 프로그램을 호텔과 어떤 형태의 접촉을 갖는 모든 사람과 가능한 좋은 이미지를 제공하도록 적용하여야 한다.

호텔 홍보의 목적은 호텔의 기업이념에 대한 이해의 침투에 있으며, 이것은 호텔의 여러 가지 활동에 대해 좋은 이미지를 갖게 하려는 종합적인 커뮤니케이션이다. 또한 상품과 서비스를 구매하도록 직접적인 설득을 하는 것이 아니라 상품과 서비스를 제공하는 호텔에 대하여 우호적 이미지를 가지도록하기 위한 것이다.

호텔 기업에 있어서 브랜드 이미지와 신뢰는 매우 중요하므로 좋은 이미지를 가지기 위해서 우호적인 관계를 가질 수 있도록 많은 노력을 기울여야 한다.

호텔 홍보의 1차적 목표는 호의를 획득하고 좋은 이미지를 형성하며 호텔을 둘러싸고 있는 공중과의 신뢰를 형성시키는 것이다.

인터넷을 이용한 홍보는 전기 통신망을 통해 이미 구축된 데이터베이스에 접근하기 때문에 미래의 성장성이 가장 높은 분야라고 볼 수 있다.

3) 인터넷 홍보의 특성

인터넷은 논리적이고 사실적인 정보를 제공하는데 효율적이라는 매체적 성격을 가지고 있어 홍보에 가장 적합한 매체로 간주되고 있다. 인터넷은 이러한 매체로서 가진 특성 때문에 호텔 홍보 수단으로서 가치가 매우 높으며 다음과 같은 장점을 가지고 있다.

(1) 표적 집단의 용이

어떤 매체가 홍보 매체로서 얼마나 유용한가를 결정하는 첫 번째 요소는 표적 집단이 얼마나 많이 그 매체를 이용하는가 하는 것이다. 인터넷 상에는 수 없이 많은 사이트가 개설되어 있어 사용자는 어느 사이트를 방문할 것인지를 결정할 수 있다.

(2) 정보의 쌍 방향성

인터넷은 쌍방 균형 모형으로 PR 최적의 매체이다.

인터넷을 통한 PR 프로그램에 목표 공중들이 직접 참여할 수도 있고, 게시판, e-mail 등을 직접적인 커뮤니케이션을 실시함으로서 정보를 제공할 수도 있다.

인터넷 홍보는 기업 이미지의 제고나 수용자의 요구수렴과 대화의 통로로 활용할 수 있다는 의미이다. 또한 탈 획일화, 차별화, 개성화를 요구하는 고객의 취향에 부합하는 최첨단 홍보매체로 호텔의 경영 전략적 차원에서도 중요한 의미를 지니고 있다.

(3) 풍부한 정보의 제공

홈 페이지를 통한 홍보의 성패를 가늠하는 것은 얼마나 풍부하고 유용한 정보를 제공할 수 있느냐에 달려 있으며, 방송 등의 전파매체와는 달리 인터넷은 정보수용을 수용자 스스로 조절할 수 있다.

인터넷은 시간과 공간의 제약을 거의 받지 않아 수용자에게 충분한 정보를 제공하고 영상, 그래픽, 음향, 문자 등 다양한 요소들로 구성된 정보를 무한대로 전달할 수 있다. 최신의 정보를 즉각적으로 소비자들에게 제공할 수 있으며, 소비자의 불평사항을 실시간으로 접수하고 해결할 수 있는 장점이 있어 소비자들의 만족도가 극대화될 수 있다.

(4) 제작과 관리의 필요성

기존의 4대 매체에 의한 홍보와는 달리 홍보의 제작에 있어 분량 제한을 받지 않는 특징을 가지고 있다. 이는 홍보내용에 대한 차별성을 부각하고 수용자에게 충분히 정보를 제공하기를 원하는 경영주에게 매력을 줄 수 있는 인터넷 홍보의 주요한 특징이다.

인터넷 홍보의 장점으로는,

첫째, 사용자가 원하는 가치 있는 정보를 제공한다.
누구에게나 필요한 정보를 제공할 수 있으며 원하는 정보를 제공받을 수 있다.

둘째, 인터넷만의 기능을 활용한다.
인터엑티브(Interactive)한 처리를 행할 수 있는 것이 인터넷의 최대 장점이다.

셋째, 다른 매체에 URL을 표시한다.

넷째, 독자적인 색깔을 갖는다.

2. 호텔 산업의 e-비즈니스

정보화 사회의 급속한 발전을 가능하게 한 여러 가지 요인 중에서 가장 큰 영향을 미치는 것은 세계를 하나의 공동체로 연결시키는 인터넷의 등장이다.

초고속 인터넷 환경은 세계인들의 생활 속으로 빠르고 깊숙이 파고들면서 심화되는 기업 간 경쟁, 스마트해진 소비자 및 IT 기술의 경이로운 발전이 e-CRM을 탄생시켰다.

현재 국내 호텔산업의 시장 환경은 새로운 호텔 상품 및 서비스의 출현으로 개별적인 서비스 상품이 적어지고 수명도 짧아져 새로운 대안 마케팅이 필요한 시점이다. IT기술이 발달함으로써 호텔 고객들도 어디에서나 인터넷을 이용하여 저렴한 비용으로 원하는 호텔과 서비스를 선택할 수 있다.

정보기술의 발전은 인터넷과 같은 상호작용 커뮤니케이션 기술로 호텔 기업과 고객 간의 직접적이고 상호 작용적인 커뮤니케이션을 가능케 하며, 기업과 소비자 간의 관계에 새로운 전기를 마련해 주고 있다.

1) 인터넷과 고객관계구축

인터넷은 고객에게 제공되는 기본적인 활동과 광고 그리고 고객관계구축을 위한 지원 활동 등 기업의 전반적인 기능을 획기적으로 변화시키고 있다.

오늘날 고객의 욕구는 갈수록 다양화해지고 개인화 되어감으로 인해서 고객 개개인의 만족을 주기 위해서 일대일 마케팅이 필요해졌다. 일대일 마케팅을 성공적으로 수행하기 위해서는 고객욕구의 공유, 고객접촉과 같은 고객 개개인과의 관계구축과 이를 유지시켜 나가는 것이 필수조건 이다. 오늘날의 호텔 산업은 다양한 고객 욕구에 따라 새로운 호텔상품 및 서비스가 출현하고 있으며, 많은 호텔들이 생겨나 고객들은 그들이 원하는 서비스를 제공하는 호텔을 자유롭게 이용할 수 있게 되어 호텔 간의 경쟁은 더욱 심화되고 있다.이와 같은 경쟁 환경 속에서 호텔산업이 경쟁력을 강화하기 위해서는 고객 이탈을 방지하고 기존 고객과의 지속적인 관계를 유지하여 고객만족을 창출하고 단골고객을 확보하여야 한다.

인터넷을 이용한 관계마케팅을 통해 정보적 관계화에 의한 연결공동체(relationship marketing community)를 구축함으로써, 기업들이 내부 정보이용의 효율성을 높이기 위하여 도입한 정보시스템이 외부적으로 발전하여 고객과의 관계화에 새로운 전기가 형성되고 있다.

인터넷의 중요한 마케팅적인 특성, CRM의 상호보완적인 기능과 통합의 연계는 포화상태에 이른 호텔 시장에서 기업의 생존과 지속적인 성장을 위한 통합된 고객 중심 마케팅 전략 실행을 가능하게 해 줄 하나의 가능성이다.

인터넷의 깊이 있고 올바른 이해와 적용은 경영자들이 고객 개개인의 욕구와 특성을 파악하여 고객이 원하는 상품과 서비스를 제공해야 한다. 이를 통해 고객과의 긍정적인 관계를 구축하고 나아가 구축된 장기적인 관계를 유지하여 기업의 수익을 증대 시키는 엄청난 시너지 효과를 제공하게 될 것이다.

(1) e-CRM 이란?

인터넷 등의 네트워크 기술과 데이터베이스 등의 정보기술을 이용하여 고객에 대한 다양한 정보를 수집하게 된다. 이를 바탕으로 고객이 원하는 제품과 서비스를 지속적으로 제공함으로써 고객을 유지시키게 된다. 결과적으로 고객의 평생가치를 극대화하여 기업의 수익성을 높일 수 있는 통합된 고객관계 프로세스를 관리하는 경영활동을 말한다. 호텔 기업은 정보가 풍부한 상품과 서비스를 제공하면서 고객들을 끌어들이기 위해 오프라인과 e-채널의 전 범위에 대해 레버리지(leverage)효과를 가져 올 필요가 있다.

(2) e-CRM의 특성 및 내용

e-CRM은 CRM과 의미나 목적은 같지만, 'e'가 의미하는 범위에는 Electronic, Enterprise, Extended 를 포함한다.

Electronic은 'e-mail'이나 'e-business' 와 같은 의미이고, Enterprise는 CRM을 구현하는 기업들이 부서 내에서 단일화된 CRM 접근 방식 및 확장성을 지닌 솔루션이 필요하다는 것이다.

Extended는 실질적으로 모든 기업들은 그들의 고객과 관련되어 있는 파트너 관계를 가지고 있으므로 궁극적으로 CRM을 구현하고, 효율적으로 고객에게 제품을 공급하기 위해서는 파트너와의 관계가 함께 관리되어야 한다는 것을 의미한다.

(3) 호텔기업의 인터넷 마케팅(e-CRM) 활동

호텔업계는 호텔 정보화 및 인터넷 환경 구축으로 고객 서비스 강화는 물론 전자 상거래를 통한 수익 사업도 진행하면서, 보다 특화된 솔루션 발굴에 노력을 기울이고 있다.

마케팅 전략 실현에 있어서 모든 중심은 고객의 관점에서 실현되어야 한다. 이는 고객과의 커뮤니케이션이 상품의 가치증대를 가져오게 되는 것이다.

다양한 고객의 니즈(needs)를 만족시키고 전문화된 하나의 상품으로서 고객의 니즈를 철저히 분석하여 고객에 맞는, 고객이 원하는 서비스를 개발하여 철저하게 고객지향적인 마케팅 전략으로 시장에 대응해야 한다.

특급호텔을 중심으로 진화되고 있는 e-비즈니스화는 호텔 홈페이지 구축에서부터 온라인 상거래 구축까지 다양하게 시도되고 있다. 인터넷 마케팅은 고객이 계속해서 혹은 주기적으로 서비스 제공을 원할 경우와 호텔 서비스를 이용하는 고객이 호텔을 자율적으로 선택할 수 있는 재량권을 가지고 있을 때 그 필요성이 높아진다.

호텔기업은 인터넷 마케팅 활동을 통하여 호텔 상품 및 서비스에 대한 정보를 유형적인 요소로 제공하게 됨으로서, 고객들은 인터넷 마케팅을 통하여 실제로 구매할 수 있도록 하는 구매행동의 변화에 초점을 맞추어야 한다.

고객과의 장기적인 커뮤니케이션을 유지하기 위해서는 일시적인 광고나 이벤트 보다는 고객들에게 일관된 메시지를 끊임없이 심어줄 수 있도록 통합적 마케팅(integrated marketing communication)전략을 수립해야 한다.

3. 호텔 기업의 정보기술

정보 시스템은 특정 응용분야의 활동과 관련된 자료를 수집, 분석, 처리하여 의사 결정자가 의사결정을 하는데 필요로 하는 유용한 정보를 제공해 줄 수 있는 인간과 컴퓨터 시스템의 구성 요소들로 이루어진 통합시스템을 말한다.

정보시스템은 처리된 데이터나 처리를 위한 데이터를 저장하는 저장소를 가지고 있는데 이를 데이터베이스라고 한다.

정보 시스템의 특징으로는

- **인간-컴퓨터 시스템**: 시너지 효과
- **통합시스템**: 시스템과 하위 시스템간의 일관성 및 호환성
- **목표의 일치**: 조직 전체의 목표와 정보시스템 목표의 일치
- **정보유용성**: 정보가 의사 결정자에게 적시에 적절하게 제공됨으로써 유용성 증대
- **전사적 시스템**: 조직 전반에 걸친 활동을 포괄

1) 호텔 정보시스템의 개요

호텔 정보시스템(HIS:Hotel Information System)은 호텔의 가장 중요한 자원인 정보의 흐름과 처리를 통해 효과적인 경영을 하고자 하는 것이다.

HIS의 발달은 비용의 절감, 빠르고 정확한 업무처리로 호텔의 데이터 프로세스를 단순화하기 위한 하나의 시도이다.

호텔 상품의 인터넷 판매의 장점

- 상품 정보의 습득이 용이하다.
- 호텔상품 선택이 용이하다.
- 가격의 저렴성- 호텔에서는 인터넷을 활용하여 가격할인을 실시하고 있으며, 향후 인터넷 호텔상품에 매력을 가질 수 있는 가장 강력한 요소이다.
- 인터넷의 개방성- 전 세계인을 대상으로 호텔 상품을 소개하고 인터넷으로 판매도 가능하다.
- 호텔상품 선택부터 예약, 주문, 결재까지 안방에서 모두 해결할 수 있다.
- 다른 상품과의 연계성이 가능하다.
- 호텔 상품 선택에 시간의 제약이 없다. - 인터넷을 통하여 24시간 상품을 제공, 판매하는 유통 시스템으로 인해 많은 상품이 구매될 수 있다.

인터넷 판매에 따른 마케팅 성과분석 으로는,

- **비용절감**: 고객관리 비용의 절감, 고객 서비스 비용의 최소화 기능, 인력감축, 고객관리 간소화 등의 직·간접적인 성과
- **서비스 개선**: 대고객 온라인 서비스 가능, 실시간 고객응대를 통한 서비스 수준 향상, 고객 데이터베이스 구축을 통한 지속적 고객관리기능, 보안 등과 관련된 문제점 개선 효과.
- **이미지 개선**: 고객 중심의 운영기반 확충, 기존 호텔들과의 차별성 부각, 기본 서비스 이외의 온라인 인터넷 중심의 지속적인 서비스 기반 확대, 각종 고객 편의사항에 대한 신속한 응대와 이에 따른 수익기반 강화 효과 기능.
- **홍보 효율성**: 고객 밀착형 홍보 능력 강화 기반 제공, 실시간 효율적 홍보가능, 홍보 관련 비용의 최소화 가능.

참고문헌

강인호 외(2011). 열린세상 글로벌 매너와 문화, 기문사

강희석 외(2017. 객실관리실무, 한올출판파

고석면(2012). 호텔경영론, 기문사

관계부처합동(2010). 관광숙박시설확충 특별대책

권봉헌(2009). 호텔경영론, 백산출판사

금한나(2008). 이미지와 국제매너, 한올출판사

김대권(1994). 호텔서비스 품질에 대한 소비자 평가에 관한 연구, 동국대학교 대학원 박사학위논문.

김병용(2013). 관광학원론, 한올출판사

김의근 외(2013). 호텔경영학원론, 백산출판사

김진수(2009). 호텔, 외식산업 식음료관리론, 대왕사

김천서 외(2012). the restaurant, 한올출판사

김천중(2000). 관광정보시스템 (관광정보와 인터넷), 대왕사

도미경(2010). 웰빙시대의 관광마케팅, 기문사

롯데호텔월드(2000). 식음료 직무교재

문화부, 전국관광숙박업현황과 한국관광공사(2006 ~ 2011). 관광목적방한 외래객 및 관광호텔현황

박영배(2002). 호텔식음료 서비스 관리론, 백산출판사

박영제(2013). 한국형 호텔 브랜드 자산가치 구성척도개발, 계명대학교 대학원, 박사 학위논문.

박영제, 강인호, 김영규(2017). 관광여가론, 한올출판사

박중환(1995). 호텔서비스 요인 및 서비스 인카운터 평가, 산한연구 4호.

백승희(2000). 내프킨 접기, 백산출판사

서진우 외(2009). 이미지 메이킹 & 국제매너, 대왕사

송흥규 외(2011). 호텔연회기획, 백산출판사

신라호텔(1994). 호텔신라 20년사

________(2000). 식음료 매뉴얼

신우성(2006). 호텔관광마케팅, 기문사

안광호 외(2012). 호텔객실 서비스 실무, 기문사

원유석 외(2007). 연회, 컨벤션 매니지먼트, 한올출판사

이순구 외(2011). 호텔경영의 이해, 대왕사
이순구 외(2010). 호텔인사관리론, 대왕사
이유재(2013). 서비스마케팅(제5판), 학현사
이정학(2006). 호텔연회관리론, 기문사
전흥진 외(2008). 레스토랑서비스, 신정
정용해 외(2010). 식음료 서비스 실무, 기문사
최기종 외(2011). 관광정보론, 백산출판사
최동열(2003). 호텔식음료서비스론, 기문사
최정길(2007). 호텔경영학, 21세기사
하동현(2006). 신 호텔경영론, 한올출판사
허정봉 외(2011). 호텔경영학의 만남, 대왕사
한국관광공사(2012). 2011 관광통계연보
한국관광공사홈페이지
한국관광호텔업협회(2011). 호텔업운영현황
호텔경영연구회 편(2005). 호텔경영의 이해, 대왕사
호텔신라 서비스센터(1994). 현대인을 위한 국제매너, 김영사

Andy Sernovitz(2006). Word of Mouth Marketing, Kaplan Publishing.

Anthony J. Strianese, Pamela P. Strianese(2008). Dining Room and Banquet Management (4th edition). Thomson.

Barrows, Clayton W.(1999). Introduction to hospitality education in Hospitality management education, Clayton W. Barrows & Robert H. Bosselman, eds. New York: The Haworth Hospitality Press.

Calarie A. Zeithaml, Mary Jo Bitner, Dwayne D. Gremler(2006). Service Marketing: Integrating Customer Focus Across the Firm(4th edition). McGraw-Hill.

Denney G. Ruthherford(1995). Hotel management and operations, New York: Van Nostrand Reinholds.

Gray, William S. Salvatore C. Liguori(1994). Hotel and Motel Management and Operations. Prentice Hall, Inc.

Gee, Chuck Y.(1994). International hotel: Development and management, MI:The Educational Institute of the American Hotel & Motel Association.

George G. Fenich(2008). Meeting, Expositions, Events, & Conventions (2nd edition). Prentice Hall.

Hooley, Graham J., John Saunders(1993). Competitive Positioning. Prentice Hall.

James J. Eyster(1980). The negotiation and administration of hotel management contracts (2nd edition). Cornell University.

John, R, Josielyn T. Walker(2012). Exploring the Hospitality Industry (2nd edition). Prentice Hall.

John R. Walker, Donald E. Lundberg(2001). The Restaurant: From concept to operation (3rd edition). John Wiley & Sons Inc.

Jorge C., Gavin E.(1995). Hospitality and tourism impacts: an industry perspective, International Journal of Contemporary Hospitality Management, 8(1). 11-19.

Judy Allen(2002). The Business of event planning. John Wiley & Sons, Canada Ltd.

Karatepe, O. M.(2006). Customer complaints and organizational responses: the effects of complainants' perceptions of justice on satisfaction and loyalty, International Journal of Hospitality Management, 25(1), 69-90.

Kasavana, Michael L.(1992). Managing Computer in the Hospitality Industry. AHMA.

Lundberg, Donald E.(1979). The Hotel and Restaurant Business. CBI Publishing Company, Inc.

Martin, Robert J. A. Jones & Ton Jones(1992). Professional management of housekeeping operations, New York. John Wiley & Sons.

Mayo, Edward J., and Lance P. Jarvis(1981). The Psychology of Leisure Travel. Boston: CBI Pbu. co.

Miller(1992), Idrm(1980). Restaurant Business.

Morrison, A. M.(1989). Hospitality and Travel Marketing, New York: Delmar Publisher.

Namasivayam, K., Miao, L., Zhao, X.(2007). An investigation of the relationships between compensation practices and firm performance in the US hotel industry, International Journal of Hospitality Management, 26(3), 574-587.

Patti J. Shock, John T. Bowen, and John M. Stefanelli(2004). Restaurant: Marketing for owners and managers, John Wiley & Sons, Inc.

Philip Kotler(1998). Marketing Management: Analysisi, Planning and Control, (6th edition). Prentice.

Richard G. McNeill, John C. Crotts(2006). Selling Hospitality: A situational approach, Thomson.

Robert C. Ford, Cherrill P. Heaton(2000). Managing the Guest Experience in Hospitality, Delmar. Thomson Learning.

Ron Morritt(2007). Segmentation Strategies for Hospitality Managers. The Haworth Press, Inc.

Sridhar P.(1996). Chanllenges for hospitality and tourism operators: a North American perspective, International Journal of Contemporary Hospitality Management, 8(7), 52-62

Stowe Shoemaker, Robert C. Lewis, Peter C. Yesawich(2007). Marketing Leadership in Hospitality and Tourism (4th edition). Prentice Hall.

Sydney, Austrailia(2004). Insight Sydney(Vol. 11). Insight Sydney Publisher.

The Gallup Monthly Report on Eating Out (1987).

찾아보기

ㄱ

ㅂ

ㅅ

ㅇ

ㅈ

B

C

D

E

F

G

H

I

J

K

M

저자 소개

| 박 영 제 |

- 계명대학교 대학원 관광경영학 박사
- 수원대학교 대학원 호텔관광경영학 석사
- 용인대학교 호텔관광경영학 학사
- 미국 University of Nevada, Reno 대학원 과정

경 력

- 호텔 신라 서울 근무
- 부산 코모도 호텔 근무
- 호텔 신라 서울 서비스 교육센터 수료
- 국립경상대학교 평생교육원 문화관광해설사 강사
- 한국국제대학교 산학 협력단 연구원
- 현) 계명대학교 외래교수
- 현) 대한관광경영학회 이사
- 현) 한국 관광학회 특별회원

저 서

- 환대산업 서비스경영 – 한올 출판사
- 관광여가론 – 한올 출판사

주요 논문

- 「세계적인 컨벤션행사 유치를 위한 컨벤션 목적지 브랜드 경험의 만족과 도시 미지 형성에 관한 연구」
- 「영화 또는 드라마속의 PPL이 호텔브랜드 이미지와 만족도에 관한 연구」
- 「간접광고에 노출된 호텔브랜드가 기업이미지와 고객선호도에 미치는 영향」
- 「간접광고가 호텔레스토랑 브랜드 이미지와 만족도에 미치는 영향 연구」
- 「호텔마케팅 커뮤니케이션이 브랜드 인지도, 이미지, 충성도에 미치는 영향」
- 「커피전문점의 문화마케팅활동이 브랜드 이미지와 재 구매의도에 미치는 영향」
- 「피자전문점의 물리적환경이 서비스품질과 행동의도에 미치는 영향」
- 「한국형 호텔 브랜드 자산평가 가치 척도 개발」 외 다수.

| 김 광 우 |

- 경기대학교 일반대학원 외식조리관리학과 박사
- 현) 국제대학교 호텔외식조리과 교수
- 경기대학교, 재능대학교, 경복대학교 외래(겸임)교수
- 한국산업인력공단 조주기능사(실기) 자격 감독위원
- 한국외식음료협회 와인소믈리에 자격 심사위원
- 한국외식음료협회 커피바리스타 자격 심사위원
- 한국식음료외식조리협회 카페바리스타 자격 심사위원
- 한국평생능력개발원 커피조리사 자격 심사위원
- 한국 국제 음료경연대회 칵테일부문 심사위원
- 임피리얼팰리스 호텔 서울 식음료부 팀장
- 호텔 리츠칼튼 서울 식음료부 매니저
- 그랜드 하얏트 호텔 서울 식음료부
- 사단법인 한국외식경영학회 상임이사
- 사단법인 한국전통주학회 이사
- 사단법인 한국외식산업정책학회 이사

| 천 정 흔 |

- 세종대학교 대학원 호텔관광경영학 박사
- 세종대학교 대학원 호텔경영학 석사
- 세종대학교 영어학과 학사
- 미국 San Diego State University Business 과정 수료

경 력

- 현) 오크우드 프리미어 호텔 근무
- 현) 용인송담대학교 겸임 교수
- 노보텔 앰배서더 호텔 강남 근무
- 크리스찬디올 꾸뛰르 코리아 근무
- W Seoul 워커힐 호텔 근무
- Sheraton 워커힐 호텔 근무
- 서비스 교육강사 및 한국생산성본부 SMAT시험감독 근무

주요 논문

- 호텔 직원의 감정노동 유발요인이 직무소진에 미치는 영향 – 직무스트레스의 매개효과
- 환대서비스산업 종사원의 고객서비스 비표준화 영향요인에 관한 연구
- 호텔 기업 고성과 인적자원관리 실행이 조직성과에 미치는 영향
- 관광서비스 종사원의 고객서비스 비표준화 영향요인 연구

호텔경영론
Introduction to Hotel Management

초판 1쇄 발행 2015년 3월 7일
2판 2쇄 발행 2020년 4월 10일

저　　자 박영제 · 김광우 · 천정흔
펴 낸 이 임순재
펴 낸 곳 **(주)한올출판사**
등　　록 제11-403호
주　　소 서울시 마포구 모래내로 83(성산동, 한올빌딩 3층)
전　　화 (02)376-4298(대표)
팩　　스 (02)302-8073
홈페이지 www.hanol.co.kr
e-메일 hanol@hanol.co.kr
I S B N 979-11-5685-732-7